大学赤本シリーズ

239

神田外語大学

教学社

は　し　が　き

おかげさまで，大学入試の「赤本」は，今年で創刊70周年を迎えました。

これまで，入試問題や資料をご提供いただいた大学関係者各位，掲載許可をいただいた著作権者の皆様，各科目の解答や対策の執筆にあたられた先生方，そして，赤本を使用してくださったすべての読者の皆様に，厚く御礼を申し上げます。

以下に，創刊初期の「赤本」のはしがきを引用します。これからも引き続き，受験生の目標の達成や，夢の実現を応援してまいります。

本書を活用して，入試本番では持てる力を存分に発揮されることを心より願っています。

編者しるす

＊　＊　＊

学問の塔にあこがれのまなざしをもって，それぞれの志望する大学の門をたたかんとしている受験生諸君！　人間として生まれてきた私たちは，自己の欲するままに，美しく，強く，そして何よりも人間らしく生きることをねがっている。しかし，一朝一夕にして，この純粋なのぞみが達せられることはない。私たちの行く手には，絶えずさまざまな試練がまちかまえている。この試練を克服していくところに，私たちのねがう真に人間的な世界がはじめて開かれてくるのである。

人生最初の最大の試練として，諸君の眼前に大学入試がある。この大学入試は，精神的にも身体的にも，大きな苦痛を感ぜしめるであろう。あるスポーツに熟達するには，たゆみなき，はげしい練習を積み重ねることが必要であるように，私たちは，計画的・持続的な努力を払うことによって，この試練を克服し，次の一歩を踏みだすことができる。厳しい試練を経たのちに，はじめて満足すべき成果を獲得できるのである。

本書は最近の入学試験の問題に，それぞれ解答を付し，さらに問題をふかく分析することによって，その大学独特の傾向や対策をさぐろうとした。本書を一般の参考書とあわせて使用し，まとはずれのない，効果的な受験勉強をされるよう期待したい。

（昭和35年版「赤本」はしがきより）

挑む人の、いちばんの味方

赤本創刊70周年

1954年に大学入試の過去問題集を刊行してから70年。赤本は大学に入りたいと思う受験生を応援しつづけてきました。これからも，苦しいとき落ち込むときにそばで支える存在でいたいと思います。

そして，勉強をすること，自分で道を決めること，努力が実ること，これらの喜びを読者の皆さんが感じることができるよう，伴走をつづけます。

そもそも赤本とは…

受験生のための大学入試の過去問題集！

70年の歴史を誇る赤本は，500点を超える刊行点数で全都道府県の370大学以上を網羅しており，過去問の代名詞として受験生の必須アイテムとなっています。

なぜ受験に過去問が必要なのか？

大学入試は大学によって問題形式や頻出分野が大きく異なるからです。

赤本の掲載内容

傾向と対策

これまでの出題内容から，問題の「**傾向**」を分析し，来年度の入試に向けて具体的な「**対策**」の方法を紹介しています。

問題編・解答編

- 年度ごとに問題とその解答を掲載しています。
- 「**問題編**」ではその年度の試験概要を確認したうえで，実際に出題された過去問に取り組むことができます。
- 「**解答編**」には高校・予備校の先生方による解答が載っています。

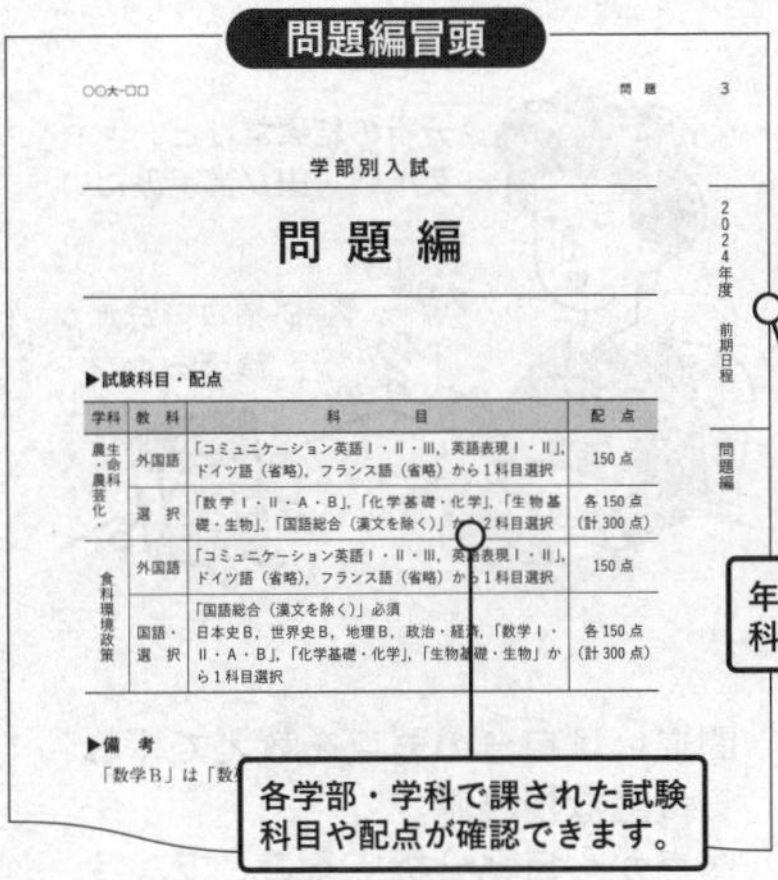

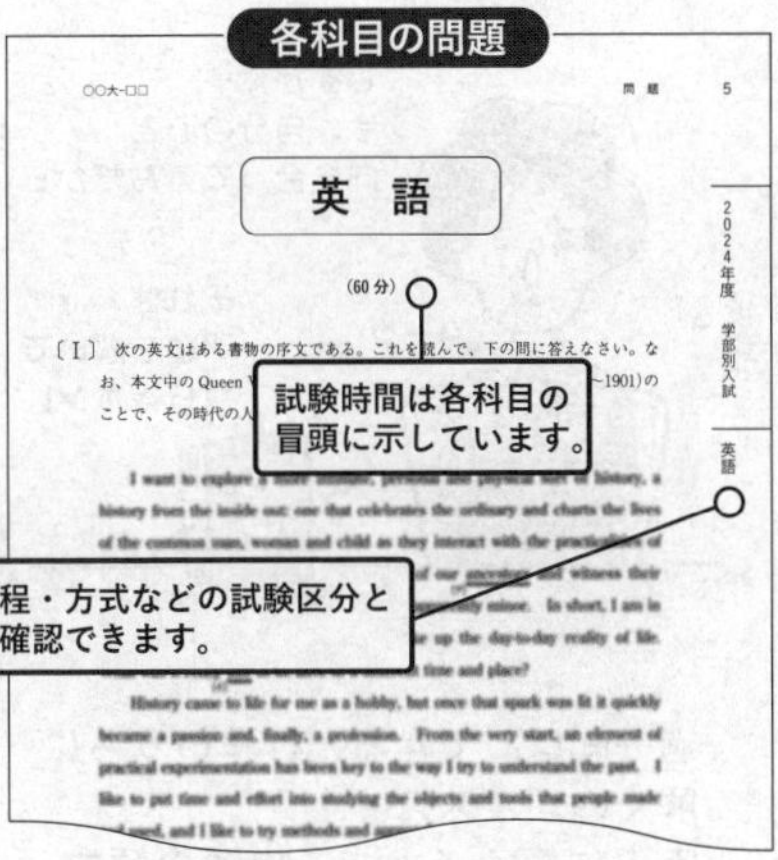

他にも，大学の基本情報や，先輩受験生の合格体験記，在学生からのメッセージなどが載っていることがあります。

掲載内容について

著作権上の理由やその他編集上の都合により問題や解答の一部を割愛している場合があります。

なお，指定校推薦入試，社会人入試，編入学試験，帰国生入試などの特別入試，英語以外の外国語科目，商業・工業科目は，原則として掲載しておりません。また試験科目は変更される場合がありますので，あらかじめご了承ください。

受験勉強は

過去問に始まり，

STEP 1

なにはともあれ

まずは解いてみる

しずかに…
今，自分の心と
向き合ってるんだから
ムーン
それは
問題を解いて
からだホン!

過去問は，**できるだけ早いうちに解く**のがオススメ！
実際に解くことで，**出題の傾向，問題のレベル，今の自分の実力**がつかめます。

STEP 2

じっくり具体的に

弱点を分析する

分析の結果だけど
英・数・国が苦手みたい
スリー
必須科目だホン
頑張るホン

間違いは自分の弱点を教えてくれる**貴重な情報源**。
弱点から自己分析することで，**今の自分に足りない力や苦手な分野**が見えてくるはず！

合格者があかす 赤本の使い方

傾向と対策を熟読

（Fさん／国立大合格）

大学の出題傾向を調べるために，赤本に載っている「傾向と対策」を熟読しました。

繰り返し解く

（Tさん／国立大合格）

１周目は問題のレベル確認，２周目は苦手や頻出分野の確認に，３周目は合格点を目指して，と過去問は繰り返し解くことが大切です。

赤本の使い方 解説

過去問に終わる。

STEP 3

志望校にあわせて

苦手分野の重点対策

明日からはみんなで頑張るよ！
参考書も！ 問題集も！
よろしくね！
呼んだ？
なにを!?
どこから!?
グッ
グッ

参考書や問題集を活用して，苦手分野の**重点対策**をしていきます。**過去問を指針**に，合格へ向けた具体的な学習計画を立てましょう！

STEP 1▶2▶3

サイクルが大事!

実践を繰り返す

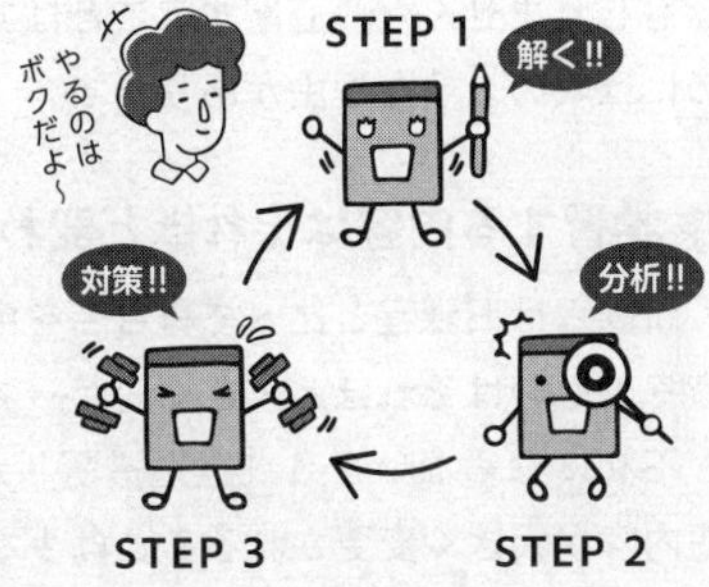
やるのはボクだよ～
STEP 1
解く!!
分析!!
対策!!
STEP 3
STEP 2

STEP 1～3を繰り返し，実力アップにつなげましょう！**出題形式に慣れること**や，**時間配分を考えること**も大切です。

目標点を決める

（Yさん／私立大合格）

赤本によっては合格者最低点が載っているので，それを見て目標点を決めるのもよいです。

時間配分を確認

（Kさん／私立大学合格）

赤本は時間配分や解く順番を決めるために使いました。

添削してもらう

（Sさん／私立大学合格）

記述式の問題は先生に添削してもらうことで自分の弱点に気づけると思います。

新課程入試Q&A

2022年度から新しい学習指導要領（新課程）での授業が始まり，2025年度の入試は，新課程に基づいて行われる最初の入試となります。ここでは，赤本での新課程入試の対策について，よくある疑問にお答えします。

Q1. 赤本は新課程入試の対策に使えますか？

A. もちろん使えます！

旧課程入試の過去問が新課程入試の対策に役に立つのか疑問に思う人もいるかもしれませんが，心配することはありません。旧課程入試の過去問が役立つのには次のような理由があります。

● 学習する内容はそれほど変わらない

新課程は旧課程と比べて科目名を中心とした変更はありますが，学習する内容そのものはそれほど大きく変わっていません。また，多くの大学で，既卒生が不利にならないよう「経過措置」がとられます（Q３参照）。したがって，出題内容が大きく変更されることは少ないとみられます。

● 大学ごとに出題の特徴がある

これまでに課程が変わったときも，各大学の出題の特徴は大きく変わらないことがほとんどでした。入試問題は各大学のアドミッション・ポリシーに沿って出題されており，過去問にはその特徴がよく表れています。過去問を研究してその大学に特有の傾向をつかめば，最適な対策をとることができます。

出題の特徴の例	・英作文問題の出題の有無 ・論述問題の出題（字数制限の有無や長さ） ・計算過程の記述の有無

新課程入試の対策も，赤本で過去問に取り組むところから始めましょう。

Q2. 赤本を使う上での注意点はありますか？

A. 志望大学の入試科目を確認しましょう。

過去問を解く前に，過去の出題科目（問題編冒頭の表）と 2025 年度の募集要項とを比べて，課される内容に変更がないかを確認しましょう。ポイントは以下のとおりです。科目名が変わっていても，実際は旧課程の内容とほとんど同様のものもあります。

英語・国語	科目名は変更されているが，実質的には変更なし。 ▶▶ **ただし，リスニングや古文・漢文の有無は要確認。**
地歴	科目名が変更され，「歴史総合」「地理総合」が新設。 ▶▶ **新設科目の有無に注意。ただし，「経過措置」（Q3参照）により内容は大きく変わらないことも多い。**
公民	「現代社会」が廃止され，「公共」が新設。 ▶▶ **「公共」は実質的には「現代社会」と大きく変わらない。**
数学	科目が再編され，「数学 C」が新設。 ▶▶ **「数学」全体としての内容は大きく変わらないが，出題科目と単元の変更に注意。**
理科	科目名も学習内容も大きな変更なし。

数学については，科目名だけでなく，どの単元が含まれているかも確認が必要です。例えば，出題科目が次のように変わったとします。

旧課程	「数学Ⅰ・数学Ⅱ・数学A・数学B（数列・ベクトル）」
新課程	「数学Ⅰ・数学Ⅱ・数学A・**数学B（数列）・数学C（ベクトル）**」

この場合，新課程では「数学C」が増えていますが，単元は「ベクトル」のみのため，実質的には旧課程とほぼ同じであり，過去問をそのまま役立てることができます。

Q3. 「経過措置」とは何ですか？

A. 既卒の旧課程履修者への対応です。

多くの大学では，既卒の旧課程履修者が不利にならないように，出題において「経過措置」が実施されます。措置の有無や内容は大学によって異なるので，募集要項や大学のウェブサイトなどで確認しておきましょう。

○旧課程履修者への経過措置の例

- 旧課程履修者にも配慮した出題を行う。
- 新・旧課程の共通の範囲から出題する。
- 新課程と旧課程の共通の内容を出題し，共通範囲のみでの出題が困難な場合は，旧課程の範囲からの問題を用意し，選択解答とする。

例えば，地歴の出題科目が次のように変わったとします。

旧課程	「日本史 B」「世界史 B」から１科目選択
新課程	「**歴史総合**，日本史探究」「**歴史総合**，世界史探究」から１科目選択※ ※旧課程履修者に不利益が生じることのないように配慮する。

「歴史総合」は新課程で新設された科目で，旧課程履修者には見慣れないものですが，上記のような経過措置がとられた場合，新課程入試でも旧課程と同様の学習内容で受験することができます。

新課程の情報は WEB もチェック！
より詳しい解説が赤本ウェブサイトで見られます。
https://akahon.net/shinkatei/

科目名が変更される教科・科目

	旧課程	新課程
国語	国語総合 国語表現 現代文A 現代文B 古典A 古典B	現代の国語 言語文化 論理国語 文学国語 国語表現 古典探究
地歴	日本史A 日本史B 世界史A 世界史B 地理A 地理B	歴史総合 日本史探究 世界史探究 地理総合 地理探究
公民	現代社会 倫理 政治・経済	公共 倫理 政治・経済
数学	数学Ⅰ 数学Ⅱ 数学Ⅲ 数学A 数学B 数学活用	数学Ⅰ 数学Ⅱ 数学Ⅲ 数学A 数学B 数学C
外国語	コミュニケーション英語基礎 コミュニケーション英語Ⅰ コミュニケーション英語Ⅱ コミュニケーション英語Ⅲ 英語表現Ⅰ 英語表現Ⅱ 英語会話	英語コミュニケーションⅠ 英語コミュニケーションⅡ 英語コミュニケーションⅢ 論理・表現Ⅰ 論理・表現Ⅱ 論理・表現Ⅲ
情報	社会と情報 情報の科学	情報Ⅰ 情報Ⅱ

目　次

※ 2025 年度より一般入試に新たに導入される「3 科目型」で課される「歴史」について，大学から公表されたサンプル問題を掲載しています。

2022年度 問題と解答

掲載内容についてのお断り

- 本書では，以下の内容を掲載しています。
  2024 年度：一般入試（２月選考）３日程のうち２日程分および共通テストプラス（２月選考）
  2023・2022 年度：一般入試前期３日程のうち２日程分および共通テストプラス入試
- 推薦入試，３月選考，後期日程については掲載していません。
- 著作権の都合上，下記の内容を省略しています。
  2024 年度：一般入試（２月選考）２月６日実施分 「英語」リスニング放送内容 PART 2 Monologue 3

UNIVERSITY GUIDE

大学情報

基本情報

学部・学科の構成

大　学

●外国語学部

英米語学科

アジア言語学科（中国語専攻，韓国語専攻，インドネシア語専攻，ベトナム語専攻，タイ語専攻）

イベロアメリカ言語学科（スペイン語専攻，ブラジル・ポルトガル語専攻）

国際コミュニケーション学科（国際コミュニケーション専攻，国際ビジネスキャリア専攻）

●グローバル・リベラルアーツ学部

グローバル・リベラルアーツ学科

大学院

言語科学研究科

大学所在地

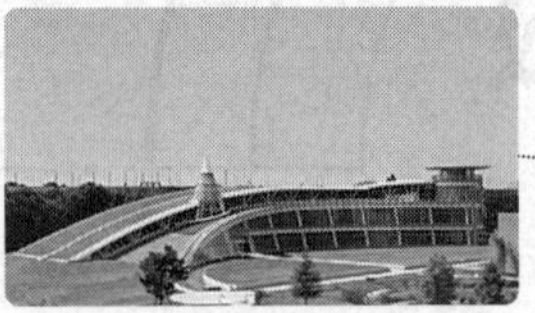

神田外語大学

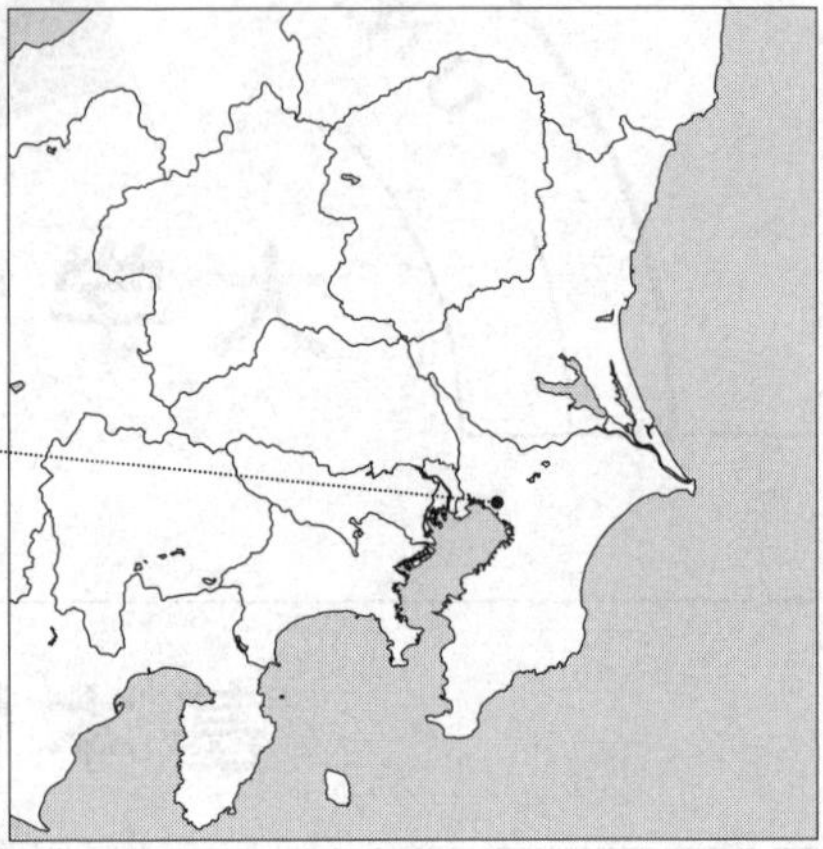

〒 261-0014　千葉県千葉市美浜区若葉 1-4-1

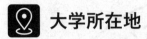

2024年度入試データ

入試状況（志願者数・競争率など）

◯競争率は受験者数÷合格者数で算出。

◯一般入試の合格者数には追加合格者を含まない。

一般入試

●（2月選考）2月3日　　（　）内は女子内数

学部	学科・専攻	募集人員	志願者数	受験者数	合格者数	競争率
外国語	英米語	77	324(201)	311(191)	115(76)	2.7
	中国語	12	38(30)	35(28)	9(8)	3.9
	韓国語	12	78(69)	76(67)	11(9)	6.9
	インドネシア語	7	25(14)	23(13)	11(7)	2.1
	ベトナム語	7	13(8)	13(8)	6(3)	2.2
	タイ語	7	9(6)	9(6)	6(4)	1.5
	スペイン語	19	55(32)	54(31)	21(15)	2.6
	ブラジル・ポルトガル語	9	25(11)	24(10)	14(5)	1.7
	国際コミュニケーション	38	191(133)	187(129)	52(40)	3.6
	国際ビジネスキャリア	8	31(26)	30(25)	16(14)	1.9
グローバル・リベラルアーツ	グローバル・リベラルアーツ	12	33(24)	33(24)	21(15)	1.6
合計		208	822(554)	795(532)	282(196)	2.8

●（2月選考）2月5日

（ ）内は女子内数

学部	学科・専攻	募集人員	志願者数	受験者数	合格者数	競争率
外国語	英米語	＊	265(162)	254(154)	69(37)	3.7
	中国語	＊	35(31)	33(29)	5(5)	6.6
	韓国語	＊	62(54)	61(53)	6(6)	10.2
	インドネシア語	＊	24(13)	24(13)	10(5)	2.4
	ベトナム語	＊	18(12)	18(12)	8(5)	2.3
	タイ語	＊	10(7)	9(6)	5(3)	1.8
	スペイン語	＊	55(32)	52(30)	19(11)	2.7
	ブラジル・ポルトガル語	＊	30(16)	30(16)	15(8)	2.0
	国際コミュニケーション	＊	150(103)	145(99)	23(15)	6.3
	国際ビジネスキャリア	＊	25(14)	25(14)	11(7)	2.3
グローバル・リベラルアーツ	グローバル・リベラルアーツ	＊	27(18)	26(17)	12(7)	2.2
合計		＊	701(462)	677(443)	183(109)	3.7

＊募集人員は，一般入試（2月選考）2月3日に含まれる。

●（2月選考）2月6日

（ ）内は女子内数

学部	学科・専攻	募集人員	志願者数	受験者数	合格者数	競争率
外国語	英米語	＊	252(151)	235(141)	63(38)	3.7
	中国語	＊	38(32)	36(31)	10(9)	3.6
	韓国語	＊	68(60)	67(59)	9(8)	7.4
	インドネシア語	＊	16(10)	16(10)	6(4)	2.7
	ベトナム語	＊	9(6)	9(6)	2(2)	4.5
	タイ語	＊	10(8)	9(7)	6(5)	1.5
	スペイン語	＊	52(32)	49(29)	16(10)	3.1
	ブラジル・ポルトガル語	＊	29(14)	28(14)	16(7)	1.8
	国際コミュニケーション	＊	121(85)	115(80)	22(14)	5.2
	国際ビジネスキャリア	＊	25(15)	25(15)	10(7)	2.5
グローバル・リベラルアーツ	グローバル・リベラルアーツ	＊	30(19)	26(16)	11(9)	2.4
合計		＊	650(432)	615(408)	171(113)	3.6

＊募集人員は，一般入試（2月選考）2月3日に含まれる。

● （3月選考） 3月2日

（ ）内は女子内数

学　部	学科・専攻	募集人員	志願者数	受験者数	合格者数	競争率
外国語	英米語	20	95(51)	89(47)	21(16)	4.2
	中国語	5	24(15)	24(15)	5(4)	4.8
	韓国語	5	15(10)	15(10)	3(2)	5.0
	インドネシア語	若干名	9(2)	9(2)	5(2)	1.8
	ベトナム語	若干名	6(1)	6(1)	4(1)	1.5
	タイ語	若干名	4(0)	4(0)	4(0)	1.0
	スペイン語	5	24(8)	24(8)	4(3)	6.0
	ブラジル・ポルトガル語	4	17(4)	17(4)	9(3)	1.9
	国際コミュニケーション	7	55(31)	52(28)	7(6)	7.4
	国際ビジネスキャリア	若干名	18(7)	17(6)	4(2)	4.3
グローバル・リベラルアーツ	グローバル・リベラルアーツ	4	7(3)	7(3)	5(2)	1.4
合計		50	274(132)	264(124)	71(41)	3.7

＊試験日は，年度によって異なることがあります。

共通テストプラス

● （2月選考） 2月5日

（ ）内は女子内数

学　部	学科・専攻	募集人員	志願者数	受験者数	合格者数	競争率
外国語	英米語	5	27(13)	26(12)	7(3)	3.7
	中国語	3	2(1)	2(1)	0(0)	—
	韓国語	3	8(8)	8(8)	1(1)	8.0
	インドネシア語	2	3(2)	3(2)	1(1)	3.0
	ベトナム語	2	3(2)	3(2)	0(0)	—
	タイ語	2	1(1)	1(1)	0(0)	—
	スペイン語	3	4(3)	4(3)	1(1)	4.0
	ブラジル・ポルトガル語	2	6(5)	6(5)	3(3)	2.0
	国際コミュニケーション	4	16(11)	16(11)	3(2)	5.3
	国際ビジネスキャリア	2	3(2)	3(2)	0(0)	—
グローバル・リベラルアーツ	グローバル・リベラルアーツ	3	8(6)	8(6)	5(5)	1.6
合計		31	81(54)	80(53)	21(16)	3.8

共通テスト利用

●（2月選考）2科目型

（ ）内は女子内数

学部	学科・専攻	募集人員	志願者数	受験者数	合格者数	競争率
外国語	英米語	70	264(164)	264(164)	131(77)	2.0
	中国語	8	26(20)	26(20)	6(4)	4.3
	韓国語	8	54(50)	53(50)	15(15)	3.5
	インドネシア語	5	16(9)	16(9)	14(9)	1.1
	ベトナム語	5	18(12)	18(12)	14(9)	1.3
	タイ語	5	12(10)	12(10)	10(8)	1.2
	スペイン語	15	50(30)	50(30)	24(18)	2.1
	ブラジル・ポルトガル語	7	18(10)	18(10)	13(10)	1.4
	国際コミュニケーション	33	149(103)	149(103)	67(48)	2.2
	国際ビジネスキャリア	5	20(13)	20(13)	15(12)	1.3
グローバル・リベラルアーツ	グローバル・リベラルアーツ	10	20(18)	19(17)	17(15)	1.1
合計		171	647(439)	645(438)	326(225)	2.0

●（2月選考）3科目型

（ ）内は女子内数

学部	学科・専攻	募集人員	志願者数	受験者数	合格者数	競争率
外国語	英米語	＊	209(136)	209(136)	127(84)	1.6
	中国語	＊	24(21)	24(21)	6(6)	4.0
	韓国語	＊	43(39)	43(39)	13(12)	3.3
	インドネシア語	＊	9(4)	9(4)	8(3)	1.1
	ベトナム語	＊	5(3)	5(3)	4(2)	1.3
	タイ語	＊	6(5)	6(5)	4(3)	1.5
	スペイン語	＊	52(31)	52(31)	30(17)	1.7
	ブラジル・ポルトガル語	＊	22(12)	22(12)	18(11)	1.2
	国際コミュニケーション	＊	135(103)	135(103)	71(55)	1.9
	国際ビジネスキャリア	＊	20(15)	20(15)	15(12)	1.3
グローバル・リベラルアーツ	グローバル・リベラルアーツ	＊	27(18)	24(17)	17(15)	1.4
合計		＊	552(387)	549(386)	313(220)	1.8

＊募集人員は，共通テスト利用（2月選考）2科目型に含まれる。

●（2月選考）4科目型

（　）内は女子内数

学　部	学科・専攻	募集人員	志願者数	受験者数	合格者数	競争率
外国語	英米語	＊	43(27)	43(27)	31(17)	1.4
	中国語	＊	8(6)	8(6)	4(2)	2.0
	韓国語	＊	13(11)	13(11)	5(4)	2.6
	インドネシア語	＊	1(0)	1(0)	1(0)	1.0
	ベトナム語	＊	1(1)	1(1)	0(0)	—
	タイ語	＊	3(3)	3(3)	3(3)	1.0
	スペイン語	＊	11(7)	11(7)	7(4)	1.6
	ブラジル・ポルトガル語	＊	4(3)	4(3)	2(2)	2.0
	国際コミュニケーション	＊	23(20)	23(20)	12(10)	1.9
	国際ビジネスキャリア	＊	3(3)	3(3)	2(2)	1.5
グローバル・リベラルアーツ	グローバル・リベラルアーツ	＊	5(3)	5(3)	4(3)	1.3
合　計		＊	115(84)	115(84)	71(47)	1.6

＊募集人員は，共通テスト利用（2月選考）2科目型に含まれる。

●（3月選考）2科目型

（　）内は女子内数

学　部	学科・専攻	募集人員	志願者数	受験者数	合格者数	競争率
外国語	英米語	8	15(10)	15(10)	9(8)	1.7
	国際コミュニケーション	5	12(10)	12(10)	5(5)	2.4
合　計		13	27(20)	27(20)	14(13)	1.9

●（3月選考）3科目型

（　）内は女子内数

学　部	学科・専攻	募集人員	志願者数	受験者数	合格者数	競争率
外国語	英米語	＊	6(2)	6(2)	4(2)	1.5
	国際コミュニケーション	＊	8(4)	8(4)	6(4)	1.3
合　計		＊	14(6)	14(6)	10(6)	1.4

＊募集人員は，共通テスト利用（3月選考）2科目型に含まれる。

総合型選抜

●（10月選考）

（　）内は女子内数

学部	学科・専攻	募集人員	志願者数	受験者数	合格者数	競争率
外国語	英米語	20	156(108)	150(105)	71(54)	2.1
	中国語	4	32(27)	31(26)	26(24)	1.2
	韓国語	4	61(57)	59(55)	17(14)	3.5
	インドネシア語	4	5(4)	5(4)	5(4)	1.0
	ベトナム語	4	4(3)	4(3)	4(3)	1.0
	タイ語	4	8(6)	8(6)	7(6)	1.1
	スペイン語	6	49(30)	49(30)	35(22)	1.4
	ブラジル・ポルトガル語	5	5(1)	5(1)	4(1)	1.3
	国際コミュニケーション	8	41(30)	40(29)	38(29)	1.1
	国際ビジネスキャリア	3	10(8)	10(8)	9(8)	1.1
グローバル・リベラルアーツ	グローバル・リベラルアーツ	12	21(17)	20(16)	20(16)	1.0
合計		74	392(291)	381(283)	236(181)	1.6

●（11月選考）

（　）内は女子内数

学部	学科・専攻	募集人員	志願者数	受験者数	合格者数	競争率
外国語	英米語	20	131(85)	129(83)	81(50)	1.6
	中国語	10	19(11)	18(10)	10(6)	1.8
	韓国語	10	48(45)	48(45)	10(10)	4.8
	インドネシア語	5	3(3)	3(3)	3(3)	1.0
	ベトナム語	5	4(3)	4(3)	4(3)	1.0
	タイ語	5	2(1)	2(1)	2(1)	1.0
	スペイン語	15	25(13)	25(13)	24(13)	1.0
	ブラジル・ポルトガル語	8	3(0)	3(0)	2(0)	1.5
	国際コミュニケーション	15	33(23)	33(23)	28(19)	1.2
	国際ビジネスキャリア	5	7(4)	6(3)	4(2)	1.5
グローバル・リベラルアーツ	グローバル・リベラルアーツ	5	19(12)	17(11)	16(11)	1.1
合計		103	294(200)	288(195)	184(118)	1.6

学校推薦型選抜

●公募学校推薦（11 月選考）

（　）内は女子内数

学　部	学科・専攻	募集人員	志願者数	受験者数	合格者数	競争率
外国語	英米語	70	57(44)	57(44)	55(42)	1.0
	中国語	5	6(6)	6(6)	6(6)	1.0
	韓国語	5	17(17)	17(17)	17(17)	1.0
	インドネシア語	3	1(0)	1(0)	1(0)	1.0
	ベトナム語	3	0(0)	0(0)	0(0)	—
	タイ語	3	1(1)	1(1)	1(1)	1.0
	スペイン語	10	4(3)	4(3)	4(3)	1.0
	ブラジル・ポルトガル語	4	1(0)	1(0)	1(0)	1.0
	国際コミュニケーション	20	14(11)	14(11)	14(11)	1.0
	国際ビジネスキャリア	3	4(4)	4(4)	4(4)	1.0
グローバル・リベラルアーツ	グローバル・リベラルアーツ	8	2(2)	2(2)	2(2)	1.0
合　計		134	107(88)	107(88)	105(86)	1.0

●公募学校推薦（12 月選考）

（　）内は女子内数

学　部	学科・専攻	募集人員	志願者数	受験者数	合格者数	競争率
外国語	英米語	10	2(2)	2(2)	2(2)	1.0
	中国語	2	0(0)	0(0)	0(0)	—
	韓国語	2	1(1)	1(1)	1(1)	1.0
	インドネシア語	若干名	0(0)	0(0)	0(0)	—
	ベトナム語	若干名	0(0)	0(0)	0(0)	—
	タイ語	若干名	0(0)	0(0)	0(0)	—
	スペイン語	3	0(0)	0(0)	0(0)	—
	ブラジル・ポルトガル語	2	0(0)	0(0)	0(0)	—
	国際コミュニケーション	5	0(0)	0(0)	0(0)	—
	国際ビジネスキャリア	若干名	1(1)	1(1)	1(1)	1.0
グローバル・リベラルアーツ	グローバル・リベラルアーツ	3	1(1)	1(1)	1(1)	1.0
合　計		27	5(5)	5(5)	5(5)	1.0

合格最低点

○総得点の％表示。

○追加合格を含まない。

●一般入試・共通テストプラス

学　部	学科・専攻		（2月選考）			（3月選考）3月2日	共通テストプラス
			2月3日	2月5日	2月6日		
外国語	英米語		68.0%	68.0%	68.0%	64.0%	66.0%
	アジア言語	中国語	75.7%	70.0%	68.7%	64.0%	—
		韓国語	75.7%	77.3%	75.0%	67.0%	72.8%
		インドネシア語	55.7%	55.0%	51.3%	49.0%	61.3%
		ベトナム語	52.0%	50.3%	53.0%	46.7%	—
		タイ語	55.3%	63.0%	53.3%	46.7%	—
	イベロアメリカ言語	スペイン語	62.0%	62.3%	62.3%	61.0%	61.3%
		ブラジル・ポルトガル語	50.0%	53.3%	51.7%	50.3%	66.5%
	国際コミュニケーション	国際コミュニケーション	71.0%	71.0%	71.0%	70.0%	65.3%
		国際ビジネスキャリア	60.3%	60.0%	61.3%	56.3%	—
グローバル・リベラルアーツ	グローバル・リベラルアーツ		65.5%	65.2%	65.4%	58.2%	60.2%

（備考）満点は以下の通り。

・外国語学部：一般入試300点，共通テストプラス400点。

・グローバル・リベラルアーツ学部：一般入試360点，共通テストプラス480点。

●共通テスト利用※

学部	学科・専攻		（2月選考）2科目型*	3科目型	4科目型	（3月選考）2科目型*	3科目型
外国語	英米語		65.1%	65.0%	66.6%	65.8%	63.8%
	アジア言語	中国語	70.1%	69.0%	72.0%		
		韓国語	74.1%	74.8%	74.1%		
		インドネシア語	51.4%	51.2%	73.7%		
		ベトナム語	53.3%	51.1%	—		
		タイ語	54.6%	73.2%	63.5%		
	イベロアメリカ言語	スペイン語	60.0%	60.2%	60.2%		
		ブラジル・ポルトガル語	51.4%	51.1%	72.4%		
	国際コミュニケーション	国際コミュニケーション	68.0%	68.0%	68.3%	68.3%	68.9%
		国際ビジネスキャリア	55.5%	55.2%	61.9%		
グローバル・リベラルアーツ	グローバル・リベラルアーツ		60.5%	61.9%	62.9%		

（備考）満点は以下の通り。

- 外国語学部：（2月選考）2科目型・（3月選考）2科目型 400点，（2月選考）3科目型・（3月選考）3科目型 450点，（2月選考）4科目型 550点。
- グローバル・リベラルアーツ学部：（2月選考）2科目型 480点，（2月選考）3科目型 540点，（2月選考）4科目型 660点。

※共通テスト利用は，英語（リーディング）100点満点を1.5倍（150点満点）換算。

＊2科目型は，国語（近代以降の文章）100点満点を1.5倍（150点満点）換算。

入学者選抜要項の入手方法

入学者選抜要項は大学 Web サイトからダウンロードしてご利用ください。

一部の入試区分を除き，Web 出願です。詳しい内容は入学者選抜要項や大学 Web サイトに掲載される情報を必ず確認してください。

資料請求先・問い合わせ先

神田外語大学　アドミッション＆コミュニケーション部

〒 261-0014　千葉県千葉市美浜区若葉 1-4-1

TEL　043-273-2476

（祝日・休校日を除く月～金 9：30 ～ 17：00）

FAX　043-273-2988

https://www.kandagaigo.ac.jp/kuis/

E-mail　amc@kanda.kuis.ac.jp

神田外語大学のテレメールによる資料請求方法

TREND & STEPS
傾向と対策

科目ごとに問題の「傾向」を分析し，具体的にどのような「対策」をすればよいか紹介しています。まずは出題内容をまとめた分析表を見て，試験の概要を把握しましょう。

注意

「傾向と対策」で示している，出題科目・出題範囲・試験時間等については，2024 年度までに実施された入試の内容に基づいています。2025 年度入試の選抜方法については，各大学が発表する学生募集要項を必ずご確認ください。

来年度の変更点

2025 年度入試では，一般入試の「英語」と「国語」の 2 科目型に加えて，新たに「歴史」科目（歴史総合，日本史探究，世界史探究／試験時間 60 分／配点 100 点）を含めた 3 科目型を導入する予定である（本書編集時点）。

英　語

年度	方式	項目・番号		内　容
2024 ●	一般2月5日	READING COMPREHENSION	〔1〕	主題，内容真偽，内容説明，同意表現
			〔2〕	主題，内容真偽，同意表現
			〔3〕	主題，内容真偽，同意表現
		GRAMMAR AND USAGE		空所補充
		LISTENING COMPREHENSION		リスニング（内容真偽，内容説明，主題，会話の状況）
	一般2月6日	READING COMPREHENSION	〔1〕	主題，内容説明，同意表現
			〔2〕	主題，内容真偽，内容説明，同意表現
			〔3〕	主題，内容真偽，内容説明，同意表現
		GRAMMAR AND USAGE		空所補充
		LISTENING COMPREHENSION		リスニング（内容真偽，主題）
2023 ●	一般前期B	READING COMPREHENSION	〔1〕	主題，内容真偽，同意表現
			〔2〕	主題，内容真偽，内容説明，同意表現
			〔3〕	主題，内容真偽，内容説明，同意表現
		GRAMMAR AND USAGE		空所補充
		LISTENING COMPREHENSION		リスニング（内容真偽，会話の状況，内容説明，主題）
	一般前期C	READING COMPREHENSION	〔1〕	主題，内容真偽，同意表現
			〔2〕	主題，内容真偽，同意表現
			〔3〕	主題，内容真偽，同意表現
		GRAMMAR AND USAGE		空所補充
		LISTENING COMPREHENSION		リスニング（内容真偽，内容説明，主題）

2022 ●	一般前期B	READING COMPREHENSION	〔1〕	主題，内容真偽，内容説明，同意表現
			〔2〕	主題，内容説明，内容真偽，同意表現
			〔3〕	主題，内容真偽，同意表現
		GRAMMAR AND USAGE		空所補充
		LISTENING COMPREHENSION		リスニング（内容説明，内容真偽，主題）
	一般前期C	READING COMPREHENSION	〔1〕	主題，内容真偽，同意表現
			〔2〕	主題，内容真偽，内容説明，同意表現
			〔3〕	主題，内容真偽，内容説明，同意表現
		GRAMMAR AND USAGE		空所補充
		LISTENING COMPREHENSION		リスニング（内容真偽，内容説明，主題）

（注）●印は全問，◑印は一部マークシート方式採用であることを表す。

傾向　読解，文法，語彙・語法，リスニングと総合的な英語力が試される

01　出題形式は？

試験時間は 90 分で，うち，リスニングが後半の約 30 分である。全問題がマークシート方式による選択式となっている。解答個数は例年 64 個（うち，リスニングが 30 個）である。いずれの試験・日程も，出題形式に大きな変化はみられない。

02　出題内容はどうか？

READING COMPREHENSION（読解問題）　3 題の出題で，設問文・選択肢とも英文であり，それぞれ小問 6 問から構成されている。同意表現はここ数年 3 題すべてに必出であり，ほかに読解内容に基づいた主題，内容説明，内容真偽が出題されている。文章のテーマは，教育，文化，社会生活など幅広く取り上げられている。また，人文学的研究についても出題が目立っている。

GRAMMAR AND USAGE（文法・語彙問題）　2 題の出題で，すべて空所補充の形式である。うち 1 題はまとまった長さの英文の空所を補う問

題，もう１題は短文８問からなる個別の文法・語彙問題となっている。語法や熟語，ディスコースマーカー，品詞と問題は多岐にわたり，総合的な文法知識が問われている。

LISTENING COMPREHENSION（リスニング問題）　試験時間の後半約30分がリスニング問題にあてられているが，いったんリスニング問題が始まると読解問題と文法・語彙問題には戻れないので注意を要する。読まれる英文は短い会話文16個，少し長めの会話文4個，モノローグ3個で，いずれも英文の内容についての質問に答える。少し長めの会話文とモノローグは１つにつき２問ずつ出題される。

03　難易度は？

読解問題の英文は長くはないものの，主題など文脈や文章の構成に注意を払って取り組む必要のある問いも出題されている。読解，文法・語彙，リスニングともに解答個数が多いので，試験時間を効率的に使う必要があるという点で，やや難しい。

対策

01　読解力

一定量の英文を，段落ごとに内容を把握していく練習が必要で，難解な単語があっても，前後関係から推測して，正確に読み進めていく力を養成する必要がある。『大学入試　ぐんぐん読める英語長文〔STANDARD〕』（教学社）などを使用して読解力の基礎をつくり，「文脈から問題を解く」訓練のため『TOEIC L&R TEST パート６特急　新形式ドリル』（朝日新聞出版）のような TOEIC の PART6 対策の問題集を１冊仕上げるのがおすすめである。

02 文　法

解答個数が多い上に，総合的な文法力をみるための多岐にわたる出題となっている。長文の空所補充で，文法力と文脈の理解の双方が必要となるような問題があることにも特徴がある。『Next Stage 英文法・語法問題』（桐原書店）や『英文法・語法 Vintage』（いいずな書店）などで必須文法・語法をマスターするとともに，問題傾向が似ている TOEIC の文法問題集『TOEIC L&R テスト 文法問題 でる 1000 問』（アスク出版）を活用することをおすすめする。

03 語　彙

『英単語ターゲット 1900』や『英熟語ターゲット 1000』（ともに旺文社）など受験用の英単語集，英熟語集を 1 冊ずつ仕上げたい。英単語については，読解問題で問われる同意表現選択問題に対応するために，各単語の同意語を強く意識しながら覚えるとよい。また，語彙・語法問題対策として，英熟語を習得する際には，使われる前置詞にも気を配りながら覚えるようにしたい。

04 リスニング

難解な単語や表現が含まれてはいないが，長い会話文などは音を聞き取るだけで，内容理解が追いつかないことも考えられる。基礎的なリスニング力を養成しておくことは不可欠である。まずはディクテーションを徹底し，一語一句書きとれるようにしよう。その後，音読やシャドーイングなどを繰り返すとよい。音声をダウンロードできるリスニング教材もよいが，スクリプト（台本）があるものであれば，どのような音声や動画でも練習できる。

国　語

年度	方式	番号	種　類	類別	内　容	出　典
2024●	一般2月5日	〔1〕	現代文	評論	内容説明，空所補充，文章の構成	「先住民研究の難しさと喜び」　受田宏之
		〔2〕	現代文	評論	内容説明，空所補充，内容真偽	「分断の倫理学」　小手川正二郎
		〔3〕	現代文	評論	空所補充，内容説明，内容真偽	「人新世におけるAI・ロボット」　西垣通
		〔4〕	国語常識		書き取り	
		〔5〕	国語常識		読み	
		〔6〕	国語常識		外来語	
	一般2月6日	〔1〕	現代文	評論	空所補充，内容説明，内容真偽	「スマートな悪」　戸谷洋志
		〔2〕	現代文	評論	空所補充，内容説明，文章の構成	「自然と知識」　中空萌
		〔3〕	現代文	評論	内容説明，空所補充，内容真偽	「人は語り続けるとき，考えていない」　河野哲也
		〔4〕	国語常識		書き取り	
		〔5〕	国語常識		読み	
		〔6〕	国語常識		四字熟語，語意	

2023 ●	一般前期B	〔1〕	現代文	評論	空所補充，内容説明，内容真偽	「感情の哲学入門講義」　源河亨
		〔2〕	現代文	評論	内容説明，空所補充，内容真偽	「グローバル正義論と『公正な』貿易」　上原賢司
		〔3〕	現代文	評論	内容説明，空所補充，内容真偽	「自由のための暴力」　小倉充夫
		〔4〕	国語常識		書き取り	
		〔5〕	国語常識		読み	
		〔6〕	国語常識		外来語	
	一般前期C	〔1〕	現代文	評論	内容説明，語意，空所補充，内容真偽	「『自由な社会』を先に進める」　苫野一徳
		〔2〕	現代文	評論	空所補充，欠文挿入箇所，内容説明，内容真偽	「歴史修正主義」　武井彩佳
		〔3〕	現代文	評論	内容説明，空所補充，語意，内容真偽	「政治の現在と未来」　杉田敦
		〔4〕	国語常識		書き取り	
		〔5〕	国語常識		読み	
		〔6〕	国語常識		四字熟語	
2022 ●	一般前期B	〔1〕	現代文	評論	内容説明，空所補充，内容真偽	「倫理学入門」　品川哲彦
		〔2〕	現代文	評論	内容説明，空所補充，語意	「他者と沈黙」　﨑川修
		〔3〕	現代文	評論	空所補充，語意，内容説明，文章の構成，内容真偽	「AI時代の労働の哲学」　稲葉振一郎
		〔4〕	国語常識		書き取り	
		〔5〕	国語常識		慣用句	
		〔6〕	国語常識		四字熟語	
	一般前期C	〔1〕	現代文	評論	内容説明，空所補充，内容真偽	「文化形成史と日本」　黒住真
		〔2〕	現代文	評論	内容説明，空所補充	「市民社会と経済人」　中谷真憲
		〔3〕	現代文	評論	空所補充，内容説明	「呼吸すること」　鈴木泉
		〔4〕	国語常識		書き取り	
		〔5〕	国語常識		外来語	
		〔6〕	国語常識		語意	

（注）●印は全問，◐印は一部マークシート方式採用であることを表す。

傾向　現代文３題は正確な速読・速解力が必要 過去問でペース配分の練習を

01 出題形式は？

例年，大問６題の出題である。３題は現代文，３題は国語常識に関する問題である。いずれの試験・日程も解答形式は全問マークシート方式で，試験時間は60分。

02 出題内容はどうか？

現代文の出題では評論が取り上げられている。ほとんどが現代の評論家や学者・研究者の文章で，オーソドックスな出典である。内容は文化・文明・文学・言語・コミュニケーションなどを論じた哲学的・社会学的な文章や，国際政治を論じた文章が多い。設問は内容説明，空所補充（語句のほか文も含む），内容真偽といった標準的なもの以外に，本文の論の展開を問う問題が出題されている。いずれも正確に文章を理解できていないと，選択肢の検討に時間をとられる。

国語常識として漢字の書き取り・読み，四字熟語，外来語，慣用句，語意などが出題されている。

03 難易度は？

全体的には標準ないしやや難のレベルである。現代文は，３題ともある程度の長さがあり，やや硬質な評論が多いので，読解に手こずる場合があるかもしれない。内容説明や内容真偽の設問では，選択肢の識別が比較的容易なものも多いが，なかには深い読解に基づく高度な内容把握を求めるものもある。60分という試験時間で読解問題３題をすべて解くためには速読・速解が不可欠である。現代文１題にかける時間としては，15～20分が目安となると思われるので，国語常識の大問はできるだけ手早く仕上げたい。

対策

01 読解力をつける

出典の傾向から考えると，日頃から言語や文化，哲学や思想，国際的な情勢について興味をもち，新聞や新書で評論・エッセーを多く読むように心がけたい。デカルト，カントなどの近代哲学を前提とする評論が出題されたことがあるため，『人と思想』シリーズ（清水書院）などで基礎的な知識を身につけるとよい。また，長文を速読し，素早く解答する能力を養うためにも，長文を読み慣れておく必要がある。『体系現代文』（教学社）などを利用して，長めの評論文の演習を行っておくとよい。問題に取り組む際は，段落ごとの要点をおさえて全体を通し何を言おうとしているのかをつかみ，傍線部や空欄の前後の文脈を集中的に読みこなす習慣もつけたい。

02 国語常識は問題演習で攻略

2023・2024 年度は，漢字の書き取り，四字熟語だけでなく，外来語の知識も問われた。『大学入試　国語頻出問題 1200』（いいずな書店）のような知識問題を集めた問題集を多めにこなしておくとよいだろう。読解問題がやや手ごわいだけに，国語常識問題では失点しないように十分準備したい。

サンプル
問題

問題と解答

問　題　編

一般入試新設科目「歴史」について

2025(令和7)年度の一般入試より「英語」と「国語」の2科目型に加えて、新たに「歴史」科目を含めた3科目型を導入します。出題構成および問題構成は次のとおりです。

また、次頁よりサンプル問題(「歴史総合」「日本史探究」「世界史探究」より各大問1題ずつ)を掲載します。

出題構成(選択パターン)

・「歴史総合」+「日本史探究」または「歴史総合」+「世界史探究」のいずれかを選択します。
・「歴史総合」は共通問題です。

必須問題		選択問題
歴史総合(共通)	+	日本史探究(選択)
		世界史探究(選択)

問題構成

・「歴史総合(共通)」+「日本史探究(選択)」

科目	大問番号	範囲	配点	
歴史総合(共通)	大問1	近現代	20 点	*サンプル問題あり
日本史探究※	大問2	古代・中世	20 点	
	大問3	近世	20 点	
	大問4	近現代	20 点	*サンプル問題あり
	大問5		20 点	
			100 点	

・「歴史総合(共通)」+「世界史探究(選択)」

科目	大問番号	範囲	配点	
歴史総合(共通)	大問1	近現代	20 点	*サンプル問題あり
世界史探究※	大問2	古代・中世	20 点	
	大問3	近世	20 点	
	大問4	近現代	20 点	*サンプル問題あり
	大問5		20 点	
			100 点	

※選択問題には複数の大問がありますが、大問2～5の中で「世界史探究」と「日本史探究」を組み合わせて解答することはできません。

歴　史

◀歴史総合▶

次の文章を読み，後の問い（問1～8）に答えよ。

(1)19世紀後半以降，ヨーロッパ諸国は帝国主義政策をとるようになり，新たな植民地の獲得に乗り出した。各国が(2)第2次産業革命に基づく工業力や資本を背景に新たな市場や投資の場を求めたこともあり，(3)植民地獲得競争を通して世界の分割が進んだ。同じ頃，江戸幕府にかわって明治新政府を樹立した日本では，天皇を中心とする中央集権的な国民国家を建設するとともに，国境の画定や外国の技術を導入した富国強兵を進めた。

一方で，新たに生じた国際情勢の変化を受け，国際関係にも変化が生じた。そのきっかけの1つに(4)日露戦争がある。次の資料は，日露戦争が終結した2年後に日本の在仏大使が本国の外務大臣に宛てて送った報告書の一部である。

資料

> フランスが日仏協約の成立を急いでいる理由は，イギリス大使が本官（日本の在仏大使）に語ったところによれば，以下の通りである。「おそらく，［(5)］が英仏の間を割くためにさまざまな離間策を講じているので，フランスは将来を憂慮している。1日も早く日仏協約を締結して，極東において安心を得たいのであろう」とのことであった。

（外務省編纂『日本外交文書』第40巻第1冊より。現代語に訳した）

ロシアが(6)日本に敗れたことで列強間の力のバランスが揺らぎ，新たな対立，あるいは協力といった関係が形成され，そこから生じた軋轢は，結果として第一次世界大戦を引き起こす一因となった。

第一次世界大戦は全国民の戦争協力を必要とする総力戦となった。各国ではそれに対応する強力な政治体制が作られ，実際に兵士や労働力として動員された人々の国民意識が高まった。このため，大戦末期から終結後にかけて(7)参政権を拡大する動きも見られた。また，戦争の惨禍を繰り返さないため，(8)史上初の国際平和機関も設立された。

問1 下線部(1)に関連して，19世紀後半の日本や世界の動きについて述べた文1～4について，正しいものの組合せとして最も適当なものを，後の選択肢（ア～エ）のうちから一つ選べ。

1 アメリカ合衆国で，最初の大陸横断鉄道が開通した。

2 フランスでは，ナポレオン＝ボナパルトが皇帝に即位した。

3 インドでは，シパーヒーの反乱が起きた。

4 日本では，地租改正により年貢米での納税が義務付けられた。

ア 1・3　　イ 1・4　　ウ 2・3　　エ 2・4

問2 下線部(2)の第2次産業革命において著しく発展した産業と，新たに使用されるようになった動力源の組合せとして最も適当なものを，次の選択肢（ア～エ）のうちから一つ選べ。

ア 軽工業 ― 石油・電力

イ 軽工業 ― 石炭

ウ 重化学工業 ― 石油・電力

エ 重化学工業 ― 石炭

問3 下線部(3)に関連して，次の地図は，19世紀後半から20世紀初頭における列強の進出を示したものである。地図中の矢印ア～エのうち，イギリスの進出を示したものとして最も適当なものを一つ選べ。

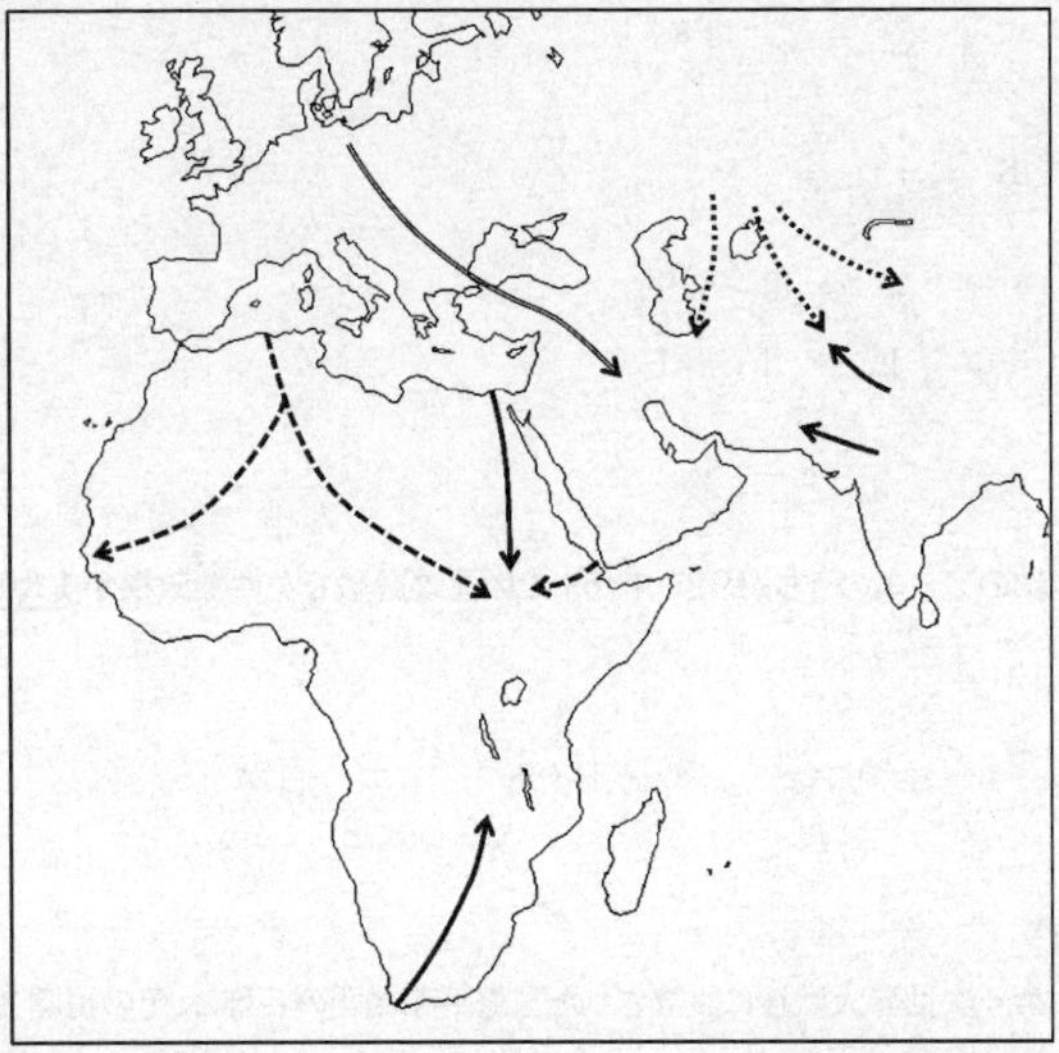

ア ⟶　イ ⋯⋯›　ウ ---›　エ ⟶

問4 下線部(4)に関連して，日露戦争に関わる出来事について述べた文として誤っているものを，次の選択肢(ア～エ)のうちから一つ選べ。

ア　社会主義者の幸徳秋水は，日露戦争に反対した。

イ　ロシアから獲得した賠償金で，官営の八幡製鉄所が建設された。

ウ　日本の勝利は，ベトナムなどの民族運動に影響を与えた。

エ　日露戦争中のロシアでは，血の日曜日事件が起きた。

問5 資料中の空欄 (5) に入る国の名と，その国が結んでいた協力関係との組合せとして最も適当なものを，次の選択肢(ア～エ)のうちから一つ選べ。

ア　ドイツ ― 三国同盟

イ　ドイツ ― 三国協商

ウ　ロシア ― 三国同盟

エ　ロシア ― 三国協商

問6　下線部(6)に関連して，日本と関係する次のⅠ～Ⅲの出来事が古いものから順に正しく配列されたものを，後の選択肢(ア～エ)のうちから一つ選べ。

Ⅰ　韓国併合
Ⅱ　関東大震災
Ⅲ　二十一カ条の要求提出

ア　Ⅰ → Ⅱ → Ⅲ　　イ　Ⅰ → Ⅲ → Ⅱ
ウ　Ⅲ → Ⅰ → Ⅱ　　エ　Ⅲ → Ⅱ → Ⅰ

問7　下線部(7)に関連して，次のア～エのうち，1920年代までに国政選挙で女性参政権が実現しなかった国を一つ選べ。

ア　アメリカ合衆国　　イ　イギリス　　ウ　ドイツ　　エ　日本

問8　下線部(8)に関連して，第一次世界大戦後に設立された国際平和機関の名称と，その提唱者の組合せとして最も適当なものを，次の選択肢(ア～エ)のうちから一つ選べ。

ア　国際連合 ― ウィルソン
イ　国際連合 ― ゴルバチョフ
ウ　国際連盟 ― ウィルソン
エ　国際連盟 ― ゴルバチョフ

◀日本史探究▶

次の文章A·Bを読み，後の問い（問1～8）に答えよ。

A　1853年，4隻の艦隊をひきいた司令長官ペリーが浦賀に来航し，開国を求めるアメリカ大統領フィルモアの国書を提出した。翌年には7隻をひきいて再来日し，日米和親条約が結ばれた。さらに，1858年には日米修好通商条約をはじめとする安政の五カ国条約が締結され，翌年からは(1)貿易が開始されることになった。

1867年，大政奉還によって天皇を中心とする新体制への移行が模索され、薩摩藩と長州藩を中心に新政府が樹立された。新政府は戊辰戦争で旧幕府軍との戦闘を続ける一方で，(2)政治の刷新を進めた。そして，1871年には廃藩置県を断行し，中央集権体制を確立させるとともに，(3)富国強兵を目指す近代化政策を本格化させた。

他方，特権を奪われた士族や，新たな負担を課せられた民衆など，広い階層で政府の諸政策に対する不満が高まり，(4)各地で騒擾が頻発した。

[問1]　下線部(1)に関連して，幕末期の貿易とその影響について述べた文1～4について，正しいものの組合せとして最も適当なものを，後の選択肢（ア～エ）のうちから一つ選べ。

1　日本からの主要な輸出品は，器械製糸でつくられた生糸であった。
2　日本の主要な輸入品は，機械生産された毛織物·綿織物であった。
3　貿易開始当初は日本の輸出超過であったが，改税約書が結ばれると輸入超過に転じた。
4　安価な輸入品が国内の物価を下落させ，尊王攘夷運動の一因となった。

ア　1·3　　イ　1·4　　ウ　2·3　　エ　2·4

[問2]　下線部(2)に関連して，政治の刷新について述べた文X·Yと，それに関連する事項a～dの組合せとして最も適当なものを，後の選択肢（ア～エ）のうちから一つ選べ。

X　新政府によるこの施政方針は，天皇が神々に誓う形式で出された。
Y　この法令（布告）によって，アメリカの制度を参考にした政治組織が定められた。

a　五箇条の誓文　　b　漸次立憲政体樹立の詔　　c　政体書　　d　立志社建白

ア　X―a　Y―c

イ　X―a　Y―d

ウ　X―b　Y―c

エ　X―b　Y―d

問3　下線部(3)に関連して，新政府による富国強兵策について述べた文として誤っているものを，次の選択肢（ア～エ）のうちから一つ選べ。

ア　工部省の主導により鉄道の建設が進められ，新橋・横浜間が開通した。

イ　前島密が中心となって，それまでの飛脚に代わり，郵便制度が確立された。

ウ　近代的貨幣制度の確立を目的に新貨条例が制定され，円・銭・厘の十進法が採用された。

エ　国民皆兵を目指し，徴兵告諭に基づいて，免役規定のない徴兵令が出された。

問4　下線部(4)に関連して，次の地図は，1870年代から80年代にかけて起きた代表的な騒擾の地域と起きた年を示したものである。この地図に関して述べた文として最も適当なものを，後の選択肢（ア～エ）のうちから一つ選べ。

ア　地図の騒擾の中に，地租改正に反対して起きた騒動は見られない。

イ　1880年代の東日本の騒擾は，すべて物価の高騰を要因としている。

ウ　九州で起きた騒擾の中には，征韓派の元参議を擁した士族によって起こされたものがある。

エ　地図の騒擾の中には，愛国公党が結成される要因となったものがある。

B　幕末の日本は，列強から対等の条約を締結する文明国ではなく「半文明国」として扱われた。そのため，当時列強と結んだ条約には，日本にとって不平等な内容が含まれていた。

この幕末に締結を強いられた(5)不平等条約の改正は，新政府の重要な課題の一つであった。なかでも，日本にいる外国人に日本の法が適用できない領事裁判権を撤廃することは，国家の独立という観点からも重要な課題であった。

そのため，日本にいる外国人に適用できるような法整備が必要と考えた藩閥官僚らは，条約改正交渉を進める一方で，憲法に基づく政治体制の整備を本格化させていった。そして，1889年に(6)大日本帝国憲法が公布され，翌1890年には東アジアではじめて議会が開かれることになった。当初議会は，内閣と民権派の流れをくんだ民党と呼ばれる政党が，(7)予算案・法律案をめぐって対立していた。

しかし，(8)日清戦争が勃発すると，議会は政府の出す法案・予算案全てに賛成した。日清戦争後も政府と政党の提携が続き，1898年には初の政党内閣も誕生した。

問5　下線部(5)に関連して，新政府による条約改正交渉について述べた次の文Ⅰ～Ⅲについて，古いものから順に正しく配列されたものを，後の選択肢（ア～エ）のうちから一つ選べ。

Ⅰ　法権の回復と税権の一部回復を内容とする条約がイギリスとの間で締結された。

Ⅱ　国権論が高まるなか，井上馨の条約改正案に反対の声が上がった。

Ⅲ　岩倉具視・大久保利通らがアメリカにわたり，条約改正の予備交渉を行った。

ア　Ⅰ → Ⅱ → Ⅲ　　イ　Ⅱ → Ⅰ → Ⅲ

ウ　Ⅲ → Ⅱ → Ⅰ　　エ　Ⅲ → Ⅰ → Ⅱ

問6　下線部(6)に関連して，大日本帝国憲法の制定と内容について述べた文として最も適当なものを，次の選択肢（ア～エ）のうちから一つ選べ。

ア　憲法制定にともなって，華族制度が廃止された。

イ　主権は統治権の総攬者である国民にあるとされた。

ウ　軍隊の指揮・統率権である統帥権は議会にあるとされた。

エ　憲法草案を審議するため，枢密院が設置された。

問7　下線部(7)に関連して，初期議会について述べた文として最も適当なものを，次の選択肢（ア～エ）のうちから一つ選べ。

ア　衆議院議員の選挙権を与えられたのは，既定の額の国税を納める男性のみであった。

イ　衆議院議員のなかには，のちに『時事新報』を創刊する中江兆民がいた。

ウ　山県有朋内閣は，「政費節減・民力休養」を掲げて，民党と対立した。

エ　松方正義内閣が議会を解散して総選挙を行うと，吏党が圧勝した。

問8　下線部(8)に関連して，日清戦争とその講和について述べた文として最も適当なものを，次の選択肢（ア～エ）のうちから一つ選べ。

ア　甲申政変を鎮圧するため日本と清が朝鮮に出兵したことを契機に勃発した。

イ　清国だけではなく，朝鮮半島の一部の都市なども，日清両軍の戦場になった。

ウ　台湾の日本への割譲などを内容とする講和条約が，天津で結ばれた。

エ　講和後の三国干渉によって日本は樺太の返還を迫られた。

◀世界史探究▶

次の文章A･Bを読み，後の問い（問1～8）に答えよ。

A　大恐慌を背景として，1930年代のアメリカ（アメリカ合衆国）は大きく混乱していた。「ニューディール」を唱えた民主党のフランクリン＝ローズヴェルトが大統領に就任した時代でもある。彼は［(1)］を通じての炉辺談話で国民に(2)自らの政策を直接説明して恐慌克服をめざした。その政策は，必ずしも成功したとは言えないが，彼の政治姿勢が国民からの支持と民主主義への信頼を勝ち取ったことは間違いないだろう。

アメリカは対外的には，孤立主義政策を採用して(3)第一次世界大戦後に築かれた国際協調関係とは一定の距離を置いていた。しかし第二次世界大戦が勃発すると，武器貸与法を制定して(4)イギリスへの援助を開始した。そして日本による真珠湾攻撃が発生するとアメリカも参戦し，戦争は文字通り世界大戦となった。恐慌で混乱していたアメリカ経済は，戦争に参加したことで，ようやく回復した。

問1　空欄［(1)］にあてはまる語句として最も適当なものを，次の選択肢（ア～エ）のうちから一つ選べ。

ア　テレビ　　イ　電話　　ウ　インターネット　　エ　ラジオ

問2　下線部(2)に関連して，フランクリン＝ローズヴェルトが実施した政策について述べた文として誤っているものを，次の選択肢（ア～エ）のうちから一つ選べ。

ア　テネシー川流域開発公社（TVA）などの公共事業をおこした。

イ　農業調整法（AAA）を制定して，農産物を増産して価格を引き下げた。

ウ　ラテンアメリカ諸国に対して，善隣外交を行った。

エ　労働者の団結権などを保障したワグナー法を制定した。

問3　下線部(3)に関連して，第一次世界大戦後の国際協調関係について述べた文 1～4 について，正しいものの組合せとして最も適当なものを，後の選択肢（ア～エ）のうちから一つ選べ。

1 ロカルノ条約が締結され，アメリカ合衆国が国際連盟に加盟した。

2 ドーズ案が提示されると，フランスはルール地方から撤兵した。

3　不戦条約(ケロッグ=ブリアン条約)では，国際紛争解決の手段としての戦争を禁止した。

4　九ヵ国条約が締結されて，太平洋地域の現状維持が定められた。

ア　1・3　　イ　1・4　　ウ　2・3　　エ　2・4

問4　下線部(4)に関連して，戦間期のイギリスについて述べた文として最も適当なものを，次の選択肢(ア～エ)のうちから一つ選べ。

ア　シリアを委任統治領として獲得した。

イ　プロテスタントが多いアイルランドの自治を認めた。

ウ　世界恐慌の際に，金本位制に復帰した。

エ　労働党のマクドナルドが，首相となった。

B　アメリカで発生した恐慌の影響を受けたドイツでは，経済混乱の拡大以上に深刻な政治危機が発生した。この時期には，(5)憲法の規定を利用した少数派内閣が組織されて，議会の形骸化が進んだ。そのなかでヒトラーが率いる国民社会主義ドイツ労働者党(ナチ党)は，大衆宣伝を行って議席を伸ばし，政権を獲得した。首相となったヒトラーは，国内では独裁体制を確立させ，対外的には(6)第一次世界大戦で失った領土の奪還を図り，拡大主義を採った。

国際的に孤立していたドイツは，(7)スペイン内戦をきっかけに(8)イタリアと枢軸を結成した。さらに日本とも防共協定を締結し，イタリアも防共協定に参加して三国枢軸が形成された。英仏への不信感を強めたソ連と不可侵条約を結んだヒトラーが突如ポーランドに侵攻すると，英仏が対独宣戦を行って第二次世界大戦が勃発した。

問5　下線部(5)に関連して，当時の憲法を制定した都市と，その憲法の特徴を説明した文の組合せとして最も適当なものを，次の選択肢(ア～エ)のうちから一つ選べ。

ア　フランクフルト　―　社会権を定めた民主的な憲法だった。

イ　フランクフルト　―　男性普通選挙は実現したが，女性参政権は認められなかった。

ウ　ヴァイマル(ワイマール)　―　社会権を定めた民主的な憲法だった。

エ　ヴァイマル(ワイマール)　―　男性普通選挙は実現したが，女性参政権は認められなかった。

問6　下線部(6)に関連して，第一次世界大戦でドイツが失ったダンツィヒの位置として正しいものを，次の地図中のア～エのうちから一つ選べ。なお，ダンツィヒは現在の名称をグダニスクといい，冷戦期に港湾労働者を中心に自主管理労組「連帯」が結成された都市としても知られている。

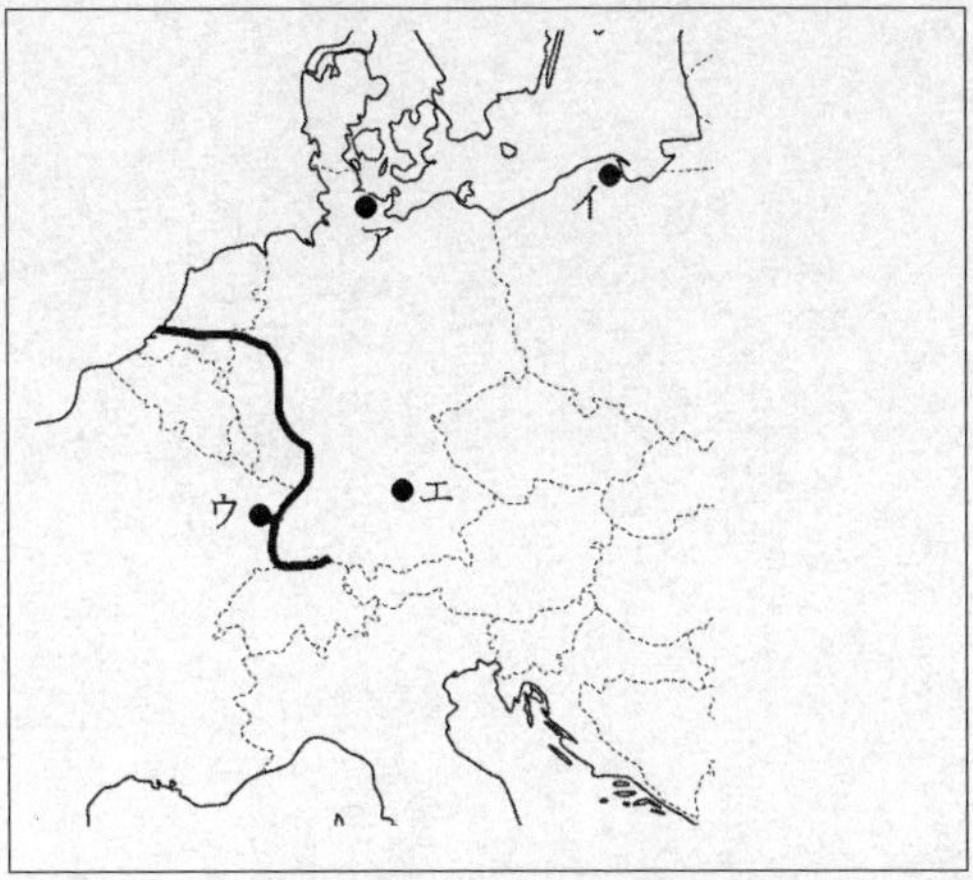

（国境線は現在のものである）

問7　下線部(7)のスペイン内戦について述べた文 X･Y の正誤の組合せとして最も適当なものを，後の選択肢（ア～エ）のうちから一つ選べ。

X　イギリスとフランスは不干渉政策を採用した。
Y　ピカソは，爆撃に抗議して「ゲルニカ」を描いた。

ア　X－正　Y－正　　イ　X－正　Y－誤
ウ　X－誤　Y－正　　エ　X－誤　Y－誤

問8　下線部(8)のイタリアについて述べた次の文Ⅰ～Ⅲについて，古いものから順に正しく配列されたものを，後の選択肢（ア～エ）のうちから一つ選べ。

Ⅰ　エチオピアを侵略して，併合した。
Ⅱ　ムッソリーニが，「ローマ進軍」により政権を獲得した。
Ⅲ　ローマ教皇庁と，ラテラノ条約を締結した。

ア　Ⅰ → Ⅱ → Ⅲ　　イ　Ⅱ → Ⅰ → Ⅲ

ウ　Ⅱ → Ⅲ → Ⅰ　　エ　Ⅲ → Ⅰ → Ⅱ

解答編

歴史

◀歴史総合▶

解答
問1．ア　問2．ウ　問3．エ　問4．イ
問5．ア　問6．イ　問7．エ　問8．ウ

◀日本史探究▶

解答
問1．ウ　問2．ア　問3．エ　問4．ウ
問5．ウ　問6．エ　問7．ア　問8．イ

◀世界史探究▶

解答
問1．エ　問2．イ　問3．ウ　問4．エ
問5．ウ　問6．イ　問7．ア　問8．ウ

////////////////////// · memo · //////////////////////

2024年度

問題と解答

一般入試（2月選考）・共通テストプラス（2月選考）：2月5日実施分

問題編

▶試験科目・配点

教　科	科　　　　目	配　点
外国語	コミュニケーション英語Ⅰ・Ⅱ・Ⅲ，英語表現Ⅰに共通する事項（約30分のリスニングを含む）	200点
国　語	国語総合（近代以降の文章）	100点

▶備　考

- 上記以外に，外国語学部では，資料記入（志望理由等，20分），グローバル・リベラルアーツ学部では，個人での日本語による面接（約10分，60点〈共通テストプラスは80点〉）が課される。
- リスニングの配点は英語200点中の60点。
- 外国語学部では，出願時に大学が指定する英語の外部資格・検定試験（4技能）の基準を満たし，その成績を証明する書類を提出した場合，取得スコア等により，「英語」科目の得点を満点とみなして合否判定を行う，または，5点加点をして合否判定を行う。
- 共通テストプラス（2月選考）：上記の英語・国語と，面接または資料記入にプラスして，大学入学共通テスト受験科目のうち，「地理歴史・公民」「数学」「理科」の出題科目のうち最高得点の科目を合否判定に使用する。

英 語

(90 分)

問題は全部で64問で，通し番号が1 ～ 64までついています。

解答用紙（マークシート）にも同様に1 ～ 64まで通し番号がついています。

前半60分はリーディング，後半約30分はリスニングです。

リスニングが始まるとリーディングには戻れません。注意してください。

リーディング：READING COMPREHENSION（No.1 ～ 3）
GRAMMAR AND USAGE（SECTION 1 ～ 2）

リスニング　：PART 1　CONVERSATIONS
（SHORT CONVERSATIONS, LONG CONVERSATIONS）
PART 2　MONOLOGUES（1 ～ 3）

READING COMPREHENSION

READING No. 1

編集部注：問題文中の網掛け部分は個人名を置き換えています。

Educators in Japan are concerned that while the number of foreign students is on the rise, they do not have the same access to language-learning opportunities depending on where they live. Places where foreign students are concentrated have better resources and support, while other areas run short. “There is a huge gap between areas with regard to support,” said A , head of YSC Global School, a private education support program. "I believe that half the students who need to be taught Japanese live in areas where there is little language-learning support." For students who had to take lessons in non-urban areas, traveling used to be a hurdle, but online lessons are useful today to support those students. YSC has provided online Japanese language lessons to such students since 2016, in addition to face-to-face classes.

The number of students who need Japanese language lessons in public schools reached 58,307 across the country in fiscal 2021, around 1.7 times more than it was a decade earlier. At Minami-Yoshida Elementary School in Yokohama, more than half of its 636 students have roots in foreign countries. It provides international classes that are specially designed for those students, including foreign nationals and those whose parents are from overseas. In Yokohama, elementary or junior high schools with five or more students who need to be taught Japanese are required to provide international classes. This means that students from foreign countries living in Yokohama are generally better **looked after** than those in other areas in Japan. More than a third of all elementary or junior high schools in Yokohama, or 194 schools, currently provide international classes. In general, students attend an international class only on subjects where they need support. They study other subjects in their homeroom class with other students.

Minami-Yoshida Elementary School provides seven international classes, catering to 153 students learning Japanese. Partly because Yokohama's well-known Chinatown is close by, the school has traditionally had many Chinese students. It has then accumulated a lot of institutional knowledge and experience in supporting students with roots in foreign countries. "In addition to the international classes, we provide various support including Japanese language lessons by Japanese language teachers or after-class study support," said B, the school's principal. "Volunteers also regularly support students in their mother tongue at our school, so various languages are heard here."

Currently, the school has students with roots in 22 foreign countries or regions. Some of its students are from the Islamic community, which means that teachers must be **considerate of** students' religions and diets, and not just their languages. "When those students enter our school, we provide interpreters for their parents so that we understand the children's needs regarding school lunch or prayer, among other things," B said. The school allows students who want to pray to do so in an unused classroom before lunchtime. Students who cannot eat certain foods, such as pork, bring their own lunch instead of eating the school lunch. "Other students just accept each other's differences with no problem," B said.

1 What is this reading mainly about?

a) Growing differences in school curriculum by area of residence

b) Various efforts to support foreign students in school education

c) Initiatives to provide classes for children living in non-urban areas

d) Academic challenges faced by students from the Islamic community

2 According to the reading, which one of the statements is correct about YSC Global School?

a) It is well-known for its international classes specially designed

出典追記：The Asahi Shimbun Asia & Japan Watch, January 2, 2023 一部改変

for foreign students.

b) Its students have the same access to educational support as those living in Yokohama.

c) Its head is aware that the Japanese language support in non-urban areas is not sufficient.

d) It introduced online lessons because it could not offer face-to-face lessons after the spread of COVID-19.

3 According to the reading, which one of the statements is correct about Minami-Yoshida Elementary School?

a) It prepares special school lunches for students with food restrictions.

b) International classes are open to both Japanese and foreign students.

c) Students with foreign roots are a minority among all children enrolled.

d) Foreign students can receive support in both Japanese and their mother tongue.

4 According to the reading, which one of the statements is B likely to agree with?

a) It is better for foreign students to learn as many subjects as possible in international classes.

b) It is important for the school to encourage students to appreciate each other's differences.

c) It is desirable that foreign students focus on developing their Japanese language without using their mother tongue.

d) It is natural that students from foreign countries living in Yokohama have more educational opportunities than Japanese students in non-urban areas.

5 Which word is closest in meaning to **looked after** in paragraph 2?

a) helped

b) accepted

c) prepared

d) understood

6 Which expression is closest in meaning to **considerate of** in the last paragraph?

a) familiar with

b) interested in

c) thoughtful about

d) delighted with

READING No. 2

The Louvre Museum, in Paris, is one of the most well-known museums on Earth. It has more than 600,000 objects and displays about 35,000 different works at a time in its permanent collection. There are 50,000 pieces from ancient Egypt alone. In 2022, there were nearly eight million visitors to the Louvre, making it the world's most visited museum. These attendance numbers are related to the main museum, located in France. But did you know that there are several satellite branches of the Louvre around the world? The most well-known ones are in other French cities, such as Lens. However, if you look beyond Europe, you'll find one in Abu Dhabi, and, believe it or not, rural Japan.

The Japon Louvre Sculpture Museum, founded in 1987, has 1,300 replicas of works from its sister museum. It is located in Tsu,

Mie prefecture, a little less than two hours from Kyoto Station. Every sculpture on display is a cast replica of the original work in France, so every single detail, flaw, and even cracks from damage over the years, are reproduced in the works. It truly was a labor of love for the staff of the Louvre to faithfully recreate each sculpture. Haven’t you always wanted to see the Venus de Milo, Winged Venus, or the code of Hammurabi? You don’t need to worry about international travel, just head over to Mie, stopping in Kyoto or Nara along the way. In addition to pieces from the Louvre, the museum contains replicas of pieces from New York’s Metropolitan Museum of Art, the British Museum, and many others. It truly is a museum like no other on Earth.

As you might imagine, the Louvre protects its name and collection very strictly. They don’t allow just anyone to use the name, and certainly don’t let replicas be made without permission. Therefore, it wasn’t easy to get this Japanese museum approved by the French staff. Yujiro Takegawa, a Buddhist priest, who was impressed and inspired by the original Louvre’s exhibits, is the one who made the Tsu museum become a reality. He had to make seventeen trips to France before the Louvre finally **signed off on** the creation of the Japanese sculpture museum. He also enlisted the help of architect Kisho Kurokawa, of Nakagin Capsule Tower fame, to design the building that would eventually house the Louvre’s valuable replicas.

The Japon Louvre Sculpture Museum is located within the grounds of, and run by, Hojuyama Daikannon Buddhist Temple. The comprehensive Buddhist sculpture collection in its own museum is a sight to behold by itself. However, when the two museums are seen together, they offer the visitor a wonderful contrast between Western and Eastern art. The Buddhist collection is known for its

Senju Kannon statue, one of only three in all of Japan to actually have one thousand arms as the name suggests. This museum is open daily from 9:30 AM to 5:00 PM. For 2,000 yen, you can access both the Louvre Sculpture Museum and Daikannon Temple. That might seem a bit **steep**, but it is more than worth it when you think about how much is on display.

7 What is this reading mainly about?

a) The influence of the Louvre on museums worldwide

b) The way the Louvre became the most famous museum in the world

c) A unique museum found in the countryside of Japan

d) A Buddhist temple which has an extensive collection of the replicas of Buddhist art

8 According to the reading, which one of the statements is correct?

a) The Japon Louvre Sculpture Museum can be found in Nara prefecture.

b) There is a branch of the Metropolitan Museum of Art located in central Japan.

c) The Buddhist temple museum contains an extremely rare piece of religious art.

d) There is an exchange program for sculptures between the Louvre and British Museum.

9 According to the reading, which one of the statements is correct?

a) A replica of the Venus de Milo can be seen in the Abu Dhabi Louvre.

b) It was not so difficult for Yujiro Takegawa to realize his goal.

c) Kisho Kurokawa had an important role in getting the Japanese museum created.

d) The creator of the Japanese museum was required to study in France.

10 According to the reading, which one of the statements is correct about the Japon Louvre Sculpture Museum?

a) It contains replicas of pieces from the Louvre Museum only.

b) It displays a statue which has one thousand arms.

c) It was designed by the same architect who designed the satellite branch in Lens.

d) It was built by a Buddhist priest who was impressed by the exhibits at the Louvre Museum in Paris.

11 Which word is closest in meaning to **signed off on** in paragraph 3?

a) autographed

b) approved

c) selected

d) registered

12 Which word is closest in meaning to **steep** in the last paragraph?

a) severe

b) difficult

c) sharp

d) expensive

READING No. 3

Vaccines save lives, but far too many children in the world are not being vaccinated. The COVID-19 pandemic only added to their numbers. The children who are not vaccinated live in the poorest, most remote and marginalized communities. To reach them, it is vital to prioritize investment in primary health care and in the health workers, mostly women, who deliver medical services.

In remote rural villages, city slums, conflict settings, and many other places around the world, far too many children are not getting the vaccines they need to protect them against serious diseases. In 2021, over 25 million children were estimated to be either "under-vaccinated" or "unvaccinated," the latter of which is known as zero-dose. Many of these children come from the poorest families and communities. They have limited access to basic services, such as clean water, education, and primary health care.

Just as it did with so many other aspects of life, the COVID-19 pandemic severely disrupted childhood immunization. UNICEF estimates that 67 million children missed out entirely or partially on routine immunizations between 2019 and 2021. In percentage terms, the share of vaccinated children fell to 81%. In other words, around one in five children worldwide were not fully protected against diseases that can be prevented by vaccination.

The story of zero-dose and under-immunized children is overwhelmingly a story of inequalities. In Nigeria, Angola, and Papua New Guinea, children from the wealthiest group in society are at least five times more likely to be vaccinated than those from the poorest group (Table 1).

Table 1. Ten countries with the largest gap in zero-dose children between the poorest and wealthiest households

The percentage of zero-dose children		
Country	Poorest	Wealthiest
Nigeria	65.2	3.8
Angola	54.6	5.5
Papua New Guinea	58.6	10.1
Central African Republic	62.9	12.7
Guinea	59.9	12.7
Ethiopia	46.9	21.5
Democratic Republic of Congo	50.7	4.8
Lao People's Democratic Republic	45.6	11.4
Pakistan	33.4	13.6
Madagascar	38.3	12.5

Source: Victora, Cesar, and Aluísio Barros, *Within-country Inequalities in Zero-dose Prevalence*, International Center for Equity in Health, 2022.

Poverty is not the only factor that prevents many children from getting enough immunization. Gender inequalities in the health workforce can also reduce children's access to immunization. Women **make up** 63.8% of the health sector workforce in low- and middle-income countries and 75.3% in high-income countries. Although women provide most of the work of immunization on the ground in most parts of the world, they face challenges, including low pay, informal employment, lack of career opportunities and threats to their security. These women earn an average of 20% less than men.

In every corner of the globe, it is the health workers who are the key to the health of children and communities. They need employment packages that focus on good and regular pay, decent working conditions, and opportunities for career advancement. Addressing gender inequalities in the health workforce means increasing opportunities for full-time recognized employment. It also requires establishing education pathways that provide career development and training opportunities for female health workers. These improvements can result in enhancing the provision of vaccines to children.

Failure to immunize children hurts the **prospects** of accomplishing the Sustainable Development Goals (SDGs). Immunization is crucial to achieving SDG 3, which aims to "ensure healthy lives and promote well-being for all at all ages," but it is also linked to other SDGs. For example, by supporting children's cognitive development and educational achievement, immunization can drive progress on SDG 4 — delivering quality education. In that sense, immunization is at the heart of our collective commitment to achieve a better and more sustainable future for us all.

13 What is this reading mainly about?

a) The growing support for female health workers
b) The challenges in providing vaccines to children
c) The history of immunization programs by UNICEF
d) The achievement of SDGs in remote communities

14 According to the reading, which one of the statements is correct?

a) Vaccines are reaching many children in remote rural villages today.
b) In 2021, the number of under-vaccinated children reached 25 million for the first time.
c) People in city slums had to set a limit on water use during the COVID-19 pandemic.
d) Due to the COVID-19 pandemic, 67 million children were not fully vaccinated.

出典追記：The State of The World's Children 2023, UNICEF

15 According to the reading and Table 1, which one of the statements is correct?

a) In Angola, children from the poorest group in society are about ten times more likely than the wealthiest to be unvaccinated.

b) In Madagascar, the likelihood to be vaccinated is the same for a child from the wealthiest group in society and one from the poorest group.

c) The gap in zero-dose children between the poorest and wealthiest households is the largest in Papua New Guinea.

d) The gap in zero-dose children between the poorest and wealthiest households is the smallest in the Central African Republic.

16 According to the reading, which one of the statements is correct about female health workers?

a) Many of them are from poor families in urban areas.

b) 20% of them make less money than male health workers.

c) They need to be provided with more opportunities for training.

d) The number of full-time jobs is increasing for them.

17 Which expression is closest in meaning to **make up** in paragraph 5?

a) stand out

b) account for

c) reflect on

d) bring about

18 Which word is closest in meaning to **prospects** in the last paragraph?

a) means

b) objectives

c) principles

d) chances

GRAMMAR AND USAGE

SECTION 1

In India, cattle are sacred animals for the majority Hindu community. In Delhi, the capital of India, cows walk slowly on the streets, and ___(19)___ taboo to eat them. A Japanese beef bowl chain has restaurants there, but no beef is served. Instead, the main dishes are chicken in such items as Teriyaki Chicken Bowl and Karaage Chicken Bowl. McDonald's restaurants don't serve beef, ___(20)___. Chicken Burgers and Veggie Burgers with potato croquettes are on their menu.

The culture of eating beef ___(21)___ to spread throughout Japan in the Meiji period. There are a lot of beef recipes available and beef bowl is one of the most popular Japanese dishes today. It ___(22)___ thin slices of beef and onion topped on a bowl of rice. It is flavored with soy sauce, sweet rice wine, and *dashi* powder or stock. It is not only fast and easy to cook ___(23)___ a fast and cheap way to eat out. However, there may be a change in the culture of beef eating in the future.

According to scientists, methane gas from cattle is (24) to be a major cause of global warming. The U.S. Environmental Protection Agency says that methane gas has a greenhouse effect that is 25 times greater than (25) of carbon dioxide in trapping heat. In 2021, an American cooking website declared that it would (26) publish beef recipes. All food, not just beef, has an environmental impact. We need to think, discuss, and adjust our lifestyle.

19
a) they are
b) we are
c) it is
d) there is

20
a) too
b) so
c) neither
d) either

21
a) begin
b) began
c) begun
d) has begun

22
a) consists of
b) is consisted of
c) made into
d) is made into

23
a) as well
b) but also
c) enough to
d) moreover

24
a) considering
b) to consider
c) considered
d) consideration

25
a) most
b) one
c) some
d) that

26
a) no longer
b) none
c) not so much as
d) nothing but

出典追記：Chikako Tada, Every BENTO tells a story: Beef Bowl, Asahi Weekly

SECTION 2

27 I arrived in Ho Chi Minh last night, and it _____ since then.

a) rained

b) is rained

c) will have rained

d) has been raining

28 _____ the noise, Ryan was able to concentrate on his task.

a) Despite

b) Along

c) Although

d) Because

29 Australia _____ after an imaginary continent called "Terra Australis Incognita", which means "Unknown Southern Land" in Latin.

a) named

b) has named

c) was named

d) was namely

30 Penelope practiced her presentation several times so _____ to feel more confident.

a) as

b) long

c) well

d) that

31 Professor Zhao has _____ expressed his concern about the potential danger of AI.

a) repeats

b) repeated

c) repeatedly

d) to repeat

32 The restaurant _____ we had dinner last night was very crowded.

a) that

b) which

c) when

d) where

33 Sara has a busy schedule and little free time. _____, she tries to visit her grandparents every weekend.

a) After that

b) Even so

c) Meanwhile

d) On the contrary

34 "Would you mind _____ the door, please?"

"Not at all."

a) to close

b) closing

c) for closing

d) to have closed

編集部注：リスニング音源は，大学公式のウェブサイトで公表されています。
https://www.kandagaigo.ac.jp/kuis/main/nyushi/
「過去問題Ａ音声」
　なお，上記のリンクは 2024 年 6 月時点のものであり，掲載元の都合によってはアクセスできなくなる場合もございます。あらかじめご了承ください。

LISTENING COMPREHENSION

Part 1 CONVERSATIONS

SHORT CONVERSATIONS

35 Which one of the statements is correct?

a) The woman looked for the smartphone in the bookbag.

b) The woman will allow the man to use her smartphone.

c) The man forgot to bring his bookbag in the morning.

d) The man wants to call his mom to take him to school.

36 Which one of the statements is correct?

a) The man went on a camping trip with his family.

b) The woman enjoyed telling ghost stories.

c) The man was camping at night.

d) The woman wants to go camping in the future.

37 Which one of the statements is correct about the group history assignment?

a) The man has already started working on it.

b) The woman will give the man her part tomorrow.

c) The man will wake up early in the morning to complete it.

d) The woman wants to check it before the final deadline.

38 Which one of the statements is correct?

a) The woman is asking about the flight.

b) The man prefers to take the bus to the city.

c) The woman will ride an express bus for 20 minutes.

d) The bus ride to the city takes about two hours.

39 Where did the woman go yesterday?

a) The shopping mall

b) The university campus

c) A bus stop

d) A gift shop

40 Which one of the statements is correct about the man?

a) He stayed up too late last night.

b) His alarm clock didn't go off and he overslept.

c) He has decided not to go to the gym today.

d) His alarm clock was set for 4:30 a.m.

41 Which one of the statements is correct about the speakers?

a) They will go to Hokkaido for the winter break.

b) They went skiing in Niigata last year for vacation.

c) They will enjoy winter sports two years in a row.

d) They are planning to visit somewhere warm this winter.

42 Which one of the statements is correct?

a) The man is helping the woman.

b) The woman will eat spicy chicken.

c) The man had Indian food.

d) The woman is making curry for the man.

43 Which one of the statements is correct?

a）The woman is a doctor.

b）The woman should apologize to the man.

c）The man will see the woman this afternoon.

d）The man plans to attend a meeting on Friday.

44 Which one of the statements is correct?

a）The woman helped the man with the math exam.

b）The man will meet the woman at lunch.

c）The woman took a chemistry exam in the morning.

d）The man did well on his chemistry exam.

45 Which one of the statements is correct about the speakers?

a）The man is borrowing a book from the woman.

b）The man found the book in his dormitory room.

c）The woman was worried about the man for a while.

d）The woman forgot to talk to the man at the party.

46 Which one of the statements is correct?

a）The man is busy working at the cafeteria on Friday.

b）The man is at the entrance of the cafeteria.

c）The woman teaches history to the man.

d）The woman will meet the man on Friday.

47 Which one of the statements is correct?

a）Kathy was not feeling well on her birthday.

b）The man couldn't meet Kathy last Sunday.

c）The woman left the party early with her friend.

d）The woman is on her way home right now.

48 Which one of the statements is correct about the man?

a) His mother is a professional chef.

b) He liked to eat cake, cookies, and pudding.

c) He has his own shop selling various sweets.

d) He knows how to make different kinds of sweets.

49 Which one of the statements is correct?

a) The woman overslept this morning.

b) The woman finished writing a report.

c) The man went to bed early last night.

d) The man took a sociology class.

50 Which one of the statements is correct?

a) All of the students in the woman's class will dance at the school festival.

b) The man refuses to join the dance performance at the festival.

c) The woman thinks her class should do something other than dance.

d) Some students in the woman's class uploaded their performance online.

LONG CONVERSATIONS

Long Conversation 1

51 Which one of the statements is correct about the woman?

a) She asked the man about his online interview.

b) She gets nervous during face-to-face interviews.

c) She is a job interviewer for an international company.

d) She wants to meet the man face-to-face.

52 Which one of the statements is correct about the man?

a) He is interested in the woman's summer plans.

b) He prefers online interviews to face-to-face interviews.

c) He is helping the woman find a job for the summer.

d) He wants to interview the woman for a job abroad.

Long Conversation 2

53 Which one of the statements is correct?

a) The woman's daughter will do a homestay visit in the U.S.

b) The man's homestay family is originally from the Philippines.

c) The woman thinks that she will like her homestay family.

d) The man is sure that he will enjoy his homestay visit to the U.S.

54 Which one of the statements is correct about the homestay family?

a) The mother has traveled to many other countries.

b) The daughter and the woman do not like to paint.

c) The father's favorite hobbies are painting and drawing.

d) The father first contacted the woman about visiting the U.S.

Long Conversation 3

55 What are the speakers mainly talking about?

a) An old smartphone camera

b) The man's childhood memories

c) The woman's father's camera

d) The effects of technology on photography

56 What does the woman think about taking photos in the future?

a) Pictures will be free.

b) Using an old camera will be interesting.

c) Pictures will not be taken on smartphones.

d) It will not take a long time to develop photos.

Long Conversation 4

57 Where are the speakers?

a) At home

b) At a restaurant

c) At a pizza place

d) At a Hawaiian store

58 What do the speakers plan to do?

a) Go out and eat pizza

b) Install the Pizza Hut app

c) Try a new pizza place

d) Make a phone call

Part 2 MONOLOGUES

Monologue 1

59 Which one of the statements is correct about the Bajadasaurus?

a) It weighed about 10,000 kilograms.

b) It was smaller than the Triceratops.

c) Its bones were discovered in North America.

d) It was similar in size to the Tyrannosaurus rex.

60 Which one of the statements is correct about the Bajadasaurus's neck?

a) It was around three meters long.

b) It helped the dinosaur escape from other animals.

c) It was used to hunt and eat other creatures.

d) It was relatively short, but extremely sharp.

Monologue 2

61 What is this monologue mainly about?

a) A history of ambassadors to China

b) A pet cat that currently lives in London

c）A cartoon character which comes from Japan

d）A person who made popular items for girls

62 According to the monologue, which one of the statements is correct?

a）Hello Kitty was well-known around the world by the mid-1980s.

b）Twin sisters in London are good at making new characters.

c）Sanrio items began to be sold officially in China in 2008.

d）Hello Kitty first appeared on adults' items like coin purses.

Monologue 3

63 What is this monologue mainly about?

a）The closure of a famous musical

b）The history of Broadway musicals

c）The storyline of *the Phantom of the Opera*

d）Scheduled musical performances outside the U.S.

64 According to the monologue, which one of the statements is correct?

a）The London theater that has shown *the Phantom of the Opera* is closing soon.

b）*The Phantom of the Opera* was the most popular musical during the pandemic.

c）Many of *the Phantom of the Opera*'s audience were from outside New York City.

d）The number of visitors to New York City has continued to increase in recent years.

放送内容

LISTENING COMPREHENSION

PART 1: CONVERSATIONS

SHORT CONVERSATIONS

Conversation 35

M: Have you seen my smartphone anywhere? I need to text Mom to let her know that I need a ride home from school today.
W: Oh, I think I saw Dad put it in your bedroom earlier while he was cleaning the house. Let me go check for you.
M: Thanks. I thought I packed it in my bookbag this morning, but I guess not.
W: Sorry, it wasn't there. Why don't you use mine for now to contact Mom?
M: Great, thank you.

Question 35. Which one of the statements is correct?

a) The woman looked for the smartphone in the bookbag.
b) The woman will allow the man to use her smartphone.
c) The man forgot to bring his bookbag in the morning.
d) The man wants to call his mom to take him to school.

Conversation 36

W: Did you enjoy the camping trip with your co-workers?
M: Yeah, it was amazing! The weather was perfect, and the scenery was breathtaking.
W: What was your favorite part?
M: Sitting around the campfire at night, roasting marshmallows, and telling ghost stories.

Question 36. Which one of the statements is correct?

a) The man went on a camping trip with his family.
b) The woman enjoyed telling ghost stories.
c) The man was camping at night.
d) The woman wants to go camping in the future.

Conversation 37

W: Hey, did you finish our group history assignment yet?
M: No, I have been so busy with my part-time job that I haven't even started yet. Can I give it to you sometime this weekend?
W: Well, I already finished my part of the assignment, and the final deadline is in a couple of days. I just wanted to look for any errors before we submit it. Do you think you can finish it up by tomorrow?
M: Sure, I will stay up a little bit later tonight to complete it. I'll give it to you before lunchtime tomorrow.

Question 37. Which one of the statements is correct about the group history assignment?

a) The man has already started working on it.
b) The woman will give the man her part tomorrow.
c) The man will wake up early in the morning to complete it.
d) The woman wants to check it before the final deadline.

Conversation 38

M: Wow, that was a long flight!
W: Yes, it sure was. We need to get to our hotel. How long will it take us to travel to the city?
M: One hour by train, but the fare is a little expensive.
W: Should we try the express bus? It's a little cheaper, and there is one leaving in 20 minutes.
M: I'm not sure. The bus will take twice as long as the train.

Question 38. Which one of the statements is correct?

a) The woman is asking about the flight.
b) The man prefers to take the bus to the city.
c) The woman will ride an express bus for 20 minutes.
d) The bus ride to the city takes about two hours.

Conversation 39

M: Have you been to the new train station near campus?
W: Yes, I have. Yesterday, I went to the mall and used that stop.
M: What did you think of it? Does it have any special decorations?
W: Not really. It looks like every other train station in Japan.

Question 39. Where did the woman go yesterday?

a) The shopping mall
b) The university campus
c) A bus stop
d) A gift shop

Conversation 40

W: It's almost 8:30. Didn't you say you were going to the gym this morning?
M: Yes, but I had trouble sleeping last night, so I think I'll skip it today.
W: What time did you fall asleep? Did you stay up too late?
M: I went to bed at the usual time, but I woke up at 4:30 a.m.! I felt sleepy again at 7 and now I'm tired.

Question 40. Which one of the statements is correct about the man?

a) He stayed up too late last night.
b) His alarm clock didn't go off and he overslept.
c) He has decided not to go to the gym today.
d) His alarm clock was set for 4:30 a.m.

Conversation 41

W: Our winter vacation is coming up. What shall we do this year?
M: Well, last year we went to Hokkaido, so why don't we go somewhere warmer?
W: But I really enjoyed snowboarding there last year. I want to go again.
M: Yeah, me too, but flights will be expensive for Hokkaido now. Let's try Niigata this year.
W: That sounds like a great idea.

Question 41. Which one of the statements is correct about the speakers?
a) They will go to Hokkaido for the winter break.
b) They went skiing in Niigata last year for vacation.
c) They will enjoy winter sports two years in a row.
d) They are planning to visit somewhere warm this winter.

Conversation 42

M: Something smells good! What are you cooking?
W: I'm not cooking anything. I'm just heating up curry and rice. Are you hungry?
M: No, I've already eaten lunch. I went to that Indian restaurant by the station.
W: Oh, did you have curry? I love the spicy chicken there.

Question 42. Which one of the statements is correct?
a) The man is helping the woman.
b) The woman will eat spicy chicken.
c) The man had Indian food.
d) The woman is making curry for the man.

Conversation 43

M: Emily? I'm sorry, but I can't make it to the meeting this afternoon.
W: Why? Are you sick?
M: Yeah, I'm not feeling well. I have to go to the doctor.
W: Oh. I'm sorry to hear that. I hope you can make it to the meeting on Friday.
M: I'll be there. Thanks.

Question 43. Which one of the statements is correct?
a) The woman is a doctor.
b) The woman should apologize to the man.
c) The man will see the woman this afternoon.
d) The man plans to attend a meeting on Friday.

Conversation 44

W: How did your math exam go this morning?
M: Oh, it went well, thanks to you. Thank you so much for helping me with it.
W: No problem. I'm glad it went well. So, would you help me with my chemistry exam that's scheduled for tomorrow?
M: Sure. Shall we meet at the library after lunch? I'll be on the second floor.
W: Sounds great! See you then.

Question 44. Which one of the statements is correct?
a) The woman helped the man with the math exam.
b) The man will meet the woman at lunch.
c) The woman took a chemistry exam in the morning.
d) The man did well on his chemistry exam.

Conversation 45

W: Hey, Tim. Here's the book I talked about at the party last month.
M: Oh, great. I totally forgot about it. Thanks.
W: It took me a while to locate it. I thought I had left it in my dormitory room but found it at my parents' house.
M: No worries. I'll finish it by the end of this month and return it to you.
W: Sure. Take your time.

Question 45. Which one of the statements is correct about the speakers?
a) The man is borrowing a book from the woman.
b) The man found the book in his dormitory room.
c) The woman was worried about the man for a while.
d) The woman forgot to talk to the man at the party.

Conversation 46

W: Are you free this Friday afternoon?
M: I should be. Why do you ask?
W: I'm wondering if you could help me with my history report.
M: Sure. Where shall we meet? At the cafeteria?
W: Thanks. The cafeteria sounds good. I'll be sitting near the entrance.

Question 46. Which one of the statements is correct?
a) The man is busy working at the cafeteria on Friday.
b) The man is at the entrance of the cafeteria.
c) The woman teaches history to the man.
d) The woman will meet the man on Friday.

Conversation 47

M: Did you go to Kathy's party last Sunday? I didn't see you there.
W: I did. But I felt sick soon after I got there.
M: Oh, that's too bad. Did you leave early then?
W: Yeah. My friend suggested I go home and she gave me a ride.

Question 47. Which one of the statements is correct?
a) Kathy was not feeling well on her birthday.
b) The man couldn't meet Kathy last Sunday.
c) The woman left the party early with her friend.
d) The woman is on her way home right now.

Conversation 48

W: When you were young, what did you want to be in the future?
M: I used to say that I wanted to be a pâtissier because I liked making sweets, though I didn't eat them very much.
W: What did you like to make? Cake, cookies, or pudding?
M: All of them. My mother was good at making sweets, and I learned from her how to make various kinds of desserts.

Question 48. Which one of the statements is correct about the man?
a) His mother is a professional chef.
b) He liked to eat cake, cookies, and pudding.
c) He has his own shop selling various sweets.
d) He knows how to make different kinds of sweets.

Conversation 49

W: I found myself falling asleep in front of my computer last night while working on my sociology report.
M: I often end up falling asleep, too, especially after I take a shower. How late did you stay up last night, then?
W: Until 2 a.m., and I completed my report. I need to go to sleep early tonight because I have to get up early tomorrow. Otherwise, I'll oversleep!
M: You definitely should do so.

Question 49. Which one of the statements is correct?
a) The woman overslept this morning.
b) The woman finished writing a report.
c) The man went to bed early last night.
d) The man took a sociology class.

Conversation 50

M: What is your class going to do at the school festival?
W: We are going to do a dance performance. One of my classmates found a really cool one on the Internet, and we wanted to give it a try.
M: You mean all the students in your class? There must be some who are not willing to do it.
W: Yeah, there were some in fact, but we convinced them to join us because it'll be the last school festival for us!

Question 50. Which one of the statements is correct?
a) All of the students in the woman's class will dance at the school festival.
b) The man refuses to join the dance performance at the festival.
c) The woman thinks her class should do something other than dance.
d) Some students in the woman's class uploaded their performance online.

LONG CONVERSATIONS

Long Conversation 1

M: What are your plans for summer vacation?
W: I plan to work at an international company. I have a job interview next Tuesday.
M: Sounds great. Is it an online interview or a face-to-face interview?
W: Face-to-face. But I prefer online.
M: Why? Face-to-face interviews are better because you can see the reaction of the interviewers very clearly.
W: I see what you mean, but I get too nervous. Also, online interviews are more convenient. I don't have to travel to the company office. I can stay home!
M: That's a good point.
W: What about you? Do you have plans to work this summer?

Question 51. Which one of the statements is correct about the woman?
a) She asked the man about his online interview.
b) She gets nervous during face-to-face interviews.
c) She is a job interviewer for an international company.
d) She wants to meet the man face-to-face.

Question 52. Which one of the statements is correct about the man?
a) He is interested in the woman's summer plans.
b) He prefers online interviews to face-to-face interviews.
c) He is helping the woman find a job for the summer.
d) He wants to interview the woman for a job abroad.

Long Conversation 2

M: I heard that you will be doing a homestay visit in the U.S. That sounds fun!
W: I am really looking forward to it.
M: Have you contacted your homestay family yet?
W: Yeah, I sent them an email introducing myself about a week ago. My homestay mother replied two days later.
M: What is she like?
W: She seems nice. She was born in the U.S., but her parents originally came from the Philippines. She has been to over 20 countries. Also, her daughter and I both enjoy the same hobbies – she is a big fan of painting and drawing.
M: How nice! It seems like you all will become friends in no time.
W: I am sure that we will.

Question 53. Which one of the statements is correct?
a) The woman's daughter will do a homestay visit in the U.S.
b) The man's homestay family is originally from the Philippines.
c) The woman thinks that she will like her homestay family.
d) The man is sure that he will enjoy his homestay visit to the U.S.

Question 54. Which one of the statements is correct about the homestay family?

a) The mother has traveled to many other countries.
b) The daughter and the woman do not like to paint.
c) The father's favorite hobbies are painting and drawing.
d) The father first contacted the woman about visiting the U.S.

Long Conversation 3

M: My father showed me his old camera that he bought when I was a child.
W: Does he still take pictures with it?
M: No, not anymore. He said that times have changed.
W: What do you mean? We take pictures all the time.
M: Yes, but we don't use cameras, and we don't use film.
W: Oh, I see. We use our smartphones to take pictures, not cameras.
M: Exactly, and we get digital photos instantly for free. We don't have to wait and pay for film to be developed like our parents did.
W: Yeah, I don't think we'll use smartphones to take pictures 20 years from now.

Question 55. What are the speakers mainly talking about?

a) An old smartphone camera
b) The man's childhood memories
c) The woman's father's camera
d) The effects of technology on photography

Question 56. What does the woman think about taking photos in the future?

a) Pictures will be free.
b) Using an old camera will be interesting.
c) Pictures will not be taken on smartphones.
d) It will not take a long time to develop photos.

Long Conversation 4

M: I feel like ordering a pizza tonight.
W: Me too. So what do you want to get?
M: Something that we haven't tried before.
W: There are some new pizza places that look good.
M: Let's order from Pizza Hut again. Their pizza's really good.
W: OK. How about a Hawaiian? We haven't had that yet.
M: Good idea. Do you have the Pizza Hut app?
W: No, but I can call their delivery service, and they can bring the pizza here to our home.

Question 57. Where are the speakers?

a) At home
b) At a restaurant
c) At a pizza place
d) At a Hawaiian store

Question 58. What do the speakers plan to do?
a) Go out and eat pizza
b) Install the Pizza Hut app
c) Try a new pizza place
d) Make a phone call

PART 2: MONOLOGUES

Monologue 1

Scientists have recently discovered a new species of dinosaur. The species is called the Bajadasaurus, and its bones were discovered in South America. What makes this dinosaur so special is its incredibly long neck with long sharp spikes. Many scientists believe it was used to defend itself against other creatures that wanted to eat it. By swinging its neck around, and using it as a weapon, it could easily injure other animals, and then safely run away. It only did this in self-defense, since the Bajadasaurus was an herbivore, which means it only ate plants.

Furthermore, it was also a relatively small dinosaur, standing at only about three meters tall and weighing around 1,000 kilograms. This makes it much smaller than some of the more famous dinosaurs, like the Tyrannosaurus rex or Triceratops. But despite its size, the Bajadasaurus was a fascinating creature that existed millions of years ago.

Question 59. Which one of the statements is correct about the Bajadasaurus?
a) It weighed about 10,000 kilograms.
b) It was smaller than the Triceratops.
c) Its bones were discovered in North America.
d) It was similar in size to the Tyrannosaurus rex.

Question 60. Which one of the statements is correct about the Bajadasaurus's neck?
a) It was around three meters long.
b) It helped the dinosaur escape from other animals.
c) It was used to hunt and eat other creatures.
d) It was relatively short, but extremely sharp.

Monologue 2

A cartoon character, internationally known as Hello Kitty, appears in hundreds of products for children and adults throughout the world. Created in 1974 by the Japanese company Sanrio, the character is a small, round-faced, cartoon cat-like girl with black eyes, a yellow nose, no mouth, and a red bow perched on her left ear. According to Sanrio, Hello Kitty is a girl and not a cat, and the biography created by the company says that she was born in suburban London, where she lives with her parents and her twin sister. She enjoys baking cookies, playing the piano, and, above all, making friends.

Sanrio created Hello Kitty as part of a line of cartoon characters for its products. She first appeared on children's items such as coin purses and, by the mid-1980s, she had gained worldwide fame. In 2008, Hello Kitty was named Japan's official tourism ambassador to China.

Monologue 2 出典追記：Hello Kitty cartoon character, Britannica, Encyclopaedia Britannica Inc

Question 61. What is this monologue mainly about?

a) A history of ambassadors to China
b) A pet cat that currently lives in London
c) A cartoon character which comes from Japan
d) A person who made popular items for girls

Question 62. According to the monologue, which one of the statements is correct?

a) Hello Kitty was well-known around the world by the mid-1980s.
b) Twin sisters in London are good at making new characters.
c) Sanrio items began to be sold officially in China in 2008.
d) Hello Kitty first appeared on adults' items like coin purses.

<u>Monologue 3</u>

The Phantom of the Opera closed last Sunday after 35 years on New York City's famous Broadway. The musical show opened on January 26, 1988. It completed nearly 14,000 performances.

The show is the story of the phantom, a composer with a misshapen face who wears a mask and haunts the Paris Opera House. He falls in love with Christine, a young singer.

New York theater experts say that many shows had difficulties coming back after Broadway closed for 18 months during the COVID-19 pandemic. Some, such as the musical "Hamilton", returned to full audiences. But other shows, including *the Phantom of the Opera*, depend heavily on out-of-town visitors. Many tourists have yet to come back to New York City.

There are still theaters where you can see this show around the world. It is in its 37th year in London. You can also see Phantom in Japan, Greece, Australia, Sweden, Italy, South Korea, and the Czech Republic.

Question 63. What is this monologue mainly about?

a) The closure of a famous musical
b) The history of Broadway musicals
c) The storyline of *the Phantom of the Opera*
d) Scheduled musical performances outside the U.S.

Question 64. According to the monologue, which one of the statements is correct?

a) The London theater that has shown *the Phantom of the Opera* is closing soon.
b) *The Phantom of the Opera* was the most popular musical during the pandemic.
c) Many of *the Phantom of the Opera*'s audience were from outside New York City.
d) The number of visitors to New York City has continued to increase in recent years.

出典追記：Voice of America

①　ひたす　②　かたわ　③　もっぱ　④　せん

6

次の各問いの空欄に入るものとして最も適切なものを、それぞれ①～④の中から一つずつ選べ。解答番号は28、29、30。

問1　（　　）では、人間の生命に対する科学の向き合い方が問われる　（解答番号は28）

①　アカウンタビリティー　②　インフォームドコンセント
③　ヒトゲノム　④　バイオエシックス

問2　従業員が（　　）に取り組む時間を確保し、時代の変化に対応する能力を習得させる　（解答番号は29）

①　ナラティブ　②　リスキリング
③　ディープラーニング　④　インクルーシブ

問3　医療の現場では近年、入院患者の（　　）を高めることが重視されるようになってきた　（解答番号は30）

①　ＯＳ　②　ＩｏＴ
③　ＱＯＬ　④　ＩＣＴ

問3　所ヨの条件を検討する　（解答番号は 23 ）

① 状況はヨ断を許さない　② 感動のヨ韻に浸る

③ ヨ党の政治家に会う　④ 浮きヨの荒波にもまれる

5

次の各問いの傍線部の読みとして正しいものを、それぞれ①～④の中から一つずつ選べ。解答番号は 24 、 25 、 26 、 27 。

問1　凄絶な戦いが繰り広げられた　（解答番号は 24 ）

① せいぜつ　② そうぜつ　③ さいぜつ　④ すうぜつ

問2　凡例にあたって確かめる　（解答番号は 25 ）

① ぼんれい　② ほんれい　③ はんれい　④ ぱんれい

問3　長広舌を振るう　（解答番号は 26 ）

① ながこうぜつ　② ちょうこうぜつ　③ ながひろした　④ ちょうびろじた

問4　休日は専ら読書をする　（解答番号は 27 ）

③　人間の脳の働きを分析してコンピュータで再現する研究にも学問的な意義はあるが、今後ＡＩによる判断と責任に関する倫理的な議論を混迷させないためには、そうした研究から得られる知見のみでは不十分である。

④　医者は患者の症状データを理論や自身の経験に照らしつつ、さまざまな可能性を考えながら適切な治療法を見出していくが、第二次ブームのＡＩには医者のように経験にもとづいた実践的な判断はできない。

4

次の各問いの傍線部のカタカナに相当する漢字と同じ漢字を使うものを、それぞれ①～④の中から一つずつ選べ。解答番号は[21]、[22]、[23]。

問1　身分を詐ショウする　（解答番号は[21]）

①　ショウ燥にかられる　②　騎士のショウ号を与えられる

③　高ショウな趣味をもつ　④　不ショウの弟子を破門する

問2　キ知に富んだ発言　（解答番号は[22]）

①　進学を契キに親元を離れる　②　合格の知らせに歓キした

③　克キ心を養う　④　相手のキ勢をそぐ

想定外の「外部」のダイナミックな「意味」を十全にとらえることができないから。

③　ＡＩはデータに支えられた疑似的知性にすぎず、過去のデータがない事態には対応できないが、生物である人間はそうした事態に何らかの「意味」を見出《みいだ》して新たな行動をとることができるから。

④　異常気象などの想定外の事態によって傷ついていく地球環境の「意味」を「内側」から感じ取れるのは、生命を外側から分析するＡＩではなく、「外部」から遮断された、真の自律性を備える生物のみだから。

問6　空欄 C ・ D に入る表現の組合せとして最も適切なものを、次の①～④の中から一つ選べ。解答番号は 19 。

①　C　内発的な生成変化の力　　D　疑似自律性への適応

②　C　唯一絶対の神的原理　　D　自己欺瞞的な思考

③　C　整然とした機械的構造　　D　自他認識の混乱

④　C　厳密に論理的な静的秩序　　D　一種の演劇的虚構

問7　筆者の考えと合致しないものを、次の①～④の中から一つ選べ。解答番号は 20 。

①　万物が自生し変転していくという日本の思想的伝統は、人々がＡＩ・ロボットと適切な関係性を保ちつつ、要介護者や難病の子供たちとの交流といったＡＩ・ロボットの倫理的活用の場を拓いていくことと親和性が高いと考えられる。

②　ＡＩの自由意思や責任の問題といった倫理的な面での設計指標が定まらない現在ではなおのこと、自律性をもつＡＩ・ロボットを開発するにあたっては、生命の尊厳や生存環境を守るという視座をもたねばならない。

④　ＡＩが自律性を備え、正しい判断を下すという考えが支配的になったために、多くの人が自分で判断することをやめてＡＩの決定にしたがって生きるようになり、ＡＩを操作する一部エリートに利用されている状態。

問4　傍線部(3)「現状はかなり深刻だ」とあるが、「現状」の説明として最も適切なものを、次の①～④の中から一つ選べ。解答番号は[17]。

①　生命の尊厳と生存環境を守るために「情報から生命へ」の価値転換が急務なのに、エリート支配層や一部の既得権益集団が、自分たちの「神の視点」を守るために価値転換を阻止している状況。

②　人新世の危機を防ぐために「機械情報」を「生命情報」からとらえ直す作業を急ぐべきなのに、ＡＩ・ロボット研究者の多くが機械と生物の連続性に目を向けようとしないために、とらえ直しがなされないままの状況。

③　生命の尊厳と地球環境を破壊から守るべき時代に、ＡＩ・ロボット研究者の多くがコンピューティング・パラダイムに囚われているために「機械情報」ばかりが重視され、「生命情報」への価値転換が進んでいかない状況。

④　ＡＩ・ロボット研究者の多くが「生命情報」に目を向けず、万事をデジタルな「機械情報」の分析に還元しようとしていることが、地球環境を復元不能なまでに傷つける元凶となり、生命の尊厳を脅かしかねない状況。

問5　傍線部(4)「そこで想定されない面妖な存在は、ＡＩ・ロボットではなく、生きた人間によって感知される他はない」とあるが、その理由として最も適切なものを、次の①～④の中から一つ選べ。解答番号は[18]。

①　異常気象などの想定外の事態は既存のデータや知見を超えているため、ＡＩのような疑似的知性では感知できず、生命から見たそれらの事態の「意味」の把握は、人間による新たなデータ分析を待たざるを得ないから。

②　ＡＩによる統計的推論は確率誤差をふくむ不透明性をはらんでいるため、未曾有の事態をあいまいにしか把握できず、

切なものを、次の①〜④の中から一つ選べ。解答番号は[15]。

① 日本と欧米のそれぞれがもつすぐれた知識や技術を融合することによって、効率的なハード／ソフトを開発しようとした試みが、首脳陣の理解を得られなかったために行き詰まってしまったということ。

② 欧米にならって論理演算に依存する実験システムを導入したものの、その根底にある論理秩序の概念が日本の文化や価値観とは無縁なものだったために、有効活用できずに終わったということ。

③ 日本の多額の資金と頭脳を投じて人間の知能を再現するコンピュータの開発に邁進したが、欧米の信念を輸入して統計的推論のみを重視したために、目的の実現には至れなかったということ。

④ 人間の心に対する深い理解が欠如したまま、論理秩序を絶対視する欧米の思想を全面的に導入してしまったために、新世代コンピュータ開発で大きな成果は上げられなかったということ。

問3 傍線部(2)「二一世紀の新たな支配形態」とあるが、どのような状態のことか。その説明として最も適切なものを、次の①〜④の中から一つ選べ。解答番号は[16]。

① ＡＩが人間の知能を凌駕《りょうが》する精緻な推論能力を備えるだけでなく、自律性や自由意思をも備える超人間的存在となったことによって、ＡＩを操作する一部エリートの視点が社会で絶対的な地位を獲得した状態。

② ＡＩが統計的推論の不透明性を自律的に解消し、適切な判断を下しうるという幻想が、科学技術を用いてＡＩを操る一部エリートが人々を支配し自己利益を追求する権力構造を支えている状態。

③ ＡＩが心をもつという信念のために、ＡＩの推論が誤差をふくんだ機械的なものにすぎない点が見過ごされた結果、ＡＩに精通する一部エリートたちが短絡的な利益のためにＡＩの決定に隷従するようになった状態。

（西垣通「人新世におけるＡＩ・ロボット」より）

（注1）第五世代コンピュータ開発＝一九八二年から一九九二年にかけて、当時の通商産業省の肝煎りで始められた人工知能開発研究プロジェクト。約五四〇億円の国家予算が投じられた。

（注2）人新世＝「人類の時代」という意味の地質学における非公式の時代区分。人類の活動が原因で、地球の気候や生態系に大きな影響を及ぼすようになった時代であることを表す。

（注3）ネオ・サイバネティクス＝生命科学の観点から情報に対する認識のあり方を考察し、生物と機械の関係性やシステムの維持・生成などについて論じる文理融合的な研究を目指す思想的潮流。

（注4）ラディカル＝ここでは「根源的」という意味。

問1 空欄［Ａ］・［Ｂ］に入る語句の組合せとして最も適切なものを、次の①～④の中から一つ選べ。解答番号は［14］。

①　Ａ　非論理　　Ｂ　西洋
②　Ａ　直観　　Ｂ　一神教
③　Ａ　不可逆　　Ｂ　蓋然
④　Ａ　普遍　　Ｂ　超人間主義

問2 傍線部⑴「第五世代コンピュータとは、いわば和魂洋才の典型的な失敗例と言える」とあるが、その説明として最も適的意義を全面否定するつもりはない。だが、サイバネティック・パラダイムによる知を無視すると、自律性にもとづく自由意思や責任についての倫理的議論は迷走し、二一世紀の未来は暗澹《あんたん》たるものと化していくだろう。

とはいえ希望もある。少数だが、自律性という難問と正面から向き合おうとするＡＩ・ロボット研究者も出てきつつある。また後者、つまりＡＩ・ロボットのサービスを受ける一般の人々の側に着目すると、新たな構図が浮かび上がってくる。この点は重要なので強調しておきたい。根源的な自律性つまり意味形成力をもつのは人間のような生き物だけだとしても、だからこそ一方、われわれが眼前のＡＩ・ロボットをまるで生き物のように感じること、つまり「疑似自律性」も生じてくる。この疑似自律性を悪用して人々が支配され抑圧されては困るが、たとえば介護施設の老人や難病の子供たちがＡＩ・ロボットと交流し、心が安らいで元気になることもあるだろう。

カプランが指摘したように、日本人の伝統的宇宙観には、万物が自生し変転していく、という思想がある。これは万物が［　Ｃ　］をもっと考える西洋人との文化的相違である。ゆえにわれわれ一般日本人はもしかしたら、サービスしてくれるＡＩ・ロボットと適切な距離感をもてるのではないだろうか。相手は生きていないと分かっていても、ひとまず生きていると見なそうという、［　Ｄ　］である。これは郡司のいう「境界のもつれ」であり、ＡＩ・ロボットは人間から見ると「新奇な外部」となりうるのだ。

人間の意識にとって自分の身体とはあいまいな存在であり、ＡＩ・ロボットは本物の身体などもっていない。だが、それらが興味深い「メディア」として人間の身体感覚に訴え、新たな生活環境を拓《ひら》く可能性は十分ある。触覚に着目して従来にない工学を拓こうとする渡邊淳司の研究は、ＡＩ・ロボットを介した新鮮な人間関係の訪れを想起させる。この国のＡＩ・ロボットの倫理的活用とは、生物と機械の相違をふまえつつも、サービス受容者の声に真摯に耳をかたむけ、きめ細かい関係性を築いていく努力にあるのではないだろうか。

報学に他ならない。こういった知は、生命活動を内側から眺めるサイバネティック・パラダイムにもとづいている。

一方、コンピューティング・パラダイムにおいては、生命活動を外側から眺め、万事をプログラムによるデジタルなデータ分析に還元していく。このとき、エリート支配層の視点が事実上「神の視点」と化すので、実行される数学的最適化はせいぜい、一部の既得権益集団を利するものとなりがちだ。そして現在のAI・ロボット研究の主流は、あまりにコンピューティング・パラダイムに囚《とら》われすぎてはいないか。

AI・ロボット研究者のなかには、生物と機械は連続しており同質だと主張する者も多いが、コンピューティング・パラダイムからは確かにそうなるだろう。シミュレーション・モデルでパラメータを調整していけばそう見えてくるのは当然だ。こうして「自律的な機械」という、論争の的になる概念が現れる。しかし、世界の「意味」をとらえるのは生命特有の能力だと見なすサイバネティック・パラダイムからは、真にラディカル(注4)な自律性は生物しかもたないことは明らかである。機械と生物の異同を直視することが、人新世で生命の尊厳と生存環境を機械的破壊から守るための第一歩なのだ。

なぜなら、人新世で予測を越えて傷ついていく地球環境の「意味」を、想定外の「外部」をふくめダイナミックにとらえられるのは生物だけだからである。「外部」とはたとえば、コロナ禍や異常気象といった、詳細不明の面妖な存在だ。自然のもつ復元力を越えて地球環境を傷つける元凶、たとえば副作用の大きい巨大技術などは、人間社会の厳格な内部秩序にもとづいて作動している。(4)そこで想定されない面妖な存在は、AI・ロボットではなく、生きた人間によって感知される他はない。ところが、超人間主義的なコンピューティング・パラダイムを徹底すると、人間はあいまいな「外部」から遮断され、精密なデータ処理機械となることを求められる。そして自由意思を抑圧され、あらかじめ社会の内部秩序によって規定された型通りの行動しかとれなくなってしまうのである。

断っておくが、脳神経系を外側から分析しコンピュータでシミュレートすることで得られる知見もあるだろうし、その学問

(1)第五世代コンピュータとは、いわば和魂洋才の典型的な失敗例と言える。「才」が「魂」つまり心とか思考とか価値観などに関わるとき、このアプローチはうまく機能しないのだ。同じことが、現在の第三次ブームのAI・ロボットについても言えるのではないか。

第三次AIブームは、厳密な演繹推論をあきらめ、そのかわりに統計的推論をコンピュータで機械的に実行する、という発想にもとづいている。いわゆる深層学習はその代表である。人間の思考には統計的推論もふくまれるので、この方向性自体をとがめるつもりはない。だが、推論のプロセスに確率誤差をふくむ不透明性が入り込むので、これにたいする慎重な配慮が必要となる。社会的な決定や判断には、自律性を前提とする自由意思や、これにともなう責任という問題がからむ。ところが、そこに一神教的な信念をもつ超人間主義者が出現し、「心をもつ機械」という幻想を持ち込むと困ったことになるのだ。下手をすると「AI・ロボットは自律性をもつ」と見なされ、多くの人間はまるで機械部品のようにその決定にしたがうことになってしまう。AI・ロボットを操作できるのは一部のエリートだから、これは(2)二一世紀の新たな支配形態に他ならない。人新(注2)世の脅威が、科学技術を短期的な自己利益のために用いる一部のエリートによってもたらされるとすれば、AI・ロボットはその一翼を担うことになるのだろうか。

AI・ロボット倫理とは、そうならないための方途を探るもののはずだ。結論を明確にするために、ここで、AI・ロボットのサービスを提供する研究開発者と、サービスを受容する一般の人々という両者の側から、この方途について考えてみたい。

まず前者のサービス提供側に注目すると、率直にいって、(3)現状はかなり深刻だという気がする。人新世の最大の危険は、地球環境が破壊され、人間をふくめた生命の尊厳が損なわれる、ということだ。これを防ぐには、「情報から生命へ」の価値転換が不可欠だという指摘は正しい。ここでいう情報とは、前述の「機械情報」つまりデータ(注3)が中心である。それらを「生命情報」からとらえ直す作業が急務なのだが、こういう価値転換をおこなう知こそ、まさにネオ・サイバネティクスであり基礎情

3

次の文章を読んで、後の問い（解答番号 14 ～ 20 ）に答えよ。

ＡＩ・ロボットを研究開発し、それを倫理的に社会で活用していくためには、一九八〇年代の第五世代（注1）コンピュータ開発の失敗の原因についてよく考察することが不可欠なはずである。だが残念ながら、多大な血税を費やしたにもかかわらず、事後に失敗の原因の分析や反省が十分なされたとはとても思えない。当時はインターネットも無くデータが不足したからだ、といった声が聞こえてくるのがせいぜいである。この分析は的を射ていない。本質的な原因は、プロジェクト首脳陣が人間の思考とは何かについての洞察を欠き、表面的な技術的改善のみに走ったことにあったのだ。

人間が生活する上での実践的思考とは、単なる論理的な演繹《えんえき》だけではなく、そこに［ A ］的な仮説推論が組み込まれているということは、ごく当たり前の常識である。医者は患者の症状データから自動的に病名を演繹するのではない。症状データからさまざまな可能性を考え、理論と体験にもとづいて仮説を立てながら、患者とリアルタイムで対話しつつ現実の治療行為をおこなうのである。だが、宇宙が論理的秩序をもって構成されているという［ B ］的な思考からは、別の発想が出てくる。十分な症状データとそれらを高速で組み合わせる論理演算機械があれば、絶対に正しい効率的診断ができるはずだ、という信念である。第二次ブームのＡＩはそういう信念にもとづくものであり、米国では、医者のかわりに診断する実験システムもつくられた。しかし一方、欧米にはそういう信念の限界を批判する知性もある。ゆえに誤診の責任が指摘され、結局、実験システムは実用に供されずに終わった。

ところが第五世代コンピュータ開発の首脳陣は、文化的・歴史的にはそんな信念とは無縁だったにもかかわらず、深い理解もなく欧米の信念を丸ごと輸入した。そして、当該信念を実現する効率的なハード／ソフトの研究開発に邁進《まいしん》したのである……。

① 社会的マイノリティの人々とマジョリティに属する人々との隔たりが深くかつ広範囲に及ぶことを理解しようとしないのは、マジョリティに属する人々の共感不足による傲慢に他ならない。

② マジョリティが共感能力を発揮して社会的マイノリティの苦しみに気づくことは現実的に不可能であり、人種や性差や階級の異なる人々と向き合う際には、常に自由や平等などの一般的原理に依拠して関係を構築する必要がある。

③ 人間には妬みという感情があり、自分と似たような境遇にある人々には共感できても、自分がもたないものをもつ人々のことは「他者」や「敵」とみなすため、人種や性差や階級の異なる相手に共感することは難しい。

④ 共感には限界や注意すべき点があるので、むしろマジョリティに求められるのは、自由・平等の原理に基づいた他者の権利の保全や、社会的マイノリティの苦しみを生み出す構造に自身も関わっているということへの自覚である。

問6　本文の内容と合致するものを、次の①〜④の中から一つ選べ。解答番号は 13 。

① ロールズが社会のなかの不平等が社会的妬みを生み出すと主張したのに対して、ヌスバウムは妬みが他人の能力や容姿や財産や名誉に対して感じる個人的なものであると主張している。

② 管理職ポストや文学賞のように獲得できる人間が限られている場合、欲するものを手に入れるチャンスが少ないゼロサム競争となるという状況が、よりいっそう競争心を煽《あお》ることになる。

③ 他人と自分の間の富や地位の差が顕在化する「ポスト・コロナ」と呼ばれる社会では、マイノリティを生み出す社会的・文化的構造に目を向け、格差を解消するための努力が求められている。

④ 嫉妬などのネガティブな感情をもつこと自体が問題なのではなく、ネガティブな感情が分断を生むことを踏まえて、そうした感情の背景や、自身の共感への影響を問い続けていくことが課題なのである。

④ 妬みの場合、自分が欲しいものをもっている相手がそれを失うことを欲するが、競争心の場合は、競争相手が有する能力や成果に近づこうと自己の向上を欲する。

問3 空欄［A］～［C］に入る語句の組合せとして最も適切なものを、次の①～④の中から一つ選べ。解答番号は［10］。

① A 妬みに苦しむ　B 嫉妬する　C に嫉妬し
② A 嫉妬に狂う　B 嫉妬する　C を妬み
③ A 妬みに苦しむ　B 妬みを感じる　C に嫉妬し
④ A 嫉妬に狂う　B 妬みを感じる　C を妬み

問4 空欄［D］に入る表現として最も適切なものを、次の①～④の中から一つ選べ。解答番号は［11］。

① 自分たちが地位や財産をもたないのは、特定の人々に奪われているからだ
② 自分たちは決してマジョリティにはなりえない
③ 自分も努力すれば「もつ者たち」の一員になれる
④ 自分がもっているものを他者に奪われかねない

問5 傍線部(3)「次のような反論」とあるが、その「反論」の内容として最も適切なものを、次の①～④の中から一つ選べ。解答番号は［12］。

問1 傍線部(1)「妬みは民主主義的社会において避けがたい基本的な感情として考察されてきた」とあるが、その理由として最も適切なものを、次の①～④の中から一つ選べ。解答番号は[8]。

① 身分制度が崩壊し、誰もが等しく地位や富を求められるようになったものの、現実の社会ではむしろ不平等が拡大しているため、社会が危機に陥りかねないほどに妬みが引き起こされるようになったから。

② 地位や富の差が顕在化している現代の民主主義的社会では、妬みが他者の成果や所有物に関心を向けさせ、自分も強者になれるはずだという思いから、恵まれている人々に対して敵意や悪意を抱かせるから。

③ 誰もが本来平等であると考える社会では、他者と自己の間の差に意識が向かいやすくなり、地位や富をより多く所有する者への妬みが生じることになるから。

④ 近代以降の民主主義的社会の根幹をなす資本主義が、誰もが地位や富を求める状況を生み出し、他人が築き上げた成果や財産や名誉を羨む人間の本性の発露に拍車をかけることになったから。

問2 傍線部(2)「妬みの特徴は、妬みと類似しているが異なる感情――競争心や嫉妬――との比較を通じて詳《つまび》らかになる」とあるが、妬みと競争心の違いの説明として最も適切なものを、次の①～④の中から一つ選べ。解答番号は[9]。

① 妬みは自分が欲しいものをもっている相手の立場に自分が成り代わりたいと思う心情であるが、競争心は自分が目標としているものをもっている相手に負けたくないと思う心情である。

② 妬みにおいては自分のものを奪われたことへの怒りから相手への敵意や悪意を抱くが、競争心においては競争相手の能力や成果への憧れから相手への尊敬の念や好意を抱く。

③ 妬みは相手がもつものの価値に気づいたときに生まれるが、競争心は自分が手に入れたいものをもつ相手に自分の理想を投影しそれに近づこうとするときに生まれる。

場合に求められるのは、ヌスバウムの言うような共感の「拡張」ではなく、たとえ相手（の苦しみ）に共感できなかったとしても、自由や平等といったより一般的な原理に依拠して、相手の権利を保護することになるだろう。

また、社会的マイノリティの人々の苦しみに共感できたとしても、それだけでは道徳的に適切な反応とは言えない。マジョリティに属する人々は、相手の苦しみを生み出している社会的・文化的構造に自分自身も何がしかの仕方で関わってしまっている――それに加担したり、そこから利益を得たりしている――ということへの気づきがなければ、相手の苦しみを自分自身の行為や立場とは一切無関係なものとして捉えてしまいかねないからだ。

すでに見たように、ヌスバウムも共感を絶対視しているわけではなく、その限界や危険性に注意を払っていたが、彼女が払っている注意が充分なものなのかは、なお議論の余地があるだろう。とはいえ、彼女の政治哲学の全体的な構想とは別に、彼女が試みてきた一連の感情の分析そのものは、現代社会――および「ポスト・コロナ」と呼ばれることになる社会――におけるコミュニケーションのあり方を探るうえで有効であると筆者は思う。

本論ではとりわけ、恐怖、嫌悪感、妬みといったネガティブな感情に的を絞って論じてきたが、私たちはすぐさまこうした感情と手を切れるわけではない。どんな人も理に適《かな》っていない恐怖を感じたり、嫌悪を感じたり、妬みを感じてしまったりする。重要なのは、本論で瞥見《べっけん》したようなそれぞれの感情の特徴に目を向けて、次のような問いに絶えず向き合い続けることだろう。自分が特定の人々に対して恐怖や嫌悪感や妬みを抱いてしまうのはなぜだろうか。そうした感情はどのような背景から生じてきて、自分の共感が及ぶ範囲やその深度にどのような影響を与えているのだろうか。このような問いを考えていくなかで、私たちは自分たちが知らず知らずの間に生み出している「分断」を――それがいかなる「分断」であり、「乗り越えられる」類《たぐい》のものなのかも含めて――思考することが可能となるのではないだろうか。

（小手川正二郎「分断の倫理学」より）

セロが手に入れた輝かしい成功や地位を羨むイアーゴーは、オセロの最愛の妻デズデモーナがキャシオーという男と不倫関係にあるというデマをオセロに吹き込む。イアーゴーの策略により、デズデモーナに裏切られたと誤解したオセロは不倫相手とされる男キャシオーへの［　A　］。このようにして『オセロ』では、妻の愛を失うことを恐れ、それを奪う（とされる）キャシオーに［　B　］オセロと、彼が得ている地位や人気や愛情［　C　］、オセロがそうしたものを失うことを欲するイアーゴーとの対比によって、嫉妬と妬みが鮮やかに描き分けられているのだ。

妬みは、他の人々の地位や所有物に関心を向かわせ、「地位や財産をもつ者たち」と「もたざる者たち」の間の分断を助長する。それだけでなく、妬みは［　D　］という認識を生み出す。たとえば、「移民や人種的マイノリティが自分たちの仕事を奪っている」という白人労働者たちの一部は、マイノリティの方が「優遇」され、マジョリティの方が「差別」されていると主張する。そうして、自分たちの無力感や劣等感を満たすために、移民やマイノリティの排除や失墜を願うのだ。

妬みという感情は、自分がもたないものをもつ人々を、自分や自分と同じものしかもたない集団から切り離し、共感の可能性を遮断する。つまり、こうした人たちも自分たちと似たような境遇にあったり、自分たちと似たような不安を抱えていたりする可能性から目を背けさせ、ただ相手を「他者」や「敵」とみなすようにさせるのだ。

共感を妨げる以上の諸感情について、私たちはどのように考えていけばいいのだろうか。

一方で、共感や同情を重視するヌスバウムの見方には、(3)次のような反論も提起しうる。私たちの共感能力には限界があるため、人種や性差や階級といった隔たりを越えて他人に共感することはしばしば困難である。さらには、マジョリティに属する人々が十分に想像力を働かせれば社会的マイノリティの人々の苦しみに共感できるという想定自体がある種の傲慢さ——両者の隔たりがいかに深くかつ広範囲に及ぶかを理解しようとしない認識上の傲慢さ——に依拠している可能性がある。こうした相手がもっていた能力や成果を相手が失うことを欲する。たとえば、尊敬する先輩研究者に近づきたいと思う場合、相手の失墜ではなく自分の向上を目指すだろうが、その人が手にしている地位や名声を妬む場合、スキャンダル等によってその人がもっていた地位や名声を失うことを願うことだろう。

　こうした違いは、競争心と妬みにおいて問題となる「競争」の性格の違いにも現れている。競争心を抱くときは、往々にして、相手から何かを奪うことなく相手に近づける状況にある。これに対して、妬みを感じるときに問題となるのは、限られた資源を奪い合うゼロサム競争（椅子取りゲーム）であったり、それに近い状況だったりする。そうした状況下で、相手が自分の欲するもの（管理職ポスト、文学賞、ファンからの人気）を得ることで、自分がそれを手に入れるチャンスが奪われたり、制限されたりすると感じる。さらに、自分にはそうしたものを手に入れることができないという無力感が加わると、自分が欲するものをもっている相手への敵意や、相手の失墜を望む悪意が生じるのだ。

　競争心以上に、妬みと混同されやすいのは嫉妬（jealousy）である。妬みも嫉妬も、自分にとって価値あるものをもつ相手への敵意を含むという点では共通している。両者の相違は、妬みにおいては自分がもっていないものを相手がもっていることに対して不快感や羨ましさを感じるのに対して、嫉妬においては、自分がいまもっているものを相手に奪われることへの恐れを感じるという点にある。たとえば、自分には取り柄がなく親から期待されていないと感じる子どもは、成績優秀だったり、スポーツ等で活躍したりして、親から期待されるきょうだいに妬みを感じるだろう。これに対して、一人子だった子どもに、年下のきょうだいができて親が世話にかかりきりになってしまうと、その子どもは自分が独占してきた親の愛情を奪われることを恐れて、きょうだいに嫉妬するだろう。このように、嫉妬は自分にとって価値あるもの（親の愛情）が手に入らないことではなく、手に入れた価値あるものがいつでも失われかねないという点に由来するものだ。

　ヌスバウムによれば、シェイクスピアの『オセロ』（一六〇二年）は妬みと嫉妬とのこの相違を鮮やかに描き出している。オ

2 次の文章を読んで、後の問い（解答番号 8 ～ 13 ）に答えよ。

すでにトクヴィルが『アメリカのデモクラシー』において妬みを「民主的感情」と呼んで以来、(1)妬みは民主主義的社会において避けがたい基本的な感情として考察されてきた。身分制の崩壊により、誰もが地位や富を求められるようになり、本来は、平等であるはずの自分と他人の間の地位や富の差に敏感になり、自分よりも恵まれている人たちを妬むようになると考えられるからだ。

現代の政治哲学においても、たとえばロールズは、『正義論』（一九七一年）のなかで、社会のなかの「不平等があまりにも大きくなって、社会的に危険になるほどにまで妬みを引き起こしてしまう」危険性について言及している。

ヌスバウムによれば、妬み（envy）とは、他人（や他の集団）がもっているものや獲得したものについて、それをもたない自分が相手よりも劣っていると感じて抱く感情である。たとえば、私たちは他人の能力や容姿や社会的地位、他人が築き上げた成果や財産や名声といったものに妬みの感情を抱く。ここで重要なのは、何であれ自分たちがもっていないものをもっている人に妬みを感じるわけではなく、自分にとっても価値があり、自分も欲しているのに、手に入れられないものを相手が手にしているときに妬みを感じるということだ。たとえば、ある人のゲームの能力や成果を妬むのは、そのゲームに価値を見出《みいだ》している人であり、逆にゲームに関心がない人にとっては妬ましいものとは思われまい。

(2)妬みの特徴は、妬みと類似しているが異なる感情――競争心や嫉妬――との比較を通じて詳《つまび》らかになる。

競争心（emulation）もまた、相手がもっている能力や得た成果について、自分がもっているものとの比較のもと、相手に負けたくないと思う点では、妬みと共通している。しかし、競争心の場合、競争相手を自分の目標や模範とみなし、相手が有する能力や成果を自分も手に入れて相手に近づくことを欲する。これに対して、妬みの場合は競争相手に敵意や悪意を抱き、

① B ならびに　C 言わずもがな　D つまるところ
② B もしくは　C 殊の外　D とりわけ
③ B および　C もちろん　D さらには
④ B あるいは　C さておき　D ないし

問7 本文の論の展開を説明したものとして最も適切なものを、次の①～④の中から一つ選べ。解答番号は[7]。

① はじめに、メキシコの先住民が抱える問題点を総合的に確認し、続いて、同化論と多文化主義の違いを明確にしながら先住民問題の本質を指摘し、最後にこの問題は先住民自身によって解決されるべきと主張している。
② はじめに、メキシコの先住民を一義的に定義し、続いて、同化論、多文化主義のどちらかではなく両者の折衷案によって先住民問題に対処すべきであると述べ、最後にいま必要な考え方を抽象化して提案している。
③ はじめに、メキシコの先住民の貧困問題とその対策方法を提起し、続いて、同化論者と多文化主義者がその問題にどのように対処したかを説明し、最後にこれまでの議論を集約した普遍的モデルを創出する必要性について述べている。
④ はじめに、メキシコの先住民が多様である事実を確認し、続いて、同化論と多文化主義を対比させながら先住民問題の複雑さを指摘し、最後に筆者の取り組み事例を紹介している。

中から一つ選べ。解答番号は[4]。

① 先住民の独自性を守るには国際機関などによる莫《ばく》大な援助資源の投入が必要であり、その分、先住民の暮らす周縁地域での経済発展を後押ししマジョリティとの格差を解消するための資源が不足してしまうから。

② 経済格差を埋めるために先住民の都市移住を推進することは先住民の文化的自由を損なうことにつながる一方、先住民の文化を尊重して僻《へき》地にある先住民居住区に支援しようとすれば非現実的なほどに多額の援助が必要になるから。

③ 国連や識者が先住民性も尊重した経済発展を提唱し実現しようとしても、先住民は自治と格差是正のどちらを優先するかをめぐって二つの立場に分かれており、その二つの立場の調整も困難だから。

④ 経済発展による所得、教育、健康の向上は幸福をもたらすが、それは都市への移住と同化が前提であり、この条件を満たしつつ同時に言語やアイデンティティといった先住民の独自性を守ることは原理的に不可能だから。

問5 空欄[A]に入る表現として最も適切なものを、次の①~④の中から一つ選べ。解答番号は[5]。

① 思いも寄らぬ波及効果を生み出すに違いない

② 現代社会の要請として無視できなくなっている

③ 融通《ゆうずう》無《む》碍《げ》にふるまう仲介者にとっての足枷《あしかせ》に他ならない

④ 労が多いばかりで益が少なくみえるかもしれない

問6 空欄[B]~[D]に入る語句の組合せとして最も適切なものを、次の①~④の中から一つ選べ。解答番号は[6]。

② 出稼ぎ労働に従事したり公務員になったりするなど、先住民の多くが従来とは異なる生き方をするようになったことでアイデンティティに変化が生じているにもかかわらず、先住民言語の話者数は依然多いままだから。

③ 先住民の中でも先住民言語だけを話す人は減ってきており、より現代的な生活をおくるなかでスペイン語を日常的に使用する人の数が増え、そうした人びとのあいだで先住民であるという意識が希薄化しているから。

④ 自らを先住民とみなすか否かは、同じ言語を話す人びとの間でも生き方が多様なために違いが生じうることに加え、政策や調査からいかに利益を引き出すかという実利的な行動と関わっていることもあるから。

問3 傍線部⑵「私の調査した先住民移住者の例」とあるが、筆者は何を示すためにこの例をあげているか。その説明として最も適切なものを、次の①～④の中から一つ選べ。解答番号は［3］。

① 先住民コミュニティといってもその内部には社会的地位や公的機関との関係といった多くの点で差異が生じており、一枚岩ではないことを示すため。

② 先住民のタフで個性的な一面を理解するには、時間をかけて関係を築きながら調査する必要があることを示すため。

③ 先住民の占拠地の状況が二十年間で変化し、人口が増加したことのほか、一部住民の住宅環境や教育水準が改善されたことを示すため。

④ 先住民といっても様々な集団があり、ある言語の話者たちは貧困故に違法な活動に従事せざるをえないことを示すため。

問4 傍線部⑶「経済的な発展と独自性の尊重が両立しにくい」とあるが、その理由として最も適切なものを、次の①～④の

（注）ＥＺＬＮ＝「サパティスタ民族解放軍」のこと。先住民人口の集中するメキシコ南部のチアパス州を中心とし、先住民の自治とマイノリティの権利擁護を掲げて活動する武装組織。

問1　段落 [Ⅰ] を読み、メキシコにおける先住民言語やその話者について述べたものとして最も適切なものを、次の①～④の中から一つ選べ。解答番号は [1]。

① メキシコにおいて若い世代のほぼすべてがスペイン語を話すようになり、そのため先住民言語を話す人の絶対数は年々減り続けている。

② メキシコにおける先住民言語を話す人の割合は二〇一五年時点で五歳以上人口の六・六％を占めており、その割合は現在まで増え続けている。

③ メキシコにおいて先住民言語を話す人口の比率は一九三〇年より二〇一五年の方が少ないものの、近年その比率の減少速度は鈍化している。

④ メキシコには約六十の先住民言語があるが、都市への移住者が増えたことにより、それらの言語が次世代に継承されることが多くなっている。

問2　傍線部⑴「言語とアイデンティティが一致しない人びとが、かなりの割合を占めることがある」とあるが、その理由として最も適切なものを、次の①～④の中から一つ選べ。解答番号は [2]。

① 近年のメキシコでは多文化主義の浸透により先住民の権利擁護が重視されるようになった一方、先住民言語を話せない者が自らを先住民であると偽って申告し、政策や調査をうまく利用しようとする事例がみられるようになったから。

ここで勧めたいのは、異なるモデルをつなぐ知と場の創出である。これまでみたように、現代の先住民は多様な存在であり、ひとつの普遍的なモデルに収斂《しゅうれん》されるものではない。「二つのメキシコ」をつなぐこと、すなわち、多様なモデルのそれぞれの良さを把握し、異なるモデルの間に矛盾があり得ることに自覚的でありつつ、先住民にかかわる様々な場――先住民の住む村、移住先、彼らの働く路上や農地・工房、小中学校、大学、政府機関やNGO、国際機関など――の間を自由に行き来できるような人間が求められている。複数の学問分野や言語、歴史を学び、背景の異なる人たちの間での対話を促すことは、［　A　］。しかし、威勢はいいが表層的で中身のない言説、洗練されてはいるが応用の利かない分析をよくみてきた者として、そうした人間がいて然《しか》るべきだと思う。

いま取り組んでいることのひとつに、都市の先住民自身が望む二言語・多文化教育とはどのようなものなのかを、先住民自身の語りや自主ビデオの作成も含む様々なデータを集めながら探ることがある。メキシコ市のある小学校での試験的な「二言語教育」の頓挫、［　B　］先住民児童への総合的な支援で評価の高かったNGOの衰退をみて、危機感を抱いた。さらには、オトミー語の復興に生涯を捧《ささ》げてきた恩師の言語学者に報いるため、友人の歴史言語学者と共同で、オトミー移住者の住む不法占拠地のひとつで焦らずに作業を進めている。オトミー移住者は［　C　］、他の先住民や活動家にもヒントとなるようなものになることを祈っている。

日本からはるか遠くの都市先住民の研究を続けるなど、我ながら変わった、マニアックなことをやってきたと思うことがある。だが、そうすることで人間の多様な可能性、［　D　］異なる学問分野が協力し合うことの意義もみえてきた。また、開かれた姿勢は、先住民をはじめマイノリティとされる人びとにとっても、悪いことではないと思われる。

（受田宏之「先住民研究の難しさと喜び」『異なる声に耳を澄ませる』白水社より）

に歴史的に疎外され、不利な立場におかれてきた人びとの場合、(3)経済的な発展と独自性の尊重が両立しにくいことが問題を難しくしている。崇高な理念を並べ立てたり、援助資源を投入するだけでは、状況の改善にはつながらない。

研究者の間では、先住民と非先住民の間の社会経済状況の格差は、居住地域の周縁度を表した変数の効果を差し引くとかなり縮まることが知られている。都市から離れインフラの整備も遅れた地域に住むことなどによって説明できる格差は、「個々の先住民集団の抱える歴史的な不利」とみなすことができる。問題はそこからどのような含意を導くかである。同化論者に従えば、望ましいのは移住の促進であり、周縁的な村落の自然消滅となる。そうすれば格差の相当部分は消えることになる。だが、日本の過疎地不要論を思い起こさせるこうした議論は、先住民の文化的自由を無視しているだけでなく、先住民が同化により得られる経済的機会を過大に見積もってもいる。少なからぬ先住民移住者が不法占拠地に同郷者と一緒に住む理由のひとつは、都市への統合を優先したところで得られる便益が魅力的でないことにある。

逆に、多文化主義者が周縁地域への支援増を説くとしても、遠隔地で農地も狭く、農業には不向きなことも多いコミュニティにどこまで公的資源が注がれるべきなのだろうか。「歴史的不利」を解消するまで資源を入れるとすれば、政府やNGOあるいは国際機関の能力を超える膨大な額にのぼるだろう。また、対象となるコミュニティへの理解が乏しかったり、支援者間での連携が取れていなければ、支援プロジェクトが期待された成果を収める見込みは乏しい。先住民のための多文化主義的な政策の中でその実態が繰り返し批判されてきた例に、二言語・多文化教育がある。先住民集中地域の幼稚園と小学校では各地域の先住民言語と歴史が教えられる建前になっている。ところが、現実にはそのための教科書や副読本が作成され、先住民言語を話せる教員が雇われるにとどまっていて、話者の減りつつある先住民言語の復興にも「正確な」スペイン語の習得にも役立ってはいない。質の欠如は、学校の教員、教員組合、言語学者等の専門家、先住民のリーダー層、子どもたちの親など、知識と利害の異なる関係者の間で信頼と調整が存在しないことに起因するところが大きい。

いる。うち二つの占拠地では政府の補助を受ける集合住宅が建設された一方で、強制的に撤去されるリスクや隣人との摩擦に直面する占拠地もある。社会運動組織や政府機関へのアクセスのよいリーダーとその周辺の家族と、そうでない家族の間には緊張関係がある。リーダーの子弟ら大学教育を受けた若い世代が現れるようになった一方で、小学校や中学校未修了という低い教育水準の再生産される家族も多くある。さらに、宗教についても、カトリックの信者しかいない占拠地もあれば、かなりの家族が福音派のプロテスタントに改宗している占拠地もある。

このように、農村でも都市でも先住民は多様であり、コミュニティの中で調和が保たれているわけでもない。「多文化主義のメキシコ」にむしろ属する専門家や組織が、先住民の分化や葛藤をもたらすことも多い。このような状況において求められる知のあり様とはどのようなものだろうか。

先住民が多様であること、先住民について異なる見方のあることは、自由の証《あかし》でもあり、悪いことではない。では、そうした事情を考慮した上で、先住民を取り巻く状況をいかに評価し、改善に向けた提案ができるだろうか。これは、複数のモデルがどうすれば互いに共存できるのかという知と実践をめぐる問いである。

「マイノリティにとって最善の道は市場競争と同化にある」という立場によれば、先住民の幸福は所得や教育、健康等の一般的な指標により測ることができるのであり、格差は徐々に縮まってきたものの、依然として先住民は非先住民よりも遅れた生活を送っていることになる。これに対し、ＥＺＬＮ（注）が自らのカリキュラムに従った小中学校を運営しているように、「先住民の自治」を優先する立場に従えば、先住民の言語やアイデンティティ、政治的自立、自然環境との調和などが、重視されるべき評価軸となる。

これらの立場は、経済発展（同化）か独自性の承認（自治）かの二者択一を迫るものであり、先住民の選択肢を限定しているところがある。このため、国連機関や多くの識者は、先住民性も尊重した経済発展が望ましいと説く。だが、先住民のよう右される。

近年では、統計調査において「自らを先住民とみなすか否か」というアイデンティティについての質問もなされるようになった。具体的な文言により違いがでるのだが、それらの調査の興味深い結果として、「先住民言語を話すのに自らを先住民とみなさない」、逆に「先住民言語を話さないのに自らを先住民とみなす」という、(1)言語とアイデンティティが一致しない人びとが、かなりの割合を占めることがある。

これらのデータは先住民内の分化と多文化主義を反映している。先住民言語の話者数が多く、先住民コミュニティと従来からみなされてきたところでも、職業（主な職業が農業以外の人びとの増加）、政府とのかかわり（学校教員や役人とそうでない人たち）、出稼ぎ者や移住者の比率は、世帯間で顕著な違いがみられる。また、先住民は自らの社会的な位置付けに敏感になり、権利意識を高めている。自らに不利に働くだろう政策や調査については否定的に、有利に働くだろうものについては肯定的に対応するというふうに、先住民が言動を使い分けることは現場を知る研究者の共通了解となっている。

(2)私の調査した先住民移住者の例を挙げてみたい。彼らは、首都からバスで四時間の位置にあり住民のほとんどがオトミー語という先住民言語を話す村の出身者かその子孫で、ある中産階級の居住区の空地や廃屋を違法に占拠し、同郷者と一緒に住む人たちである。様々な先住民がメキシコ市に移住する中、私が彼らを選んだのは、不法占拠地に住む、露店商などインフォーマルな経済活動に従事する、さらには児童労働や薬物摂取、アルコール依存など彼らの「目立つ」特徴からであった。二十年前に調査を始めたときは、彼らの貧困に衝撃を受け、また調査されることへの彼らの抵抗に自己嫌悪に陥ると同時に、先住民への支援を試みる組織や学生、活動家の数に驚いた。だが長く付き合うにつれて、彼らは受動的で孤立した存在ではなく、タフで個性溢《あふ》れる人びとであることが理解できるようになった。

二十年の間に多くの変化がみられた。地区内に四つあった占拠地は九つに、合計の世帯数も二百世帯以上と倍以上に増えて

国語

（六〇分）

（注）問題文には、出題の必要に応じて変更を加えた部分がある。

1　次の文章を読んで、後の問い（解答番号[1]〜[7]）に答えよ。

自らの支援プログラムの成果を証明しないといけない政府機関やNGO、あるいは先住民の権利を擁護する活動家にとって、特定の人口を先住民と非先住民とにきっぱりと分けることができると便利である。しかし、今日のメキシコのような社会において、先住民性とは0（非先住民）か1（先住民）の値をとるものではない。連続的で多次元にわたり、さらに先住民自身により選択、操作する余地のあるものである。

[I]　メキシコで主に用いられてきた先住民の定義は「何らかの先住民言語を話す」というものである。二〇一五年には、五歳以上の人口の六・六％を占める七一七万三五三四人が何らかの先住民言語を話した。一九三〇年における先住民人口の比率は一六・〇％であり、言語でみた先住民の比率は下がる趨勢《すうせい》にある。それでも、近年では比率の減少幅は下がっており、絶対数でみたらいまも先住民言語の話者人口は増え続けている。若い世代のほぼすべてがスペイン語も話すようになっている現在、先住民言語がどれだけ次世代に受け継がれるのかは、六十前後あるとされる各々の先住民言語の話者数や都市への近接度に左

解答編

英語

(READING COMPREHENSION)

1 解答　1—b)　2—c)　3—d)　4—b)　5—a)
6—c)

解説

《日本に住む非日本人生徒に対する教育の取り組み》

1　問いは「本文の主旨は何か？」である。本文全体から「非日本人生徒に対するサポートの手厚さに地域差が生じている中，たとえば都会にある小学校ではどのような取り組みを行っているのか」がわかるので，正解はb)。a)の居住地域によって学校のカリキュラムが変わっていることは書かれておらず，c)の都市部以外の子どもたちやd)のイスラム文化の子どもたちに特化した話でもない。

2　問いは「以下のどれがYSCグローバルスクールに関して正しいか？」である。第1段第3～最終文（"There is a … face-to-face classes.）から「日本に住む非日本人生徒が日本語を学ぶ機会には地域差が大きい」こと，「YSCグローバルスクールの校長は，そうした生徒の半数がいわゆる田舎に住むと把握している」こと，「YSCグローバルスクールが，日本語を学ぶ機会が乏しい地域に住む生徒にオンラインで授業を展開している」ことがわかるので，正解はc)。

3　問いは「以下のどれがミナミ・ヨシダ小学校に関して正しいか？」である。第2段第3・4文（It provides international … provide international classes.）から「ミナミ・ヨシダ小学校では，外国籍の生徒や親が外国人である生徒など，外国にルーツをもつ生徒に国際クラスを提供している」

こと，「そのクラスで日本語力に問題を抱える生徒は日本語を学ぶ」こと，同段最終文（They study other …）から「国際クラス以外の通常授業は日本人生徒とともに学習する」こと，第３段最終文（“Volunteers also regularly …）から「ミナミ・ヨシダ小学校では，ボランティアが生徒の母国語でサポートしている」ことがわかるので，正解はｄ)。ａ）にある特別な昼食は各自で用意することになっているし，ｂ）の国際クラスには日本人生徒は参加しない。ｃ）については，第２段第２文（At Minami-Yoshida Elementary …）に，636 人の生徒のうちの半数以上が外国にルーツをもつとなっているのでマイノリティーとはいえない。

4　問いは「以下のどれに　B　は同意しそうか？」である。最終段最終文（“Other students just …）から「　B　が校長を務める学校では，学校全体で何の問題もなく文化の違いが受け入れられている」ことがわかるので，正解はｂ)。ａ）の「外国人の生徒はできるだけ国際クラスを受けたほうがよい」は本文では，「サポートが必要な教科だけ」とあり不適。ｃ）には彼らの母国語を使わずにと書かれているが，第３段最終文（“Volunteers also regularly …）にはボランティアによるそれぞれの母国語によるサポートについて書かれている。ｄ）はオンラインでの取り組みもあり，都会ではないところにいる生徒にもより学ぶ機会はあることが第１段第５文（For students who had …）に書かれているために不適。

5　ここでは受動態で用いられているが，look after は「～を世話する」という意味なので，ａ）helped「手助けされる」が意味において最も近い。

6　considerate of は「～に対して思いやりのある」という意味なので，ｃ）thoughtful about「～に対して思慮深い」が意味において最も近い。

2　解答

7－ｃ）　8－ｃ）　9－ｃ）　10－ｄ）　11－ｂ）
12－ｄ）

解説

《日本にあるルーブル美術館の姉妹館》

7　問いは「本文の主旨は何か？」である。本文全体から「三重県の津市にある寺院の敷地内にルーブル美術館の姉妹館がある」ことがわかるので，正解はｃ)。

8　本問は内容真偽である。最終段第４文（The Buddhist collection …）

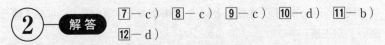

から「この仏教寺院にある美術館は日本に3つしか存在しない珍しい仏像のひとつを所蔵している」ことがわかるので，正解はc）。a）の奈良県は実際には三重県なので合致しないし，b）は「メトロポリタン美術館」と「日本の中心部」の部分が本文に合致しない。d）は「交換プログラム」に関する記述が本文にない。

9　本問は内容真偽である。第3段最終文（He also enlisted …）から「黒川紀章が日本にあるルーブル彫刻美術館の建物を設計した」ことがわかるので，正解はc）。a）は第2段第4・5文（It truly was … code of Hammurabi?）から「アブダビ」ではないことがわかり，b）は第3段第4～最終文（Yujiro Takegawa, a … Louvre's valuable replicas.）に美術館ができるまでの苦労が書かれており合致しない。d）は「フランスで学ぶよう要求された」の部分が本文に合致しない。

10　問いは「日本のルーブル彫刻美術館に関して正しいのはどれか？」である。a）ルーブル美術館だけでなく，第2段第7文（In addition to …）にあるようにアメリカのメトロポリタン美術館や大英博物館などからのものもあり一致しない。b）第4段第1～4文（The Japon Louvre … the name suggests.）から，千手観音は寺が自身で所有，運営している別の美術館に収められているので当てはまらない。c）第3段最終文（He also enlisted …）にあるように，日本のルーブル彫刻美術館は黒川紀章の助けを借りてデザインされており，Lensにある美術館と同じ人の設計ではない。d）は第3段第4文（Yujiro Takegawa, a …）にある内容と一致している。

11　sign off onは「～を署名して正式に承認する」という意味なので，b）approved「～を承認した」が正解。

12　ここでのsteepは「法外な」という意味なので，d）expensive「値段が高い」が正解。

3　解答

13―b）　14―d）　15―a）　16―c）　17―b）　18―d）

解説

《開発途上国のワクチン接種率の格差》

13　問いは「本文の主旨は何か？」である。本文全体から「貧しい開発途

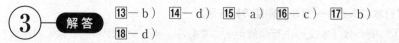

上国や田舎では，子どもに必要なワクチン接種を完遂することが困難である」ことがわかるので，正解はｂ)。

[14]　本問は内容真偽である。第３段第１・２文（Just as it … 2019 and 2021.）から「COVID-19 の世界的蔓延のせいで，6,700 万人の子どもに必要なワクチン接種が完全にはできなかった」ことがわかるので，正解はｄ)。ａ）は多くの子どもたちのところに「届いている」の部分が本文に合致しない。ｂ）・ｃ）はそれぞれ，「2021 年に初めて 25 万人に達した」に関する記述，「水の使用を制限しなければならなかった」に関する記述が本文にない。

[15]　本問は表１に関する内容真偽である。表１の数値から「アンゴラでは，ワクチン未接種を示す最貧層の子どもの数値と最富裕層の子どもの数値の差がおよそ 10 倍である」ことがわかるので，正解はａ)。ｂ）にある「マダガスカルでは数値は同じ」は正しくない。ｃ）のパプアニューギニアでは「ギャップが最大」というわけではない。ｄ）の中央アフリカ共和国では「ギャップが最小」というわけではない。

[16]　問いは「女性医療従事者に関して正しいのはどれか？」である。第５段第４文（Although women provide …）から「女性医療従事者は様々な困難に直面しているが，その中に仕事上の機会の不足（lack of career opportunities）が含まれる」ことがわかる。さらに，第６段第４文（It also requires …）に男女平等の雇用に必要なものとして「女性医療従事者に対してのキャリア開発とトレーニングの機会を与える教育を確立する必要がある」と書かれており，正解はｃ)。

[17]　ここでの make up は「〈～%〉を占める」という意味なので，ｂ）account for「〈～%〉を占める」が正解。

[18]　prospect は「見込み，可能性」という意味なので，ｄ）chances「可能性，機会」が正解。

(GRAMMAR AND USAGE)

解答　**SECTION 1**　[19]―ｃ）　[20]―ｄ）　[21]―ｂ）　[22]―ａ）　[23]―ｂ）　[24]―ｃ）　[25]―ｄ）　[26]―ａ）

SECTION 2　[27]―ｄ）　[28]―ａ）　[29]―ｃ）　[30]―ａ）　[31]―ｃ）　[32]―ｄ）

33－b）34－b）

解説

SECTION 1 《牛肉食文化の歴史と将来》

19 形式主語構文 It is C for *A* to *do*「*A* が～するのは C である」を用いた表現。

20 not + either で「～もまた…ない」という意味になる。

21 過去の一点を明示する副詞句 in the Meiji period に修飾されているので，空所に入る述語動詞は過去形になる。

22 consist of で「～から成り立つ」という意味だが，主語が It なので三単現の s がつく。

23 not only ～ but also …で「ただ～なだけでなく…でもある」という意味になる。

24 consider O to be C「O が C であると考える」を受動態にした表現 O（→S）be considered to be C「O（→S）は C であると考えられる」が用いられている。

25 methane gas has a greenhouse effect「メタンガスは温室効果をもつ」は the greenhouse effect of methane gas「メタンガスの温室効果」と言い換えることができる。空所を含む部分は，この the greenhouse effect of methane gas と the greenhouse effect of carbon dioxide「二酸化炭素の温室効果」を比較している。後者の the greenhouse effect は繰り返しになるので代名詞 that で代用される。

26 文法的に考えると空所には代名詞である b）（none は「何も～ない，誰も～ない」という意味の代名詞）は入らない。c）not so much as は「～ほどでない」，d）nothing but は「～だけ」を意味するが，文意・文脈的に不適切。よって，正解は a）no longer「もはや～ない」となる。

SECTION 2

27 空所直後の since then「そのとき以来ずっと」の then は，前節にある last night「昨夜」のこと。よって，since then は「昨夜からずっと」という意味になるので，空所には現在完了進行形である d）が適切。

28 文構造より，空所には接続詞 c）や d）ではなく前置詞 a）か b）のどちらかが入るとわかる。ここでは意味的に b）Along「～に沿って」ではなく a）Despite「～にもかかわらず」が適切。

29　文構造より，空所には Australia を主語とする述語動詞が入るとわかる。name *A* after *B* で「*B* にちなんで *A* を名づける」だが，ここでは主語の Australia がその *A* にあたるので受動態である *A* be named after *B* の形を用いるのが適切。

30　so as to *do* で「～するために」という意味。

31　文構造より空所には副詞しか入らないと判断し，選択肢の中で唯一の副詞である c) repeatedly を選ぶ。

32　直後に名詞要素の欠けていない完全な文 we (S) had (V) dinner (O) last night (M) が続いているので，空所には関係副詞が入るとわかる。先行詞は〈場所〉なので，d) where が正解。なお，a) that を関係副詞とみなすことは可能だが，d) where のほうがより適切。

33　文構造ではなく意味から判断する問い。直前・直後の文意・文脈より，b) Even so「それでも」が適切。「サラは予定が忙しくてほとんど自由な時間がない」ことと，「毎週末祖父母を訪ねようとしている」という内容が結びつくものを選ぶ。他の選択肢は，a) After that「その後で」，c) Meanwhile「一方で」，d) On the contrary「それどころか」という意味。

34　Would〔Do〕you mind *doing*? で「～してくれませんか？」という意味。

(LISTENING COMPREHENSION)

解答　**SHORT CONVERSATIONS**　35－b)　36－c)　37－d)　38－d)　39－a)　40－c)　41－c)　42－c)　43－d)　44－a)　45－a)　46－d)　47－c)　48－d)　49－b)　50－a)

LONG CONVERSATIONS　51－b)　52－a)　53－c)　54－a)　55－d)　56－c)　57－a)　58－d)

MONOLOGUES　59－b)　60－b)　61－c)　62－a)　63－a)　64－c)

解説

SHORT CONVERSATIONS

35　本問は内容真偽である。「スマートフォンをなくした」と言う男性に，女性は第2発言の2文目（Why don't you …）で，「私のを使ったら？」と言っているので，正解はb）。d）は「自分（男性）を学校まで送る」の部分が対話内容に合致しない。a）は「女性が教科書を入れるカバンを調べた」こと，c）は「男性が教科書を入れるカバンを持ってくるのを忘れた」ことが本文の発言にはない。

36 本問は内容真偽である。男性は最終発言（Sitting around the …）で「夜にキャンプファイヤーの周りでいろいろと楽しんだ」と言っているので，正解はc）。a）は「家族と」の部分，b）は「女性は」の部分が対話内容に合致しない。また，d）の「女性が近い将来にキャンプへ行きたがっている」ことを表す発言はない。

37 問いは「歴史のグループ課題に関して正しいのはどれか？」である。女性は第2発言の2文目（I just wanted …）で「提出前に誤りがないか確かめたい」と言っているので，正解はd）。男性の第1発言（No, I have been so …）にまだ始めていないことが述べられていてa）は合致しない。b）は女性が男性のところに持ってくるという話になっており，対話内容と逆なので合致しない。c）は男性の最終発言（Sure, I will stay …）で今夜遅くまでやって仕上げると言っているため合致しない。

38 本問は内容真偽である。男性は「電車だと1時間（One hour by train, but the fare is a little expensive.）」と発言し，その後で最後に The bus will take twice as long as the train.「バスならその2倍の時間がかかる」と言っているので，正解はd）。a）は女性が尋ねているのは彼女の第2発言（Should we try …）から，特急バスについてであるため合致しない。c）は同じ発言から，20分かかるという話ではなく20分以内に出発する便があると話しており合致しない。また，b）の「男性はむしろバスに乗りたい」ことを表す発言はない。

39 問いは「女性は昨日どこへ行ったか？」である。女性本人が第1発言の後半（…, I went to …）で「昨日はモールへ行った」と言っているので，正解はa）。

40 問いは「男性に関して正しいのはどれか？」である。男性本人が第1発言の後半（…, so I think I'll skip …）で「今日はスポーツジムには行かない」と言っているので，正解はc）。

41 問いは「話し手たちに関して正しいのはどれか？」である。女性は第

2発言（But I really …）で「今年もスノーボードを楽しみたい」と言い，男性が第2発言の後半（Let's try Niigata …）で「今年は新潟にしよう」と言っているので，正解はｃ)。two years in a row「2年続けて」

42　本問は内容真偽である。男性は第2発言の後半（I went to …）で「インド料理を食べてきた」と言っているので，正解はｃ)。ｂ）は女性の第1発言後半（I'm just heating …）で「ちょうどカレーを温めているところ」とあるがスパイシーチキンとは言っていない。ｄ）は男性の第2発言（No, I've already eaten …）からも「男性のために」温めているわけではないので対話内容に合致しない。また，ａ）の「男性が女性を手助けしている」ことを表す発言はない。

43　本問は内容真偽である。男性は最終発言（I'll be there.）で「次の金曜の会議には出席するつもりだ」と言っているので，正解はｄ)。ｃ）は男性の第1発言から「今日の午後の会議には出られない」とわかり合致しない。また，ａ）は「女性の職業」に関する発言，ｂ）は「女性が男性に謝るべき」であることが本文の発言にはない。

44　本問は内容真偽である。男性は女性に第1発言後半（Thank you so …）で「数学の試験勉強を手助けしてくれてありがとう」と謝辞を述べ，女性がそれに対して「試験がうまくいってよかった」と言っているので，正解はａ)。ｂ）は男性の第2発言（Sure. Shall we meet …）に昼食後に会いましょうとあるので合致しない。ｃ）女性の第2発言の3文目（So, would you …）に「明日に予定されている化学のテスト」とあるので合致しない。ｄ）は男性が受けてきたのは数学のテストなので合致しない。

45　問いは「話し手たちに関して正しいのはどれか？」である。女性は第1発言の2文目（Here's the book …）で男性に「先月話した本が見つかった」と持ってきた本を見せながら告げ，男性が第2発言（No worries. …）で「今月中にはそれを読んで返す」と言っているので，正解はａ)。

46　本問は内容真偽である。女性は男性に「次の金曜日に歴史のレポートを手伝ってほしい」と頼み，男性は第2発言（Sure.　Where shall　…）で，「いいよ。どこで会う？　カフェテリア？」と言っているので，正解はｄ)。ａ）は男性の第1発言（I should be. …）で金曜日は空いていることを述べているので合致しない。ｂ）は女性の第3発言後半（I'll be sitting …）に「食堂の入り口付近で座っているわ」とあり，男性がそこで待っているという話ではないため合致しない。c）は女性の第2発言（I'm wondering …）から，女性が男性に手伝ってほしいと思っているのが歴史のレポートなので合致しない。

47　本問は内容真偽である。女性は最終発言（Yeah. My friend suggested …）で「気分が悪かったので早めにパーティー会場を出て，友人に家まで車で送ってもらった」と言っているので，正解はc）。a）は会話中の2人が行ったのがキャシーのパーティーで，気分が悪くなったのがキャシーだったわけではない。b）は男性の第1発言の後半（I didn't see you …）から，会えなかったのは会話中の2人でキャシーではない。d）の「女性が今帰宅途中である」ことを表す発言はない。

48　問いは「男性に関して正しいのはどれか？」である。男性は「母親から様々なお菓子の作り方を学んだ」と言っているので，正解はd）。男性の最終発言の2文目（My mother was good …）で彼の母がお菓子作りが上手で様々なデザートの作り方を彼女から学んだ」ことが述べられている。a）の彼の母親がプロであることに関する発言はない。男性の第1発言の最後に though I didn't eat them とあり，自分では食べないことを述べているのでb）は合致しない。c）の現在での自身のお店についての言及はない。希望として男性の第1発言（I used to …）で述べられている。

49　本問は内容真偽である。女性は第2発言（Until 2 a.m., …）で「午前2時まで夜更かしして，レポートを書き終えた」と言っているので，正解はb）。a）は同じく第2発言の後半（I need to …）に「今夜は早く寝ないと明日早く起きないといけないのに寝過ごしそうだ」と述べているので，今朝寝坊したという話ではないため合致しない。c）は男性の昨夜のことについては言及されていない。d）は女性の第1発言（I found myself …）に「社会学のレポートを書いている最中にうたたねしてしまって…」とあるが，男性に関しては言及されていない。

50　本問は内容真偽である。女性は「学園祭ではクラス全員でダンスする」と第1発言（We are going …）で言っているので，正解はa）。b）は男性の第1発言にある your class から，女性とは別のクラスとわかるので，彼のクラスの出し物はまた別でダンスに関しては言及がない。c）・d）のような内容の発言はない。

LONG CONVERSATIONS

51 問いは「女性に関して正しいのはどれか？」である。「対面での面接のほうが良い」と言う男性に，女性は第３発言（I see what you …）で「緊張してしまう」と言っているので，正解はｂ)。

52 問いは「男性に関して正しいのはどれか？」である。対話の冒頭で男性は「女性の夏休みの計画」について尋ねているので，正解はａ)。ｂ）に関しては逆で男性の第３発言（Why? Face-to-face interviews …）から，彼は対面のほうが相手の反応がわかってよいと話している。ｃ)・ｄ）に関しては言及がない。

53 本問は内容真偽である。会話の最後の２行（How nice! … we will.）で「あなたはホストファミリーとすぐに仲良しになる」と言う男性に，女性は「きっとそうだ」と同意しているので，正解はｃ)。ａ）は女性の娘の話ではないので合致しない。ｂ）は男性ではなく女性のホストファミリーなので合致しない。ｄ）もホームステイをするのは女性なので内容と一致しない。

54 問いは「ホームステイ先の家族に関して正しいのはどれか？」である。女性は第３発言の中頃（She has been to …）で「ホストマザーは 20 カ国以上を訪れた経験がある」と言っているので，正解はａ)。ｂ）に関しては同じ発言の中で「２人とも同じ趣味で絵を描くことが好きだ」と述べていて合致しない。娘と女性の趣味として述べられていてｃ）の父の趣味は言及されておらず異なる。ｄ）は「その父親が初めて女性と接触したのはアメリカ訪問の件だった」とあるがそのような会話はない。

55 問いは「話者たちは主に何について話しているか？」である。男性は第１発言（My father showed …）で「自分が子どもの頃に父親が使っていたカメラ」について語り，そこから「写真の今後」へと対話が展開しているので，正解はｄ)。

56 問いは「女性は写真の未来についてどう思っているか？」である。女性は最終発言（Yeah, I don't …）で「20 年後にはスマートフォンで写真を撮ってはいないだろう」と言っているので，正解はｃ)。

57 問いは「話者たちはどこにいるか？」である。男性は第１発言（I feel like …）で「ピザを注文したい」と言い，女性は最終発言（No, but I can call …）で「自宅まで宅配してもらう」と言っているので，正解はａ)。

58 問いは「話者たちは何をするつもりか？」である。対話の冒頭で男性は「ピザを注文したい」と言い，女性は最終発言（No, but I …）で「自宅まで宅配してもらうように電話注文する」と言っているので，正解はd）。

MONOLOGUES

59　問いは「バジャダサウルスに関して正しいのはどれか？」である。第2段第2文（This makes it …）に「バジャダサウルスはトリケラトプスよりはるかに小さい」と述べられているので，正解はb）。

60　問いは「バジャダサウルスの首に関して正しいのはどれか？」である。第1段第5文（By swinging its neck …）に「バジャダサウルスは首を武器に用いて身を守った」と述べられているので，正解はb）。

61　問いは「このモノローグの主な内容は何か？」である。このモノローグは「1974年に日本の企業であるサンリオが世に送り出した『ハローキティ』」に関するものなので，正解はc）。

62　本問は内容真偽である。第2段第2文の後半（… by the mid-1980s, …）「1980年代中頃には，『ハローキティ』は世界的に有名であった」と述べられているので，正解はa）。d）は，「大人用」の部分がモノローグの内容に合致しない。なお，このモノローグは，b）「ロンドンの双子は新しいキャラクターを作るのが得意である」ことに関するものでも，c）「サンリオ商品は2008年に中国で正式に販売されるようになった」ことに関するものでもないので，b）・c）は不可。

63　問いは「このモノローグの主な内容は何か？」である。このモノローグは第1段第1文（*The Phantom of* …）「『オペラ座の怪人』というミュージカルが，35年にも及ぶブロードウェイでの公演を完了した」ことに関するものなので，正解はa）。

64　本問は内容真偽である。第3段第3文（But other shows, …）に「『オペラ座の怪人』の観客はニューヨーク市外から来る」と述べられているので，正解はc）。a）は，「ロンドン・シアターがまもなく閉館する」わけではないので合致しない。d）は第3段第1・2文（New York theater … to full audiences.）に，コロナ禍の間は劇場は閉まっていて，『ハミルトン』のようなミュージカルは満席に戻って来たと書かれているが，同段最終文（Many tourists …）に，「多くの観光客がまだニューヨークに戻って来ていない」とあるので，ニューヨークへの観光客が「増え続けている」の部分がモノローグの内容に合致しない。なお，このモノローグでは「『オペラ座の怪人』がコロナ禍では最も人気のある演目であった」とは述べていないので，b）は不可。

と、「一種の……」が適当である。④が正解。空欄Ｄについての「疑似自律性への適応」の選択肢は生きていないものに適応していくという表現となってしまうため不適当。

問7 ①は最後から二段落目、③は最後から四段落目、④は第二段落の内容に合致。②が正解。最後から三段落目に、ＡＩ・ロボットが「疑似自律性」をもつ可能性が示唆されているが、第五段落でＡＩ・ロボットが自律性をもつことは「心をもつ機械」という幻想によるとされているため、②の「自律性をもつＡＩ・ロボットを開発する」という内容は不適当。

④ 解答 **問1** ②　**問2** ①　**問3** ③

⑤ 解答 **問1** ①　**問2** ③　**問3** ②　**問4** ③

⑥ 解答 **問1** ④　**問2** ②　**問3** ③

問2 第五世代コンピュータ開発の失敗の要因は、第一段落最後の文の「人間の思考とは何かについての洞察を欠き」と、傍線部⑴の直前の段落の「深い理解もなく欧米の信念を丸ごと輸入」を踏まえると、④が正解。①は「首脳陣の理解を得られなかった」、②は「欧米にならって……実験システムを導入」、③は「人間の知能を再現」などの点が不適当。

問3 傍線部⑵直前の「これ」が指す、「『ＡＩ・ロボットは自律性を……したがうことになってしまう』「操作できるのは一部のエリート」という点を踏まえると、④が正解。②も迷うが、「ＡＩが統計的推論の不透明性を自律的に解消し」という点が不適当。この不透明性は推論のプロセスに含まれる確率誤差なので、根本的には解消されない。①は「ＡＩが……超人間的存在となったことによって」とある点が不適当。実際は「幻想」であり、自律性をもつと「見なされ」るだけである。また、支配される側についても触れられていない。③は「一部エリートたちが……ＡＩの決定に隷従」するという内容が本文と合致しない。

問4 傍線部⑶がある段落に、環境破壊および生命の尊厳の毀損を防ぐために機械情報から生命情報への価値転換が不可欠であることが述べられる。次の段落にある、現在のＡＩ・ロボット研究が機械情報を重視するコンピューティング・パラダイムに囚われていることも踏まえると、③が正解。④は「万事をデジタルな『機械情報』の分析に還元」することが環境破壊の元凶とまでは読み取れないため不適当。

問5 傍線部⑷がある段落における、「面妖な存在」がさす対象と「『意味』を……とらえられるのは生物だけ」という点、また直前の段落における「世界の『意味』をとらえるのは生命特有の能力」とする内容を踏まえると、③が正解。①は「人間による新たなデータ分析」が不適当。②の「ＡＩによる統計的推論は確率誤差をふくむ不透明性をはらんでいる」は人間による推論も同様であり、人間を区別する理由にはならないため不適当。④は「『外部』から遮断された……生物」が不適当。

問6 空欄Ｃは直前の「万物が自生し変転していく」という日本人の観点と対比される西洋人の観点であるため、「厳密に……」が適当。第二段落に類似する表現がある。空欄Ｄは直前の「相手は……と見なそう」という内容を踏まえる

問5 傍線部⑶の直後には、共感能力の限界、マジョリティがマイノリティに共感できるという想定のもつ傲慢さを踏まえ、自由や平等などに依拠して相手の権利を保護することが述べられる。次の段落の、マイノリティの苦しみを生み出す構造に自身が関わっていることへの気づきの必要性などの内容を鑑みると、④が正解。

問6 最終段落の内容を踏まえると④が正解。①はロールズが社会的、ヌスバウムが個人的という区別をしている点、②はゼロサム競争を競争心の問題として述べている点、③は「他人と自分の間の富や地位の差が顕在化する『ポスト・コロナ』」という点がそれぞれ不適当。

③

出典 西垣通「人新世におけるAI・ロボット」（西垣通編『AI・ロボットと共存の倫理』岩波書店）

解答

問1 ②
問2 ④
問3 ④
問4 ③
問5 ③
問6 ④
問7 ②

解説

問1 空欄Aには直前の「論理的な」と対比される表現が入るため、「直観」が適当。「非論理」は直後の「仮説推論」と矛盾するため不適当。空欄Bには直前の「宇宙が……構成」という内容を踏まえると「西洋」もしくは「一神教」が適当であるが、同じ段落の後半部にある「欧米には……知性もある」を踏まえると「一神教」が適当。

問3　②
問4　①
問5　④
問6　④

解説

問1　傍線部(1)に続く内容を踏まえると、③が正解。②は「妬みが……関心を向けさせ」と「恵まれている人々に対して敵意や悪意を抱かせる」が、④は「資本主義」が本文には述べられていない内容であるため不適当。①の「不平等が拡大している」や「社会が……引き起こされる」はロールズの言説であり、妬みが考察されてきた理由としては不適当である。

問2　傍線部(2)の次の段落の「しかし」以降にある競争心についての説明、その一行後の「これに対して」以降の妬みについての説明の内容を踏まえると、④が正解。①は「妬みは……成り代わりたいと思う心情」とある点、②は「自分のものを奪われたことへの怒り」とある点、③は「相手がもつものの価値に気づいたとき」とある点がそれぞれ不適当。

問3　空欄A〜Cの一つ前の段落における、妬みと嫉妬の説明を踏まえる。空欄AとBは自分（＝オセロ）がもっているもの（＝妻）を奪われることに対する表現であるため「嫉妬」が適当であり、空欄Cは自分（＝イアーゴー）がもっていないもの（＝オセロが得ている地位や人気や愛情）に対する表現であるため「妬み」が適当である。よって②が正解。

問4　空欄Dの直後の具体例の内容と次の段落の「自分がもたないものをもつ人々を……切り離し」、「『他者』や『敵』とみなすようにさせる」の内容を踏まえると、①が正解。妬みの感情は自分がもたないものを他者がもっている場合のものであるため、④は不適当。

和が保たれているわけでもない」の内容を踏まえると、①が正解。②～④の内容も本文中で述べられているが、続く文脈では先住民の状況が多様であることをどのように評価・改善していくかという話題へと論が進んでいるため不適当。

問4 経済的な発展については、傍線部(3)の直後の段落に都市部への移住の促進による経済発展と「先住民の文化的自由」の無視という内容が述べられており、独自性の尊重については、傍線部(3)の二段落後に周縁地域への支援における費用の膨大さという内容が述べられている。以上の内容を踏まえると、②が正解。

問5 空欄Aの直前の「複数の……促すこと」の内容、また直後に「しかし」とあることから、Aには否定的な内容が入ると考えられるため、④が正解。

問6 空欄Bは直前の「……頓挫」と直後の「……衰退」が並列の関係であるため、「ならびに」または「および」が適当。空欄Cは「オトミー移住者」を前提として、それ以外の先住民や活動家にもという内容であるため、「言わずもがな」または「もちろん」が適当。空欄Dは「人間の多様な可能性」に累加する内容であるため、「さらには」が適当。

問7 最後から二段落目の内容を踏まえると、①の「問題は先住民自身によって解決されるべき」、②の「必要な考え方を抽象化して提案」、③の「普遍的モデルを創出する必要性」はいずれも不適当である。「筆者の取り組み事例を紹介」とする④が正解。

②

出典 小手川正二郎「分断の倫理学――ヌスバウムの感情の哲学を手がかりに」（山口真美・河野哲也・床呂郁哉編著『コロナ時代の身体コミュニケーション』勁草書房）

解答

問1 ③

問2 ④

国語

①

出典　受田宏之「先住民研究の難しさと喜び」（東京大学教養学部編『知のフィールドガイド　異なる声に耳を澄ませる』白水社）

解答

問1　③
問2　④
問3　①
問4　②
問5　④
問6　③
問7　④

解説

問1　先住民言語を話す五歳以上の人口比率は一九三〇年の一六・〇%から二〇一五年には六・六%へと減少していることと、「近年では比率の減少幅は下がっており」とある点を踏まえると、③が正解。本文には「絶対数でみたら……増え続けている」とあるため①は不適当。

問2　傍線部(1)の直後の段落にある、「先住民内の分化と多文化主義を反映」と「また」以降の内容を踏まえると、④が正解。①は「偽って申告」とまでは本文中には述べられていないため不適当。

問3　傍線部(2)のある段落の二段落後にある「このように」以降の内容から、「先住民は多様」、「コミュニティの中で調

一般入試（2月選考）：2月6日実施分

問題編

▶試験科目・配点

教　科	科　　　　　目	配　点
外国語	コミュニケーション英語Ⅰ・Ⅱ・Ⅲ，英語表現Ⅰに共通する事項 （約30分のリスニングを含む）	200点
国　語	国語総合（近代以降の文章）	100点

▶備　考

- 上記以外に，外国語学部では，資料記入（志望理由等，20分），グローバル・リベラルアーツ学部では，個人での日本語による面接（約10分，60点）が課される。
- リスニングの配点は英語200点中の60点。
- 外国語学部では，出願時に大学が指定する英語の外部資格・検定試験（4技能）の基準を満たし，その成績を証明する書類を提出した場合，取得スコア等により，「英語」科目の得点を満点とみなして合否判定を行う，または，5点加点をして合否判定を行う。

英　語

（90分）

問題は全部で64問で，通し番号が1～64までついています。

解答用紙（マークシート）にも同様に1～64まで通し番号がついています。

前半60分はリーディング，後半約30分はリスニングです。

リスニングが始まるとリーディングには戻れません。注意してください。

リーディング：READING COMPREHENSION（No.1～3）
GRAMMAR AND USAGE（SECTION 1～2）

リスニング　：PART 1　CONVERSATIONS
(SHORT CONVERSATIONS, LONG CONVERSATIONS)
PART 2　MONOLOGUES（1～3）

READING COMPREHENSION

READING No. 1

Today, most people have used and thrown away something made of plastic. In the U.S., that item was probably either a grocery bag or a water bottle. According to EcoWatch, an online news site, Americans use roughly five hundred billion plastic bags and 35 billion plastic water bottles annually. On average, an American throws away approximately 84 kilograms of plastic every year.

Out of the millions of tons of plastic produced each year, only about five percent of it is reused. A large amount of plastic, about eight million metric tons every year, ends up in the ocean, polluting the water and endangering marine life. Some companies are working to change these statistics.

The athletic brand Adidas **collaborated** with an environmental organization called Parley for the Oceans to create running shoes made from marine plastic waste. The plastic was collected from coastal areas and then shipped to a supplier where it was upcycled, which means reusing materials to create a product of higher quality. In this case, it was reworked into the material used to create the shoes.

However, the shoe company is not alone in their ocean plastic upcycling efforts. The sunglass company Norton Point launched a line of eco-friendly sunglasses in 2016. The glasses are made out of recycled plastic which was originally taken from the ocean.

The sunglass designers wanted to create something that could make a difference. So, they came up with a product made from ocean plastic because it was such a big problem. Plastic was supplied by The Plastic Bank, an organization in Haiti which helps locals get paid a living wage for collecting plastic from the ocean and beaches. After much trial and error, Norton Point produced sunglasses that were good enough to sell. Though the brand has finally found a successful process, the work isn't over yet. Now, the company must convince consumers the product is worth buying.

The future for recycled-plastic products looks promising. Other companies are also **tackling** the ocean plastic issue and are taking steps to reduce plastic pollution. One clothing manufacturer, that turns plastic into yarn, has been making graduation gowns out of recycled plastic. Over 2.2 million students have worn them so far. A cleaning product company made a soap bottle out of recycled plastic from ocean plastic. There is even a skateboard company that created a skateboard made from recycled fishing nets.

It doesn't have to stop there. Some businesses are trying to produce less plastic to begin with. One American beverage maker made edible packaging out of barley to reduce plastic in the ocean and protect marine life. An energy bar company changed their wrappers from plastic to 100 percent recycled paperboard.

The examples set by these companies should inspire us all to make a difference ourselves. Individuals can make an impact too by being aware of this issue, using less plastic, recycling or reusing plastic, and talking about the need to reduce plastic pollution in the ocean. And who knows, maybe you can think up the next product to be made from ocean trash.

1 What is this reading mainly about?

a) Various environmental issues around the world today

b) How dangerous the marine plastic problem is for animals

c) Ideas for replacing the plastic bags and bottles used by Americans

d) Ways in which companies are creatively recycling ocean plastic

2 According to the passage, how much plastic ends up in the oceans of the world each year?

a) Approximately 84 kilograms

b) A million tons, mostly plastic bags and bottles

c) Five percent of all plastic thrown away

d) About eight million metric tons

3 According to the passage, what does the volunteer organization, The Plastic Bank, do in Haiti?

a) It changes energy bar wrappers from plastic wrap to recycled paper.

b）It helps turn plastic fishing nets into plastic yarn for making clothes.

c）It makes sure people collecting plastic receive enough payment for their work.

d）It makes sunglasses from recycled marine plastic collected on the beach.

4 Which one of the following products is NOT mentioned in the passage?

a）A soap bottle made out of recycled ocean plastic

b）Edible snack wrappers made from marine plastic

c）Graduation gowns made out of recycled plastic

d）A skateboard made from recycled fishing nets

5 Which word or expression is closest in meaning to **collaborated** in paragraph 3?

a）created artificially

b）agreed

c）communicated

d）worked together

6 Which word or expression is closest in meaning to **tackling** in paragraph 6?

a）trying to solve

b）advertizing

c）getting along with

d）answering

READING No. 2

Mars One is a private Dutch organization, located in the Netherlands, that wants to put the first humans on Mars by 2030. By 2035 a human colony of 24 colonists will live **permanently** on Mars, with no way of ever returning to Earth. The mission first requires the launch of an unmanned spacecraft that will bring the necessary equipment, living units, and survival gear to Mars, which will arrive in 2028. Starting in 2030, the first four people will start their seven month rocket ship journey to the red planet. In the following years five more groups of colonists will fly to Mars.

The project was first announced in 2011 and has received applications from over 200,000 people worldwide to be a part of the mission. Considerations for the first set of possible candidates started in 2018, and the list has narrowed down to a few hundred. The final 24 people will be chosen later in 2024 and split into six teams that will be eventually sent to the red planet. Mars One is a one-way trip that, according to the Dutch organization, will cost around six billion dollars. This may sound like a large amount of money, but it is actually much less than what the American NASA program spends on their own space missions. The project is to be funded by donations from around the world, but most of the money is expected to come from a private media group that will broadcast the whole mission live to people on Earth.

Not everyone agrees with the Mars One project. Space experts say it is not possible to set up and carry out such a mission within that short amount of time. They also claim that the amount of money they are spending is far too low. Some experts think that the project will never succeed in leaving the Earth's surface.

However, many who support the project claim that the Mars One mission is historical and can be compared to the first climbing of Mount Everest or the exploration of the South Pole.

The people chosen to fly to Mars will need certain qualifications before they are even selected, and will undergo five years of training. They must first prove that they are skilled in many different things like repairing machinery, growing their own food, providing medical care, and being able to operate different land vehicles. There are other serious challenges that Mars One colonists face, including physical and psychological problems on their journey. In addition, Mars has no magnetic field, which means the people who go there will face high radiation levels.

The young project has recently faced some issues. Currently, the project organizers are looking for manufacturers that can meet the deadlines and supply the spacecraft and equipment needed for the journey. However, since this is such a new exploration, there are not many companies that are able to provide such advanced equipment in a **reasonable** amount of time. Despite these problems, the Mars One project hopes that it can find a few manufacturers to meet its needs by the launch date.

7 What is this reading mainly about?

a) The dangers faced by colonists on their journey to Mars

b) The challenges and issues related to the Mars One project

c) The training required for the people chosen to fly to Mars

d) The search for manufacturers to make the Mars One equipment

8 According to the reading, which one of the statements is correct about the Mars One project?

a) The Dutch government will pay for most of the costs of the space mission.

b) The first spacecraft to Mars is planned to arrive on the planet in 2028.

c) Its colonists need computer knowledge before they enter their five-year training.

d) It will build most of its own equipment and spacecraft without help from others.

9 What can be inferred from the reading about the Mars One colonists?

a) Most of them are citizens of the Netherlands.

b) Some of them do not think the mission will succeed.

c) Many of them have enough money for the trip.

d) All of them will be asked to perform many different tasks.

10 According to the reading, which one of the statements is correct about the trip to Mars?

a) The supplies will land on Mars before the people arrive.

b) It is more expensive than other NASA space missions.

c) There will be many round trips back and forth from Earth.

d) The rocket ship will take a few years to finally reach Mars.

11 Which word is closest in meaning to **permanently** in paragraph 1?

a) pleasantly

b) shortly

c) together

d) forever

12 Which word is closest in meaning to **reasonable** in the last paragraph?

a) serious

b) large

c) acceptable

d) better

READING No. 3

Have you heard the term "universal design" before? It refers to the process of creating products that are accessible to people with a wide range of abilities, disabilities, and other characteristics including the individual's body size, posture, or mobility. Application of universal design principles makes products more usable by everyone, not just people with disabilities. For example, sidewalk curb cuts, designed to make sidewalks and streets accessible to those using wheelchairs, are today often used by parents with baby strollers and delivery staff with rolling carts. Similarly, a door that automatically opens when someone approaches it is more accessible to everyone, including small children, workers whose arms are full, and people using wheelchairs.

What are, then, those principles? At the Center for Universal Design at North Carolina State University, a group of architects, product designers, engineers, and environmental design researchers established the following set of principles of universal design to provide guidance in the design of environments, communications, and products:

1. Equitable Use: The design is useful and marketable to people with diverse abilities. For example, a website follows this principle that is designed to be accessible to everyone, including those who are blind.
2. Flexibility in Use: The design **accommodates** a wide range of individual preferences and abilities. An example is a museum that allows a visitor to choose to read or listen to the description of the contents of a display case.
3. Simple and Intuitive Use: The design is easy to understand, regardless of the user's experience, knowledge, language skills, or current concentration level. Science lab equipment with control buttons that are clear and intuitive is a good example of an application of this principle.
4. Perceptible Information: The design communicates necessary information effectively to the user, regardless of surrounding conditions or the user's sensory abilities. An example of this principle is television programming using captions when projected in noisy public spaces like a waiting area at a hospital.
5. Tolerance for Error: The design minimizes problems caused by accidental or unintended actions. An example of a product applying this principle is an educational software program that provides guidance when the user makes an inappropriate selection.
6. Low Physical Effort: The design can be used efficiently and comfortably and with a minimum of **fatigue**. Doors that are easy to open by people with a wide variety of physical characteristics demonstrate the application of this principle.
7. Size and Space for Approach and Use: Appropriate size and space is provided for approach, reach, manipulation, and use

regardless of the user's body size, posture, or mobility. A flexible science lab work area designed for use by students with a wide variety of physical characteristics and abilities is an example of employing this principle.

Are all of the principles equally important? Figure 1 shows what features 1,000 Japanese females consider to be important in universally designed products or facilities.

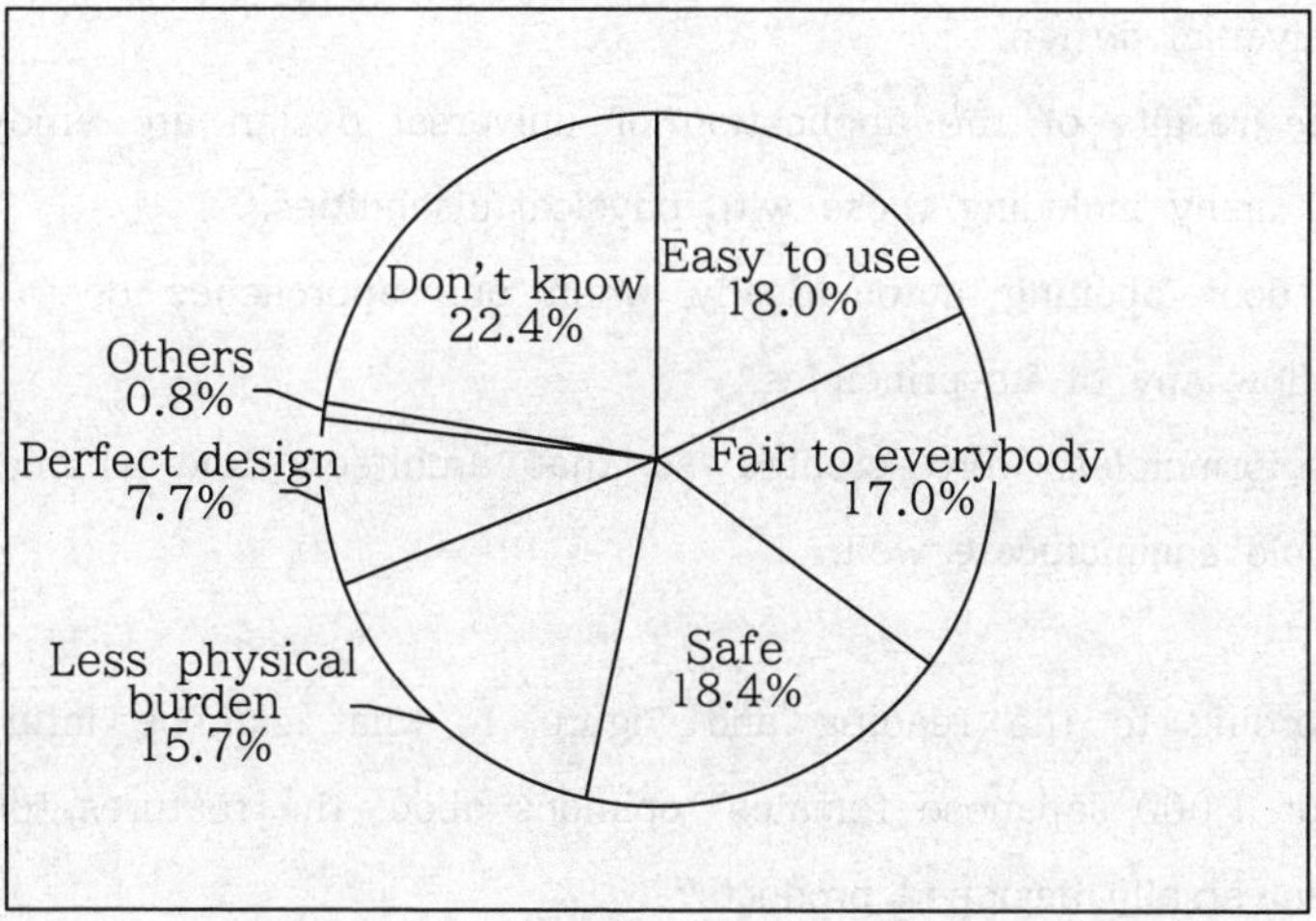

Figure 1. What do you think is important when using products or facilities with universal design? (Source: NAVIT)

You can see that there is not much difference in percentage among some features. If you were to make something with "universal design," would you give priority to any of the principles?

13 What is this reading mainly about?

a) Characteristics of universally designed products

b) Examples of products with universal design in Japan

c) Difficulties in creating products with universal design

d) Different definitions of universal design

14 According to the reading, which one of the statements is correct about universal design?

a) There is general agreement on the most important principles of universal design.

b) The results of the application of universal design are enjoyed by many including those with physical disabilities.

c) A door opening automatically when one approaches does not follow any of its principles.

d) Its principles were created so that architects and engineers could communicate well.

15 According to the reading and Figure 1, what can be inferred about 1,000 Japanese females' opinions about the features found in universally designed products?

a) Several features are considered roughly equally important by them.

b) Many of them don't know much about universal design.

c) Their preference varies depending on their own physical characteristics.

d) The principle "Simple and Intuitive Use" is not important to them.

16 In public restrooms, you can find sinks at different heights. According to the reading, which one of the following principles is applied to the facility?

a) Tolerance for Error

b) Simple and Intuitive Use

c) Perceptible Information

d) Size and Space for Approach and Use

17 Which expression is closest in meaning to **accommodates** in the 2nd item of the numbered list?

a) goes ahead of

b) makes use of

c) provides for

d) develops into

18 Which word is closest in meaning to **fatigue** in the 6th item of the numbered list?

a) confusion

b) tiredness

c) irritation

d) troubles

GRAMMAR AND USAGE

SECTION 1

The price of everything — food, energy, clothing — is going up. Many people are trying to save money __(19)__ they can. I was talking to a Japanese woman who said, "I list up everything I want to buy before I go to the supermarket. That way, I only buy the things I need. I don't waste any money." It sounds like a good idea, but can you find the mistake she made in English? Though we often hear people say "list up" when speaking Japanese, it is __(20)__ "Japanese English."

The word "list" is not used in the same way in English. It is commonly used as a noun. As for the verbs we can use with the noun "list," there are four basic choices; "make," "write," "draw up," and "compile." "Make" seems to be the first choice for many people. For instance, we often hear people say I "make" a list of what I want to buy __(21)__ I don't forget anything. We can also say "write" a list, but it may be too __(22)__ to use "draw up" and "compile" for a shopping list. Here are some examples of __(23)__ the two verbs are used in the office or formal writing: The lawyer "__(24)__ up" a contract/list for us to sign yesterday. "Compile" a list of projects to begin this year.

"List" can be used as a verb in English too, but there is a difference from the way it is used in Japanese English. Here are some examples: She "listed" the things __(25)__ she wanted to take on her trip. The coach "__(26)__" the players who would be on the team. The travel brochure "lists" the hotels we can choose from.

We have to be careful with “list” so as not to make a mistake by adding “up.”

19
a）as soon as
b）even if
c）whenever
d）in case

20
a）as if
b）that is
c）that we call
d）what is called

21
a）so that
b）unless
c）until
d）without

22
a）form
b）formality
c）formal
d）formally

23
a）what for
b）what
c）how come
d）how

24
a）has drawn
b）drew
c）draws
d）was drawn

25
a）in which
b）that
c）what
d）who

26
a）listed
b）was listed
c）listed up
d）was listed up

SECTION 2

27 You _____ with your new glasses.
a）look great
b）look greatly

出典追記：The Japan Times Alpha, January 20, 2023

c) are looked great

d) are looked greatly

28 _____ I was shopping at the supermarket, I ran into a classmate.

a) Upon

b) Whether

c) During

d) While

29 If you cancel your order before it has been shipped, we _____ the entire amount of your payment.

a) are refunding

b) will refund

c) have refunded

d) would have refunded

30 Indonesia has the fourth _____ population in the world.

a) large

b) larger

c) largest

d) largely

31 I was wondering _____ John was coming to the party or not.

a) as

b) that

c) which

d) whether

32 Nikola Tesla was born in Smiljan, Croatia, _____ was part of the Austrian Empire.

a) who

b) where

c) when

d) which

33 We reserved a large room for his talk because we thought it would be popular. _____, only a few students showed up.

a) Moreover

b) However

c) Indeed

d) Besides

34 "Lisa, could you _____ me a favor and take a few minutes to answer these survey questions?"

"Sure, no problem."

a) ask

b) get

c) make

d) do

編集部注：リスニング音源は，大学公式のウェブサイトで公表されています。
https://www.kandagaigo.ac.jp/kuis/main/nyushi/
「過去問題B音声」
なお，上記のリンクは2024年6月時点のものであり，掲載元の都合によってはアクセスできなくなる場合もございます。あらかじめご了承ください。

LISTENING COMPREHENSION

Part 1 CONVERSATIONS

SHORT CONVERSATIONS

35 Which one of the statements is correct about the homework assignment?

a) The man added the numbers in the wrong step.

b) The woman wants the man to turn it in now.

c) The man will not be able to solve the first question.

d) The woman doesn't know how to answer the questions.

36 Which one of the statements is correct?

a) The man left his clothes outside in the morning.

b) The woman didn't know it would rain today.

c) The man wants to stay home with the woman.

d) The woman thought it would rain later in the day.

37 Which one of the statements is correct?

a) The man was sure he would do well at the science fair.

b) The man did almost all the work on the science fair project.

c) The woman received second place at the science fair.

d) The woman didn't think the man would do well at the science fair.

38 Which one of the statements is correct about the man?

a) He wants his daughter to learn how to speak French.

b) He wants his daughter to be bilingual in Japanese and English.

c) He is married to a French woman.

d) He speaks both English and Japanese fluently.

39 Which one of the statements is correct?

a) The man has gone on a homestay once before.

b) The woman recommended doing a longer homestay.

c) The man did not like the woman's suggestions about homestays.

d) The woman thinks that Australia and New Zealand have many similarities.

40 Which one of the statements is correct?

a) The woman is getting married in a green dress.

b) The woman likes wearing simple jewelry.

c) The man couldn't help the woman find anything.

d) The woman is shopping for a dress and earrings.

41 Which one of the statements is correct?

a) The man is upset about his social studies exam.

b) The woman has to go to social studies class.

c) The man is trying to cheer up the woman.

d) The woman will help the man study harder.

42 What are the speakers talking about?

a) Choosing a good toothbrush

b) Taking care of pets

c) Their morning routines

d) Hairstyling and cosmetics

43 Which one of the statements is correct?

a) The woman went to high school in Japan.

b) The man forgot what club activities he joined in high school.

c) The man was a dance club member in high school.

d) The woman enjoyed club activities in her high school.

44 Which one of the statements is correct?

a) The woman met Amy about a week ago.

b) The man will visit Amy in Canada.

c) The woman hasn't seen Amy for several weeks.

d) The man met Amy at the airport.

45 Which one of the statements is correct?

a) The man is a vegetarian and can't eat ham.

b) The man ate a sandwich for lunch yesterday.

c) The woman prepared a sandwich for the man.

d) The woman wants to eat a strawberry jam sandwich today.

46 Which one of the statements is correct?

a) The man recently got a cat at an animal shelter.

b) The man's sister is going to an animal shelter this week.

c) The woman is glad to get a cat from the man.

d) The woman's family had a cat in the past.

47 Which one of the statements is correct?

a) The woman's parents thought she needed a smartphone.

b) The man was happy about his brother getting a smartphone.

c) The man got his smartphone when he was in elementary school.

d) The woman wanted to get a smartphone earlier than she actually did.

48 Which one of the statements is correct?

a) The woman is interested in speaking English more.

b) The woman wants to do a homestay in a foreign country.

c) The man has to rely on the woman's advice to decide.

d) The man is going to move to a dormitory soon.

49 Which one of the statements is correct about the woman?

a) She enjoyed the last episode of the drama.

b) She is familiar with the official show website.

c) She wanted to watch the last episode with the man.

d) Her brother deleted the recording of her TV drama by mistake.

50 Which one of the statements is correct about the man?

a) He learned how to cook on his own.

b) He taught his daughter how to cook.

c) He spent a lot of money on good food.

d) He saved money to attend a cooking class.

LONG CONVERSATIONS

Long Conversation 1

51 Which one of the statements is correct?

a) The man is asking the woman to help him with his homework.

b) The woman taught the man how to research information for debates.

c) The man is very confident and calm in debate competitions.

d) The woman thinks that the man got useful tips about debates.

52 Which one of the statements is correct about the woman?

a) Her teacher's homework topic was very difficult.

b) She enjoyed class today with the man.

c) She asked the man about his debate class.

d) She told the man that she had a lot of homework.

Long Conversation 2

53 Which one of the statements is correct about the man?

a) He made travel plans with the woman to go to Africa.

b) He is excited about the woman's trip to Kenya.

c) His best friend was born in Nairobi.

d) He is mostly interested in seeing the wildlife in Nairobi.

54 According to the conversation, which one of the statements is correct about Kenya?

a) There is a national park located north of Nairobi.

b) It takes about 18 hours to travel there from Tokyo.

c）The woman has been there with her best friend.

d）The man will spend about a month there alone for the summer.

Long Conversation 3

55 What are the speakers mainly talking about?

a）Finding a part-time job

b）Enjoying college life

c）Improving writing skills

d）Chooosing a college major

56 Which one of the statements is correct?

a）The man wants to become an educator.

b）The woman has decided what to study in college.

c）The man is going to see his parents next month.

d）The woman wants the man to be honest with her.

Long Conversation 4

57 What are the speakers mainly talking about?

a）Their favorite sports and books

b）Health risks in playing soccer

c）The best ways to relax

d）Their plans for the afternoon

58 Which one of the statements is correct?

a）The woman is injured.

b）The man is apologizing.

c) The library is closed.

d) The speakers will play soccer.

Part 2 MONOLOGUES

Monologue 1

59 According to the monologue, which one of the statements is correct about Death Valley?

a) It receives about 20 millimeters of rain per month.

b) Tourists and scientists started going there in the 1870s.

c) The Panamint Indians lived there.

d) Only a few species of plants and animals live there.

60 According to the monologue, which one of the statements is correct about Death Valley?

a) Bobcats can climb its mountains to escape the strong heat.

b) Gold was discovered in the surrounding mountains in 1994.

c) The temperatures can reach to over 50 degrees Celsius.

d) It is the hottest and driest location in the entire world.

Monologue 2

61 What is this monologue mainly about?

a) Some facts about human body temperature

b) Items to use when measuring body temperature

c) Reasons why body temperature has changed over time

d) Researchers studying body temperature

62 According to the monologue, which one of the statements is correct about body temperature?

a) It has increased in the past decades.

b) It stays the same across different body parts.

c) It increases as thermometer technology improves.

d) It has been influenced by environmental changes.

Monologue 3

63 What is this monologue mainly about?

a) A decrease in first-class passenger numbers on international flights

b) New efforts made by some airline companies after the pandemic

c) Changes in the number of travelers before and after the pandemic

d) Differences in management policies between Lufthansa and Qantas

64 According to the monologue, which one of the statements is correct?

a) Lufthansa has reduced its airfares to attract customers.

b) Domestic flights became more popular after the pandemic.

c) Airline companies are willing to invest in luxurious services.

d) The value of first-class seats has dropped because of the pandemic.

放送内容

LISTENING COMPREHENSION

PART 1: CONVERSATIONS

SHORT CONVERSATIONS

Conversation 35

M: Excuse me, Professor Anderson. I am confused about the homework. I didn't understand how to solve the last question.
W: Ok, let me see. Ah, I see where the problem is. You added both these numbers in step number three, but you shouldn't do that until step four.
M: Oh, I see! This makes a lot more sense now. Ok, I think I am finished. So, can I turn in the homework to you now?
W: Actually, could you wait until tomorrow to give it to me? I am leaving campus right now, and I don't want to take work home with me.

Question 35. Which one of the statements is correct about the homework assignment?
a) The man added the numbers in the wrong step.
b) The woman wants the man to turn it in now.
c) The man will not be able to solve the first question.
d) The woman doesn't know how to answer the questions.

Conversation 36

W: Oh no! It's raining outside, isn't it? I put my clothes outside to dry this morning.
M: Yeah, didn't you hear about the typhoon hitting Tokyo later tonight?
W: I knew about that, but I didn't think it would start raining so soon.
M: Well, I think you should go home soon before it gets heavier.

Question 36. Which one of the statements is correct?
a) The man left his clothes outside in the morning.
b) The woman didn't know it would rain today.
c) The man wants to stay home with the woman.
d) The woman thought it would rain later in the day.

Conversation 37

M: Guess what? My science project got 2nd place in the school science fair!
W: That's amazing. And you thought you wouldn't do well.
M: Well, I wasn't very confident before you helped me.
W: No, no. I just gave you some suggestions here and there. You did almost everything yourself.

Question 37. Which one of the statements is correct?
a) The man was sure he would do well at the science fair.
b) The man did almost all the work on the science fair project.
c) The woman received second place at the science fair.

d) The woman didn't think the man would do well at the science fair.

Conversation 38

M: Wendy, your husband is French. Is that right?
W: Yes, he is from France. Why do you ask?
M: My wife and I want to raise our daughter to be bilingual in Japanese and English. Do you have any tips?
W: Well, for our son, we use the "one parent, one language" approach.
M: Oh, so you only speak English to your son and your husband only speaks French to him? How interesting!

Question 38. Which one of the statements is correct about the man?
a) He wants his daughter to learn how to speak French.
b) He wants his daughter to be bilingual in Japanese and English.
c) He is married to a French woman.
d) He speaks both English and Japanese fluently.

Conversation 39

W: Have you ever gone on a homestay in an English-speaking country like the UK or the US?
M: Not yet, but I am thinking about going to New Zealand for two weeks this summer.
W: Oh really? I did a homestay in Australia last year. The two countries have many things in common.
M: As soon as I decide my plans, I'll come ask you for advice.

Question 39. Which one of the statements is correct?
a) The man has gone on a homestay once before.
b) The woman recommended doing a longer homestay.
c) The man did not like the woman's suggestions about homestays.
d) The woman thinks that Australia and New Zealand have many similarities.

Conversation 40

M: Hello, can I help you look for anything?
W: I'm hoping to buy a pair of earrings that match this green dress. It's for a friend's wedding.
M: We can definitely find something for you today. Do you like small or large earrings?
W: Hmm, I usually wear small gold hoops or earrings with a simple design.
M: What about these gold ones with small green flowers?

Question 40. Which one of the statements is correct?
a) The woman is getting married in a green dress.
b) The woman likes wearing simple jewelry.
c) The man couldn't help the woman find anything.
d) The woman is shopping for a dress and earrings.

Conversation 41

M: You look upset today. What's wrong?
W: I didn't do so well on my social studies exam.
M: Oh, sorry to hear that. But don't worry — it happens. You'll do better next time, I'm sure!
W: I know what you mean. Oh well, next time I will just study harder.

Question 41. Which one of the statements is correct?
a) The man is upset about his social studies exam.
b) The woman has to go to social studies class.
c) The man is trying to cheer up the woman.
d) The woman will help the man study harder.

Conversation 42

M: How often do you brush your cat?
W: Once or twice a week. It helps to keep her healthy.
M: Do you brush her teeth, too?
W: Yes, but only about 30 seconds a day with a very soft toothbrush.

Question 42. What are the speakers talking about?
a) Choosing a good toothbrush
b) Taking care of pets
c) Their morning routines
d) Hairstyling and cosmetics

Conversation 43

W: I hear Japanese schools have club activities. What club activities did you do in high school?
M: Oh. I didn't go to high school in Japan. I was in Canada when I was a high school student.
W: That's right. Sorry, I totally forgot about it. But did you join any club activities in your high school?
M: Yeah, I joined a dance club. I made good friends and had a lot of fun with them.

Question 43. Which one of the statements is correct?
a) The woman went to high school in Japan.
b) The man forgot what club activities he joined in high school.
c) The man was a dance club member in high school.
d) The woman enjoyed club activities in her high school.

Conversation 44

W: When was the last time you saw Amy?
M: It was about a week ago. Why?
W: I was wondering if she was still around. When I last met her several weeks ago, she told me she would visit her grandmother in Canada soon.
M: I guess she's in Canada now. When I saw her last time, she was on the way to the airport to catch a flight.

Question 44. Which one of the statements is correct?

a) The woman met Amy about a week ago.
b) The man will visit Amy in Canada.
c) The woman hasn't seen Amy for several weeks.
d) The man met Amy at the airport.

Conversation 45

W: Is that your lunch? You had a sandwich yesterday, too.
M: Yeah, but it was ham and cheese yesterday. It's strawberry jam today.
W: OK, but you need some vegetables with your meal. Otherwise, you'll ruin your health!
M: I know. But I don't have time to eat all that. Maybe I'll drink some vegetable juice with my sandwich.

Question 45. Which one of the statements is correct?

a) The man is a vegetarian and can't eat ham.
b) The man ate a sandwich for lunch yesterday.
c) The woman prepared a sandwich for the man.
d) The woman wants to eat a strawberry jam sandwich today.

Conversation 46

W: I didn't know you have a cat!
M: She was at an animal shelter. We adopted her from there last week.
W: She is so cute! What's her name?
M: We haven't decided. My sister said she would pick a name this week.
W: I wish I could have a cat. Pets aren't allowed in our apartment.

Question 46. Which one of the statements is correct?

a) The man recently got a cat at an animal shelter.
b) The man's sister is going to an animal shelter this week.
c) The woman is glad to get a cat from the man.
d) The woman's family had a cat in the past.

Conversation 47

M: At what age did you get your own smartphone?
W: I got one when I went to junior high school. I needed it because I had to take the train to school, and my parents thought I needed one. What about you?
M: I also got mine when I started junior high school, but my younger brother got one at the same time as I did. I thought it was a bit too early for him.
W: I suppose your parents had to control his smartphone use more carefully, then.

Question 47. Which one of the statements is correct?

a) The woman's parents thought she needed a smartphone.
b) The man was happy about his brother getting a smartphone.
c) The man got his smartphone when he was in elementary school.
d) The woman wanted to get a smartphone earlier than she actually did.

Conversation 48

M: When you study abroad, would you like to do a homestay or stay at a dormitory?
W: Which would give me more chances to speak English?
M: That's not easy to answer. I think it depends.
W: Because I live with my parents now, I'd rather live with other students when I study abroad.

Question 48. Which one of the statements is correct?

a) The woman is interested in speaking English more.
b) The woman wants to do a homestay in a foreign country.
c) The man has to rely on the woman's advice to decide.
d) The man is going to move to a dormitory soon.

Conversation 49

W: I recorded the last episode of the drama I've been watching, but my brother accidentally deleted it! I can't believe it!
M: Oh, no! But you can probably watch the rerun for free on the official show website. I often use it to watch something I missed.
W: That sounds very convenient! I'll definitely do that because I really wanted to watch it.
M: Missing the last episode is the last thing you want to do!

Question 49. Which one of the statements is correct about the woman?

a) She enjoyed the last episode of the drama.
b) She is familiar with the official show website.
c) She wanted to watch the last episode with the man.
d) Her brother deleted the recording of her TV drama by mistake.

Conversation 50

W: Dad, where did you learn how to cook? When you were in school, you didn't have a cooking class, did you?
M: No, I didn't. I picked it up naturally when I lived alone as a university student.
W: That's great. What did you cook when you were a student?
M: I remember I cooked and ate a lot of chicken. As I didn't have much money at that time, I was always trying to save money and eat good food at the same time.

Question 50. Which one of the statements is correct about the man?

a. He learned how to cook on his own.
b. He taught his daughter how to cook.
c. He spent a lot of money on good food.
d. He saved money to attend a cooking class.

LONG CONVERSATIONS

Long Conversation 1

W: Did you enjoy debate class today, Paul?
M: I sure did. But I have lots of homework tonight.
W: That sounds tough. Did the teacher give you any special advice?
M: Well, first, she suggested that preparation is the key to success. She means that in order to do well, you have to do a lot of research to prepare for class.
W: Oh, I see. Did she suggest anything else?
M: She suggested that we remember to keep calm and look confident during the debate, which is actually difficult for me.
W: That's nice! What good advice.
M: I think so, too. But our next topic is really difficult!

Question 51. Which one of the statements is correct?
a) The man is asking the woman to help him with his homework.
b) The woman taught the man how to research information for debates.
c) The man is very confident and calm in debate competitions.
d) The woman thinks that the man got useful tips about debates.

Question 52. Which one of the statements is correct about the woman?
a) Her teacher's homework topic was very difficult.
b) She enjoyed class today with the man.
c) She asked the man about his debate class.
d) She told the man that she had a lot of homework.

Long Conversation 2

W: So, what are your travel plans for the summer?
M: I'm going to Africa for about a month. I plan to visit my best friend there.
W: That's amazing! Where in Africa does he live?
M: Kenya. I will spend time with him in Kenya's capital city - Nairobi. He was born there.
W: What do you plan to do there?
M: Well, Nairobi is a busy city with many restaurants, museums, and shopping malls. There is also a national park just south of the city well known for its wildlife. It will be hard to decide since there's plenty to do there. I can't wait to go!
W: That sounds like such an exciting trip.
M: It is. But I'm worried about the flight – it seems so long. I hear it takes nearly 18 hours from Tokyo.

Question 53. Which one of the statements is correct about the man?
a) He made travel plans with the woman to go to Africa.
b) He is excited about the woman's trip to Kenya.
c) His best friend was born in Nairobi.
d) He is mostly interested in seeing the wildlife in Nairobi.

Question 54. According to the conversation, which one of the statements is correct about Kenya?
a) There is a national park located north of Nairobi.
b) It takes about 18 hours to travel there from Tokyo.

c) The woman has been there with her best friend.
d) The man will spend about a month there alone for the summer.

Long Conversation 3

M: I really like your drawing. I never realized how talented you are.
W: I'm so glad you think so. Thank you.
M: You are welcome. So, do you plan to study art in college?
W: I'm thinking about it. I'm still weighing my options. I'm also interested in literature and education.
M: I envy you. You have options to choose from.
W: Why? You are good at sports, acting, and writing! You have many options as well!
M: Thank you for saying that. I want to become a writer in the future, but my parents want me to become a doctor.
W: You should talk to them honestly about what you want to do in the future.
M: Yeah. When I return home next month, I'll talk about what I want to study in college before it is too late.

Question 55. What are the speakers mainly talking about?
a) Finding a part-time job
b) Enjoying college life
c) Improving writing skills
d) Choosing a college major

Question 56. Which one of the statements is correct?
a) The man wants to become an educator.
b) The woman has decided what to study in college.
c) The man is going to see his parents next month.
d) The woman wants the man to be honest with her.

Long Conversation 4

M: Do you want to go to the park and play soccer after lunch?
W: That sounds like fun, but I am going to say "no." Sorry.
M: I thought you liked soccer.
W: I do, but this morning, I twisted my ankle.
M: Oh, so you're worried about your injury, right?
W: Exactly. I'm not going to play sports for a few days.
M: Well, do you want to go to the library? We could read or study.
W: No, not now. I just want to relax, so I think I'll watch TV.

Question 57. What are the speakers mainly talking about?
a) Their favorite sports and books
b) Health risks in playing soccer
c) The best ways to relax
d) Their plans for the afternoon

Question 58. Which one of the statements is correct?

a) The woman is injured.
b) The man is apologizing.
c) The library is closed.
d) The speakers will play soccer.

PART 2: MONOLOGUES

Monologue 1

Death Valley, located in the southwestern part of the United States, is the hottest and driest location in North America. This 225-kilometer-long valley has summertime temperatures that can reach up to 52 degrees Celsius, and only receives about 20 millimeters of rain a year.

Despite these extreme conditions, Death Valley is home to a wide variety of wildlife. The plants and animals include cactuses, wildflowers, rabbits, and bobcats. The largest animal is the bighorn sheep, and it is the only animal that can escape the strong heat by climbing up mountains, where the temperatures are much cooler.

For many years, Death Valley was little known except to the Panamint Indians who lived in the area before the Europeans came. Few people visited the area until the 1870s, when gold was discovered in the surrounding mountains. Since becoming a national park in 1994, Death Valley's extreme environment attracts tourists and scientists.

Question 59. According to the monologue, which one of the statements is correct about Death Valley?

a) It receives about 20 millimeters of rain per month.
b) Tourists and scientists started going there in the 1870s.
c) The Panamint Indians lived there.
d) Only a few species of plants and animals live there.

Question 60. According to the monologue, which one of the statements is correct about Death Valley?

a) Bobcats can climb its mountains to escape the strong heat.
b) Gold was discovered in the surrounding mountains in 1994.
c) The temperatures can reach to over 50 degrees Celsius.
d) It is the hottest and driest location in the entire world.

Monologue 2

You can measure body temperature using the mouth, underarm, or ear. But the temperature can change depending on which one you use, and you will need accurate body temperature to determine if you have a fever. For example, the average normal oral temperature is 37 °C. But the ear temperature is 0.3 to 0.6°C higher than the oral temperature, while the underarm temperature is 0.3 to 0.6 °C lower than the oral temperature.

One interesting finding about body temperature is that since the 19th century, the average human body temperature in the United States has dropped about 0.4 °C. It was thought this decrease could be due to the difference in accuracy of thermometers, a tool you use to measure body temperature. However, researchers have confirmed that the average body temperature has actually decreased as a result of changes in our environment over the past 200 years.

Monologue 1 出典追記：Death Valley, Britannica Kids, Encyclopaedia Britannica Inc

Question 61. What is this monologue mainly about?

a) Some facts about human body temperature
b) Items to use when measuring body temperature
c) Reasons why body temperature has changed over time
d) Researchers studying body temperature

Question 62. According to the monologue, which one of the statements is correct about body temperature?

a) It has increased in the past decades.
b) It stays the same across different body parts.
c) It increases as thermometer technology improves.
d) It has been influenced by environmental changes.

Monologue 3

著作権の都合上，省略。

First class travel - level 3, News in Levels on May 16, 2023

Question 63. What is this monologue mainly about?

a) A decrease in first-class passenger numbers on international flights
b) New efforts made by some airline companies after the pandemic
c) Changes in the number of travelers before and after the pandemic
d) Differences in management policies between Lufthansa and Qantas

Question 64. According to the monologue, which one of the statements is correct?

a) Lufthansa has reduced its airfares to attract customers.
b) Domestic flights became more popular after the pandemic.
c) Airline companies are willing to invest in luxurious services.
d) The value of first-class seats has dropped because of the pandemic.

① 高圧的に振舞うこと　② 一致団結すること
③ 節操なく他者に同意すること　④ 判断や行動が素早いこと

問3 無心する　（解答番号は 30 ）
① 投げやりになること　② 遠慮なくねだること
③ 困窮すること　④ うっかりすること

問2　漸次快方に向かう　（解答番号は[25]）

①　ざんじ　②　ぜんじ　③　ずいじ　④　じんじ

問3　不具合が見つかった商品を返戻する　（解答番号は[26]）

①　へんだい　②　へんもどし　③　へんれい　④　へんるい

問4　仕事の進捗状況を報告する　（解答番号は[27]）

①　しんしょう　②　しんぽ　③　しんしゃく　④　しんちょく

[6]

次の言葉の意味の説明として最も適切なものを、それぞれ①～④の中から一つずつ選べ。解答番号は[28]、[29]、[30]。

問1　牽《けん》強付会　（解答番号は[28]）

①　無理にこじつけること　②　厳しく問いただすこと

③　説得力があること　④　物事を強引に進めること

問2　付和雷同　（解答番号は[29]）

① 権利を譲トする　② ペンキをト布する
③ 発展のト上にある　④ 努力がト労に終わる

問3 美しい旋律にトウ然となる　（解答番号は 22）
① トウ芸教室に通う　② 新機能エンジンをトウ載する
③ 地価が高トウする　④ 講演者がトウ壇する

問4 幼い子がシュ勝にも親を気遣う　（解答番号は 23）
① 選手がシュ備につく　② シュ玉の名言だ
③ シュ向を凝らす　④ 特シュな機械を装備する

5

次の各問いの傍線部の読みとして正しいものを、それぞれ①～④の中から一つずつ選べ。解答番号は 24 、 25 、 26 、 27 。

問1 平生の心掛けが肝要だ　（解答番号は 24 ）
① へいせい　② へいしょう　③ へいじょう　④ へいぜい

許容されるべきである。

② 人は自分の中にある複数の声を分離し自分の位置づけを見出そうとするが、その営みが円滑に進まないとき、自分の内なる声が他者の口から出ることを期待してしまう。

③ 単独の意識の存在を肯定し、しかるべき手順を踏めば必ず真理に到達できるとする近代を支配する考えは、筆者の主張する対話の思想とは相容《あい》れない。

④ 対話には、自分の過去の経験に対して他者から新しい意味づけを与えられてもなお、ゆるぎない自分が存在するということに気づけるという効果がある。

4 次の各問いの傍線部のカタカナに相当する漢字と同じ漢字を使うものを、それぞれ①～④の中から一つずつ選べ。解答番号は[20]、[21]、[22]、[23]。

問1 イ細構わず計画を推進する　（解答番号は[20]）

① イ縮せずに堂々と話す　② イ任状を書く
③ イ敬の念を抱く　④ ルールにイ反する

問2 解決の方トを探る　（解答番号は[21]）

③ 他者とのやりとりを通じて自分自身が持つ複数の思いや考えに気づくこと。

④ 自分の中の特定の思いや考えだけを自分自身のものとして内省すること。

問5 傍線部(4)「全体性による意味づけの対話の第一の効果」とあるが、その説明として最も適切なものを、次の①〜④の中から一つ選べ。解答番号は 17 。

① 他者が「客観的」な枠組みから自分の意見を解釈してくれるため、自己の多声性を発見できるという効果。

② 自分の意見がより広い多様性のなかに位置づけられるので、自分の意見の固有性を知ることができるという効果。

③ 他者からの返事に応答しなければならないため、相手の言葉に対して責任を引き受ける必要性が生じるという効果。

④ 自分の考えを話すことで他者から返答を得られるので、自分の役割を自覚できるという効果。

問6 空欄 C に入る表現として最も適切なものを、次の①〜④の中から一つ選べ。解答番号は 18 。

① 主体的に他者との関係をつなぎ、不変の考えをつくりあげていく自己である

② 身体になじむ言葉を利用して環境に適応していく自己である

③ どんな状況でもゆらぐことのない確固たる自己である

④ デカルトの自己同一的な意識ではなく、更新する自己である

問7 本文の内容と合致するものを、次の①〜④の中から一つ選べ。解答番号は 19 。

① 私たちが確固たる自己というものを持ち得ない存在である以上、対話において発せられる言葉が多声的であることは

② 人の「考え」や「思い」は、自分と対立する他者との対話を通してはじめて明確になる以上、必然的に自分の居場所を他者の中に見つけにいくように飛び出していくということ。

③ 自分の意思に反する声を自分の中に見出したり、他者の発言に応じて自分という主体が分裂するのを感じたりする経験を重ねる中で、自分の「考え」や「思い」は複数化していくということ。

④ 病気は患者当人だけの問題ではないという認識下で解決され、また、哲学対話も他者との闘争や調停を経て意思形成がなされていくように、他者の存在なしに人の「考え」や「思い」が安定することはないということ。

問3 空欄 [A] ・ [B] に入る語句の組合せとして最も適切なものを、次の①～④の中から一つ選べ。解答番号は [15] 。

① A 尊厳性　B 組織化

② A 自律性　B 差異化

③ A 独立性　B 記号化

④ A 多様性　B 専業化

問4 傍線部(3)「自分の声を自分で聞く」とあるが、その説明として最も適切なものを、次の①～④の中から一つ選べ。解答番号は [16] 。

① 他者からの返事の中に自分自身の考えや思いへの言及を見出していくこと。

② 自分の考えや思いが展開し変容しながら次第に自分自身に帰属されていくこと。

（注）オープンダイアローグ＝患者と医師だけでなく、患者の家族や友人を交えて対話を繰り返すことにより、患者の回復を図る手法。統合失調症などの治療法として注目されている。

問1 傍線部⑴「言葉の中には、他者のコンテキストの中に、他者の志向に奉仕し続けるものが残る」とあるが、その説明として最も適切なものを、次の①～④の中から一つ選べ。解答番号は[13]。

① 他者だけが知る意図や文脈のある言葉を自分の言葉として使うことは、知らず知らずのうちにその他者に利益を与えることになるということ。

② 言葉が奉仕しているコンテキストと志向を他者と完全に共有できなければその言葉を自分のものにすることはできず、自分の考えに合わない要素が残ってしまうということ。

③ 他者の言葉を自分の道具として使えるようになったとしても、自分の思いを適切に表現しきれていないような違和感が残り続けてしまうということ。

④ 言葉を介した他者との種々の共同作業を通じて自分の言葉を獲得し使用しても、元々が自分の言葉ではないために他人の真似事《まねごと》にしかならないということ。

問2 傍線部⑵「私たちの『考え』や『思い』は、ひとつの混じりけのない主体に鎮座するものではない」とあるが、その説明として最も適切なものを、次の①～④の中から一つ選べ。解答番号は[14]。

① 私たちは単独の自己と呼べるような確固としたものを持たない存在であり、人の「考え」や「思い」とは、自分の中の複数の自己と、他者の中の複数の他者との間の様々なやり取りの中で発せられるものであるということ。

ことの価値を知る行為である。同じ考えしか提示されないなら対話とならない。違った考えが出会わなければ対話とならない。

対話はある意味でひとつの個体のようである。それは、一様に等質な全体からは遠く、あらゆる部分が分節化していく全体である。そこに属する部分は、他との関係によって、ある働きと役割をあてがわれていく。しかしそこに新しい要素が加わることによって、全体の配置が変化し、それまでとは異なる働きと役割があてがわれていく。対話は、全体として身体を変容させながら、環境を生き抜いていく生物のようである。対話は、あたかも進化する生命のように終わらない。対話する人々は、複数からなる集団でありながら、全体として個体の内臓のように相互に［B］する一方で、相互に組み合わさり、共同で機能する。

そして、対話の第二の効果は新しさの発現である。新しさとは、ここでは、それまでの自分の経験が新しい枠組みに置かれることで、これまでの経験の意味づけから自由になり、新しい自己が生み出されることである。グループでの対話が新しい意味を創発して、グループとして新しい段階になっていく。新しい人間関係がそこで生まれていく。対話に加わった個々人にとっても、それまでとは異なった考えを持てる場所となり、それぞれ自分のあり方を新しくする。対話にとって唯一重要であるのは、新しさである。新しい存在を生み出すことである。

このように対話は、他者との関係性をつなげるとともに、それを新しい関係性へと超出していく。それは共同体を作りながら、新しい自己を生み出していく過程である。対話とは、複数の主語が共同して同じ目的語（論じるべき対象）をとる動詞である。それによって「私たち」は全体として新しい意味に満ちた世界を招聘《しょうへい》できるのだ。逆に言えば、対話なき集団は自らを変容させ、更新することができない。対話によって獲得される自己とは、［C］。

（河野哲也『人は語り続けるとき、考えていない』より）

対話において実現され、対話において実感されるべきことは、他者を制御できるという幻想を離れて、不確実性と曖昧さ、多義性に耐えて互いに生きていくことである。それは自分の発話すらも、完全に専有化できないことを学ぶことである。

では、なぜ対話が統合失調症の治療に有効なのだろうか。私の解釈では、それは対話の二重の効果にある。

対話では、自分の意見も全体の中に位置づけられ、意味づけられていく。自分のある意見について別の参加者から質問やコメントが与えられる。それは(3)自分の声を自分で聞くというデカルト的な循環の中で与えられる自己ではない。私のどこからかきた声を他者に向かって投げかけると、それに返答がくるという、デカルト的な自己よりも広い循環の中で、自分の効力が確認される。他者からの返事の中に、自分の考え（思い）についての言及が含まれ、今度はその自分の考えを少し展開しながら再度言葉を返さなければならない。自分の考えは、他者からの応答によって深まり変容していく。その変容はいわば成長とでもいうべきもので、自分の考えは自分のものでありながら、単純に同一であり続けるというよりは、よりさまざまな観点から見直され、他の視点と関連づけられて意味づけが厚みを増していく。自分の考えが他者を介してうち鍛えられ、展開していく。この応答の中で、もともとは誰に帰属するべきなのかがよく分からないが、しかし私が発した声が、私が引き受け、責を負わなければならない発言として帰属されてくる。自己が多声的であった思いを、自分の声としてある意味で専有していくのは対話の過程の中である。

対話に多くの人が参加していれば、さらに自分の考えがより広く多様性を持った全体に位置づけられていく。参加者たちが分かち合うのは、この意味の全体像である。これが、(4)全体性による意味づけの対話の第一の効果である。これにより、当事者は自分の経験や振る舞いを解釈するより広い枠組みを得て、いわば「客観的」に自分を眺めることができるようになる。むしろこの客観性によって、自分の経験が自分のものとして自己帰属されていく。他者から解釈されることで、自分から発した考えや思いが自分固有のものであることが自覚される。対話とは、自分と他人をつなげると同時に、自分と他人が異なっている私たちが発話するときには、自分の内部にあって決して完結しない何ものかが、まるで自分の居場所を他者の中に見つけにいくように飛び出していく。内的なる発話（内言）である「思い」や「考え」は、結局は自足することができず、他者に向けられて放たれ、対話を求めていく。私は自分の内なる声が他者の口から出ることを期待する。いかなる内的経験も他者との境界に顔を出して、他者と出会う。ここにこそ内的経験の真の本質が存在するのである。

こうして考えたならば、(2)私たちの「考え」や「思い」は、ひとつの混じりけのない主体に鎮座するものではない。私の中に生じる「思い」はもともと多元的である。私の中で生じていることは、それら多様な声のあいだの絶えざる交渉であり、対立であり、闘争であり、調停であり、和解や妥協である。

そもそも人格とか、個人とか呼ばれているものは、自分の内側にある安定した心理学的な構造ではなく、他者との多声的な相互交流そのものである。決断や判断とは、その多声的な声をさし当りの合意に導くことにすぎない。私の言葉は何者かに取り憑《つ》かれており、その取り憑いた何者かたちとともに、また他の人へと指し向けられる。自己の［ A ］とは、したがって、自分のことを自分で専有できた、自分で自分を制御できたと幻想することではなく、多声的な自分のあり方を自覚して、それらの声たちを敏感に弁別することに存する。

内言を、たったひとつの意識による独白（モノローグ）と見なしてしまうことは、自分の中の複数の他者たちの発言を止め、彼らに沈黙を強いることである。いや、むしろ人は、自分の中で生じている多声的な状態を終わらせようとして、ひとつの声を大きくして、他の声を沈黙させてしまう。それは、ひとつの声のモノポリー（占有）に加担してしまうことである。あらゆる真理の起点になる「私」という単独の意識、そして、あらゆる真理を獲得できるとされる科学的方法、すなわち、近代社会の基礎となる個人意識と実証的科学とは、最初にあった多声的な対話を忘れることによって成立する。そして最初に対話があったことを思い出せなくなれば、何かが抑圧され、何かが病んでくるだろう。

こうして私たちは他者の言葉を自分のものとしていくのだが、それでも、(1)言葉の中には、他者のコンテキストの中に、他者の志向に奉仕し続けるものが残る。学んだ言葉が自分の意図するところにしっくり適さず、しかしそれ以上の表現も見つからないために使い続ける。学校で学んだ言葉でも、自分が生きている文脈にうまく同化できず、借り物の服のように肩がこる。私たちは、そんなときに「うまい言葉が見つからない」という。そうした発話をしている自分は自分自身でないかのように感じてしまう。言葉はどこかで他者の身体のようなものである。

こうして私の発する言葉はすでに多声的（ポリフォニック）である。それは、ひとつの発話を何人もの声で語るような出来事である。複数人による対話は、それが複数の人間によって行われるのだから、多重的に多声的な活動である。セイックラによれば、患者自身を含む、医師と家族のミーティングの場では、患者の抱える問題は、患者だけに帰属される症状としてではなく、家族を交えた周囲の人々から多声的に意味づけがなされていく。問題をめぐって、ひとつの発話は前の発話への応答であり、次の発話による応答を待っている。対話は簡単に終了しないし、医師の診断のように「一段落」したりしない。医学的なモノローグの言葉は、(注)オープンダイアローグでは、完結しない多声的な対話となったのである。

この過程は哲学対話によく似ている。哲学対話においても、自分の内なる複数の声が、他人の発話と共鳴することがある。対話では、他者が自分自身の声を代弁することがあり、私の発言が他者の代弁をすることがある。また、他人の発話に対して、自分の中のある部分が賛意を感じていても、異なった声がそれに反目することもある。他者のひとつの発言が二重の響きを持ち、それに応じて私が分裂するのである。すべての言葉が多重の声を持ち、そのひとつひとつで論争が生じる。自分自身の声を他者の声の中に見つけ出し、ある声と結合させ、ある声と対立させ、あるいは、見分けがつかないほど融合している複数の声を分離していき、それらの声の中に自分の位置づけを見出《みいだ》していく。これが対話である。私は自己のうちに複数の自己を養っているからこそ、他者の中の複数の他者と響き合い、共感し、反発しあうことができる。

を例に挙げて、人間と自然の連続性を前提としてそれらのかかわりあいを捉えようとする視点の重要性を説いている。

③ 冒頭で、「地球市民」として自然環境のために何ができるかという問題を提起した上で、現代では科学的な知識では対応できない新たな問題が起きていることを、具体例を示しながら指摘している。最後に、今後「地球市民」に求められるのは多文化主義ではなく多自然主義的な視点であると結論付けている。

④ 冒頭で、「未開の科学」なるものが存在することを紹介し、その上で、多様な「未開の科学」がどのように近代科学へと収斂《しゅうれん》し、発展してきたかということを、具体例を挙げながら検証している。最後に、そのような発展の過程から逸脱したものとして、南米先住民の多自然主義的なコスモロジーを取り上げている。

3

次の文章を読んで、後の問い（解答番号 13 ～ 19 ）に答えよ。

私たちが発話において用いる言葉は、なかば他者の言葉である。それが自分の言葉となるのは、私たちが、「その言葉の中に自分の志向とアクセントを住まわせ、言葉を支配し、言葉を自己の意味と表現の志向性に吸収したときである」。私たちは、他人から生乾きの表現を学んで、それを自分が発話する場面に用いていく。これらのかつての他者の発話が自分の言葉として専有できるようになるのは、現在の聞き手との間でコミュニケーションが繰り返し成功した場合である。他者の言葉は、他者の湿度と体温がなくなり、自分の体にフィットした道具となったとき、思うような成果を上げてくれる。話し相手の反応に満足でき、言葉を介した他者とのさまざまな共同作業がうまく行ったときに、私たちは言葉の効力に自信を持てるようになる。

コスモロジーの具体的なありようをとらえようとする視点。

③ 人間を自然から切り離す視点に立って自然分類の文化的多様性を論じるのではなく、自然や動物は人間とともに生きる行為主体であるとみなす世界観に注目する視点。

④ 人間を主体として自然と文化のかかわりを見ようとするのではなく、まず多様なあり方を見せる自然が存在し、人間はそこから進化した生物の一形態にすぎないと考える多自然主義的な視点。

問5 空欄 C に入る表現として最も適切なものを、次の①～④の中から一つ選べ。解答番号は 11 。

① 自然の分け方は文化的に多様であるという

② 人間的な状態を前提として動植物を差異化する

③ 自然を人間の生活から分離した「手つかずの」実体と見る

④ 「自然と文化」の区別は特定の社会の考え方でしかないとする

問6 本文の論の展開を説明したものとして最も適切なものを、次の①～④の中から一つ選べ。解答番号は 12 。

① 冒頭で、「未開の科学」としての人類学について近代科学と対比しながら説明し、その上で、人類学の業績を具体的な事例に触れながら紹介している。最後に、人類学の新しい流れとして「多自然主義」があり、これからは人類学においても自然の多様性を認めることが重要になってくるという見解を示している。

② 冒頭で、人類学が「未開の科学」という概念を提示して近代科学の知識が絶対的ではないことを示してきたことを紹介し、次に、自然と文化を二分する発想を問い直す研究動向を取り上げた上で、最後に、多自然主義的なコスモロジー

③ ハヌノオにおける植物の分類は生長上の特徴にもとづいており、一貫性のある体系となっているから。

④ 「民俗分類」の一つであるハヌノオの植物分類は、その土地の中で一貫して受け継がれてきたものだから。

問3 傍線部(2)「『手つかずの大自然』『自然の驚異』などという意味での新しい『自然』」とあるが、ここでの「自然」に関する説明として最も適切なものを、次の①〜④の中から一つ選べ。解答番号は[9]。

① すぐれて西洋的な意味での「自然」であり、日本にもともとあった「自然」とは、「人為」に対立する点では共通するが、状態ではなく自然環境を指す点で異なっている。

② 「自然／文化」という二元的な枠組みのもとで、自然を人間の文化の影響を受けていないものととらえた場合の「自然」であり、日本では例えば「あの人は自然体でいい」というように肯定的な意味で用いられることが多い。

③ ありのままの美しい山川草木といったイメージと結びつく「自然」だが、南米先住民のコスモロジーを検討したヴィヴェイロス＝デ＝カストロにより、そのような意味での自然は西洋文化の所産にすぎないことが明らかにされた。

④ 人間の文化とは対置され、人為の加わらない状態を意味する「自然」であるが、その一方で、飾らないあるがままの状態を肯定的に評価する西欧的な文脈において用いられることもある。

問4 傍線部(3)「認識人類学とは違うあらたな視点」とあるが、その説明として最も適切なものを、次の①〜④の中から一つ選べ。解答番号は[10]。

① 「自然／文化」という西洋的な枠組みにとらわれることなく、自然と文化とのあるべき関係を探り、自然環境のために人間には何ができるかを考えようとする「地球市民」的な視点。

② 認識人類学のように自然と文化との関係を概念的にとらえるのではなく、実地的な研究によって土着の民族に特有な

[C] 見方が潜んでいるのかもしれない。はたして誰にとっても、人間以外の種はただ人間に認識され、分類されるのを待っている「考えるのに適した」存在なのだろうか。むしろ人間と動物のあいだに魂の連続性を見る人たちの立場からは、動物は身体のやりとりをつうじて人間と「ともに生きる」存在であり行為主体なのではないか。こうした視点から、他の種を認識し、分類する人間の知識ではなく、種間のかかわりあいに焦点を合わせる民族誌が、あらためて今、注目を集めている。

（中空萌「自然と知識」より）

問1　空欄 [A]・[B] に入る語句の組合せとして最も適切なものを、次の①〜④の中から一つ選べ。解答番号は [7]。

①　A　学問的　　B　直感的
②　A　保守的　　B　社会的
③　A　再帰的　　B　体系的
④　A　客観的　　B　経験的

問2　傍線部(1)「私たちはそれを『知識』と呼ぶことができる」とあるが、その理由として最も適切なものを、次の①〜④の中から一つ選べ。解答番号は [8]。

①　生殖上の特徴にもとづいて行われるハヌノオの植物の分類は、一貫した体系をもち網羅的でもあるから。
②　植物分類学における植物の分類は、発芽の仕方や茎の伸び方といった一貫した基準にもとづいているから。

築したものであって、普遍的なものではないということを示していった。

こうしたなか、自然や文化との関係を普遍的なものととらえない視点に立ちながら、概念の検討ではなく、認識人類学と同じように動植物と人間の関係に注目した人類学者として、エドゥアルド・ヴィヴェイロス＝デ＝カストロがいる。彼は、南米の先住民の神話を分析して、そこで広くみられるコスモロジーを描こうとした。西欧では自然がまずあり、そこから文化へ移行する（動物が人間へと進化する）と考えるのに対し、先住民の神話世界はその逆である（人間的な状態がまずあり、そこから動物が差異化される）。だからこそそこでは、あらゆる動物は人間同様の魂をもつと考えられている。そして動物たちはみずからを人間だと考え、人間としての生活を営む。そしてみずからの生息地を村、巣窟を家、飲み物をビールとみなす。ただし、それぞれ身体が異なるため、何を村、家、食べもの、ビールとみなすのかはそれぞれ異なっている。たとえば、ジャガーは人間の血をビールと見る、ハゲタカはウジ虫を焼き魚と見る、バクは泥だまりを儀礼の場と見る。南米の先住民の世界は、こうした単一の精神（魂）のもと、異なる身体をもつ複数の存在によって成り立っている。

すなわちこの世界は、生物学的な身体をすべての種に共通のものとする一方で、精神的な世界、つまり文化に多様性を認める西洋世界とは対照的である。ヴィヴェイロス＝デ＝カストロはこの南米先住民のコスモロジー（世界観）を、私たちになじんだ多文化主義という考え方（単一の自然と多元的な文化）に照らしあわせて、「多自然主義（単一の文化と多元的な自然）」と名づけた。

このヴィヴェイロス＝デ＝カストロの仕事は、コンクリンの民族誌のような特定社会についての詳細な記録ではないし、現地の理解という観点からはいろいろと問題の多い著作である。一方で、「自然をめぐってどこに差異と多様性があるのか」について、(3)認識人類学とは違うあらたな視点をうまく提示していることは確かだ。

自然に対する分類の多様性というとき、自然を分類する（唯一精神をもった）人間という想定がある。そこには、ロード・レヴィ＝ストロースは、「自然／文化」を二分する発想自体は普遍的だとした。そして、植物や動物はそれに対する分類をとおして人間の思考について「考えるのに適した」素材だと述べた。しかし、ほんとうにそうなのか？一九八〇年代以降さかんになったのは、自然をどう分けるかの文化的多様性だけでなく、自然と文化をどう分けるかの多様性を見つめる研究である。

試しにまず日本のことを考えてみよう。私たちは「自然」と言うとき、「手つかずの自然」「自然の脅威」などと表現する。ここにはたしかに、人間の文化の影響を受けていない自然環境、ありのままの動物や植物、山や川などの姿がイメージされているようだ。しかし翻訳研究者の柳父章によると、日本語の「自然」ということばは、明治以降に英語のnatureの翻訳語として使われるようになって初めてこのような意味を獲得したという。明治以前には、自然という語は「おのずからそうなっているさま、天然のままで人為の加わらぬさま」という意味で用いられていた。この古典的な自然の意味は、「人為」と対置されているという意味でnatureと共通している。この共通点ゆえにこの語が翻訳語として選ばれた。しかし、日本語の「自然」はもともと副詞や形容詞として使われ、人為の加わらない「状態」を示していた。つまり、名詞として自然環境そのものを表すようなことばではなかった。今でも私たちが使う「自然」ということばには、古い意味と新しい意味が混ざりあっている。私たちは、リラックスした、飾らない状態でテレビに出る芸能人を「あの人は自然体でいい」と賞賛する。その一方で、(2)「手つかずの大自然」「自然の脅威」などという意味での新しい「自然」も、すっかり私たちに馴染《なじ》んでいる。

つまり、日本のことを考えても、人間の文化の影響を受けていないありのままの自然環境、という意味での「自然」は、西欧からの輸入によって成立している。それはせいぜいここ一五〇年くらいの発明であって、まったくもって「あたりまえ」ではない。一九八〇年代から九〇年代にかけての人類学は、各地の「自然と文化」というカテゴリーに大まかに対応する概念を詳細に検討した。そして、「（人間の外側にある）自然と（人間のつくりだした）文化」という分け方自体が、西洋の文化が構仕方、茎の伸び方などの生長上の特徴に即してくわしく分類しているという。つまりそれは、生殖上の特徴に即して植物を分類する科学である植物分類学のやり方とは異なるものの、すぐれて内的に一貫した体系である。だからこそ(1)私たちはそれを「知識」と呼ぶことができる。

コンクリンは、植物分類についての研究のほかに、ハヌノオの人びとが自然界にある色をどう認知し、分類するかについての研究を発表している。コンクリン以降、多くの人類学者がさまざまな社会の人びとの豊かな分類知識をもとに、私たちの社会で信頼されている科学だけが唯一の自然知識ではないことを示してきた。こうした研究は一九八〇年代以降、人類学を超えて、じっさいの開発プロジェクトや自然資源管理プログラムなどにおいて評価されるようになっている。

「参加型開発」ということばを生みだしたロバート・チェンバースによると、土着の知識は科学よりもそれぞれの地域の生態系に適合的である。それゆえに、そうした現地の知識に頼ることなしには開発プロジェクトの成功はありえない。また近年各地の先住民の人びとが使う薬草がバイオテクノロジーを用いた最先端の製薬開発にヒントを与えている。生物多様性保全をめぐる施策に、近代科学がまだ名づけていない動植物を分類してきた現地の人びとの知恵が必要とされることも多い。一九九二年に採択された生物多様性条約では、生物資源についての地域コミュニティの人びとの「知識」を保護し、またそれに対する人びとの権利を保障するための規定が盛り込まれた。このようにして、遠くの人びとの自然をめぐる豊かな「知識」に目をつけてきた人類学の視点は、「自然についての知識＝自然科学の知識」という環境保護の前提をゆるがしているのかもしれない。

このように認識人類学の研究は、自然についての文化的に多様な分類知識を描くことで、自然科学だけが自然についての唯一絶対の知識ではないことを示してきた。その一方で、そういう研究の自然に対する人間の側の分類、自然についての文化的知識という前提を疑う潮流もある。コンクリンの民族誌を材料の一つとして『野生の思考』(原著初版一九六二年)を書いたク

2　次の文章を読んで、後の問い（解答番号[7]～[12]）に答えよ。

「地球市民」として環境のために何かしようと決意したとき、私たちが頼るのは、「二酸化炭素の増加が温暖化をまねく」「この動物は絶滅危惧種である」といった近代科学の知識だ。それは、自然についての[A]な正しい知識であり、全世界で同じように共有され、地球環境保護のベースとなるべきだと信じられている。それに対して人類学は、「未開社会」においても近代科学に勝るとも劣らない、自然についての[B]な「知識」が存在すると伝えてきた。マリノフスキーは、このような知識を「未開の科学」と名づけた。

そうした「未開の科学」を具体的に描いたひとりとして、認識人類学という分野を切り拓《ひら》いたハロルド・コンクリンがいる。コンクリンは、フィリピン・ミンドロ島に暮らすハヌノオの人たちが身の回りの事物や生きもの、とくに植物をどのように分類し、名づけるのかということに注目した。コンクリンの前にも「民族植物学」と呼ばれる分野の研究者たちが、さまざまな民族が用いる植物の名称を調べ上げていた。ただしそれは基本的に自然科学の側からのアプローチであり、現地の人びとの用いる植物を植物学の学名に即して整理していた。それに対しコンクリンは、ハヌノオの人たち自身が用いる植物の名称を詳細に調べ上げ、当時のアメリカの人類学でさかんだった言語学的な分析を加えた。ここに自然と人間の関係を、個別社会における動植物と人間の関係、とりわけ動植物についての「民俗分類」をもとに考えていこうとする流れが生まれた。

コンクリンによると、ハヌノオの人たちは一六二五種類もの植物を名づけ、分類する「優れた植物学者」である。この一六二五という数字がいかにすごいかは、私たちがチューリップ、すみれ、たんぽぽ、など何種類の植物の名前を日本語で挙げられるかを考えてみるとわかるだろう。そしてハヌノオの植物の名前は、詩歌において多様な意味をもたされるなど、人びとの生活の文化的側面と密接に関連している。さらにハヌノオの人びとは植物をデタラメに名づけているのではなく、発芽の

の行動へと誘導するという近代的な権力の概念を認めてしまっているということ。

④ 貧しさや不自由さへの生成変化といった、超スマート社会の趣旨と矛盾する概念をも肯定する混乱した議論であり、さらに、人間の自由と社会的共生を両立させるとしながらも、結局は、社会的共生のために人々の自律性を犠牲にする思考に陥ってしまっているということ。

問6 筆者の考えと合致するものを、次の①～④の中から一つ選べ。解答番号は 6 。

① 日立東大ラボは、哲学的に構築されてきた従来の人間観を脱し、哲学の概念では表現できないような新たな人間像を提示しており、その点で科学技術基本計画よりも倫理的に深い議論に到達している。

② 科学技術基本計画が「豊かで質の高い生活の実現」という理念を提示していることは、課題設定の倫理的規準を検討する上で示唆的だが、豊かさや質の高い生活といった概念の倫理的な意味を掘り下げていない点で不十分である。

③ 日立東大ラボの議論は、人間が根底的に変容していくというかつてない自由が実現可能となることに超スマート社会の意義を見出《みいだ》しているが、そのような自由が可能になると考えられる理由が説明されていない点に問題がある。

④ 日立東大ラボの議論を通じて、自由で自律的な人々の共生という理念自体に矛盾があることが露呈した以上、「スマートさ」という概念に内在する価値の検討に立ち戻って超スマート社会を構想すべきである。

に変容しうる存在になる可能性が開かれることの価値は、退屈さという欠点を補って余りある。

② 超スマート社会の実現をあらゆる価値の喪失につなげないために、人間にとって究極的な価値が何であるかをまず明らかにし、その価値を規準にして資本主義の改革を図っていくべきである。

③ 未来社会に生きる人々の共生は、報酬や懲罰を用いることによってではなく、自分自身の意思に基づいて行動しているという各自の自覚と調和する仕方で実現されることが望ましい。

④ 未来社会においては個人の自由をこれまで以上に尊重していくことが可能になるが、それと同時に、自由のために人々の利害がぶつかり合う可能性をいかに制御するかという難しい問題も生じてしまう。

問5 傍線部(3)「以下の二つの問題が潜んでいる」とあるが、その説明として最も適切なものを、次の①～④の中から一つ選べ。解答番号は 5 。

① 「生成変化」「自由」「豊かさ」「幸福」という倫理的概念には相互に矛盾する要素があることが見落とされているだけでなく、近代的な統治の考え方を支持することによって、自らが自由であるという人々の自覚を犠牲にすることになってしまっているということ。

② 取り上げられている倫理的概念の相互関係の説明がなされておらず、超スマート社会を目指す上でどの価値が最も重要なのかが不明であることに加え、人々の自由が尊重される社会の実現を唱えながらも、結局は、社会の調和を保つために人々の行動を制御するという統治の発想に帰着してしまっているということ。

③ 究極の価値として「生成変化」を挙げる一方、倫理的概念相互の関係を説明する際には、究極的な価値を別の何かだとする点で一貫性を欠いており、さらに、人々の自由の実現を目的に掲げながらも、人々に自由だと思い込ませて一定

② 超スマート社会に期待される豊かさを実現するために解決すべき課題を明確にしないと、超スマート社会を実現するための具体的な道筋が見えてこないから。

③ 豊かさとはそもそも何であり、何の豊かさを求めるべきかといった倫理的な問いに対する答えを明確にしておかなければ、超スマート社会の実現は必然的に私たちに牙を剝くものとなってしまうから。

④ 豊かさなどの概念の倫理的な意味を明らかにして、超スマート社会において解決されるべき課題を定義しておかないと、超スマート社会の実現が解決すべきでない課題の解決につながりかねないから。

問3 空欄 B ～ D に入る語句の組合せとして最も適切なものを、次の①～⑤の中から一つ選べ。解答番号は 3 。

①	B　即物	C　精神	D　人間らしい
②	B　基礎	C　余剰	D　娯楽を生む
③	B　消極	C　積極	D　新しい
④	B　一般	C　個性	D　多様な
⑤	B　退廃	C　道徳	D　社会に役立つ

問4 傍線部(2)「以上のような日立東大ラボの見解」とあるが、その内容として適切でないものを、次の①～④の中から一つ選べ。解答番号は 4 。

① 超スマート社会の実現による労働からの解放は多くの人々の生き方を退屈にしてしまう可能性があるが、人間が自由

うことに由来するように思える。超スマート社会の倫理性は、「スマートさ」という概念そのものに内在する価値から、語られるべきであろう。しかし科学技術基本計画ではスマートさの倫理性はもちろん、驚くべきことにその定義さえ検討されていないのである。

（戸谷洋志『スマートな悪』より）

（注）ユダヤ人問題の最終的解決＝第二次世界大戦中にナチスの高官たちが用いた言葉で、ホロコースト（ユダヤ人大量殺戮《りく》）計画のことを指す。

問1　空欄 [A] に入る文として最も適切なものを、次の①～④の中から一つ選べ。解答番号は [1]。

① 価値中立的ではない課題を解決することには道徳的に問題があるということだ
② ある課題を解決すべきか否かの規準は立場や文化によって異なる
③ 価値観の偏りが、解決すべきか否かの判断を誤らせてしまうからである
④ 課題があるからといって、それがいつでも解決されるべきであるとは限らない

問2　傍線部⑴「しかしこの規準もまだ依然としてあいまいである」とあるが、ここで筆者が規準のあいまいさを問題視するのはなぜか。その理由として最も適切なものを、次の①～④の中から一つ選べ。解答番号は [2]。

① 超スマート社会の実現によって豊かさや生活の質をどの程度まで高めることができるのかを明確にできなければ、超スマート社会が「目指すべき国の姿」だとは断言できないから。

重による人間の多様化と、そうした多様な人々が共に生きられる社会の両立が実現される、と考えられているのだ。

　(2)以上のような日立東大ラボの見解は、政府が掲げる科学技術基本計画の内容をさらに深化させ、その問いを倫理学的な次元にまで掘り下げている点で、評価に値するものである。しかし、そこには少なくとも(3)以下の二つの問題が潜んでいる。

まず、ここで取り上げられる倫理的概念は混乱しているという印象を払拭できない。同書において、「生成変化」、「自由」、「豊かさ」、「幸福」は、まるで一直線につながる同質の概念であるかのように語られている。しかしそれらの間に必然的な連関はない。たとえば人間は不自由な人間へと生成変化することを望むかも知れない。自由であることがかえって人間を不幸にするかも知れない。生成変化を拒絶し、今のままに留《とど》まるほうが、人間は豊かであるかも知れない。だからこそ、これらの様々な価値概念のなかで、どれがもっとも重要なのかが明らかにされなければならない。もし、仮にそれが「生成変化」であるとするなら、人間が不幸になろうとすること、貧しくなろうとすること、不自由になろうとすることも、超スマート社会においては肯定されるのでなければならない。しかし、もしそうであるとしたら、果たしてそれを日本の目指すべき社会の姿と言い切ってよいのだろうか。そう言い切ることに躊躇《ちゅうちょ》するならば、結局のところ、究極的な価値は生成変化ではなく、別の何かであるということになる。

　そして、こうした倫理的価値を様々に論じながら、結局はそれをいかに制御するか、という点に議論が収斂《しゅうれん》していることにも、大きな違和感を禁じえない。同書は、超スマート社会が人間を制御しながら、しかし制御されている人間自身は自分が自由であると思い込んでいるという事態を、好意的に語っている。しかしこれは、哲学の領域において、近代的な「権力」の概念としてよく知られているものである。近代的な人間観からの脱却を目指す同書が、結局は近代的権力の肯定に終わっていることは、大変残念である。

　このように議論を眺め返すとき、根本的な問題は、こうした倫理的な議論があくまでも後付けされたものに過ぎない、とい

がある。

同書によれば、こうした人間の生成変化の擁護は、人間の自由の尊重へとつながる。「私たちは自分に行動選択の自由があると考え、また自由を保持していることに価値をおく」。しかし、そうした自由は、それぞれの人間同士の間での利害の衝突を生み出すことにもなる。超スマート社会は、あらゆる制約から解放され、自由に生成変化する多様な人間によって構成されるが、そうであるがゆえに、そうした多様な人間たちを調整し、その共生を実現する、という困難な課題に直面せざるをえない。しかし、こうした調整や共生が、強制力をもった統治によって行われるなら、それはかえって人間の生成変化や自由を否定し、再び人間を画一化することにしかならない。そうではない仕方で社会を成り立たせるにはどうしたらよいのか。同書は次のように述べる。

> もし緩やかな制御が可能なら、報酬や罰のあからさまな導入ではなく、行動を少しずつ誘導する環境設定により（いわゆるナッジはそのようなことだろう）、「個と社会が調和する」行動を導くほうが、人の心のありようになじむのではないか。報酬や罰ではなく、「さりげなく」行動が誘発される環境のなかで、実際に行動がなされるなら、自分はそれと合致する態度や価値観を持つという自己認知が成立する。このメカニズムは、自律性や選択の自由を求める心と矛盾しないかたちで、行動の制御を達成する可能性を、さらには、態度や価値観により、社会と調和する個の行動が支えられる状態が形成される可能性を示唆するのである。

ここで提案されているのは、実際には超スマート社会が人間の行動を制御しているにもかかわらず、制御されている本人は、あたかも自分が自由であるかのように感じるような、そうした「緩やかな制御」である。それによって、生成変化と自由の尊極の問いに向かい合わなければならない、と主張する。

高度なテクノロジーによって労働や消費から解放された（もしくは見放された）人間に、資本主義はどう向かい合おうとするのか。人間から価値を奪うのではなく、価値を創造する手助けをするように、資本主義を調整し直すことが必要ではないのか。そのためには、人間にとっての究極的な価値とは何かを考えなければならない。

この問いに対する同書の回答は極めてシンプルである。すなわち、「それは一言で言えば、人間が変化するということ」である。

おそらく、20世紀が描いた未来社会に欠けていたのは、人間が根底的に変容するという可能性であった。それを哲学的に言い直せば、西洋の鍵概念である存在 being や所有 having ではなく、生成変化 becoming に基づく人間像を考えることである。人間存在〝Human Being〟から人間となる〝Human Becoming〟へ、である。

私見では、西洋哲学の歴史において、少なくとも「生成」は「所有」よりもはるかに古い歴史的起源をもつが、それは置いておこう。同書の考えを整理すれば次のようになる。私たちがこれまで前提としてきた硬直化した人間観は、超スマート社会における先端的なテクノロジーによる労働からの解放によって、変容しうるものになる。この変容可能性こそが、超スマート社会によってもたらされる究極の価値なのだ。これまで人間の生成変化を妨げていた課題をテクノロジーが解決することで、はじめて、人間はいままでとは違ったものになることができるのである。その可能性を開くという点に超スマート社会の価値は限らない。そこでは、解決されるべきではない課題が解決されてしまうかも知れないからだ。しかし、私たちの社会は超スマート社会を目指しているのであり、それを実現されるべきものとして捉えている。そうであるとしたら、私たちはどのような倫理的規準にしたがって課題を設計するのか、何を倫理的価値として課題を定義するのかを、問い直されることになる。つまり、「解決するべき課題」と「解決するべきではない課題」を区別する境界が問い直されるのである。そうした規準がなくなるとき、超スマート社会は人間にとって望ましいものではなくなり、人間に牙を剝《む》くことにもなりかねない。

ではその規準とは一体何だろうか。一つの手がかりになるのは、科学技術基本計画のうちで語られる、「豊かで質の高い生活の実現」という理念だ。つまり、人間は豊かで質の高い生活を送るべきであり、その規準に照らし合わせて、課題が設定されるということだ。(1)しかしこの規準もまだ依然としてあいまいである。そもそも豊かさとは何だろうか。質の高い生活とは何だろうか。求められることは何の豊かさだろうか。こうした問いに対する答えは同計画にない。しかし、超スマート社会が「目指すべき国の姿」であると言われるのなら、こうした問いに応答することは不可避であろう。

日立東大ラボが公刊した『Society 5.0　人間中心の超スマート社会』では、こうした問いに対するかなり踏み込んだ議論が展開されている。

同書は次のように論じている。超スマート社会は新しいテクノロジーによってこれまでの煩わしい苦労から人間を解放する。しかし、ただ煩わしい苦労から解放される、ということだけが価値であるなら、それは［B］的な価値に過ぎず、［C］的な価値、［D］価値は生まれないことになる。むしろそれは、結局のところ、生活からあらゆる価値を駆逐することになってしまうのではないか。つまり暇で退屈な人間を量産することになるのではないか。しかし、それは超スマート社会の趣旨と整合しない。したがって、あくまでも「幸福につながるような関係性を生み出す社会として、〝Society 5.0〟を特徴づけねばならない」。このように訴える同書は、そもそも幸福とは何なのか、人間にとっての価値とは何か、という究

国語

（六〇分）

（注）問題文には、出題の必要に応じて変更を加えた部分がある。

1 次の文章を読んで、後の問い（解答番号 1 ～ 6 ）に答えよ。

倫理学の領域では、事実と当為は区別するべきであると考えられている。事実とは「〇〇である」という言明であり、それに対して当為とは「〇〇するべきである」という言明である。事実と当為を区別しなければならない、ということは、両者を迂闊《うかつ》に同一視してはならない、ということだ。たとえばここにリンゴが存在する。これは事実の言明である。しかしここから、このリンゴが存在するべきである、という当為の言明は導き出せない。これが倫理学における常識的な理解である。

「課題が解決される」ということは事実の言明である。したがってここから、「課題が解決されるべきである」という当為の言明は、少なくとも論理的には、導き出せない。倫理学的に考えるなら、課題は道徳的に価値中立的な概念である。

[A]。たとえばこの世界には解決されるべきではない課題も存在するかも知れない。極端な例であるが、ナチスにおける(注)ユダヤ人問題の最終的解決は、解決されるべきではなかった課題であろう。

したがって、超スマート社会において課題が包括的に解決されるのだとしても、それ自体が倫理的に望ましいことであると

解答編

英　語

(READING COMPREHENSION)

1 解答　[1]－d）　[2]－d）　[3]－c）　[4]－b）　[5]－d）
[6]－a）

出典追記：Upcycled Ocean Plastic, Smithsonian National Museum of Natural History via ocean.si.edu by June Greenstein

解説

《海に溜まるプラスティックゴミをどのように減らし，再利用するか》

[1]　問いは「本文の主旨は何か？」である。本文全体は「海に溜まるプラスティックゴミをどのように減らし，再利用するか」について述べていることがわかるので，正解はd）。

[2]　問いは「どのくらいの量のプラスティックが毎年大洋に行き着くか？」である。第2段第2文（A large amount …）から「毎年800万トンのプラスティックゴミが大洋に行き着き，海を汚し，海洋生物を脅かす」ことがわかるので，正解はd）。

[3]　問いは「ボランティア団体The Plastic Bankはハイチで何をしているか？」である。第5段第3文（Plastic was supplied …）から「The Plastic Bankは現地の人がプラスティックゴミを回収することで賃金が支払われるように手助けしている」ことがわかるので，正解はc）。

[4]　問いは「以下のどれが本文で述べられていないか？」である。第6段第3文（One clothing manufacturer …）に，c）のプラスティックのリサイクルでできている卒業式にまとうガウンについて書かれている。同段第5・6文（A cleaning product … recycled fishing nets.）に，a）の石

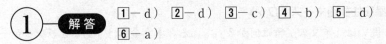

験ボトル，d）の釣り用の網からできたスケートボードが紹介されているが，b）に関する記述はない。

5　collaborate は「共同で行う」という意味なので，d）worked together「一緒に働いた」が正解。

6　tackle は「～に取り組む」という意味なので，a）trying to solve「～を解決しようとしている」が正解。

2　解答　7－b）　8－b）　9－d）　10－a）　11－d）　12－c）

出典追記：Mars One - A Human Colony on the Red Planet, English Online by Klaus Rosmanitz

解説

《火星移住計画マーズ・ワン》

7　問いは「本文の主旨は何か？」である。本文全体は「あるオランダ企業が立案した，火星移住計画マーズ・ワンが直面している諸問題」について述べていることがわかるので，正解はb）。

8　問いは「マーズ・ワン計画に関して正しいのはどれか？」である。第1段第3文（The mission first …）から「（無人だが）最初の宇宙船は2028年に火星に到着予定である」ことがわかるので，正解はb）。

9　問いは「マーズ・ワン入植者に関して本文から推測できるのはどれか？」である。第4段第1・2文（The people chosen … different land vehicles.）から「マーズ・ワン入植者になるには，宇宙旅行や火星での生活で必須となる様々な資格・技能が必要である」ことがわかるので，正解はd）。

10　問いは「火星旅行に関して正しいのはどれか？」である。第1段第3・4文（The mission first … the red planet.）から「まずは2028年に無人宇宙船が物資を運び，2030年から入植者の移住が始まる」ことがわかるので，正解はa）。

11　permanently は「永久に」という意味なので，d）forever「永遠に」が正解。

12　reasonable は「理にかなった，無理のない」という意味なので，c）acceptable「納得のいく」が正解。

3　解答

[13]－a）　[14]－b）　[15]－a）　[16]－d）　[17]－c）
[18]－b）

解説

《ユニバーサル・デザインの原理・特徴・具体例》

[13]　問いは「本文の主旨は何か？」である。本文全体は「ユニバーサル・デザインとは何か？」を，「その原理・特徴・具体例」を用いて説明しているとわかるので，正解はa）。

[14]　問いは「ユニバーサル・デザインに関して正しいのはどれか？」である。第1段第3文（Application of universal …）から「ユニバーサル・デザインを適用した製品は障害のある人だけでなく，誰にとってもより使いやすいものとなる」ことがわかるので，正解はb）の「ユニバーサル・デザインを適用した結果は身体障害のある人々を含む多くの人から楽しまれている」になる。

[15]　問いは「本文と図1から，ユニバーサル・デザイン製品の特徴に関する約1,000人の日本人女性の意見から推測できるのはどれか？」である。図1を説明している最終段第1文（You can see …）から「女性たちの意見では，いくつか（実際には4つ）の特徴はほぼ等しく重要である」とわかるので，正解はa）。

[16]　問いは「公衆トイレの手洗いの高さは様々である。それはどのユニバーサル・デザインの原則に則っているか？」である。本文にあるユニバーサル・デザイン原理の7（Size and Space for …）（「接近・使用のための大きさと空間」）の内容から，「公衆トイレの手洗いの高さは様々である」のはこの原理に基づくことがわかるので，正解はd）。

[17]　accommodateは「〈要望・意見などに〉に応える〔配慮する〕」という意味なので，c）provides for「～に備える〔準備する〕」が正解。

[18]　fatigueは「疲労」という意味なので，b）tiredness「疲れ」が正解。

(GRAMMAR AND USAGE)

解答

SECTION 1　[19]－c）　[20]－d）　[21]－a）　[22]－c）　[23]－d）
[24]－b）　[25]－b）　[26]－a）

SECTION 2　[27]－a）　[28]－d）　[29]－b）　[30]－c）　[31]－d）　[32]－d）

33－b） 34－d）

解説

SECTION 1 《和製英語の使用》

19 文構造ではなく意味から判断する問い。直前・直後の文意・文脈より，c）whenever「～ときはいつでも」が正解。「多くの人は自分たちができるときはいつでもお金を節約しようとする」 他の選択肢は，a）as soon as「～するとすぐに」，b）even if「たとえ～でも」，d）in case「～する場合に備えて」という意味。

20 「日本語を話す中で，『リストアップ』と人々が言うのを聞くことがあるが，それは…『和製英語』だ」という内容の文脈と，文法的にも考えると空所にはd）what is called「いわゆる」しか入らない。

21 文法的に考えると空所に前置詞d）withoutは入らない。残り3つの選択肢から意味的に判断すると，前半の「たとえば，我々は人々が買いたいもののリストを『作る』と言うのを聞く」と後半の「何も（買うのを）忘れない」を結ぶのはa）so that「～するために」が適切。「買い忘れをしないためにリストを作る」という流れになる。他の選択肢は，b）unless「～でない限り」，c）until「～までずっと」という意味。

22 文法的に考えると空所には形容詞であるc）formalしか入らない。「ショッピングリストに“draw up”や“compile”を使うのは堅苦しすぎる」

23 空所以降に前出の“draw up”“compile”という語の使い方を例文を挙げて説明していることから，「ここにいくつか，どのように2つの動詞が会社や正式な文章の中で使われるかを挙げておこう」とするのが適切で，空所にはd）が入る。なお，c）はhow come「どういうわけで～か」という意味になり不適。

24 過去の一点を明示する副詞yesterdayに修飾されるので，空所に入る述語動詞は過去形であるb）drewである。なお，d）は過去形だが，受動態になっているので不可。

25 文法的に考えると空所には〈物〉を先行詞とする関係代名詞であるb）thatしか入らない。なお，先行詞が〈人〉ではないので，d）whoは不可。

26 空所の後ろに〈過去から見た未来〉を表すwouldがあることから，空所に入る述語動詞は過去形だとわかる。また，空所の後ろで「listにupをつけるのは間違いだ」と述べられているので，正解はc）listed upではなく

a）listed である。なお，b）と d）も過去形だが，ともに受動態になっているので不可。

SECTION 2

27　look C（形容詞）で「～に見える」という意味。

28　文構造より，空所には前置詞 a）や c）ではなく接続詞 b）か d）が入るとわかるが，ここでは意味的に b）Whether「～であろうと…」ではなく d）While「～する間に」が適切。

29　If S V（現在形）～, S' will *do* … は「もし～なら，…だろう」という意味で，実現可能性が高い未来の事柄に用いられる。「もし船積みされる前に注文をキャンセルされた場合は，お支払いは全額返金となります」

30　〈the ＋ 最上級〉の間に second「2 番目に」や third「3 番目に」（ここでは fourth「4 番目に」）を入れることができる。

31　「～かなと思う」を意味する他動詞 wonder は疑問詞 c）・d）が導く名詞節を目的語にとる。疑問詞 which には名詞要素の欠けた不完全な文が続くが，whether には名詞要素の欠けていない完全な文が続く。よって，ここでは d）whether が正解。なお，文末に or not があることも手がかりとなるだろう。「私はジョンがパーティーに来るのか来ないのかどちらだろうと考えていた」

32　先行詞は〈場所〉だが，空所には名詞要素の欠けた不完全な文が続いているので，関係代名詞である d）which が正解。「ニコラ＝テスラはクロアチアの Smiljan で生まれた。そこはオーストリア帝国の一部だった」

33　文構造ではなく意味から判断する問い。直前・直後の文意・文脈より，b）However「しかしながら」が正解。他の選択肢はそれぞれ，a）Moreover「さらに」，c）Indeed「実際に」，d）Besides「さらに」という意味。「我々は彼の講演のために広い部屋を予約した。なぜなら人気があると思ったからだ。しかしながら，わずかな学生しか現れなかった」

34　do〈人〉a favor で「〈人〉のお願いをきく〔かなえる〕」という意味。Could you do me a favor?「お願いがあるのですが」

(LISTENING COMPREHENSION)

解答

SHORT CONVERSATIONS 35—a) 36—d) 37—b) 38—b) 39—d) 40—b) 41—c) 42—b) 43—c) 44—c) 45—b) 46—a) 47—a) 48—a) 49—d) 50—a)

LONG CONVERSATIONS 51—d) 52—c) 53—c) 54—b) 55—d) 56—c) 57—d) 58—a)

MONOLOGUES 59—c) 60—c) 61—a) 62—d) 63—b) 64—c)

解説

SHORT CONVERSATIONS

35 問いは「課題に関して正しいのはどれか？」である。女性は第1発言の3文目（You added both …）で，男性に「間違った段階で足し算をしている」と教え，それに対し男性は「なるほど」と言っているので，正解はa)。

36 本問は内容真偽である。女性は第2発言（I knew about …）で，「雨がこんなに早くから降り始めるとは思っていなかった」と言っているので，正解はd)「女性はその日のもっと遅くから降り出すと思っていた」である。a)は服を外に干してきたのが男性になっているので合致しない。b)は女性の第2発言で「知っていた」とあり，「知らなかった」の部分が対話内容に合致しない。また，c)の「男性は女性と一緒に家にいたい」ことを表す発言はない。

37 本問は内容真偽である。「あなたのおかげだ」という男性に対し，女性は第2発言の後半（You did almost …）で「ほぼすべての作業をあなたが行った」と言っているので，正解はb)。a)は男性の第2発言（Well, I wasn't …）から「確信していた」の部分が異なり，c)は賞を取ったのが女性になっていて合致しない。また，d)については「女性がどのような結果を期待していたのか」を表す発言はないため合致しない。

38 問いは「男性に関して正しいのはどれか？」である。男性は第2発言（My wife and I …）で「娘には日本語と英語を使えるようになってほしい」と言っているので，正解はb)。

39 本問は内容真偽である。女性は第2発言の後半（The two countries

…）で「オーストラリアとニュージーランドには多くの共通点がある」と言っているので，正解はd）。a）は男性が第1発言（Not yet, …）で「まだ行っていない」と答えているので合致せず，c）は男性は最終発言（As soon as …）で「計画が決まったらすぐにアドバイスをもらいに行くよ」と言っており，気に入らなかったわけではないので，対話内容に合致しない。また，b）の「女性がより長い期間のホームステイを提案した」ことを表す発言はない。

40　本問は内容真偽である。女性は第2発言（Hmm, I usually …）で「普段はシンプルなデザインのイヤリングを身につけている」と言っているので，正解はb）。c）は男性が最終発言（What about these …）で小さな緑の花の付いた金のイヤリングを見せていることから，合致しない。d）は女性の第1発言（I'm hoping to …）からドレスをすでに持っているので，「ドレス」の部分が，対話内容に合致しない。また，a）の「女性がまもなく緑のドレスを着て結婚する」ことを表す発言はない。

41　本問は内容真偽である。男性は女性に第2発言（Oh, sorry to …）で，「残念だけど，そういうことはよくあることだ。次はきっとうまくいく」と言っているので，正解はc）。b）「女性は社会科の授業に行かなければならない」こと，d）「女性が男性の勉強を手伝う」ことを表す発言はない。また，a）は男性の第1発言（You look upset …）から，戸惑っているのは男性ではなく女性なので対話内容に合致しない。

42　問いは「話者たちは何について話しているか？」である。男性は女性に「どのくらいの頻度で猫のブラッシングや歯磨きをしているか？」と尋ねているので，正解はb）。

43　本問は内容真偽である。男性は最終発言（Yeah, I joined …）で，「高校ではダンス部に所属していた」と言っているので，正解はc）。a）は男性の第1発言（Oh. I didn't …）で，男性が日本の高校に行っていないことがわかるが，女性に関しては言及がない。b）「男性は高校時代のクラブ活動のことを忘れた」は，ダンス部と答えているので内容と合致しない。d）の「女性は高校時代のクラブ活動を楽しんだ」ことを表す発言はない。

44　本問は内容真偽である。女性は第2発言の2文目（When I last …）で，「エイミーとは数週間前に最後に会った」と言っているので，正解は

c)。a)は男性の第1発言（It was about …）から，1週間前に会ったのは男性なので合致しない。d）は男性の最終発言の後半（When I saw …）で「彼女が空港に向かう途中で」会ったと言っているので合致しない。なお，b）の「男性はカナダにいるエイミーに会いに行く」ことを表す発言はない。

45 本問は内容真偽である。女性の第1発言の2文目（You had a sandwich …）で「あなたは昨日もサンドイッチを食べた」と言う女性に対し，男性は「その通り」とそれを認めているので，正解はb）。a）「男性はベジタリアンでハムを食べることができない」こと，c）「女性が男性のためにサンドイッチを用意した」こと，d）「女性は今日はイチゴジャムのサンドイッチが食べたい」ことを表す発言はない。

46 本問は内容真偽である。男性の第1発言（She was at …）で「動物保護センターからネコを先週もらった」と言っているので，正解はa）。b）「男性の姉は今週動物保護センターへ行く」こと，c）「女性は男性からネコをもらって喜んでいる」こと，d）「女性の家族は以前はネコを飼っていた」ことを表す発言はない。

47 本問は内容真偽である。女性は第1発言の2文目（I needed it …）で「私の親は私がスマートフォンを必要としていると思った」と言っているので，正解はa）。b）は男性の第2発言の最後（I thought it …）で弟がスマートフォンを持つのは早すぎると思ったと言っているのでhappyではなく，c）は男性の第2発言（I also got …）で「中学のときに手に入れた」と言っているので「小学生のとき」の部分が対話内容に合致しない。なお，d）の「女性は実際よりも早くスマートフォンを手に入れたかった」ことを表す発言はない。

48 本問は内容真偽である。女性は第1発言（Which would give …）で「ホームステイをするのと学生寮で暮らすのと，どっちがより英語が話せるチャンスがあるか？」と問うているので，正解はa）。b）の「ホームステイがしたい」の部分は，女性の最終発言（Because I live …）に「今は親元なので，海外では他の学生と住みたい」とあるので，学生寮のほうに傾いているため合致しない。c）は男性はアドバイスを求めているのではないため不適。なお，d）の「男性は近々学生寮へ引っ越すつもりである」ことを表す発言はない。

49　問いは「女性に関して正しいのはどれか？」である。女性は第1発言の後半（…, but my brother …）で「録画していたドラマの最終回を弟が誤って削除してしまった」と言っているので，正解はd)。

50　問いは「男性に関して正しいのはどれか？」である。男性は第1発言の2文目（I picked it …）で，「学生時代に自炊をしているうちに自然と料理の技術を身につけた」と言っているので，正解はa)。

LONG CONVERSATIONS

51　本問は内容真偽である。女性は最終発言（That's nice! …）で，「なんて良い助言をあなたはもらったことでしょう！」と言っているので，正解はd)。b）は女性が男性に情報収集の仕方を教えてはいないので合致せず，c）は男性の第3発言（She suggested that …）から，「落ち着いて自信に満ちた態度でいるのは実際には自分には難しかった」とあるので対話内容に合致しない。なお，a）の「男性が女性に宿題を手伝ってほしいと頼んでいる」ことを表す発言はない。

52　問いは「女性に関して正しいのはどれか？」である。対話の冒頭（Did you enjoy …）で女性は男性に「今日の討論の授業はどうだったか」について尋ねているので，正解はc)。

53　問いは「男性に関して正しいのはどれか？」である。男性は第2発言（Kenya. I will …）で「ケニアに住む親友はナイロビ生まれだ」と言っているので，正解はc)。

54　問いは「ケニアに関して正しいのはどれか？」である。男性は最終発言の最後（I hear it …）で「東京からナイロビまでは飛行機で18時間かかると聞いている」と言っているので，正解はb)。

55　問いは「この対話の主な内容は何か？」である。この対話は「大学で何を専攻するか？」に関するものなので，正解はd)。

56　本問は内容真偽である。男性は最終発言の後半（…, I'll talk about …）で「来月実家に戻ったら，自分の学びたいことを親と話す」と言っているので，正解はc)。a)「男性は教育学者になりたがっている」こと，d)「女性は男性に，女性に対して正直になってもらいたいと思っている」ことを表す発言はない。なお，b）は女性の第2発言（I'm thinking about …）から考え中であることがわかり，「すでに決めた」の部分が対話内容に合致しない。

57 問いは「この対話の主な内容は何か？」である。この対話は「昼食後に何をするか？」に関するものなので，正解はd）。

58 本問は内容真偽である。女性は第2発言の最後（…, I twisted my …）で「今朝足首を捻ってしまった」と言っているので，正解はa）。b）「男性は謝罪している」こと，c）「図書館は閉館している」ことを表す発言はない。なお，d）はそれぞれの最終発言（Well, do you … I'll watch TV.）で，男性は読書か勉強を提案し，女性はテレビを見ると言っているため，「サッカーをする」の部分が対話内容に合致しない。

MONOLOGUES

59 問いは「デス・バレーに関して正しいのはどれか？」である。最終段第1文（For many years, …）に「ヨーロッパ人が来るまで，デス・バレーはその地域に住むパナミント・インディアン以外にはほぼ知られていなかった」と述べられているので，正解はc）。

60 問いは「デス・バレーに関して正しいのはどれか？」である。第1段第2文（This 225-kilometer-long …）に「全長225キロのこの渓谷の夏の気温は摂氏52度にまで達する，そして，年に20ミリほどしか雨が降らない」と述べられているので，正解はc）。

61 問いは「このモノローグの主な内容は何か？」である。このモノローグは「体温は計測する部位によって異なる」という事実や「アメリカ人の平均体温が下がった」ことが証明されたことに関するものなので，正解はa）。

62 問いは「体温に関して正しいのはどれか？」である。最終段第3文（However, researchers have …）に「しかしながら，過去200年の間にアメリカ人の平均体温は，環境変化の結果で実際には下がった」と述べられているので，正解はd）。

63 問いは「このモノローグの主な内容は何か？」である。このモノローグは「航空会社がコロナ禍の損失をどのように取り戻そうとしているか」に関するものなので，正解はb）。

64 本問は内容真偽である。冒頭の文（As the demand …）に「豪華な旅行への需要の高まりによって，航空会社は，小さなホテルに見えるようなファーストクラスのキャビンに投資している」と述べられているので，正解はc）。a）は最終段第1文（A German airline, …）「ドイツの航空会社ルフトハンザは一部の航空機を改良するために27億ドルの投資を計画している」とあるので，顧客を魅了するための運賃引き下げは合致しない。d）は第2段第2文（They believe that …）に「航空会社はパンデミックの間に人々は旅行ができずに残念がっており，贅沢な飛行経験により一層お金を喜んで費やすであろうと信じている」とあるので，ファーストクラスの価値が下がるというのは合致していない。なお，このモノローグは「コロナ禍以降は国内便が人気になった」ことに関するものではないので，b）は不可。

つつ、空欄C直前の「対話なき集団は自らを変容させ、更新することができない」と対比的な選択肢を選ぶと、④が正解。①は「不変の考え」、③は「確固たる自己」がそれぞれ不適当。

問7 ①の「多声的であること」が「許容されるべき」という指摘は本文にはない。また、②の「自分の中にある複数の声を分離」、④の「ゆるぎない自分が存在」は本文の内容に合致しない。空欄Aの次の段落の内容を踏まえると、③が正解。

4　解答

問1 ②　**問2** ③　**問3** ①　**問4** ④

5　解答

問1 ④　**問2** ②　**問3** ③　**問4** ④

6　解答

問1 ①　**問2** ③　**問3** ②

解説

問1 傍線部⑴の直後にある具体例の内容とそのまとめである「そうした発話をしている自分は自分自身でないかのように感じてしまう」を踏まえると、③が正解。①の「他者に利益を与える」、④の「共同作業を通じて自分の言葉を獲得」は本文で述べられていない。②は「言葉が……完全に共有」することが可能であるとは本文では述べられていないため不適当。

問2 傍線部⑵の直後の「『思い』はもともと多元的」という内容と、「ひとつの混じりけのない主体に鎮座するものではない」を、次の段落で「そもそも人格……構造ではなく、他者との多声的な相互交流そのもの」と言い換えている点を踏まえると、①が正解。②は傍線部⑵の一つ前の段落に述べられている内容ではあるが、傍線部⑵の説明としては適当ではない。

問3 空欄Ａの直後の「自分のことを自分で専有」「自分で自分を制御」という内容を踏まえると、「自律性」が適当。空欄Ｂは直後の「相互に組み合わさり、共同で機能」と対比されるものであるため、「差異化」が適当。よって②が正解。

問4 本文中に直接的な説明はないため、傍線部⑶の直後に述べられている「デカルト的な自己よりも広い循環」と対比される、自己の内部的な循環を説明している選択肢を選ぶと、④が正解。②は、「自分の考えや思いが展開し変容」とある内容が他者との対話に関する説明に用いられているものであるため不適当。

問5 傍線部⑷の二文前にある「自分の考えがより広く多様性を持った全体に位置づけられていく」、二文後の「自分の経験が自分のものとして自己帰属されていく」を踏まえると、②が正解。他者が「客観的」なのではなく、広い枠組みを得た自己が「客観的」に自身を眺めるのであるため、①は不適当。③の「責任」、④の「自分の役割」などは本文中に述べられていない。

問6 空欄Ｃがある段落にある、「新しい自己を生み出していく」「新しい意味に満ちた世界を招聘」などの内容を踏まえ

問4 傍線部(3)のある段落の二段落前から記されるヴィヴェイロス＝デ＝カストロの取り組みの説明と、最終段落の「人間と動物のあいだに魂の連続性を見る」「他の種を認識し、分類する人間の知識ではなく」などの内容を踏まえると、③が正解。④は多自然主義的な視点の説明ではなく、西欧的な自然観の説明である。

問5 空欄Cの二文後の「むしろ人間と動物のあいだに魂の連続性を見る」とある立場と対比される視点であり、空欄Cの直前にある、人間が自然を分類するという想定に潜む見方であるため、③が正解。

問6 本文は近代科学と「未開の科学」の対比から論を始め、自然と文化を二分化する見方を普遍的なものとして捉えない人類学的な視点を述べた上で、自然を認識・分類する人間というあり方とは異なった視点の重要性を述べている。よって、②が正解。③の「科学的な知識では対応できない新たな問題」、④の「『未開の科学』が……近代科学へと収斂」は本文中に述べられていない。

③

出典 河野哲也『人は語り続けるとき、考えていない――対話と思考の哲学』〈第4章　私の中で誰が話し、誰が思うのか――哲学対話とオープンダイアローグ〉（岩波書店）

解答

問1 ③
問2 ①
問3 ②
問4 ④
問5 ②
問6 ④
問7 ③

②

出典　中空萌「自然と知識――環境をどうとらえるか？」（松村圭一郎・中川理・石井美保編『文化人類学の思考法』世界思想社）

解答

問1　④
問2　③
問3　①
問4　③
問5　③
問6　②

解説

問1　空欄Aの直後に「正しい知識」「全世界で同じように共有」とある点から、空欄Aは「客観的」が正解。客観的な近代科学の知識に対する「未開社会」の知識であるため、空欄Bは「経験的」とするのが正解。第二・三段落に「未開の科学」にも一貫した体系があると述べられているため、「直感的」は不適当。

問2　傍線部⑴の直前に「すぐれて内的に一貫した体系である」、その一つ前の文に「生長上の特徴に即してくわしく分類」しているとある点を踏まえると③が正解。①は「網羅的」とある点が本文中に見られず、②はハヌノオではなく植物分類学についての指摘となっている点、④は「その土地の中で一貫して受け継がれてきた」としている点がそれぞれ不適当。

問3　「自然」の意味合いのうち、古典的な意味での人為の加わらない状態ではなく、西欧的な意味での、人為と対置される自然環境そのものを説明している選択肢を選ぶと、①が正解。②の「自然体」、④の「飾らないあるがままの」は古典的な意味での「自然」であるため不適当。③は一九八〇年代から一九九〇年代の人類学が明らかにした内容である。

基づく必要があるということ。

問3　空欄Cと空欄Dが並列の関係であり、空欄Bと対置されている点に注意する。空欄Bは「ただ煩わしい苦労から解放される、ということだけが価値である」と直前で説明されており、「ただ……だけ」と限定されている価値である点を踏まえると、③が正解。

問4　第六段落以降から傍線部⑵の直前までの内容と選択肢を比較する。第六段落に「暇で退屈な人間を量産することになるのではないか」と述べた上で続く文で否定されている点から、①の「人々の生き方を退屈にしてしまう可能性がある」としている点が不適当である。よって①が正解。「人間が自由に変容」することと「退屈さ」が同時に存在しているように述べている点も本文の内容の説明として適切ではない。

問5　傍線部⑶の直後の段落（「まず……」）とその一つ後の段落（「そして……」）の内容を踏まえると、②が正解。①は「相互に矛盾」「人々の自覚を犠牲にする」とある点、③は「究極的な価値を別の何かだとする点」とある点、④は「貧しさや不自由さへの生成変化……矛盾する概念をも肯定」としている点がそれぞれ本文の内容に合致しない。

問6　第三・第四段落の内容と合致する②が正解。「示唆的」とは、科学技術基本計画による理念の提示が、課題設定の倫理的規準を検討するうえでヒントになるということ。最終段落に述べられる、科学技術基本計画に対する評価とも合致している。①は日立東大ラボの指摘を「倫理的に深い議論」と評価している点が不適当。第十一段落に「倫理学的な次元にまで掘り下げている」とはあるが、第十二段落に「倫理的概念は混乱している」とある。③は人間の変容していく自由の理由が述べられていない点が問題なのではなく、第十二・十三段落にある「倫理的概念」の「混乱」と「近代的権力の肯定」を筆者は問題としている。また、④の「露呈した以上」とは〈露呈したのであれば当然〉の意だが、「自由で自律的な人々の共生という理念自体に矛盾がある」という前半の内容に対して、後半がそれに対応する内容になっていない。加えて「超スマート社会」において筆者が一貫して重要視する「倫理的な意味の検討」という視点への言及がなく、筆者の考えと合致するとは判断できない。

国語

①

出典　戸谷洋志『スマートな悪——技術と暴力について』〈第1章　超スマート社会の倫理〉（講談社）

解答

問1　④
問2　④
問3　③
問4　①
問5　②
問6　②

解説

問1　事実と当為の区別について述べている文脈であることに注意し、直後に例として「解決されるべきではない課題」について述べている点を踏まえると、④が正解。①は「価値中立的ではない課題」という表現が不適当。②は立場や文化による規準の違いについては述べられていないため不適当。

問2　傍線部⑴の「この規準」が指すものを考えながら第三・四段落の内容をたどると、「『解決するべき課題』と『解決するべきではない課題』を区別する境界」とある。それが「あいまい」だと起こり得る弊害は「解決されるべきではない課題が解決されてしまうかも知れない」ことである。よって④が正解。③も迷うが、「何の豊かさを求めるべきかといった倫理的な問い」が不適当。この問い自体が「倫理的」なのではなく、この問いに答えるには倫理的規準に

//////////////////// · memo · ////////////////////

2023年度

問題と解答

■一般入試前期：B日程・共通テストプラス入試

問題編

▶試験科目・配点

教　科	科　　　目	配　点
外国語	コミュニケーション英語Ⅰ・Ⅱ・Ⅲ，英語表現Ⅰに共通する事項（約30分のリスニングを含む）	200点
国　語	国語総合（近代以降の文章）	100点

▶備　考

- 上記以外に，外国語学部では，面接代替として資料記入（志望理由等，20分），グローバル・リベラルアーツ学部では，個人での日本語による面接（約10分，60点〈共通テストプラスは80点〉）が課される。
- リスニングの配点は英語200点中の60点。
- 外国語学部では，出願時に大学が指定する英語の外部資格・検定試験（4技能）の基準を満たし，その成績を証明する書類を提出した場合，取得スコア等により，「英語」科目の得点を満点とみなして合否判定を行う，または，5点加点をして合否判定を行う。
- 共通テストプラス入試：上記の英語・国語と，面接または資料記入にプラスして，大学入学共通テスト受験科目のうち，「地理歴史・公民」「数学」「理科」の出題科目のうち最高得点の科目を合否判定に使用する。

英語

(90分)

問題は全部で64問で、通し番号が1～64までついています。

解答用紙（マークシート）にも同様に1～64まで通し番号がついています。

前半60分はリーディング，後半約30分はリスニングです。

リスニングが始まるとリーディングには戻れません。注意してください。

リーディング：READING COMPREHENSION（No.1～3）
GRAMMAR AND USAGE（SECTION 1～2）

リスニング　：PART 1　CONVERSATIONS
（SHORT CONVERSATIONS, LONG CONVERSATIONS）
PART 2　MONOLOGUES（1～3）

READING COMPREHENSION

READING No. 1

For the first few days at sea on his solar-powered ship, Gunter Pauli was amazed by the silence. “When you have no engine running, there's silence,” the Belgian entrepreneur and economist said in a phone interview. “There's a clear feeling of, ‘Oh my God, I'm vulnerable. I'd better use what I have carefully.’”

Using limited resources effectively is the core philosophy of Pauli's concept boat, the MS Porrima, which aims to show how sustainable technology could revolutionize the shipping industry. Marine transport supports over 80% of global trade, but it threatens marine ecosystems and accounts for more CO_2 emissions than transport by air.

On December 18, 2021, the Porrima set sail with a small crew from Osaka, Japan. It is expected to make dozens of stops on five continents and will return to Japan in time for the 2025 World Expo.

The ship is a case study in sustainability. There is a miniature farm below deck that allows Pauli to cultivate edible plants. It also has "air bubble" nets that prevent overfishing by separating fish by weight and then releasing heavier females with eggs. As well as being largely powered by solar panels, the ship will soon be equipped with a filter that isolates nanoplastics, which are generally smaller than microplastics, from seawater and converts them into fuel.

The interiors of the Porrima's two primary rooms, the VIP suite and the main hall, were inspired by Russian dolls known as matryoshka, Japanese origami, and Swiss Army knives. The Russian dolls inspired a series of storage solutions that easily slide and fit inside one another. The intricacy of origami, **meanwhile**, is replicated in units of shelves, seating areas, and tables that can fold into walls like drawers. Lastly, the adaptability of the Swiss Army knife is reflected in the multipurpose main hall, which can be converted into a classroom, exhibition space, library or dining hall.

Pauli modeled his design of the ship on well-known Italian artist Michelangelo Pistoletto's notion of the "Third Paradise," which proposes a balanced blend of nature and technology. "The climate crisis is the situation we find ourselves in after the evolution of our technology, but the more we advance, the more we must be responsible," Pistoletto said. "Art is the interaction of autonomy and responsibility."

Interactive education is at the heart of the Porrima's journey. At many of its stops across the globe, Pauli hopes to connect with members of the public, academics, and industry leaders while teaching them about the ship's design. The main hall, when transformed into a classroom, will be used to teach children about the innovations on board.

Pauli also hopes to inspire change in the immediate future. By 2024, his nanoplastic filters are going to be installed on a thousand ships in the Mediterranean Sea to **initiate** a larger-scale cleaning campaign. By 2025, Morocco is scheduled to launch ships equipped with Pauli's air bubble fishing technology.

"It's not enough to invent something. Once you've done something unique, democratize it and make it available," he said, "There's a sense of empowerment when you realize that this technology can really be used to help communities that rely on unsustainable practices."

1 What is this reading mainly about?

a) The advantages of transport by sea in global trade

b) An Italian artist's work with sustainable technology

c) Eco-friendly products to be exhibited at the 2025 Expo

d) The concept and design of an experimental vessel

2 According to the reading, which one of the statements is correct about Gunter Pauli?

a) He wants to bring changes to the current shipping industry.

b) His religious beliefs led him to environmental activities.

c) He had to stop his trip several times after departing from Osaka.

d) His ideas strongly influenced Michelangelo Pistoletto's art.

3 According to the reading, which one of the statements is correct about the Porrima?

a) It selectively fishes for females with eggs to protect them on the ship.

b) It is going to be partly powered by fuel made from nanoplastics.

c) Its main hall is decorated with Russian dolls and Japanese origami.

d) It has many rooms including a main hall, a classroom, a library, and a dining room next to one another.

4 According to the reading, which one of the statements is correct?

a) A smaller amount of CO_2 is produced by marine transport than transport by air.

b) Nature and technology should be balanced according to the concept of the "Third Paradise."

c) Air bubble fishing technology is going to be adopted by all Moroccan ships by 2024.

d) Michelangelo Pistoletto emphasizes the social value of unique inventions.

5 Which expression is closest in meaning to **meanwhile** in paragraph 5?

a) on the other hand

b) for instance

c) as a matter of fact

d) in particular

6 Which word is closest in meaning to **initiate** in paragraph 8?

a) plan

b) admit

c) start

d) manage

READING No. 2

Children aged three to ten in kindergartens and schools in Europe,

Asia, Australia, Africa, and Latin America have joined the adventures of a robot named Hoseli in a digital fantasy world called Supraland where the small robot lives. They get to try and test things for themselves, like making fake snow or building rockets with vinegar and other household items.

The fun world created by the educational company Kide Science combines the main elements that research has found to improve scientific thinking: stories, imagination, empathy, visual and physical learning, cooperation, everyday observations, and creative problem-solving.

The company was founded by three Finnish women: Jenni Vartiainen, Aino Kuronen, and Sari Hurme-Mehtälä. Kide Science was born from research Vartiainen did at the University of Helsinki, Finland. "International research had shown that children as young as three years of age benefit from learning scientific thinking, but this finding hadn't really been put into practice," says Vartiainen. She first used her research to **establish** science clubs for young children.

"Some of the parents were surprised at how excited their children got about it all," Vartiainen says. There was clearly a demand that had not been satisfied. "I was asked to continue running the science clubs." So began the story of Kide Science.

Children and parents are excited, and so are investors. Between its launch in 2017 and 2020, Kide Science raised funds to develop its business. Its education materials are currently available in English, Chinese, and Finnish.

Increasing the curiosity and sense of wonder that children already have is the key. "Kids observe and interpret the world around them from the moment they are born," the second developer of Kide Science, Aino Kuronen says. "They practice everything in life through play."

"It's important not to limit what is there already," Vartiainen adds. Giving children the space and tools to play the role of a scientist in their own individual ways motivates learning. When positive emotions pop up, the hunger for learning increases even more.

Digital devices and applications provide the framework for unlimited thinking and playing, but the main part of Kide Science education is in physical activities.

"It all takes place in the real world," Kuronen says. "Kids aren't just staring at screens." Everyday household items such as salt, sweets, empty toilet paper rolls, spoons, and peas are among the things used in the experiments.

It's also about doing away with the misunderstandings around science. "There are a bunch of myths," says Kuronen. "These include the ideas that you need to be highly intelligent or very calm to be a scientist."

A digital environment provides flexibility. "Materials are **accessible** anytime, anywhere," says the third of the Kide Science developers, Sari Hurme-Mehtälä. "The platform also makes it easy for teachers to learn the teaching model."

And here comes an important point: you don't have to be a science teacher to begin with. The most important role for adults is facilitating and supporting the children's own thinking. Vartiainen says the most inspiring moment comes when children start helping each other and suggesting ideas for solving the problems.

With growing demand for distance learning, Kide Science is now researching the best ways to build a teaching model for families.

7 What is this reading mainly about?

a) How to create a fun world through stories

b）A robot in a digital fantasy world called Supraland

c）How to make fake snow and rockets with vinegar

d）A science education program for young children

8 According to the reading, which one of the following statements is correct about Kide Science?

a）It began with science clubs in 2020.

b）Its materials can be found in three languages.

c）It was started by the University of Helsinki in 2020.

d）Its business provides funds for educational research.

9 According to the founders of Kide Science, which one of the statements is correct?

a）Children naturally have an interest in the world around them.

b）It is important to control the way children play the role of scientist.

c）Children learn science best through digital devices and applications.

d）Everyday household items are needed to do away with myths about science.

10 Which one of the following statements would Aino Kuronen most likely agree with?

a）It is natural that children misunderstand science.

b）Parents should teach children how to interpret the world.

c）For children, playing is the way to learn about life.

d）It is important to be intelligent in order to become a scientist.

11 Which word is closest in meaning to **establish** in paragraph 3?

a）create

b）join

c) purchase

d) instruct

12 Which word is closest in meaning to **accessible** in paragraph 11?

a) reliable

b) available

c) achievable

d) replaceable

READING No. 3

In the United States, speeches by famous people have long been an important tradition at college and university commencements, or graduation ceremonies. As part of the ceremonies, the schools often invite well-known and well-respected people to speak about their own life experiences. Most speakers offer advice to the new graduates, such as believing in oneself or never giving up when life becomes difficult. But what makes a speech truly great? Table 1 shows the ten most-viewed commencement speeches. What do you think are the qualities in them that graduates will remember for the rest of their lives?

Table 1: Ten most-watched commencement speeches on YouTube

	Speaker	Name of Institution	Year	Number of Views
1.	Steve Jobs, Co-founder of Apple	Stanford University	2005	38 million
2.	Denzel Washington, Actor	Dillard University	2015	27 million
3.	Admiral William H. McRaven, Retired Navy Admiral	University of Texas at Austin	2014	14 million
4.	Sacha Baron Cohen, British comedian	Harvard University	2004	7 million
5.	Barack Obama, former President of the United States	Arizona State University	2009	4.8 million
6.	Conan O'Brien, American television host	Dartmouth College	2011	4.3 million
7.	Mark Zuckerberg, Co-founder of Facebook	Harvard University	2017	4.2 million
8.	Will Ferrell, Comedian	University of Southern California	2017	4 million
9.	Oprah Winfrey, American talk show host	Harvard University	2013	3.8 million
10.	Natalie Portman, Actress	Harvard University	2015	3.2 million

Source: TheThings

John Gabrieli is a professor of neuroscience at the Massachusetts Institute of Technology, or MIT, in the U.S. He says memories are created from events when a person experiences a strong emotional reaction. Graduation ceremonies often fill people with many emotions, including happiness and feelings of success.

Yet Gabrieli thinks many speeches often just celebrate the students and thank the people who have supported them. This does not make for strong memories, he says. "What we remember, **besides** emotion, is what is unexpected ... So a commencement speaker has a challenge — if it's going to be memorable — to say something unexpected." Gabrieli notes that truly memorable commencement speakers either change the way the speech is given or make challenging, unpredictable claims.

Take Michelle Obama, for example. She spoke at a graduation ceremony at the City College of New York in 2016, while her husband was still President. She told the graduates that every day she "wake[s] up in a house that was built by slaves." She was talking about the

White House and the speech received a lot of attention.

Geoffrey Cowan, a professor of communications at the University of Southern California in Los Angeles, thinks the best commencement speakers center the audience's attention on a single idea. Often this can come from a personal story in the speaker's own life. For example, businessman Steve Jobs told Stanford University graduates in 2005 about learning he was dying of cancer and how that changed his ideas about the world. Cowan says the best speeches also **present** a challenge to college graduates. For example, in 2008 J.K. Rowling, who wrote the Harry Potter books, asked graduates at Harvard University not to be afraid of failure, but to learn from it. Similarly in 2005, writer David Foster Wallace asked graduates at Kenyon College to try to understand and value other people's opinions.

Commencement speeches at graduation can motivate audiences and serve as valuable sources of shared knowledge. Cristina Negrut, who operates a website called *Graduation Wisdom* to gather the best speeches, says that if it weren't for the internet, many commencement speeches could easily disappear with the graduates' memories. According to Negrut, "now, with social media, the speaker ... ends up giving the speech not just to the university and the audience they have in the stadium, but to the world." That is why the best ones are recorded and shared by many long after the ceremonies have ended.

13 What is this reading mainly about?

a）Famous people who were invited to graduation ceremonies

b）Factors that make graduation ceremony speeches memorable

c）The reasons why the tradition of graduation speeches began

d）Speeches which people should watch to be ready for the unexpected

出典追記：Voice of America

14 According to the reading, which one of the statements is correct about Professor John Gabrieli?

a) He studies what elements help people remember something.

b) He wrote the script of Michelle Obama's graduation ceremony speech.

c) He gave a graduation speech at the Massachusetts Institute of Technology.

d) He thinks the feeling of accomplishment is the key to unforgettable speeches.

15 According to the reading, why is the commencement speech by Steve Jobs popular?

a) Because he was good at communication

b) Because he spoke about learning from failure

c) Because he talked about his personal experiences

d) Because he thanked the people who supported him

16 According to Cristina Negrut, how did the Internet change commencement speeches?

a) It made it possible to record speeches.

b) It broadened the audience of the speeches.

c) It enabled the speakers to talk anywhere in the world.

d) It made it easier to collect information to give a speech.

17 Which expression is closest in meaning to **besides** in paragraph 3?

a) next to

b) opposite from

c) related to

d) in addition to

18 Which word is closest in meaning to **present** in paragraph 5?

a) offer

b) hand

c) explain

d) promise

GRAMMAR AND USAGE

SECTION 1

The COVID-19 pandemic has had a significant impact ___(19)___ the way we use language. Scientific words and phrases are now part of everyday life. Words ___(20)___ "quarantine," "immunity," and "asymptomatic" were technical terms before the virus changed how we live and work. Today, you hear them regularly on popular television programs or in conversations among friends.

The meanings of some words have ___(21)___ during the pandemic. In a "lockdown," people can't freely leave their homes under COVID-19 restrictions. For instance, during the early lockdowns of 2020 in Australia, people were only ___(22)___ to leave their homes for essential reasons like buying food or seeing a health care worker, or if they were "essential workers." Some new, informal words and phrases have emerged during the pandemic. They are not ___(23)___ understood by everyone, but you may see them on some social media platforms and in news articles. These new words are quite revealing about the impact of COVID-19.

The verb “to self-isolate” is now commonly heard. It means to avoid contact with anyone else __(24)__ a positive COVID-19 test or contact with an infected person. “My wife has tested positive for COVID, so I have to self-isolate at home for two weeks.” “Social distancing” is when you try to keep a physical distance from other people to limit the transmission of the virus. A “covidiot” is not a nice word but an insulting name __(25)__ to “COVID idiots” who choose to ignore rules on public safety about COVID-19. The word “covidient” is an adjective to describe __(26)__ who are “COVID obedient”; they take government guidelines very seriously.

19
a) by
b) from
c) of
d) on

20
a) for example
b) kind of
c) such as
d) that is

21
a) change
b) changing
c) changes
d) changed

22
a) allowed
b) enable
c) have
d) used

23
a) ready
b) yet
c) necessary
d) both

24
a) because
b) due to
c) so that
d) therefore

出典追記：The Japan Times Alpha, December 31, 2021 & January 7, 2022

25
a） give
b） gives
c） given
d） giving

26
a） that
b） those
c） the one
d） them

SECTION 2

27 You must ______ attention to the road signs while driving.
a） make
b） send
c） pay
d） see

28 My son is returning from school in ______.
a） an hour or so
b） so or an hour
c） an hour and so
d） so and an hour

29 The driver was ______ a police officer when she went the wrong way on a one-way road.
a） spoken
b） spoken by
c） spoken to
d） spoken to by

30 Do you have ______ time for breakfast? I'm making some pancakes.
a） full
b） long

c) many

d) enough

31 She is determined to study abroad _____ her parents say.

a) no matter what

b) no what matters

c) whatever matters

d) what doesn't matter

32 We hope this activity will _____ to the students.

a) help of great

b) be great of help

c) be of great help

d) be of helping great

33 This temple is said to _____ during the Kamakura period.

a) be built

b) have built

c) be building

d) have been built

34 The plan went _____ several changes. It has become much simpler than before.

a) by

b) through

c) down

d) into

編集部注：リスニング音源は，大学公式のウェブサイトで公表されています。
https://www.kandagaigo.ac.jp/kuis/main/nyushi/
「過去問題Ａ音声」
　なお，上記のリンクは2023年6月時点のものであり，掲載元の都合によってはアクセスできなくなる場合もございます。あらかじめご了承ください。

SHORT CONVERSATIONS

35 Which one of the statements is correct?

a) The man loves to eat traditional Japanese food.

b) The woman took her father to a restaurant.

c) The man enjoyed the woman's Japanese noodles.

d) The woman did some cooking in the summer.

36 Which one of the statements is correct about the man?

a) He needs to finish a report by tomorrow.

b) He is writing his report without taking a break.

c) He asked the woman to make coffee.

d) He does not want to go to work today.

37 Which one of the statements is correct?

a) The woman lost her iPad but found it under a desk.

b) The man is studying at the library right now.

c) The man wants to meet the woman at the library later.

d) The woman was studying at the library last night.

38 Which one of the statements is correct?

a) The man and the woman will go to the same university.

b) The woman has some concerns about her future campus life.

c) The woman will continue what she was doing at high school.

d) The man is giving advice about the woman's campus life.

39 Which one of the statements is correct?

a) The woman buys lunch at the cafeteria.

b) The man needs money for a trip.

c) The woman asks the man for advice.

d) The man will keep his lunch habits.

40 Which one of the statements is correct?

a) The woman thought the man's car was new.

b) The woman has always liked the color red.

c) The man bought a red car from the car dealership.

d) The man painted his car the color black.

41 Which one of the statements is correct?

a) The baseball game was cancelled because of the rain.

b) The man played baseball after the rain stopped.

c) The woman enjoyed the game on a muddy field.

d) The weather forecast said that it would rain on Sunday.

42 Which one of the statements is correct about the man?

a) He listens to audio books while doing something else.

b) He prefers reading books to listening to audio books.

c) He thinks it is difficult to study a language with audio books.

d) He is advised by the woman to subscribe to an audio book service.

43 Which one of the statements is correct?

a) The man studied in Spain for two weeks.

b) The man wants to go to Spain with the woman.

c) The woman did not know about the summer program.

d) The woman worked hard to join a summer program.

44 Which one of the statements is correct?

a) Jane was absent from class because she was sick.

b) Jane called one of her friends this morning.

c) The woman talked with Naomi and Kim today.

d) The man cannot meet the woman this afternoon.

45 Which one of the statements is correct?

a) The woman's sneakers are new.

b) A shoe store opened yesterday.

c) The man thinks the woman's shoes are expensive.

d) The man already knew that the new shoe store was having a sale.

46 Which one of the statements is correct?

a) The woman handed in her homework late.

b) The man had to run back to his home.

c) The woman and the man's class was canceled.

d) The man emailed his teacher last night.

47 Which one of the statements is correct?

a) The man decided to change his order.

b) The man decided to pay with a credit card.

c) The woman will help the man to look for his wallet.

d) The woman will wait while the man looks for his wallet.

48 Which one of the statements is correct?

a) The man feels happy whenever he goes to Tokyo Disneyland.

b) The man first went to Tokyo Disneyland when he was a baby.

c) The woman has hardly ever been to Tokyo Disneyland.

d) The woman always enjoys the experience of going to Tokyo Disneyland.

49 Which one of the statements is correct?

a) Paul lent a recipe book to the woman.

b) Paul will visit the man and the woman for dinner.

c) The man is looking for a book in the living room.

d) The man will help the woman cook Italian food.

50 Which one of the statements is correct?

a) The man is interested in going skiing in Canada.

b) The woman is advising the man about his trip.

c) The man knows that October is a good season to visit Canada.

d) The woman will see the colored maple leaves with the man.

LONG CONVERSATIONS

Long conversation 1

51 Where are the speakers?

a) In a restaurant

b) At the beach

c) On a mountain

d) In a boat

52 What did the woman do?

a) She took photos of the mountains.

b) She chose a good place to eat.

c) She went swimming in the ocean.

d) She forgot to bring paper cups.

Long conversation 2

53 Which one of the statements is correct about the woman?

a) She is not experienced at playing tennis.

b) She taught her aunt how to play tennis.

c) She started playing tennis a year ago.

d) She has improved her tennis skills.

54 Which one of the statements is correct about the man?

a) He doesn't know how to play tennis.

b) He taught the woman how to hit the tennis ball.

c) He has been playing tennis for about a year.

d) He wants his aunt to practice tennis more often.

Long conversation 3

55 What are the speakers talking about?

a) A weekend backpacking trip

b) A late homework assignment

c) How to stop making mistakes

d) A missing history class paper

56 Which one of the statements is correct?

a) The man did not sleep because he had schoolwork to do.

b) The woman checked the items in the man's backpack for him.

c) The woman will turn in the man's late homework for him.

d) The man and the woman figured out how to use the printer.

Long conversation 4

57 What did the woman say about restaurants?

a) She used to eat at restaurants in New York often.

b) She likes going to restaurants in Tokyo.

c) London restaurants have good service.

d) Paris has restaurants with nutritious food.

58 Which one of the statements is correct?

a) The woman is inviting the man to her favorite restaurant.

b) The woman is impressed with the service at restaurants in Tokyo.

c) The man traveled around the world to try various local food.

d) The man likes traditional Japanese food the best.

MONOLOGUES

Monologue 1

59 What is this monologue mainly about?

a) Cars that fly in the air

b) Science fiction movies

c) Toyota, the car company

d) What people think about flying

60 According to the monologue, which one of the statements is correct?

a) Flying cars were first designed 20 years ago.

b) Many cars that fly will be operated using electricity.

c) Toyota is being financially supported by new car companies.

d) Toyota is designing flying cars for science fiction films.

Monologue 2

61 According to the monologue, how many kiwis die every year?

a) 68,000

b) 6,800

c) 4,000

d) 1,400

62 According to the monologue, which one of the statements is NOT correct about kiwis?

a) Their feathers look like fur and they have no tail.

b) As they have small wings, they can't fly.

c) They hunt for food at night because they can see well.

d) Female kiwis grow to be larger than males and lay big eggs.

Monologue 3

63 What is Lafcadio Hearn's connection to Ireland?

a) He was born there.

b) He grew up there.

c) He worked there.

d) He wrote about Japan there.

64 According to the monologue, which one of the statements is correct about Lafcadio Hearn?

a) He suggested the creation of a place that was named after him.

b) He spent most of his childhood in Greece.

c) He became a journalist in the United States.

d) He had a Japanese wife and lived in Japan for 40 years.

放送内容

LISTENING COMPREHENSION

PART 1: CONVERSATIONS

SHORT CONVERSATIONS

Conversation 35
M: Hi, Mika. How was your summer vacation?
W: Very busy. I worked in the kitchen at my father's restaurant.
M: So did you wash dishes or cook?
W: Both, and I loved helping my dad make our traditional family soba noodles.

35. Which one of the statements is correct?
   a) The man loves to eat traditional Japanese food.
   b) The woman took her father to a restaurant.
   c) The man enjoyed the woman's Japanese noodles.
   d) The woman did some cooking in the summer.

Conversation 36
W: Aren't you supposed to be working on your report?
M: I am, but I want to have some coffee first.
W: You just went and got coffee 10 minutes ago. Sit and work!
M: But...I can't think of what to write. That's why I need more coffee!
W: (Sigh) Ok then. I hope you finish the report before class tomorrow.

36. Which one of the statements is correct about the man?
   a) He needs to finish a report by tomorrow.
   b) He is writing his report without taking a break.
   c) He asked the woman to make coffee.
   d) He does not want to go to work today.

Conversation 37
W: Where did I put my iPad? I can't find it! I've looked everywhere.
M: The best thing to do in these situations is not to panic. Think carefully. When was the last time that you used it?
W: Well, I was studying in the library until late yesterday, and.... Oh. I just remembered! I think I left it there on a desk near the window on the first floor.
M: There must be a lost and found section at the library. Why don't you go there and check?
W: Ok, I'll do it right now.

37. Which one of the statements is correct?
   a) The woman lost her iPad but found it under a desk.
   b) The man is studying at the library right now.
   c) The man wants to meet the woman at the library later.
   d) The woman was studying at the library last night.

Conversation 38
M: I heard you passed the entrance exam. Congratulations!
W: Thank you. I'm so happy because this university is the one I really wanted to go to.
M: You must be looking forward to your campus life then.
W: Yes, the first thing I'll do is to join the cheerleading team.
M: I'm not surprised, since you were the leader of the cheerleading team at your high school.

38. Which one of the statements is correct?
a) The man and the woman will go to the same university.
b) The woman has some concerns about her future campus life.
c) The woman will continue what she was doing at high school.
d) The man is giving advice about the woman's campus life.

Conversation 39
M: What do you usually have for lunch?
W: I prepare a boxed lunch and eat with friends at the cafeteria.
M: That's good! I either get something on my way to school or buy lunch at the cafeteria. But I want to save money for my next trip.
W: Why don't you bring something from home a few times a week? That will make a difference.

39. Which one of the statements is correct?
a) The woman buys lunch at the cafeteria.
b) The man needs money for a trip.
c) The woman asks the man for advice.
d) The man will keep his lunch habits.

Conversation 40
W: Hi James. Did you recently buy a new car?
M: Actually it's the same car I've been driving for a while. I just painted it red.
W: It looks fantastic. How did you decide on the new color?
M: I've always liked red. But when I originally bought it at the car dealership, only black was available.

40. Which one of the statements is correct?
a) The woman thought the man's car was new.
b) The woman has always liked the color red.
c) The man bought a red car from the car dealership.
d) The man painted his car the color black.

Conversation 41
M: Last Sunday, it was sunny with clear blue skies in the morning, but it suddenly started raining really hard when we were about to start our baseball game.
W: That's too bad. Was the game cancelled?
M: We waited until it stopped raining, then the game started right away.
W: You must have played on a muddy baseball field, then.

41. Which one of the statements is correct?
a) The baseball game was cancelled because of the rain.
b) The man played baseball after the rain stopped.
c) The woman enjoyed the game on a muddy field.
d) The weather forecast said that it would rain on Sunday.

Conversation 42
W: Do you know about audio books? You can listen to books read aloud.
M: Oh, yeah, I subscribe to an audio book service. I don't have much time to read, but with audio books, I can just listen to them while cooking or exercising.
W: What other advantages do they have?
M: They also provide readings in other languages, so I can use them to study English.

42. Which one of the statements is correct about the man?
  a) He listens to audio books while doing something else.
  b) He prefers reading books to listening to audio books.
  c) He thinks it is difficult to study a language with audio books.
  d) He is advised by the woman to subscribe to an audio book service.

Conversation 43
M: Hi Meg. Did you hear about the new study-abroad program in Spain?
W: No. Is it a one-year program?
M: It's a summer program in Barcelona. You can take Spanish lessons in the morning and visit various local places in the afternoon. It's only for two weeks, so the cost is not as expensive as other programs.
W: Oh, I wish I had known about it earlier! Then I would have worked longer hours during the spring break to save money for the program.

43. Which one of the statements is correct?
  a) The man studied in Spain for two weeks.
  b) The man wants to go to Spain with the woman.
  c) The woman did not know about the summer program.
  d) The woman worked hard to join a summer program.

Conversation 44
W: Do you know why Jane was absent from the history class this morning?
M: No. It's her favorite class. Is she sick?
W: I asked Naomi and Kim if they knew anything, but neither of them had heard from her.
M: That's strange. Why don't we stop by her apartment this afternoon? Her place is close to the campus.
W: Yeah. Let's do that.

44. Which one of the statements is correct?
  a) Jane was absent from class because she was sick.
  b) Jane called one of her friends this morning.
  c) The woman talked with Naomi and Kim today.
  d) The man cannot meet the woman this afternoon.

Conversation 45
M: I like your sneakers. They look new.
W: Yeah. I got them yesterday for only 30 dollars.
M: That's a good deal. Where did you get them?
W: At the new shoe store that just opened last week. They're having a sale now.
M: Really? Then I should go, too.

45. Which one of the statements is correct?
  a) The woman's sneakers are new.

b) A shoe store opened yesterday.
c) The man thinks the woman's shoes are expensive.
d) The man already knew that the new shoe store was having a sale.

Conversation 46
M: Wow, you are sweating a lot. What happened?
W: Oh, I just ran back home to grab my English homework. You know that Ms. Anderson doesn't accept late essays.
M: Wait, didn't you read the e-mail last night? She is sick, so we don't have a lesson today.
W: Ugh. So I ran in this hot weather for nothing?

46. Which one of the statements is correct?
a) The woman handed in her homework late.
b) The man had to run back to his home.
c) The woman and the man's class was canceled.
d) The man emailed his teacher last night.

Conversation 47
W: 3 burgers and 2 drinks. Your total will be $12.50. How would you like to pay?
M: With cash please...oh no! Where's my wallet? I think I lost it!
W: Uh oh. Would you like me to cancel your order for you?
M: Uh, can you give me a few minutes to look for my wallet first?
W: Sure, I can hold it until you're ready. Don't worry.

47. Which one of the statements is correct?
a) The man decided to change his order.
b) The man decided to pay with a credit card.
c) The woman will help the man look for his wallet.
d) The woman will wait while the man looks for his wallet.

Conversation 48
W: How many times have you been to Tokyo Disneyland?
M: I guess I've been there 5 or 6 times. How about you?
W: If I include my first time, which was when I was still a baby and don't remember at all, I've been there 25 times.
M: Really? That's a lot. Why do you go there so much?
W: I really enjoy the atmosphere of the place. It always makes me feel happy.

48. Which one of the statements is correct?
a) The man feels happy whenever he goes to Tokyo Disneyland.
b) The man first went to Tokyo Disneyland when he was a baby.
c) The woman has hardly ever been to Tokyo Disneyland.
d) The woman always enjoys the experience of going to Tokyo Disneyland.

Conversation 49
W: Do you know where the Italian recipe book is?
M: The Italian recipe book?
W: Yeah, the one that I borrowed from Paul. It's a small book with a red cover.
M: Oh, I remember seeing it in the living room. It was on the table by the sofa.

49. Which one of the statements is correct?
  a) Paul lent a recipe book to the woman.
  b) Paul will visit the man and the woman for dinner.
  c) The man is looking for a book in the living room.
  d) The man will help the woman cook Italian food.

Conversation 50
M: When is the best season to visit Canada?
W: It depends on what you want to do there. If you like skiing, you should go in the winter.
M: I don't like cold weather.
W: Then what about October? You'll see the beautiful colors of the maple leaves.
M: That sounds good.

50. Which one of the statements is correct?
  a) The man is interested in going skiing in Canada.
  b) The woman is advising the man about his trip.
  c) The man knows that October is a good season to visit Canada.
  d) The woman will see the colored maple leaves with the man.

LONG CONVERSATIONS

Long Conversation 1

W: Are you still hungry? Do you want any dessert?
M: Did you bring any pudding?
W: Yes. Do you want pudding or yogurt?
M: Pudding, please. I hope you brought spoons.
W: I brought plastic ones. Look in the bag.
M: Here they are. Thanks.
W: I love eating yogurt after hiking.
M: Well, you picked a great spot for lunch. The view of the ocean from this mountain top is amazing.

51. Where are the speakers?
  a) In a restaurant
  b) At the beach
  c) On a mountain
  d) In a boat

52. What did the woman do?
  a) She took photos of the mountains.
  b) She chose a good place to eat.
  c) She went swimming in the ocean.
  d) She forgot to bring paper cups.

Long Conversation 2

M: You got so much better at tennis! I'm impressed.
W: Thank you! Do you really think so?

M: I sure do. But no matter how much I practice, I can't seem to hit the ball fast enough!
W: I know what you mean. Actually, it was my aunt who showed me how to improve the way that I play.
M: How did she do that?
W: She gave me some really helpful tips. She taught me how to get into a good position when I hit the ball. Also, she showed me how to hold the racket tightly.
M: That sounds easy, but I am sure that it takes a lot of practice. I have only been playing tennis for a year.
W: Really? This is my fifth year playing tennis.

53. Which one of the statements is correct about the woman?
   a) She is not experienced at playing tennis.
   b) She taught her aunt how to play tennis.
   c) She started playing tennis a year ago.
   d) She has improved her tennis skills.

54. Which one of the statements is correct about the man?
   a) He doesn't know how to play tennis.
   b) He taught the woman how to hit the tennis ball.
   c) He has been playing tennis for about a year.
   d) He wants his aunt to practice tennis more often.

<u>Long Conversation 3</u>

M: Oh, no.
W: What's wrong?
M: I forgot to bring my homework assignment.
W: For which class?
M: History. I was up all night writing the paper.
W: Did you print it out?
M: Yes, and I thought I put it in my backpack.
W: You should check again. It's easy to make mistakes when you're tired.
M: You're right! It's here! How did you know?
W: The same thing has happened to me.

55. What are the speakers talking about?
   a) A weekend backpacking trip
   b) A late homework assignment
   c) How to stop making mistakes
   d) A missing history class paper

56. Which one of the statements is correct?
   a) The man did not sleep because he had schoolwork to do.
   b) The woman checked the items in the man's backpack for him.
   c) The woman will turn in the man's late homework for him.
   d) The man and the woman figured out how to use the printer.

<u>Long Conversation 4</u>

M: Guess what!
W: What is it?
M: According to a survey on cities around world, Tokyo has been rated the most popular city for

restaurants. The restaurants in Tokyo are ranked higher than the ones in London, New York, and Paris.
W: Really? I'm not so surprised about that. Japanese food is known to be healthy, and nutritionally balanced. So, it's not such a surprise.
M: Yes. And one reason why Tokyo is the most popular is because of its variety of food. Another reason why is because of the service.
W: I agree. The staff at my favorite restaurants in Tokyo are always so polite.
M: That's true. What kind of restaurants do you usually go to?
W: Traditional Japanese restaurants, of course.

57. What did the woman say about restaurants?
 a) She used to eat at restaurants in New York often.
 b) She likes going to restaurants in Tokyo.
 c) London restaurants have good service.
 d) Paris has restaurants with nutritious food.

58. Which one of the statements is correct?
 a) The woman is inviting the man to her favorite restaurant.
 b) The woman is impressed with the service at restaurants in Tokyo.
 c) The man traveled around the world to try various local food.
 d) The man likes traditional Japanese food the best.

PART 2: MONOLOGUES

Monologue 1

A few decades ago, it would have been hard to imagine that cars could fly in the air. It was common to see flying cars in science fiction films. Nowadays, however, in Japan, Europe, and the United States, companies are working hard to develop flying cars. Currently, the Japanese government has a goal to introduce these types of cars to the general public at the 2025 Osaka World Expo. This could really start to change people's ideas about transportation for the future.
Many flying cars will use electric power, and will be able to be operated automatically. Since they are designed to take off and land vertically, they will not need to use an airport. The well-known Japanese car company, Toyota, began giving financial and technical support to new companies that are developing flying car technology. Although there are many technical problems that need to be resolved, this way of traveling could become a huge business opportunity.

59. What is this monologue mainly about?
 a) Cars that fly in the air
 b) Science fiction movies
 c) Toyota, the car company
 d) What people think about flying

60. According to the monologue, which one of the statements is correct?
 a) Flying cars were first designed 20 years ago.
 b) Many cars that fly will be operated using electricity.
 c) Toyota is being financially supported by new car companies.
 d) Toyota is designing flying cars for science fiction films.

Monologue 2

Kiwis are known as a fruit, but did you know that they are also a kind of bird? Kiwis are unique and curious birds living in New Zealand. They have loose, fur-like feathers, strong legs and no tail. They are the national symbol of New Zealand. As they have very small wings, they can't fly, so they can be easily attacked by other animals. Kiwis are becoming extinct. Nowadays there are only about 68,000 kiwis left. It is said that 1,400 of them die every year.

Kiwis are active at night. They look for insects, worms, fallen fruit, and plants to eat. Their small eyes do not see as well at night. Instead, they feel, smell, and hear their way around. Female kiwis grow to be larger than males. In proportion to their body size, the female kiwis lay bigger eggs than almost any other bird.

61. According to the monologue, how many kiwis die every year?
 a) 68,000
 b) 6,800
 c) 4,000
 d) 1,400

62. According to the monologue, which one of the statements is NOT correct about kiwis?
 a) Their feathers look like fur and they have no tail.
 b) As they have small wings, they can't fly.
 c) They hunt for food at night because they can see well.
 d) Female kiwis grow to be larger than males and lay big eggs.

Monologue 3

In the southern part of Ireland, there is a place called "Lafcadio Hearn Gardens." These gardens are a living biography of Lafcadio Hearn, who changed his name to Koizumi Yakumo and introduced Japanese folklore and culture to the world.

The Greek Garden reminds visitors that Lafcadio was born in Greece. His mother was Greek and his father was Irish. The Irish Garden tells the story of his childhood. At the age of two, he was taken to his father's home country, Ireland, where he grew up. The American Garden tells the story of his life in the United States where he lived for twenty years. At the age of 19, he moved to Cincinnati, a city in the American Midwest, where he started working as a journalist. The Japanese Garden is the highlight of these gardens. At the age of 40, he visited Japan, where he was fascinated by the stories and legends of Japan, and decided to stay. He married a Japanese woman and became a Japanese citizen.

63. What is Lafcadio Hearn's connection to Ireland?
 a) He was born there.
 b) He grew up there.
 c) He worked there.
 d) He wrote about Japan there.

64. According to the monologue, which one of the statements is correct about Lafcadio Hearn?
 a) He suggested the creation of a place that was named after him.
 b) He spent most of his childhood in Greece.
 c) He became a journalist in the United States.
 d) He had a Japanese wife and lived in Japan for 40 years.

6

次の各問いの空欄に入るものとして最も適切なものを、それぞれの①～④の中から一つ選べ。解答番号は 29 、 30 。

問1　予期せぬ危機に備える（　　　）の拡充が必要だ　（解答番号は 29 ）

①　コスモロジー　②　セーフティーネット　③　ダブルバインド　④　アイロニー

問2　少子高齢化は経済発展にとって（　　　）の一つである　（解答番号は 30 ）

①　コミットメント　②　バリアフリー　③　ボトルネック　④　ストロングポイント

① 家賃をタイ納する　② タイ慢を指摘される

③ 薬にタイ性のある病原菌に注意する　④ 危機に直面してもタイ然としている

問5 夏休みは観光業にとってハン忙期である。（解答番号は 25 ）

① 水草がハン茂している　② 他の学生の模ハンとなる

③ 資材をハン入する　④ 建物がハン壊する

5

次の各問いの傍線部の読みとして正しいものを、それぞれの①～④の中から一つ選べ。解答番号は 26 、 27 、 28 。

問1 辣腕を振るう（解答番号は 26 ）

① びんわん　② しんわん　③ ごうわん　④ らつわん

問2 貸し借りを相殺する（解答番号は 27 ）

① そうせつ　② そうさい　③ あいさつ　④ さっさい

問3 試供品を頒布する（解答番号は 28 ）

① はんぷ　② てんぷ　③ りょうふ　④ ふんぷ

④ フランツ・ファノンは、自由獲得のための暴力の正当性を主張した代表的な論者であり、暴力は被抑圧者のみならず抑圧者をも解放するという古典的な議論を、当時の社会の課題に重ね合わせながら展開した。

4

次の各問いの傍線部のカタカナに相当する漢字と同じ漢字を使うものを、それぞれの①〜④の中から一つ選べ。解答番号は [21]、[22]、[23]、[24]、[25]。

問1 ヒ写体との距離を考える　（解答番号は [21]）

① ヒ服費を減らす　② ヒ業の死を遂げる

③ 新商品をヒ露する　④ 条約をヒ准する

問2 メン税店で買い物をする　（解答番号は [22]）

① 互いにメン識がある　② 大臣の罷メンを求める

③ 連メンと続く伝統　④ 乾メンを湯でゆでる

問3 事件の時コウが迫る　（解答番号は [23]）

① 料理に趣コウを凝らす　② 文化の振興にコウ献する

③ 汚職に絡んだ閣僚をコウ迭する　④ この病気には、特コウ薬がある

問4 国家の安タイを願い神に祈りを捧げる　（解答番号は [24]）

問6　傍線部(4)「このような善悪二元論が暴力を容認する」とあるが、その説明として最も適切なものを、次の①〜④の中から一つ選べ。解答番号は19。

① 人が自らを自由という普遍的原理の体現者だと思い込むと、その原理を守る自らの行為は善であり、自由を守ろうとしないことは悪だと考えて、躊躇なく暴力を行使するようになるということ。

② 自由を守ろうとする自らの行為は善であり、自由を奪うものは悪であるというように、物事を善と悪に二分して世界をとらえる思考に陥ると、自らの暴力を正当化し、その行為に罪悪感をもたなくなるということ。

③ 自らの宗教が善であり、異教は悪であるという善悪の二分法に基づいて宗教的迫害を正当化する思考方法が、政治的領域において立場が異なる他者への暴力を正当化する素地をつくったということ。

④ 万人が平等であるという立場に立てば、他者の自由や権利を奪う行為は許しがたい悪であることになり、自らの生命や自由を守り維持するための暴力は善であり必要だと見なされるということ。

問7　本文の内容と合致するものとして最も適切なものを、次の①〜④の中から一つ選べ。解答番号は20。

① 小説『神々は渇く』には、祖国フランスをジャコバンの恐怖政治から救うという目的のために、他者から呪われるほどに残虐なテロ行為を選択した主人公が描かれている。

② 『統治二論』には、他者の自由を奪おうとする者は殺してもよいとあるが、『社会契約論』には、そうした悪人も殺すべきではなく、代わりに投獄や苦役などの罰を与えることで市民の自由が守られると書かれている。

③ ロックは、他者の自由を侵害する者への暴力の行使を認める一方で、宗教の領域においては異なる意見をもつ者への寛容を主張したが、以後の歴史においてその主張は繰り返し裏切られてきた。

問4　傍線部(3)「近代自然法思想生誕の地から遠ざかるにつれ、それは変革にむけたラディカルな行動の道徳的・思想的基盤となった」とあるが、その説明として最も適切なものを次の①～④の中から一つ選べ。解答番号は 17 。

①　もともとは「市民的自由」を制度的に保障するための思想的基盤に過ぎなかった自然法思想は、米国やフランスに受けつがれていく中で、人間の天賦の権利にさかのぼって抵抗権を根源的に理論づけるラディカルな道徳規範へと発展していったということ。

②　自然法思想は、清教徒革命後のイギリスでは消滅していったが、国外では抵抗権を根源的に理論づけるものとして受けつがれ、封建制や植民地主義に対する抵抗運動を支える思想的基盤となったということ。

③　イギリス市民革命を支えた自然法思想は、米国の独立運動を経て、封建的な体制に抵抗する急進的な運動の思想的基盤として確立していったが、その一方で、植民地支配に都合の良い旗印としてフランスの植民地主義者に利用されることにもなったということ。

④　自然法思想は、イギリスでは急進的な変革の思想としての側面は弱まっていったが、米国では人民の抵抗権や革命権を支える理論として機能し、フランス革命やさらには植民地権力に対する戦いの思想的基盤となったということ。

問5　空欄 D に入る表現として最も適切なものを、次の①～④の中から一つ選べ。解答番号は 18 。

①　つまり自由の獲得という至上目的があればこそ暴力は許容される

②　換言すれば、暴力それ自体が目的であるような暴力の行使は正当とはみなされない

③　しかし目的のためならいかなる暴力でも許されるというわけではない

④　とはいえ、不当な目的による行為はいかなるものも認められることはない

問2　傍線部(2)「国家の暴力装置が批判される」とあるが、そうした批判が起こるのは、通常はどのような場合か。その説明として最も適切なものを、次の①〜④の中から一つ選べ。解答番号は 15 。

① 一部の集団の利益や信条などのために、国家が暴力で対抗勢力を打倒しようとしたことに対して、暴力が法や制度の範囲を超えて不当に用いられたと人々が受け止めた場合。

② 国家権力が、特定の人や集団に対して監禁や拷問、殺害などの過剰な暴力をふるい、その暴力の行使の仕方が人間の天賦の権利を損なうものであるとして人々に問題視された場合。

③ 軍隊や警察などの物理的強制力の行使が妥当であるかどうかという問題以前に、物理的強制力を独占的に有する国家による国民の支配そのものの正当性が疑わしい場合。

④ 国家権力が、人々の安寧を守るためといいながら、人々に暴力を行使することの矛盾が覆いがたくなり、国家が暴力装置を所有することの正当性が問われるようになった場合。

問3　空欄 A 〜 C に入る語句の組合せとして最も適切なものを、次の①〜④の中から一つ選べ。解答番号は 16 。

① A　すると　B　つまり　C　だとしても
② A　しかし　B　とはいえ　C　したがって
③ A　他方で　B　ところが　C　ともすれば
④ A　むろん　B　しかも　C　もしも

ことにあるのです」と述べている。だからこそ彼は政治的領域と宗教的領域を区別し、信仰の自由を、すなわち寛容を主張した。しかしその後も寛容は繰り返し敗北した。自由、解放、正義、そして神の名のもとに、慈愛にみちた宗教や信念でさえも理性を踏みにじり、のたうちまわる。狂信から覚めた時に人々は自らおかした行為とその結果に愕然《がくぜん》とする。歴史はそれを繰り返してきたのである。

（小倉充夫『自由のための暴力』より）

（注1）焦眉＝問題などが差し迫っていること。

（注2）実定法＝人為的に作られ、特定の社会において効力をもつ法や慣習のこと。

問1　傍線部(1)「古典的な議論を二項対立的に位置づけてすますのは安易であろう」とあるが、その理由として最も適切なものを、次の①～④の中から一つ選べ。解答番号は 14 。

①　長年の議論の歴史の中で表明された典型的な二つの対立的立場をただ理解するだけでなく、それらが孕《はら》む曖昧性や矛盾点を克服するためにさらに議論を重ねる必要があるから。

②　国家による暴力の正当性を主張する立場と国家権力に抵抗するための暴力を是認する立場の他に、自然の法の重視といった第三の立場に立つ論者も多く見られるから。

③　多くの論者において、国家権力による暴力を是認する側面と、国家主権への対抗を是認する側面の両方が、なんらかの形で併存しているから。

④　国家権力への服従と自然法に基づく抵抗は対立するものとみなされることが多いが、人々の安寧を目指すという目的においては共通しているから。

ク・ルソーは『社会契約論』で、ジェノアでは監獄とガリー船の囚人の鉄鎖に「自由」という言葉がしるされていると指摘し、市民が自由であることを妨げるものは悪人であるから、「悪人どもがすべてガリー船苦役に処せられるような国では、もっとも完全な自由を（市民が—引用者）うけることができるであろう」と述べている。

トーマス・ジェファーソンはフランス革命について記した手紙のなかで、数多くの犠牲者がでたことに心痛むが、たとえ世界の半分が破壊されたとしても、生き残った人々が自由であればその方がよいとまでいう。彼は暴力を不幸なことではあるが自由を確立し、維持していくために必要だと考えた。アナトール・フランスは、これに関連した問題を小説『神々は渇く』で描いている。フランス革命におけるジャコバンの恐怖政治（一七九三年四月—九四年七月）では三〇万人が逮捕され、一万七〇〇〇人が処刑されたといわれる。善良だとおもわれた個人が、共和国とその理念の名の下に、国家テロの担い手になった。小説の主人公、すなわち画家であり国民議会議員であるガムランは、「祖国を救う恐怖政治」「聖なる恐怖政治」と叫び、「ぼくが無慈悲なのは、明日、すべてのフランス人が喜びの涙にくれながら抱き合うためなのだ」という。人々が自分を呪うほどに残虐な手段を選択したのは彼らのためだとする。

ジェファーソンも、そして小説の主人公ガムランも、自由という普遍的原理によって恐るべき暴力を正当化した。人は自分自身を、普遍的原理や正義を体現する存在であると思い込むことによって、自らの行為を正当化し、暴力の使用に歯止めを失うことがある。人が本来もつはずの罪悪感が麻痺《まひ》するからである。自由を守るものは善であり、闘う相手は悪である。(4)このような善悪二元論が暴力を容認する。宗教的迫害や宗教戦争で、異端は神の敵、悪魔の手先であるとして抹殺され、その行為は正義であるとされた。自らを過信し、正義はわれにありとする人々は、残酷な行為におよぶのを躊躇《ちゅうちょ》しなくなる。

ロックは、「キリスト教世界において、これまで、宗教上の理由によって生じた騒乱や戦争の原因は、（避けることのできない）意見の相違にあるのではなく、異なった意見をもつ人々に対して（本来認められてよかったはずの）寛容を拒否してきた自由の獲得である。そしてやがて米国も、フランス同様に、革命の理念を裏切り、自由を抑圧する側になったと糾弾されることになる。

　植民地支配からの解放すなわち自由を獲得するための暴力は、自由を抑圧する植民地権力にたいする暴力であり、正当な暴力であると主張された。自由は与えられるより、勝ち取るべきものである。与えられた自由よりも、自分自身で追求し獲得した自由の方が人々の間に強く根づくものである。日本の民主主義とその脆弱《ぜいじゃく》さについての危惧は、天皇制ファシズムからの解放が敗戦と占領によって、すなわち自由が外部からの圧力によってえられたということに起因する。他方で、自由を民衆みずから勝ち取った社会は、その獲得がいかなる手段によったのかということによる影響を免れない。

　暴力の行使自体は目的ではなく手段であるから、まずは暴力が正しい目的のために使われたか否かが問題とされる。［　D　］。これは自然な道徳律であろう。目的の正しさや絶対性が、無制限な手段選択を認めるものではない。さらに誰にとっての、何からの解放なのか、このような問いが発せられると、正しさとか正当性についてさえ疑念が生じることになる。勝ち取られた自由とその後の状態は、用いられた暴力の特徴や程度と無関係ではありえず、代償を伴うはずである。

　ロックは一六九〇年に出版した『統治二論』のなかで、すべての人は平等であるから、他人の生命や自由を損なってはいけない、実力でそれらを奪おうとする者や、権威なく何かを押しつけるものの暴力には、抵抗する権利があると述べ、続けて次のように記している。「さんざん殴られ、打ちのめされて、わずかでも歯のあるうちに帰して下さいと、ただ平伏して哀願する。人が殴り返すことは許されないというような想像上の抵抗の行き着く先は、いつもこんなものであろう。従って、抵抗を許される者は、殴ることも許されなければならない」。「創世記」の言葉、「およそ人の血を流す者は、人その血を流さん」を引用し、所有物や自由を暴力によって奪おうとする者に対しては、殺すことさえ正当な行為であるという。ジャン＝ジャッ権を受けついでいる。宣言や憲法などにおける文言は、歴史的な背景と結びつけて理解されるべきであり、その解釈や意義は時代に応じて異なるであろう。[B]権利が蹂躙《じゅうりん》されたとする者にとって、この宣言は抵抗の思想的基盤を変わることなく提供するものである。

近代自然法思想は、「伝統によってではなく、人間がほんらいもっている権利にさかのぼって理論を構成するから、もっとも根源的な批判を提起することができる」。[C]、生命、自由、財産の自然権を保持するために権力を委託された政府が、その委託に反した場合、人民は政府にたいして抵抗権を行使する。こうした抵抗権の理論が、「たんなる政権交代論に矮小《わいしょう》化されずに、「封建制に対する体制変革の理論としてうけつがれたのが、イギリスよりもむしろフランスや米国においてであ」った。イギリスは清教徒革命によって、暴力による市民革命の先陣を切ったが、その後は名誉革命のように漸進的改革がつづき、「市民的自由」が制度的に保障されるにつれ、自然法思想の急進的な面は後退していった。それにたいし、自然法の考えをもとに米国で展開した独立宣言の思想は、フランス革命に伝えられ、そしてさらに植民地解放に大きな影響を与えた。(3)近代自然法思想生誕の地から遠ざかるにつれ、それは変革にむけたラディカルな行動の道徳的・思想的基盤となったのである。

ヴェトナムの独立運動を主導したホー・チ・ミンが起草したとされるヴェトナム共和国独立宣言（一九四五年九月二日）は、「『すべての人間は平等に造られ、造物主によって一定の奪いがたい権利を付与され、そのなかに、生命、自由および幸福の追求が含まれる。』この不滅の言葉は、一七七六年アメリカ合衆国独立宣言からの引用である」という文章で始まる。さらに「フランス革命の人および市民の権利宣言は、一七九一年にやはりつぎのように宣言している。『人は自由かつ権利において平等なものとして出生し、かつ生存する』。これらのことはまさに否定できない真理である。しかしながら八〇年以上ものあいだフランスの植民地主義者たちは、自由、平等、博愛の旗を濫用し、われわれの国土を占領し、われわれの同胞を圧迫してきた。かれらのすることは人道と正義の理想とは正反対であった」と続いている。革命も植民地権力にたいする戦いも、目的はきの目的や行使の仕方をめぐってである。暴力装置の使用を、国家は国民の生命や財産の保護のためであると主張する。しかし暴力の行使を正当であるとは国民が受けとめなくなる場合がある。国家権力が、特定集団の利益やイデオロギーの維持・発展のために、権力に対抗する人々を打ちのめそうとした時に、すなわち具体的には、国家権力によるデモ参加者の殴打、強制連行、監禁と拷問、誘拐と殺害などが行われると、一般の市民でさえも国家の暴力装置の存在を意識する。

つまり国家に独占されている物理的強制力が、合法性や正当性を逸脱して行使され、人々がそれを制度的許容範囲を越えたものと受けとめると、国家権力による暴力が問題にされる。ただし植民地におけるように、暴力装置がなによりも征服者の利益を守るために機能するような場合は状況が異なる。物理的強制力の行使が妥当であるか否かという問題以前に、支配そのものの正当性が疑われているからである。そのため、軍隊や警察などの暴力装置自体が、民衆による批判と攻撃の対象になっても不思議はない。

統治者は、国家権力に対抗する暴力が合法性を欠いているとの理由で、暴力を批判する。実定法(注2)からすれば、手段が適法であるか否かということが正しさの基準になる。[A]対抗暴力の担い手は、自然法的な考え方によって、すなわち生命や自由の保持という目的の正しさで、暴力行使の正当性を主張する。北米の一三植民地は本国イギリスにたいして立ち上がり、一七七六年七月には独立宣言を公布した。独立宣言では、生命、自由および幸福の追求など、天賦の人権を毀損するいかなる政体も、人民はそれを改廃し、新たな政府を組織する権利を有するとしている。これは人民が抵抗権、革命権をもつことを意味する。

米国では、銃による悲惨な殺傷事件が発生するたびに、銃規制の是非とその具体的方法が問題となる。一七九一年の米国憲法修正第二条（「規律ある民兵は、自由な国家の安全にとって必要であるから、人民の武器を保蔵しまた武装する権利は、これを侵してはならない」）をめぐって議論がおこなわれる。この修正第二条「人民の武装権」も、独立宣言で主張された革命が、自然権とは、「かれ自身の判断力と理性において、かれがそれに対する最適の手段と考えるであろうような、どんなことでもおこなう自由である」と述べている。国家主権の絶対性だけを主張しているわけではない。つまり主権者への服従を強調しながら、反面で自然の法が対置されているのである。こうした二面性は、すくなくとも一面性にとどまりきらないことは、多くの論者にいえることである。暴力を論じる立場に基本的な相違はありつつも、どの立場にも多面的な、あるいは曖昧で矛盾する点を見いだすことは不可能ではない。

　このことは決して不可解なことではない。国家にたいする対抗暴力の担い手が権力を掌握すると、彼らも国家権力の担い手になる。そして暴力によって権力を掌握した場合、新たな統治者が打倒された者に劣らぬ暴力をふるうことがある。それを革命の歴史がわれわれに教えてくれる。このことからも、国家権力による暴力とそれへの対抗暴力を異なるものとしてとらえるのではなく、両者の関連性を視野に入れるべきなのである。本書では、いずれの側によるものであれ、暴力という語を用い、両者による暴力の正当化を検討するが、この関連性を常に念頭において考察する。

　国家権力と抵抗権をめぐる古典的な議論のほかにも、様々な視点から暴力論は展開してきた。植民地の解放が焦眉(注1)であった時代には、暴力は被抑圧者を解放するばかりでなく、抑圧者すなわち植民者をも解放するという実存的な議論が行われた。フランツ・ファノンはその代表的存在であった。古典的な議論もこの実存的議論も、重要な普遍的論点を含みつつ、それぞれの時代の課題を色濃く反映してきたといえよう。二〇世紀の後半になると、非物理的な暴力が重視されるようになった。しかし「はじめに」において指摘したように、さまざまな意味での暴力の関連性を念頭におかねばならないが、本書で取り上げるのは、物理的暴力、それも主に解放をめぐる暴力についてである。

　軍隊や警察は国家の暴力装置であり、それによる物理的強制力は国家がその意思を貫徹することを可能にさせる。(2)国家の暴力装置が批判されるのは、通常は、軍隊や警察という組織の存在そのものに対してというよりは、国家が強制力を行使すると

ない。

③　フェアトレードの実践者や唱道者は、抱えている道徳的課題からしてリバタリアニズムの立場を取らざるを得ない。

④　途上国の人権を尊重し労働環境を改善すべきであるという理念は、国際社会全体の取り組みを通して実現された。

3

次の文章を読んで、後の問い（解答番号14～20）に答えよ。

政治的な暴力には様々な担い手があり、その特徴も異なる。そのことは国家権力による暴力とそれへの対抗暴力において典型的に示される。フランスの思想家ジョルジュ・ソレルは、二〇世紀初頭の社会運動を念頭に、ブルジョワ国家に対して労働者が振るうものをヴィオランス（violence）、国家によるものをフォルス（force）としている。国家にたいするものと、国家によるものとに別々の言葉を用いることの是非はさておき、両者の区別が重要だということである。誰がどのような場合に暴力を行使することが許されるのか、このことについて議論が繰り返されてきた。

関連する議論の長い歴史において、一方では、ジョン・ロックやカール・マルクスなど、そして彼らに続く多くの改革者・革命家は、自由などの基本的人権を守るために、あるいは搾取からの解放のために、暴力を用いることを是認してきた。人民を抑圧する体制や国家にたいして抵抗するための暴力は正当化された。他方で、トーマス・ホッブズやマックス・ウェーバー、そして近代国民国家の指導者の多くは、人々の安寧をもたらす統治の安定性と維持のために、国家権力の役割を重視し、国家による物理的暴力の独占とその行使の正当性を主張してきた。

(1)しかし古典的な議論を二項対立的に位置づけてすますのは安易であろう。ホッブズは抵抗権という言葉こそ用いてはいない

③　個人間の交換に関しての正義がそのまま社会全体の分配的正義と同一の内容であるべき

④　国内の消費者・生産者という〈各行為主体間〉の関係性が最重要視されるべき

問5　傍線部(4)「フェアトレードもまた、『公正な貿易』について部分的な構想でしかない」とあるが、その理由として最も適切なものを、次の①〜④の中から一つ選べ。解答番号は12。

①　先進国の消費者と途上国の生産者という〈各行為主体間〉の貿易行為において、途上国の生産者のみを救済しようとしていることに加えて、「遠く離れた生産者のため」といった利他的な関心が実は生産者の境遇を悪化させてしまっているから。

②　正義を充足しようとする次元が消費者−生産者という相互行為的な関係性に限られているということに加えて、その正義がリバタリアニズムの正義と同一になってしまっているために「薄い」〈実質的内容〉しか備えていないから。

③　遠く離れた消費者と企業との商取引に介入して正義の実現を目指すという点で適用範囲はグローバル規模に及ぶものの、正義論という観点からみれば、その正義の内容は目新しいものではなくありふれたものになっているから。

④　消費者と生産者という局所的な関係性において「公正さ」を実現しようとするという点でその適用範囲が限定されているが、それだけではなく、〈実質的内容〉としても最低限の「公正さ」の実現を求めるものでしかないから。

問6　本文の内容と合致するものとして最も適切なものを、次の①〜④の中から一つ選べ。解答番号は13。

①　フェアトレードの認知度を高めようとする取り組みが行われているが、日本ではその認知度がなかなか高まらない。

②　フェアトレードは保護貿易を擁護する立場とは異なり、自由貿易を否定したり縮小したりすることを目指すものでは

④ 国家が貿易に制限を加えることによって国内産業を保護しようとするのでもなく、貿易を通じて富の増幅のみを追求するのでもなく、貿易によって途上国の生産者や労働者の生活改善を目指そうとする考え。

問3 傍線部(3)「フェアトレードと、途上国の〈正当とみなされている〉保護貿易ならびに国内的な再分配政策とを分かつ点」とあるが、その説明として最も適切なものを、次の①～④の中から一つ選べ。解答番号は[10]。

① フェアトレードは、途上国の絶対的貧困状態にある人々の生活状況を改善することを主たる目的としているのに対して、保護貿易や再分配政策は貿易を通じた関係性そのものの「公正さ」を問うものである。

② 保護貿易や再分配政策は、労働者を労働条件の悪化や低賃金化から救済することを主な目的としているが、フェアトレードは、それに加えて貿易を通じた〈各行為主体間〉の関係性における正義の実現をも目指している。

③ フェアトレードは、取引相手である途上国の困窮者の生活改善を目的としている点で保護貿易や再分配政策と共通しているが、それを自由貿易という手段のみで実現しようとしている点で保護貿易や再分配政策と異なっている。

④ 保護貿易や再分配政策は、途上国内の不平等を是正することに主たる関心を寄せるが、フェアトレードはグローバルな国家間のレベルにおける不平等に関心を集中させており、先進国の消費者と途上国の生産者の双方を視野に入れている。

問4 空欄［A］に入る表現として最も適切なものを、次の①～④の中から一つ選べ。解答番号は[11]。

① 〈グローバルな制度〉の「公正さ」は、貿易の利益を国内で分け合うことで担保されるべき

② 個別の相互行為における「公正さ」が個人間の関係性においても尊重されるべき

問1　傍線部(1)「現今の自由貿易体制について批判的な議論」とあるが、その説明として最も適切なものを、次の①～④の中から一つ選べ。解答番号は 8 。

① 途上国との貿易において公正な取引を行うことで、途上国の人々の生活を助けようとするフェアトレードは、自由貿易体制の拡大がもたらす「不公正」の是正に関して限定的な効果しかもたないとする議論。

② 自由貿易のグローバルな拡大は、世界の全ての人々に富の恩恵が及ぶことを目指したが、途上国における貧困問題の解決や労働環境の改善に失敗し、それらの「不公正」がグローバル規模に拡大することを許したという議論。

③ 途上国の人権状況や先進国との経済状況の不均衡を棚上げにしたまま、先進国が途上国に対して自由貿易や市場開放を求めたことで、先進国だけが恩恵を受け、途上国の貧困や労働条件の問題は解決されないという議論。

④ 生産の拠点を途上国に置く多国籍企業や工場経営者は、現地の労働者を低賃金で雇うことで利益を得る一方で、途上国の人々は一方的に搾取され、市場開放の動きからも取り残されているという議論。

問2　傍線部(2)「いずれの立場でもない貿易構想」とあるが、その説明として最も適切なものを、次の①～④の中から一つ選べ。解答番号は 9 。

① 消費者自身の生活を豊かにするためだけに貿易に関心を寄せるのではなく、貿易拡大が自国内の労働者の低賃金化や労働条件の悪化につながらないよう、貿易に何らかの制限をかけようとする構想。

② 自由貿易と保護貿易のどちらの場合であろうと、貿易が国内外の環境、労働基準、基本的人権などに及ぼす影響に配慮し、その影響を改善するための国際基準に沿うべきであるという貿易の理念。

③ フェアトレード認証ラベルという制度を設けることで、商品の最低価格を保証し、場合によっては商品に特別な付加価値をつけることにより、「不公正」を是正してフェアな貿易を推し進めようとする方針。

ものである。こうした内容の実現を、遠く離れた消費者や企業の側に商取引を通じて求めているという点にこそ、フェアトレードの新奇性や魅力が詰まっている。

　ところが、そうした特徴を捨て去り、ひとたび〈国家間〉や〈グローバルな制度〉の「公正さ」としてフェアトレードの基準が適用されると、その内容は途端に理想としては目新しいものではなくなってしまう。途上国の正義実現を支援する義務や人権尊重の義務は、〈国家間〉や〈グローバルな制度〉の正義として、すでに十分に強調されている。もちろん、現状の世界は理想的とはまったく呼べず、こうした正義の実現がままならない環境下にある国家や課せられた義務を遵守しようとしない国家が存在する非理想的な世界である。それゆえ、今ここにおける改革の動因としてフェアトレードが有意義な実践でありうることを否定する必要はない。ただしそのような意義の話で終わってしまうのであれば、フェアトレードはあくまで有用な〈手段〉をめぐる経験的な疑義や擁護の対象でしかない。

　以上の検討は、繰り返し強調すべきだが、フェアトレードという観念や実践そのものを否定するものではない。そうではなくて、(4)フェアトレードもまた、「公正な貿易」について部分的な構想でしかないということを示したものである。そしてその部分性は、単に消費者・生産者という〈各行為主体間〉の限定のみならず、「公正さ」をめぐる〈実質的内容〉に関しての限定でもある。

（上原賢司「グローバル正義論と『公正な』貿易」より）

（注1）　グローバル正義論＝地域や国家の枠組みを超えた、世界規模での正義について考察する論。
（注2）　ＷＴＯ＝世界貿易機関。世界の自由貿易促進を主な目的として、一九九五年に創設された国際機関。
（注3）　リバタリアニズム＝自由至上主義。個人の権利を重視し、個人への国家の干渉を最小限にとどめようとする立場。

もなっている。フェアトレードの実践者から見ても、取引相手である途上国の困窮者が当該国家の制度や政策によって救済されることは、もちろん望ましいことであり目指すべきものの一つではある。しかしながら、貿易を通じた関係性そのものの「公正さ」が問われている以上、特定産業における保護の施行や補償としての再分配は、それだけではフェアトレードの実践者を満足させるものとはならない。

こうした貿易関与者としての次元――特定の〈各行為主体間〉の関係性――の強調は、しかしながら、フェアトレードにおける「公正さ」の適用範囲が極めて限定的であることを示すものともなっている。ある主体間で一回一回の取引が公正になされたとしても、そのことは、その取引の集積の結果や、そして何よりも取引に携わっていない第三者との関係で「公正さ」が保たれ続けることを意味するものではない。とはいえ、この範囲の限定性はそれだけではさほどの難点には見えないかもしれない。

ところが次の場合、その「公正さ」の〈実質的内容〉をめぐってフェアトレードは一つの道徳的課題を抱えることとなる。その場合とは、フェアトレードの関心が消費者・生産者という相互行為的な関係性からグローバルな市場やＷＴＯ(注2)体制そのものという〈グローバルな制度〉に向けられていく段階を指す。はたして、前者においての「公正さ」の理解を後者においての「公正さ」の理解に自動的に当てはめることは適切なのだろうか。

この推論を受け入れるべき根拠は実のところ不確かである。この推論はちょうど、国内社会の文脈でいえば、［　A　］と主張することと同じものである。リバタリアニズム(注3)の立場であればこの推論に不自然さを見出《みいだ》さないかもしれないが、フェアトレードの実践者や唱道者がそうした立場を取っているとも考えにくく、また取る必要もない。

あらためて述べるならば、フェアトレードにおける「公正さ」は、貿易参与者の基本的正義充足に関する基準についてのものである。すなわち、〈形式的条件〉であるとともに最低限の十分主義的な基準であるという意味で「薄い」〈実質的内容〉のとみなされるべきではない。フェアトレードはあくまで、フェアな貿易に関するものであって、この現象そのものの否定や縮小を主張するものではない。先にも挙げたフェアトレード認証ラベルという制度が、商品への割増金（プレミアム）や最低価格保証を求めるためのものであることに明白に表れているように、公正な「貿易」そのものは肯定的に描かれる。もちろん、保護貿易論者がしばしば懸念するような、貿易拡大による国内労働者の低賃金化や労働条件の悪化にも関心が寄せられる。しかしながらそうした関心はあくまで、「私たちの生活のため」といった利己的な関心ではなく、「遠く離れた生産者のため」といった利他的な関心である。その意味でフェアトレードは、自由貿易と保護貿易の対立構図の中で、(2)いずれの立場でもない貿易構想を取っているともいえよう。

フェアトレードのこうした取り組みについては、(注1)グローバル正義論においても肯定、否定の評価が定まっているとはいいがたい。論点となるのは、この運動がグローバルな不正義の縮減にもたらす効果についてである。たとえば、フェアトレードが持つ部分的であっても現実にもたらされている効果を踏まえて、道徳的な義務の一つとしてこれを擁護するものもあれば、それとは反対に、その対人関係的（interpersonal）な特徴ゆえの効果の限定性に疑義を呈する議論もある。

ここでフェアトレードの実際の効果についての詳細な検討や評価を行うことはできないが、疑義の議論については応答が可能である。フェアトレードとは、先に述べたように、途上国の絶対的貧困層の生活状況改善を主たる目的とした貿易構想である。すなわち、別の価値実現にあたっての〈手段〉としての側面を有している。だからこそ、その有用性＝不正義縮減における効果への疑義が向けられてきたのである。しかしながらフェアトレードは、〈目的それ自体〉としての貿易という側面もまた不可欠に併せ持っている。それはつまり、先進国の消費者と途上国の生産者とをつなぐ貿易という一つの〈各行為主体間〉の相互行為において、生産者の境遇を不当に悪化させてはならないという義務論的な要素を持っていることを意味する。

この要素は、(3)フェアトレードと、途上国の（正当とみなされている）保護貿易ならびに国内的な再分配政策とを分かつ点に

2　次の文章を読んで、後の問い（解答番号 8 〜 13 ）に答えよ。

「公正な」貿易とは何だろうか。現代世界においてこの問いを考えるにあたって、それへの答えを提供しているだろうアイデア、運動の一つとして挙げることができるのが、いわゆるフェアトレードの取り組みである。日本においても、フェアトレード認証ラベルを貼られた製品の流通の増加やフェアトレードタウンといった地方自治体の取り組みを通して、近年認知度が高まっている取り組みでもある。

このフェアトレードの目的は、「開発途上国の原料や製品を適正な価格で継続的に購入することにより、立場の弱い開発途上国の生産者や労働者の生活改善と自立を目指す「貿易のしくみ」」であるとされる。フェアトレードの国際基準として掲げられている経済・社会・環境といった点を踏まえるならば、「国外の環境、労働基準、人権への貿易の影響への配慮と、その影響を改善すべく行動したいという望みとをつなぎ合わせた表現」という定義も参考になるだろう。

フェアトレードの取り組みはその形態とともに起源においても多様ではあるが、現今の主要な貿易慣行を「不公正」と見なす点では一致していると考えられる。すなわち、自由貿易のグローバルな拡大が、世界全体の富の増幅とともにグローバルな不平等とも歩調をあわせてきたこと、国内的に（基本的人権の尊重をはじめとした）基本的正義の実現や追求もままならない途上国がその市場開放の対象国となってきたことが、問題関心の背景にある。特に、豊かな先進国の消費者が一方で、コーヒーやカカオ、衣料品をはじめとした商品へ安価にアクセスできるのに対し、他方で、そうした商品を栽培、加工している生産者が今なお絶対的貧困の状況下にあること、多国籍企業や仲介業者、工場経営者によって低賃金で劣悪な労働環境といった搾取的な関係を強いられていることが、自由貿易拡大の「不公正」として糾弾される。

フェアトレードはこのように(1)現今の自由貿易体制について批判的な議論であるが、だからといって保護貿易を擁護するもの

① 知覚の正しさは確定できないため知覚を矯正することなどできないのと同様に、感情もまた、その正しさを確定できないため感情を正しく改めることはできないということ。

② 知覚の場合、各自の見え方でしか目前の物を捉えられず正しく知覚できないことがあるのと同様に、感情においてもまた、個人の趣味嗜好でしか価値を捉えられず正しくない感情を抱くことがあるということ。

③ 知覚においては、その人の面前にある客観的な形を根拠にすることで、自身の知覚の正誤が判定できるのと同様に、感情もまた、対象となる客観的な事実を根拠にして、正しいものかどうかを判断することができるということ。

④ 知覚は当人の置かれた物理的条件に制約されるのと同様に、感情もまた、客観的な身体的条件に強く制約されるので、それを逸脱して正しくない感情を抱くことはないということ。

問7 本文の内容と合致するものとして最も適切なものを、次の①～④の中から一つ選べ。解答番号は[7]。

① 人間であればおよそこの程度の運動能力をもつという判断の基準や、社会において人物の偉さを表す方法は、いずれも生物学的な根拠に基づいて決められている。

② ヘビの捕獲経験や技術がほとんどなく、捕獲にふさわしい装備をもっていない場合であっても、ヘビを危険な生き物だと考えることは客観的事実として誤りである。

③ 個人的な趣味嗜好と比べれば社会的条件は客観的だが、社会的条件よりも身体的条件の方がより客観的といえるように、価値の客観性には度合いがある。

④ 価値観とは、自身のもつ感情に基づいて下された良し悪しの分別のことであり、知覚とは自身の属する文化や社会の内部で客観的だとみなされて共有された価値のことである。

ら一つ選べ。解答番号は 4 。

① 席順ルールを守るべきか否かは個人によって考えが異なるとしても、席順ルールの価値観そのものはある共同体の間で社会的に定まっているという意味で、価値には客観性があるといえる。

② 日本では一般に上座下座のしきたりがあるものの、現実には席順のルールを不可解だと思う人々もいるため、このしきたりに客観性があるとはいえない。

③ 席順のルールを破る人々は、席順を重んじる人々とは価値観が異なるグループに属しているというだけなのだから、その人々に怒りを覚えるのは客観的な態度とはいえない。

④ 席順のルールをどうでもよいと思う人々が一定数いても、大多数を占める席順を大事にする人々の考え方が変わるわけではないので、席順を重んじる文化は客観的だといえる。

問5 空欄 E に入る表現として最も適切なものを、次の①〜④の中から一つ選べ。解答番号は 5 。

① 感情を客観的な価値基準に従って調整しなければならない

② 感情には客観的に正しいものと誤ったものがある

③ 感情について正しい、誤っているといった指摘をすること自体が間違っている

④ 感情の正誤は相対的な価値の違いから説明できる

問6 傍線部(4)「感情も同じように」とあるが、その説明として最も適切なものを、次の①〜④の中から一つ選べ。解答番号は 6 。

適切なものを、次の①～④の中から一つ選べ。解答番号は 2 。

① 子供自身が、自分の認識した危険は思い過ごしだと気づけた場合には危険はなくなるが、気づけなかった場合には危険は残り続けるということ。

② 子供は、危険に直面しながらも溝を飛び越えて恐怖心に打ち勝てたのであって、当初から子供自身が危険を感じていなかったわけではないということ。

③ 子供は、物理的・身体的な条件に応じて存在する危険を克服したのであって、溝を飛び越える前から危険が存在しなかったわけではないということ。

④ 子供は、あくまでも客観的な危険を克服できたまでであって、子供自身が主観的に感じていた危険をも取り去ることができたことにはならないということ。

問3 傍線部(2)「価値とそれを捉える感情には相対性がある」とあるが、その説明として最も適切なものを、次の①～④の中から一つ選べ。解答番号は 3 。

① 危険を認識し恐怖を覚えるか否かは、危険に直面した人の置かれた客観的な条件によって決まるということ。

② 危険に遭遇した人がそれに恐怖を感じれば感じるほど、現実に存在している危険の度合いも高まるということ。

③ 危険であると受け止めたときに感じる恐怖の程度を決めるのは、危険を受け止める人の個性と主観であるということ。

④ 危険に見舞われた人の身体的な条件次第で、実際に降りかかってくる危険の種類が変わるということ。

問4 傍線部(3)「上座や下座といった日本の文化」とあるが、それに関する記述として最も適切なものを、次の①～④の中かクするのも正しい感情と言えるかもしれません。ですが、このときに怒りを抱くのは誤っているでしょう。というのも、怒りは自分に対する侵害を捉える感情ですが、溝がその子供に何か侵害を与えているわけではないからです。その感情は、机の八角形を丸形と間違えた知覚と同じく、危険を侵害と間違えた点で、間違ったものです。

もちろん、この場面で怒りを抱く可能性がないわけではありません。たとえば、以前から「こんな溝なんて簡単に飛べるよ」と友達に言っていて、引っ込みがつかなくなって飛ぶ羽目になったとき、「なんであんなこと言ったんだ」と過去の自分に怒ったり、「本当にやらせるなよ」と友達に怒ったりすることがあるかもしれません。ですが、その場合、溝に対して怒っているのではなく、過去の自分や友達に対して怒っています。過去の自分や友達は、現在の自分に不都合な状況を作り出しているので、そこに怒るのは間違ってはいません。ですが、何もしていない溝に怒るのは間違っているでしょう。

（源河亨『感情の哲学入門講義』より）

問1　空欄 A ～ D に入る語句の組合せとして最も適切なものを、次の①～④の中から一つ選べ。解答番号は 1 。

① A　すなわち　B　そこで　C　ところが　D　加えて
② A　つまり　B　たとえば　C　では　D　さらに
③ A　したがって　B　かろうじて　C　それならば　D　そこで
④ A　ですが　B　仮に　C　でも　D　もちろん

問2　傍線部(1)「それは危険を乗り越えたのであって、危険がなかったわけではありません」とあるが、その説明として最も初は誰かの個人的な思いつきとして始まったものでしょう。ですが、一度そのルールが広まってしまうと、簡単に変更することはできなくなってしまいます。そのため社会的条件も、個人ではどうにもならないという意味で、主観的ではないのです。

　これまでの話からわかるのは、客観性には度合いがあるということです。社会的条件よりも身体的条件の方がより客観的でしょうが、社会的条件も個人的な趣味嗜好《しこう》と比べると客観的なものだと言えます。いつの時代の誰でも認めなければならない絶対的な価値がないとしても、すべての価値が主観的なものだということにはなりません。それぞれの文化や社会内部で客観的だとみなされ、共有されている価値があるのです。

　そして感情は、個人的な趣味嗜好に基づいた価値を捉える場合もありますが、より客観的な、社会的条件や物理的条件に基づいた価値を捉えることもあるのです。

　ここまで、感情が捉えている価値には客観性があるという話をしてきました。それを踏まえると、【E】という主張が導かれます。

　この点を理解するためには、一度、知覚について考えるのがいいでしょう。たとえば、目の前に丸い机があるように見えたとしましょう。ですが、その机の実際の形は丸ではなく八角形でした。このときの知覚は、机の形について間違えています。間違えた原因は、自分の視力が低いのでぼやけていた、机が離れたところにあった、照明が暗かった、など、何かしらあるでしょう。原因はなんであれ、そのときの知覚は机の形に関して誤ったものとなっています。机の形が八角形であることは客観的な事実であり、知覚はその事実と比べて、正しいか誤っているか判定されるものです。

　(4)感情も同じように理解することができます。小さい子供が幅五〇センチの溝を飛び越えようとするとき、身体的条件からするとそれが危険であることは客観的な事実です。この事実と照らし合わせると、このときその子供は、危険を捉える感情である恐怖を抱くのが正しいということになるでしょう。ひょっとすると、危険を乗り越えられるかもしれないチャンスにワクワとになるのです。

　これに対し、日本のなかでも、席順なんか本当にどうでもいいので、そんなルールは不可解だと思う人もいるでしょう。そうした人からすると、座る場所と偉さは無関係なので、上座下座のしきたりは理解できないのです。こうした人は、席順のルールを守る人たちとは異なる価値観の共同体に属していることになります。大事にするものが違うグループに属しているのです。

　このように価値観で共同体が分かれるとしても、価値が主観的なものだとか「気持ち次第」だということにはなりません。というのも、「席順はどうでもいい」と思っている人が適当に座ることは、席順を大事にする共同体の人にとっては、つまり、その共同体の内部では、依然として侵害行為だからです。席順を無視した人がいくら「席順はどうでもいい」と思っていても、席順を大事にしている人たちが席順を大事にしなくなるわけではありません。そうした行動をしていくうちに他の人が影響され、席順を気にしない人が増えていくことはあるかもしれませんが、一度定着した価値は、個人の気持ち次第ですぐさま変更できるものではありません。その意味で、共同体ごとに価値が相対的だとしても、共同体内では客観的とみなされる価値があるのです。

　前に出した溝やヘビの例では、危険かどうかが身体的条件で決まっていました。これに対し席順の例では、偉さを表す社会的なルール、社会的条件で侵害かどうかが決まっています。そして、身体的条件と比べると、社会的条件は偶然的なものです。「人間ならだいたいこれくらいの運動能力をもつ」ということは生物学的に決まっていて変更できませんが、「偉さを表す方法」というのは生物学的に決められているわけではありません。なので、偉さは席順以外の方法でも表せたでしょう。その意味で、身体的条件と比べると社会的条件は客観的でないと思えるかもしれません。

　ですが、だからといって社会的条件が主観的であることにはなりません。確かに、偉さを席順に反映させるというのは、最このとき、子供は危険さを認識していますが、大人はそうではないということになります。そして、その溝は実際に、子供にとって危険なものですが、大人にとっては危険ではありません。危険であるかどうかは、身体的条件によって変わってくるからです。

[C]、危険さは主観的なものでしょうか。そんなことはありません。小さい子供が幅五〇センチの溝を飛び越えるのが危険ということは、客観的事実です。子供が「大丈夫！　危なくない」といくら思っても、依然として危険です。その子供が溝を無事に飛び越えられたとしても、(1)それは危険を乗り越えたのであって、危険がなかったわけではありません。

同じようにして、ヘビの危険さについて考えてみましょう。「ヘビは怖くない！」といくら思っても、ヘビが危険な動物であることは変わりません。ヘビが危険でなくなるとしたら、ヘビ捕獲の技術と経験があり、それにふさわしい装備をもっている場合でしょう。ですが、こうした条件が満たされていない場合にヘビが危険であることは客観的な事実です。

以上の点を踏まえると、確かに、(2)価値とそれを捉える感情には相対性があると言えます。一定の条件を満たせるかどうかで危険であるかどうかが変わり、そのため恐怖をもたらすかどうかが変わってくるのです。ですが、こうした相対性は、価値が主観的であるとか、価値は自分の好みだということを意味しません。この人にとっては危険だけれども別の人にとっては危険ではないということは、物理的・身体的条件という客観的な条件によって決まっているからです。

[D]、文化的な価値にも客観性があります。確かに、文化が違えば大事にしている価値が変わってくるので、それに応じて感情も文化ごとに違っているという相対性があります。ですが、文化相対性は主観性を意味してはいません。

たとえば、(3)上座や下座といった日本の文化を考えてみましょう。一番偉い人はここに座って、次に偉い人はここで、一番下っ端はここだ、というようなルールがあります。もしそれを知らずに、一番下っ端が一番偉い人が座るべき席に座ったら、ものすごく怒られてしまうでしょう。席を間違えた人はルールを破っており、そのため、侵害に対する感情である怒りを買うこ

国語

（六〇分）

（注）問題文には、出題の必要に応じて変更を加えた部分がある。

1 次の文章を読んで、後の問い（解答番号 1 〜 7 ）に答えよ。

「価値は人それぞれ」「価値観が合わない」という言葉はよく聞くでしょう。自分が良いと思っているものと他人が良いと思っているものが一致しないことはよくあります。そうした体験から、価値は主観的なものだと思われるかもしれません。

［A］、自分が好きなものが良い価値をもつもので、嫌いなものが悪い価値をもつものだということです。

そうした主観的な好みは確かにあり、それに応じて、他人とは共有できない感情というものもあるでしょう。ですがここでは、感情は客観的な価値に反応しているという点を説明したいと思います。

［B］、幅が五〇センチくらいの溝を飛び越える場面を考えてみましょう。身体が丈夫な大人はなんなくジャンプできるでしょう。ですが、小さい子供は飛び越えるのを怖がります。こうした例をみると、問題となっている物事は同じでも、人によって怖がるかどうか違うのだから、感情は人それぞれだと思いたくなるかもしれません。

ですが、話はそう単純ではありません。まず、恐怖は危険を捉える感情であったことを思い出してください。そうすると、

解答編

英語

(READING COMPREHENSION)

1 **解答** [1]－d)　[2]－a)　[3]－b)　[4]－b)　[5]－a)
[6]－c)

出典追記：Shipping generates more CO2 than aviation. This solar-powered boat could change that, CNN on April 13, 2022 by Eva Rothenberg

解説　≪グンター=パウリ氏による「ポリマ号」の構想とデザイン≫

[1]本文では一貫して，ベルギーの企業家兼経済学者であるグンター＝パウリ氏が開発した「ポリマ号」に込められた思いと，この船のデザインが詳細に述べられている。また，この取り組みについて，例えば第4段第1文（The ship is…）に「その船は持続可能性における事例研究である」というその実験的な位置づけが示されている。以上より，d）が正解である。

[2]第2段第1文（Using limited resources…）に「限られた資源を効率的に利用することは，パウリ氏が構想した船であるポリマ号の中核的哲学であり，その船は再生可能技術がどのようにして海運産業に革命を起こしうるのかを示すことを目的としている」とあり，その次の文（Marine transport supports…）では海上輸送による環境への影響が指摘されている。以上より，パウリ氏は海運産業の現状を変えたいと考えていたことがわかるので，正解はa）である。

[3]第4段最終文（As well as being…）に「主にソーラーパネルによって動力が供給されるのと同様に，ポリマ号には間もなく，一般的にマイクロプラスチックより小さいナノプラスチックを海水から分離し，それを燃料に転換する，ろ過装置が備え付けられることになるだろう」とある。この記述から，b）が妥当である。

[4]第6段第1文（Pauli modeled his design…）で「パウリ氏は有名なイ

タリア人芸術家であるミケランジェロ=ピストレット氏の『第三の天国』という概念に基づいてポリマ号のデザインを作製しており，その概念は自然と技術の調和の取れた融合を提唱している」と書かれていることから，b）が正しい選択肢であるとわかる。

[5] meanwhile は本文では「一方で」という意味で用いられている副詞であり，選択肢のうちで最も意味が近いのは，a）on the other hand「他方では」である。なお，該当箇所の meanwhile は，ポリマ号内の施設に着想を与えたロシアのマトリョーシカと日本の折り紙とを対比している。

[6]動詞 initiate は「～を起こす」という意味で，c）start「～を始める」が最も意味の近い単語となる。

2 解答

[7]－d）　[8]－b）　[9]－a）　[10]－c）　[11]－a）
[12]－b）

出典追記：Finnish company encourages fun science education for kids, This is Finland Magazine 2021 by Minna Takkunen

解説　≪キデ・サイエンス社による子ども向けの科学教育事業≫

[7]本文では一貫して，3人のフィンランド人女性によって設立されたキデ・サイエンスという教育企業に関する内容が展開されている。創設者の1人であるヴァルティアイネン氏が第3段第3文（“International research had …）で「3歳という幼い子どもたちが科学的思考を身に付けることから恩恵を受けるということは国際的な研究によって明らかになったが，こうした研究結果は実のところ実践に移されてはこなかった」と述べている通り，この問題意識に基づいて子どもたちに科学的体験学習の場を提供することがこの企業の取り組みである。以上より，d）が正解として妥当である。

[8]第5段最終文（Its education materials …）に「キデ・サイエンスの教材は現在では，英語，中国語，そしてフィンランド語で利用可能である」と書かれていることから，正解はb）となる。なお，a）・c）で示されている「2020年」は，同段第2文（Between its …）にある通り，同社が事業展開のために資金を募っていた時期である。

[9]まず，第6段第1文（Increasing the curiosity…）に「子どもたちがすでに持っている好奇心や不思議な出来事に驚く感性を高めてあげることが

重要だ」とあり，それを受けた次文（“Kids observe and …）には，創設者の1人であるアイノ=クロネン氏の発言を引用して「子どもたちは生まれた瞬間から，身の回りの世界を観察し理解している」と書かれている。これらの情報を組み合わせて，a）が正解となる。

⑩設問文よりアイノ=クロネン氏の発言内容に注目し，そこから推測される彼女の意見について考える。第6段最終文（“They practice everything…）に「子どもたちは遊びを通じて，生活におけるすべてのことを実践している」とあることから，クロネン氏が子どもの学習における遊びの重要性を主張していることがわかるので，正解はc）である。

⑪動詞 establish は「～を設立する」の意味であり，選択肢のうちで最も近いのは，a）create「～をつくり出す」なので，これが正解となる。

⑫ accessible は動詞の access「～に接近する」に「できる」を表す ible が組み合わさった語であり，本文では「利用できる」という意味で使われている。この形容詞の同意語としては，b）available「利用可能である」がふさわしい。

3 解答

⑬－b） ⑭－a） ⑮－c） ⑯－b） ⑰－d）
⑱－a）

解説 ≪著名人による印象的な卒業スピーチの特徴について≫

⑬本文は冒頭（In the United States…）で，大学の卒業式で著名人によるスピーチが行われるのはアメリカの伝統であるとした上で，第1段第4文（But what makes…）には「あるスピーチが実に優れたものになるのはなぜなのだろうか」という疑問が呈されている。また，同段最終文（What do you …）でも「卒業生たちが残りの人生で覚えているようなスピーチの特性は何だと思うか」と読者に投げかける表現があり，以降も一貫して記憶に残るスピーチの特徴について述べられている。以上より，正解はb）である。

⑭第2段第2文（He says memories …）に「ジョン=ガブリエリ教授が言うには，人は強い情動反応を感じたときに出来事に起因する記憶が形成される」とあり，第3段第3文（“What we remember…）でも「私たちが覚えているのは，感情に加えて，予期していない物事である」と発言していることから，彼が人間の記憶について研究しているとわかるので，

a）が正しい。

⑮第5段第3文（For example, businessman…）に「実業家であるスティーブ=ジョブズ氏は2005年にスタンフォード大学の卒業生に対して，自身ががんで死にゆく状態にあると知ったことについて，そしてその出来事がいかにして世界に関わる彼の思想を変えたかということを語った」とある。これは同段第2文（Often this can …）でジェフリー=コーワン教授が考えている通り「ただ1つの思想は多くの場合，話し手自身の人生におけるある個人的なストーリーから生まれる」ことの例として示されたものであり，c）が正解であるとわかる。なお，ジョブズ氏によるスピーチのこの特徴は，第1段第2文（As part of…）に「式の一部として，学校が有名で評判のよい人物に自身の人生経験について講演するよう招く」と示されている，本来の主催側の意図とも合致する。

⑯設問文より，クリスティーナ=ネグルート氏の発言に注目する。最終段第3文（According to Negrut…）に「ネグルート氏によると，『今やソーシャルメディアを使って，話し手たちは最終的に大学や会場で迎えている聴衆に対してだけではなく，世界に対して講演を行っているのである』」と書かれていることから，インターネットの登場によって広くスピーチが共有されることになったとわかるので，正解はb）である。

⑰besidesは，本文では「～に加えて」という意味の前置詞としてはたらいている。この語と近い意味の表現は，d）in addition to ～「～のほかに」である。なお，a）next to ～「～の隣に」は，形がよく似た前置詞beside「～のそばに」と同意の表現なので注意が必要。

⑱presentは多義語で，かつさまざまな品詞としても使われるが，本文ではthe best speechesを主語とする動詞としての用法であり，present *A* to *B*の形をとって「*A*を*B*に与える」という意味を成している。したがって，a）offer「～を提供する」が最も近い意味の語となる。

〈GRAMMAR AND USAGE〉

解答 **SECTION 1**　⑲－d）　⑳－c）　㉑－d）　㉒－a）　㉓－b）　㉔－b）　㉕－c）　㉖－b）

SECTION 2　㉗－c）　㉘－a）　㉙－d）　㉚－d）　㉛－a）　㉜－c）

33－d）　34－b）

解説　**SECTION 1　≪コロナ禍が言語にもたらした影響について≫**

19空所前にある名詞 impact に注目する。述語動詞の has had と合わせて have an impact on ～で「～に影響を及ぼす」というイディオムなので，d）on を入れるのが正しい。

20直前の Words は前文の主語である Scientific words を指しており，空所後には「『隔離』，『免疫』，そして『無症状の』」といった専門用語が並んでいる。これら3つは「科学用語」の具体例であると考えられるので，前置詞句の c）such as を入れれば正しい前後関係ができ上がる。該当文全体は「『隔離』，『免疫』，そして『無症状の』といった言葉は，ウイルスが私たちの暮らし方や働き方を変える以前は専門用語であった」という意味になり，これが前後それぞれの文と時の対比の関係を成している。なお，a）for example も直後に具体例を導くが，この表現は副詞で通常カンマを伴って用いられるため，本文の形で名詞をつなぐことはできない。

21空所直前の have に注目する。この語と組み合わせて現在完了形を作るために過去分詞形を入れるのが正しく，d）changed がふさわしい。この change の後には目的語に当たる名詞がないため，本文では「（主語自体が）変わる」という自動詞として使われていることがわかる。なお，have を他動詞と解釈して「変化」という名詞を目的語とし「変化する」というイディオムを作る場合は，have a change の形で不定冠詞を必要とするため，仮に a）や c）を名詞と考えても正解にはならない。

22空所前にはすでに were という述語動詞が存在するため，b）enable や c）have といった動詞を接続詞なしで続けることはできない。直後に不定詞が続いていることから，該当文全体が「例えば，2020年のオーストラリアにおける初期のロックダウンの間，人々は食料を買ったり医療従事者に診てもらったりといったような不可欠な理由があるか，もしくは自身が『エッセンシャルワーカー』である場合にのみ外出が許可された」という意味になるよう，a）allowed を入れるのが妥当である。もともとは allow *A* to *do* で「*A* に～することを許可する」という枠組みであり，本文はその受動態となっている。なお，d）used を用いた場合は不定詞を副詞的用法と解して「～するために使われる」という意味の構造上正しい文になるものの，「人々が外出するために使われる」では文意が通らない。

㉓ are　not と understood に挟まれた空所には，副詞が入ることになる。c）necessary は形容詞であり，これが副詞 necessarily の形であれば，not と呼応して「必ずしも～とは限らない」という表現を作ることができる。本文ではこの not に b）yet を合わせて「まだ～ない」とすれば，全体が「こうした語句はまだ全員に理解されてはいるわけではないが，ソーシャルメディア・プラットフォームや報道記事で目にするかもしれない」となって文意に合う。すなわち，この not は everyone と合わせた部分否定を成していることになる。なお，a）ready には過去分詞を続けて「前もって～された」，d）both にも「両方ともに」という副詞としての用法はあるが，いずれも本文では意味が通らない。

㉔該当文前半に It means to avoid contact with anyone else という第3文型の完全な文があり，空所直後には a positive COVID-19 test と contact with an infected person という2つの名詞句が並んでいることから，選択肢のうちで前置詞に当たる表現を入れて，空所以下を副詞句にする必要がある。そのはたらきをするのは，b）due to「～のために」のみであり，これが正解。なお，a）because や c）so that は接続詞扱いなので直後に節を伴い，d）therefore は単独で副詞のはたらきをする。

㉕選択肢には動詞 give やその変化形が与えられていることから，文全体の構造を正しく捉えることが重要。空所を含む該当文は A “covidiot” が主語，is が述語動詞，a nice word but an insulting name が補語の第2文型であり，空所以下は修飾語句ということになるので，この時点で述語動詞の形となる a）give や b）gives は不適。また，直後は to 以下から文末まで全体が1つの副詞句で，他動詞 give の変化形に対する意味上の目的語になりうる名詞がない。したがって，受け身を表す過去分詞 c）given を入れれば構文が成り立つことになり，全体は「『コビディオット』というのは，新型コロナウイルス感染症に関する公衆安全の規則を無視することを選ぶ『コロナ禍の愚か者』に与えられる，うまい言葉ではなく，侮辱的な呼び名である」という意味である。

㉖選択肢には代名詞が並び，直後の who are “COVID obedient” は関係代名詞節として空所に入る語を修飾する。b）those を選べば，those who ～で「～な人々」という表現になり文意が通る。なお，この those と who との間には people を補うことができ，もともとは those people who とい

う形である。

SECTION 2

27 空所直後の名詞 attention に注目し，c）pay を選ぶのが正しい。pay attention to ～で「～に対して注意を払う」というイディオムである。

28 選択肢には an hour と so が用いられた表現が並んでおり，4つのうちで意味を成すのは，a）an hour or so である。この表現後半の or so は数量や期間を表す語句に続けることで，「～かそこら」といった不確定ながら近い数字を表す。

29 選択肢には speak の過去分詞 spoken が並んでおり，本文の The driver was とともに受動態を作る。ところが，speak 単体では自動詞であることから受動態にはできず，speak to ～で「～に話しかける」という他動詞扱いとする必要がある。また，空所後には a police officer という名詞が置かれていることから，これを動作主と捉えて d）spoken to by を入れれば正しい文が完成する。元の文は A police officer spoke to the driver である。

30 空所には time を修飾する形容詞が入る。直後の文に「私はパンケーキを作っている」とあることから，この文の発言者が朝食を一緒に食べようかと誘っている状況が想定され，d）enough を選ぶのが妥当である。a）full を用いると「全時間」の意味となり，b）long や c）many では不可算名詞扱いの time を修飾できない。

31 本文は空所までで文要素が完結しており，以下は her parents say という目的語が欠けた不完全な節を伴って副詞の固まりを作ることになる。a）no matter what を入れれば，「彼女の両親がたとえ何を言おうとも」という譲歩を表す副詞節ができるため，これが正解である。なお，no matter what の what は関係詞ではなく疑問詞であり，この3語は複合関係代名詞 whatever の1語に置き換え可能。

32 選択肢のうちで意味を成すのは，c）be of great help の語順で，この help は前置詞 of の目的語になるため「助け」という意味の名詞である。正解選択肢は「of＋抽象名詞」の形で，形容詞と同じはたらきをしている。したがって，本問では of help を helpful「役に立つ」と置き換えることができ，全体は「私たちはこの活動が大いにその学生たちの役に立つことを望んでいる」という意味。なお，抽象名詞を用いた紛らわしい表現に

「with ＋抽象名詞」の形もあり，例えば with ease を easily に置き換えできるように，これは副詞と同じはたらきをする。

33文全体の主語は This temple なので，動詞 build を受動態にして用いた選択肢を選ぶ。また，空所直後の「鎌倉時代の間に」という表現に注目すれば，現在形の述語動詞 is に対して時制が過去にずれているとわかるので，完了不定詞を作る d）have been built がふさわしい。

34空所直前の動詞 went と合わせて意味を成すのは b）through であり，go through ～で「～を経験する」という experience と同義のイディオムになる。なお，他の選択肢も go と合わせて a）go by ～「～のそばを通り過ぎる」，c）go down ～「～へと下りていく」，d）go into ～「～に入る」といった表現を作るが，いずれも本問では文意が通らない。

解答 **SHORT CONVERSATIONS** 35－d） 36－a） 37－d） 38－c） 39－b） 40－a） 41－b） 42－a） 43－c） 44－c） 45－a） 46－c） 47－d） 48－d） 49－a） 50－b）

LONG CONVERSATIONS 51－c） 52－b） 53－d） 54－c） 55－d） 56－a） 57－b） 58－b）

MONOLOGUES 59－a） 60－b） 61－d） 62－c） 63－b） 64－c）

解説 **SHORT CONVERSATIONS**

35冒頭で男性に「夏休みはどうだった」と問いかけられた後，女性は「父親のレストランで働いていた」と答えている。その後，男性の第2発言(So did you…）でさらに「皿洗いをしたの，それとも調理をしたの」と尋ねられたのに対して「両方ともした」と応じていることから，これらの情報を組み合わせた d）が正解である。

36レポート作成に取りかからなければいけないはずの男性が「まずコーヒーを飲みたい」と述べて言い訳を重ねたのに対して，女性が最終発言(Ok then. I hope…）で「明日の授業までにレポートを終わらせられるといいね」とあきれた様子を見せていることから，a）が正解であるとわかる。

37 iPad をなくしたと焦る女性に対して，男性は第1発言（The best thing…）の後半で「その iPad を最後に使ったのはいつなの？」と状況を整理しようとしている。続く女性の発言に「昨日は遅くまで図書館で勉強していた」とあるので，正解はｄ）となる。

38 志望する大学に合格を果たした女性は，第２発言（Yes, the first thing …）で「私が初めにしようと思っているのは，チアリーディング部に入ることだ」と述べている。それを聞いた男性は「僕は驚かないよ」と発言しており，その理由を続けて「君は高校でチアリーディング部のリーダーだったからね」と加えている。したがって，女性は高校時代にしていたことを大学でも継続しようとしていることから，ｃ）が正解である。

39 男性が第２発言（That's good! I …）の最終文で「でも次の旅行のためにお金を節約したいんだ」と説明していることから，正解はｂ）とわかる。

40 女性は第１発言（Hi James. Did …）で「最近新しい車を買ったの？」と尋ねており，対して男性が「実はこれ，しばらく運転してきたのと同じ車なんだ。それを赤く塗装しただけさ」と返している。女性は色が違う車を目の当たりにして発言していることがわかるので，ａ）が正解である。

41 冒頭で野球の試合を始めようとしたら突然ひどい雨が降ってきたと語る男性は，第２発言（We waited until…）で「雨がやむまで待って，その後すぐに試合が始まった」と説明している。したがって，正解はｂ）である。

42 男性が第１発言（Oh, yeah, I …）の後半で「オーディオブックを使えば料理や運動をしながら聴ける」と述べていることから，ａ）が正解である。

43 スペインのバルセロナでのサマープログラムに関する男性の説明を聞いた女性は，最終発言（Oh, I wish…）で「そのことをもっと早く知っていればよかった」と述べている。仮定法を用いていることから現実には知らなかったとわかるので，ｃ）が正解である。なお，男性はプログラムの魅力について説明してはいるものの，一緒に行こうと女性を誘うような発言はないため，ｂ）は選べない。

44 まず，女性の第１発言（Do you know…）から，ジェーンが歴史の授業を欠席したのは今朝のことだとわかる。その後，女性は第２発言（I asked Naomi…）で「ナオミとキムに何か知っているか尋ねたけど，２人ともジェーンから何も聞いていなかった」と述べており，ナオミとキムに事情を聞いたのは今日ということになるので，c）が正解である。

45 冒頭で「君のスニーカー好きだよ。新しそうだね」と話しかける男性に，女性は「そうよ。昨日たった30ドルで買ったの」と応じており，正解はa）である。

46 提出すべき英語の宿題を取りに家へ戻ったという女性に対して，男性が第2発言（Wait, didn't you…）で「待って，昨夜のメール読まなかったの？　彼女は具合が悪いから，今日の授業はないよ」と述べていることから，c）が正解であるとわかる。

47 支払い時に財布がないことに気づいた男性は第2発言（Uh, can you…）で「あの，まず財布を探すので少し待ってもらえますか」と依頼し，続けて店員の女性は「かしこまりました，支払いの用意ができるまで待てますよ。心配しないでください」と了承している。よって，正解はd）となる。

48 女性が最終発言（I really enjoy…）で「その場所の雰囲気が本当に楽しいの。いつも幸せな気分にさせてくれるわ」と述べており，ここでいう the place とは話題に上っている Tokyo Disneyland のことである。以上より，d）が正解とわかる。

49 イタリア料理のレシピ本をどこかに置いてしまった女性は第2発言（Yeah, the one…）で「そうよ，ポールから借りたものなの」と述べており，the one はそのレシピ本を指しているので，正解はa）となる。

50 冒頭で「カナダに行くのに一番いい季節はいつ？」と尋ねる男性に対し，女性は現地でやりたいことに応じて複数の時期を提案している。以上のやり取りから，b）が正しい選択肢である。

LONG CONVERSATIONS

51 女性が第4発言（I love eating…）で「ハイキングをした後にヨーグルトを食べるのが好きなの」と述べたのに続けて，男性も最終発言（Well, you picked…）の後半で「この山頂からの海の眺めは素晴らしいね」と述べていることから，正解はc）となる。

52 男性の最終発言（Well, you picked…）前半で「おお，君は昼食を取るのにいい穴場を選んでくれたんだね」とあることから，b）が正しい。

53 男性が第1発言（You got so much…）で女性に「君はテニスがものすごくうまくなったんだね！　感動したよ」と述べ，その後も「本当にそう思う」と伝えている様子から，d）が正解であるとわかる。男性の第1発言の better の後には「以前の様子と比べて」という than before が省略されていると考えられ，正解選択肢にある通り「上達した」と解釈できる。

54男性の最終発言（That sounds easy…）の後半部に注目する。「僕はテニスを1年間しかやっていない」とあることから，c）が正解となる。

55歴史の授業の宿題を持ってくるのを忘れたという男性は第4発言（Yes, and I …）で「印刷したし，バックパックに入れたと思うんだけど」と話している。それに続けて女性がもう一度探してみるよう促した結果，男性は無事にそのレポートを発見することができた。以上の流れから，正解は d）である。

56男性は第3発言（History. I was …）の後半で「そのレポートを書くのに徹夜したんだ」と述べており，a）が正解となる。この発言中の up は「起きている」という意味で使われている。

57女性は第3発言（I agree. The …）後半部で「私が大好きな東京のレストランで働いている店員は，いつもとても礼儀正しいわ」と述べ，東京のレストランに対して好感を持っていることがうかがえる。続く発言でも普段は日本の伝統料理のレストランに行くとあるので，b）が正解である。

58男性の第3発言（Yes. And one…）の後半には「（東京が最も人気な）もう1つの理由は，その接客なんだ」とあり，それに対して女性は賛同した上で，前述の第3発言後半部のような自身の経験を紹介している。以上の様子から，b）が正しいとわかる。

MONOLOGUES

59冒頭（A few decades …）に「数十年前であれば，車が空中を飛べるなどということを想像するのは難しかっただろう」とあり，以降は第3文にある逆接の however を境にして，空飛ぶ車を実現しようとする取り組みに関する内容が展開されている。以上より，a）が正解である。

60第2段第1文（Many flying cars …）の前半に「多くの空飛ぶ車は電力を利用するだろう」とあることから，正解は b）となる。

61第1段最終文（It is said …）に「毎年1,400羽のキウイが死んでしまうと言われている」とあることから，d）が正解である。なお，a）にある68,000という数字は，現存しているキウイの概数である。

62英文と矛盾する選択肢を答える点に注意する。まず，第2段第1文

(Kiwis are active…）で「キウイは夜間に活動的になる」と述べられている。ところが，同段第2文（They look for …）および第3文（Their small eyes…）ではその生態について，食料として虫や落ちた果実，そして植物を探すと書かれており，さらに，小さい目では夜によく物を見ることができないとあることから，c）が正解となる。

63 第2段第4文（At the age of two, …）に「2歳のときに，ラフカディオ＝ハーン氏は父親の母国であるアイルランドに連れて行かれ，彼はそこで育った」と述べられていることから，正解はb）であるとわかる。

64 第2段第6文（At the age of 19, …）では「19歳のときに，ハーン氏はシンシナティへ居を移したが，その町はアメリカ中西部にあり，彼はそこでジャーナリストとして働き始めた」という経歴が示されている。よって，c）が正解となる。

問6　傍線部直前にある「自由を守るものは善」「闘う相手は悪」という二元論を踏まえると、②が正解。①は「自由を守ろうとしない」ものを「悪」としているが、空欄Ｄの次の段落にあるように、「悪」は「自由を暴力によって奪おうとする者」であるため不適切。

問7　空欄Ｄの次の段落と最後の段落の内容に合致しているため、③が正解。①は「ジャコバンの恐怖政治から救う」という点が最後から三段落目の内容と不一致。②は『社会契約論』に悪人を殺すべきではないと書かれているという点が、最後から四段落目と不一致。④はファノンの議論を「古典的な議論」としている点が第五段落と不一致である。

4　**解答**　問1　①　問2　②　問3　④　問4　④　問5　①

5　**解答**　問1　④　問2　②　問3　①

6　**解答**　問1　②　問2　③

3

出典 小倉充夫『自由のための暴力――植民地支配・革命・民主主義』〈第1章　自由のための暴力〉（東京大学出版会）

解答

問1　③
問2　①
問3　②
問4　④
問5　③
問6　②
問7　③

解説

問1　傍線部直後のホッブズの主張および、「こうした二面性」が「多くの論者」に当てはまるという点を踏まえると、③が正解。①の「曖昧性や矛盾点を克服するために」、②の「自然の法の重視といった第三の立場」、④「人々の安寧を目指すという目的」という内容は本文には記されていないため不適切。

問2　問いに「通常は」という限定がある点に留意し、傍線部の段落および次の段落一文目の内容を踏まえる。次の段落二文目「ただし」以降の「支配そのものの正当性が疑われている」場合は含めない。①が正解。③・④は「支配そのものの正当性」についての内容であるため不適切。②は、「天賦の権利を損なうものであるとして」が不適切。

問4　傍線部の段落の、各国の自然法思想のあり方に留意しつつ、「自然法思想生誕の地から遠ざかる」がイギリス、アメリカ、フランスの順番であることを踏まえると、④が正解。①は、「自然法思想」を「市民的自由」の制度的な保障をする思想的基盤に過ぎないとしている点が不適切。

問5　空欄Dの直前の「暴力が正しい目的のために使われたか否か」、二つ後の文の、「目的の正しさや絶対性が、無制限な手段選択を認めるものではない」を踏まえると、③が正解。

レードに対する批判である点、②は自由貿易が「世界の全ての人々に富の恩恵が及ぶことを目指した」という内容、④は途上国が「市場開放の動きからも取り残されている」という内容がそれぞれ不適切。

問2　傍線部(1)・(2)の段落の、公正な貿易と生産者の労働条件の改善がフェアトレードの目的である点、自由貿易と保護貿易の「いずれの立場でもない」という点を踏まえると、④が正解。①は「自国内の労働者」とある点が「利他的な関心」（傍線部(2)の前文）に照らして不適切であり、③は生産者の労働条件改善について触れられていない点が不適切。

問3　傍線部直前の「この要素」は、前の段落末にある「先進国の消費者と…義務論的な要素」を指す。この点と、同じ段落にある「途上国の絶対的貧困層の生活状況改善」というフェアトレードの目的の両方が記されている②が正解。③は「自由貿易という手段のみで実現」、④は「グローバルな…関心を集中」が不適切。

問4　空欄Aと「同じもの」とされる、空欄Aがある段落冒頭の「この推論」は、直前の第九段落の「前者においての…適切なのだろうか」を指し、この中の「前者」と「後者」は、「消費者‐生産者という相互行為的な関係性」と「グローバルな制度」を示すため、③が正解。

問5　傍線部の直後にある「部分性」の説明である、「消費者…の限定」と「『公正さ』を…の限定」と、最後から三段落目の「貿易参与者の基本的正義充足」という「公正さ」の基準を踏まえると、④が正解。③は「消費者と企業との商取引」への介入により、適用範囲が「グローバル規模に及ぶ」という内容が不適切。

問6　傍線部(1)の段落の内容と合致しているため、②が正解。①は第一段落、③は空欄Aの次の文の内容に合致しない。④は「途上国の人権を尊重」することや「労働環境を改善」することが「実現された」とされている点が本文に合致しない。

問4　二つ後の段落の、席順などの文化的な価値は「共同体内では客観的」であるという指摘を踏まえると、①が正解。
②・③は席順のルールが客観的ではないとしている点が不適切。④はルールを重視する立場が多数派であるという点を客観性の根拠としている点が不適切。

問5　次の段落末の「机の形が…正しいか誤っているか判定される」、傍線部⑷を含む文「感情も同じように理解することができます」を踏まえる。②が正解。

問6　問5と同様に、最後から二、三段落目の内容を踏まえ、知覚や感情は客観的な事実によって正誤が判定されるという趣旨を押さえた③が正解。①は知覚を矯正できない、感情の「正しさを確定できない」という内容、②は客観的な正しさについて述べていない点、④は「正しくない感情を抱くことはない」という内容が不適切。

問7　空欄Eの二つ前の段落の内容に合致する③が正解。①はその二つ前の段落、②は傍線部⑴の次の段落、④は傍線部⑶の二つ後の段落と最後から三段落目の内容にそれぞれ不一致であるため不適切。

2

出典　上原賢司「グローバル正義論と『公正な』貿易」（『思想』二〇二〇年七月号　岩波書店）

解答

問1　③
問2　④
問3　②
問4　③
問5　④
問6　②

解説

問1　前の段落に説明されている「自由貿易拡大の『不公正』」の内容を踏まえると、③が正解。①はフェアト

国語

1

出典　源河亨『感情の哲学入門講義』〈第5講　感情と価値／基本的な感情〉（慶應義塾大学出版会）

解答

問1　②
問2　③
問3　①
問4　①
問5　②
問6　③
問7　③

解説

問2　前の段落の、危険であるかどうかは、身体的条件によって変わるという内容と、傍線部の段落の「危険ということは、客観的事実」という内容を踏まえると、③が正解。①は子供の主観で危険の有無が変わるとしている点、②は子供の主観にのみ言及している点、④は「子供自身が主観的に感じていた危険」を取り去ることができないという点が不適切。

問3　前の段落の、危険の価値基準が客観的な条件で決まるという指摘と、傍線部直後のその危険の度合いによって感情（＝恐怖など）が変化するという相対性についての説明を踏まえると、①が正解。③は傍線部の二文後「価値が主観的…意味しません」と不一致であるため不適切。

■一般入試前期：C日程

問題編

▶試験科目・配点

教　科	科　　　　目	配　点
外国語	コミュニケーション英語Ⅰ・Ⅱ・Ⅲ，英語表現Ⅰに共通する事項（約30分のリスニングを含む）	200点
国　語	国語総合（近代以降の文章）	100点

▶備　考

- 上記以外に，外国語学部では，面接代替として資料記入（志望理由等，20分），グローバル・リベラルアーツ学部では，個人での日本語による面接（約10分，60点）が課される。
- リスニングの配点は英語200点中の60点。
- 外国語学部では，出願時に大学が指定する英語の外部資格・検定試験（4技能）の基準を満たし，その成績を証明する書類を提出した場合，取得スコア等により，「英語」科目の得点を満点とみなして合否判定を行う，または，5点加点をして合否判定を行う。

英語

(90分)

問題は全部で64問で、通し番号が1 ～ 64までついています。
解答用紙（マークシート）にも同様に1 ～ 64まで通し番号がついています。
前半60分はリーディング，後半約30分はリスニングです。
リスニングが始まるとリーディングには戻れません。注意してください。

リーディング：READING COMPREHENSION（No.1 ～ 3）
GRAMMAR AND USAGE（SECTION 1 ～ 2）
リスニング　：PART 1　CONVERSATIONS
(SHORT CONVERSATIONS, LONG CONVERSATIONS)
PART 2　MONOLOGUES（1 ～ 3）

READING COMPREHENSION

READING No. 1

After you finish your French fries, eat the ketchup packet. When you add your pasta to boiling water, add the bag into the pot, too. If these instructions sound confusing to you, it is only because you have not yet heard of Notpla, a London-based company that is designing a seaweed-based replacement for single-use plastic packaging. Founded in 2014, the company offers products including sachets, or small packages, made from seaweed which can encapsulate salad dressings and sauces, a film wrap for products such as coffee or toilet paper, and takeaway boxes.

Notpla design director Karlijn Sibbel says they look to nature as inspiration for the ideal packaging, like the skin on a fruit. "A peel of a fruit will eventually be used as nutrients by nature, and disappear and become a part of the cycle," she said.

Notpla's approach feels especially relevant as the world is now facing the effects of decades of unrestricted plastic production. According to the United Nations, 331 million tons of plastic waste are produced globally each year. Microplastics, or tiny particles that are often the result of larger plastics breaking down, pollute the ocean, the air, and our bodies. "It's getting clearer how big the plastic problem is," Sibbel said.

The founders of Notpla, Rodrigo García González and Pierre Paslie, initially looked to seaweed as the solution to the world's plastic problem because it is **abundant** and grows quickly. There are also many different seaweed species, and it can be harvested or farmed. "Seaweed doesn't use land. It doesn't use pesticides," Sibbel said.

Notpla's new seaweed paper is made from the fibers left over from creating other Notpla products and can be used to make items like gift wrap or clothes tags, while their film wrap can hold most dry goods or wet goods with low water content. "The exciting thing is that this is a film that can replace most of the flexible packaging that you see around," Sibbel said. For food items, such as pasta, they have even experimented with adding flavors to the packaging, so that the package can be used to add seasoning to the food. "You can cook with it. And you can really start to rethink what we can do with these materials," she explained.

As they scale up, Notpla's team hopes that seaweed could replace single-use plastic in the supply chain more broadly, but with the volume of plastics used around the world, Sibbel understands the challenge of such a task. “I don’t think one material or one solution is going to solve everything, but we think that seaweed really ticks the right boxes,” she said.

Rethinking when and why we use plastic will be crucial to Notpla breaking into other industries, Sibbel said. She points to packaging for produce like tomatoes, which have holes to let the food breathe. “You don’t have to have the **properties** of plastic. Why are we using plastic?” Sibbel asked. “I really hope to see the industry move and also embrace change in a positive way.”

1　What is the main topic of this reading?

a) Various health risks of plastic food packaging
b) A researcher’s efforts to create better plastic packages
c) The impact of microplastics on ocean pollution
d) A company in London that develops new packaging materials

2　According to the reading, which one of the statements is correct about Karlijn Sibbel?

a) She seeks to create a safe plastic package for food.
b) She often visits beaches to collect small pieces of plastic.
c) She is excited about the potential of a new film wrap.
d) She collaborates with the United Nations in her experiments.

3　Which one of the statements is correct about Notpla’s products discussed in the reading?

a) They may include flavored packaging in future.
b) They are designed for packaging seaweed.
c) Their packages can be reused many times.
d) They will replace all plastic packages soon.

4 According to the reading, which one of the statements is correct?

a) A new species of seaweed was found near London in 2014.

b) A single material may not be enough to solve the problem of plastic.

c) It is ideal to use plastic packages for produce like tomatoes.

d) Companies should come up with creative ways to use single-use plastic.

5 Which expression is closest in meaning to **abundant** in paragraph 4?

a) full of flavor

b) easy to transport

c) existing in large quantities

d) containing essential nutrition

6 Which word is closest in meaning to **properties** in the last paragraph?

a) resources

b) products

c) advantages

d) characteristics

READING No. 2

Daniel Ken Inouye was born in 1924 in Honolulu, Hawaii. His father's parents, like many others, had come to Hawaii from Japan as laborers, to work on the sugar plantations. His mother, also a child of Japanese immigrants, was orphaned at an early age and later adopted by a Methodist bishop. At the time, Hawaii was a territorial possession of the United States, but not yet a state. Political life on the islands was **dominated** by the white people in the business community, particularly the sugar companies known as “the Big Five.” Although the Inouye family placed a strong emphasis on education as the route to success, that route led him through a school system where opportunities for Asian American students were severely limited.

After undergoing surgery for a wrestling injury, young Daniel decided that he wanted to become a doctor himself and planned to study medicine. In high school, he volunteered at the Red Cross Aid Station. He was 17 when Japan attacked the U.S. naval base at nearby Pearl Harbor, and as a medical assistant, Inouye was among the first to treat the wounded. Even though Japanese Americans on the mainland were placed in concentration camps by the U.S. government as potential security risks, Daniel Inouye and his peers were eager to serve their country. Since Inouye was a pre-medical student at the University of Hawaii and an Aid Station worker, he was exempt from military service, but he quit his job and left school to join the all-Nisei 442nd Regimental Combat Team.

In the last days of the war in Europe, he lost his right arm in combat, which ended his dream of being a doctor. When he returned to the University of Hawaii, he pursued studies in government and economics. He married Margaret Shinobu Awamura in 1949, while attending university. After graduating in 1950, he entered George Washington University Law School in Washington, D.C., receiving his law degree in 1952.

Returning to Hawaii, he began working in the field of law and then served as Deputy Public Prosecutor for the City of Honolulu. Inouye was already active in the Democratic Party and the movement to end the domination of state politics by the “Big Five” sugar companies. In 1954, Inouye won the election and began serving as leader of a new Democratic majority. In 1962, he was elected to a vacant seat in the

U.S. Senate, where he was soon appointed to the Senate Armed Services Committee. After that, Inouye continued to serve as a senator for many years.

Inouye's wife, Margaret, died in 2006. The couple had one son, musician Kenny Inouye. In 2008, Daniel Inouye, aged 84, married Irene Hirano, the CEO of the Japanese American National Museum in Los Angeles.

At age 88, Inouye was **admitted to** Walter Reed Army Medical Center for the treatment of breathing problems. His wife and son were by his side at the moment of his death. His office reported that his last word was "Aloha." After his death, Daniel Inouye, who had already received the nation's premier military decoration, was awarded its highest civilian honor, the Presidential Medal of Freedom.

7 What is this reading mainly about?

a) How Daniel Inouye overcame his disabilities in his late years
b) What Daniel Inouye achieved at the University of Hawaii
c) What Daniel Inouye tried to do to realize democracy in Hawaii
d) How Daniel Inouye contributed to the U.S. military and government

8 According to the reading, which one of the statements is correct about Daniel Inouye?

a) He had to give up on his initial dream because of a physical disability.
b) He continued his study of medicine at the University of Hawaii after the war.
c) He did not have to serve in the military because he was a Japanese American.

d）He was supportive of the political positions of the “Big Five” sugar companies.

9　According to the reading, which one of the statements is correct about Daniel Inouye’s family?

a）His son was working at the Japanese American National Museum.

b）His father wanted him to become a doctor after being injured while wrestling.

c）His parents thought that education was crucial to be successful in society.

d）His mother immigrated from Japan to Hawaii to work on the sugar plantations.

10　According to the reading, which one of the statements is correct about Margaret Shinobu Awamura?

a）She and her son took care of Daniel until he died.

b）She married Daniel Inouye while he was a student.

c）She passed away at Walter Reed Army Medical Center.

d）She was adopted by a Methodist bishop at an early age.

11　Which word is closest in meaning to **dominated** in the first paragraph?

a）obeyed

b）controlled

c）supported

d）designated

12　Which expression is closest in meaning to **admitted to** in the last paragraph?

a）allowed by

b）examined at

c）diagnosed by

d）hospitalized in

READING No. 3

In recent years, it has become clear that many children around the world are not learning to read proficiently. Even though the majority of children are in school, a large proportion are not acquiring fundamental skills. Moreover, 260 million children are not even in school. This is a serious learning crisis that threatens countries' efforts to achieve the Sustainable Development Goals (SDGs). Without foundational learning, students often fail to succeed later in school or when they join the workforce.

New data show that 53% of all children in low- and middle-income countries suffer from *learning poverty*, which means being unable to read and understand a simple text by age 10. Age 10, when children are expected to be in the fourth grade, is when many children finish mastering "the mechanics" of basic reading. By then, they can interpret most words and start to grow as independent readers.

Once children have learned to become fluent readers, they read faster and this enables them to focus on meaning. Faster reading means more practice and very often more enjoyment. More reading improves vocabulary and background knowledge, improving overall reading skills. By contrast, if they do not obtain these skills by approximately age 10, they tend to fall further and further behind, and few catch up.

If hundreds of millions of children are not getting foundational reading and other skills when they should, what can be done about it? First, it is critical to raise awareness of the problem. One way to do this is to **adopt** a simple indicator that is easy to understand and track. This is why the *learning poverty* indicator was introduced. The indicator measures a straightforward concept: What share of children around the world are not able to read and understand a short age-appropriate text around age 10.

Despite the barriers confronting girls in some areas of education, girls have lower rates of learning poverty than boys do. Table 1 shows that girls are, on average, 6 percentage points less learning-poor than boys. The difference is significantly smaller in Europe, Central Asia, and North America, and largest in the Middle East, North Africa, East Asia, and the Pacific.

Table 1: Learning poverty by gender and subgroups (for a subsample of countries)

		Male(%)	Female(%)
Regions	East Asia & the Pacific	29.6	21.1
	Europe & Central Asia	10.0	8.2
	The Middle East & North Africa	66.0	56.8
	North America	8.0	7.1
	Sub-Saharan Africa	86.4	83.0
Income	High income	8.4	6.6
	Upper-middle income	44.6	39.5
	Lower-middle income	55.1	45.9
	Low income	93.3	93.5
World	All	43.6	38.9

Source: Azevedo and others (2019), The Global Learning Assessment Database

The gender difference is significantly greater in middle-income countries. While in high-income and low-income countries, differences are quite small, the gap reaches 9.2 percentage points in lower-middle-income countries (Table 1).

Progress in reducing learning poverty is far too slow. At the current rate of improvement, in 2030 about 43% of children will still be learning-poor. Even if countries reduce their learning poverty at the fastest rates we have seen so far in this century, the goal of ending it will not be attained by 2030.

Learning poverty places children's future and the development of their countries at risk. **Eliminating** learning poverty is an urgent objective, one that is critical to achieving the goals of ending extreme poverty and advancing shared prosperity. It is critical to accelerate efforts now to ensure that children will be able to read by the time they turn 10 years of age.

13　What is the main topic of this reading?

a) The impact of SDGs on low- and middle-income countries
b) The lack of proficient reading abilities among children
c) The weak reading abilities of girls in low-income countries
d) The development of reading materials for 10-year-old children

14　According to the reading, which one of the statements is correct?

a) By the age of 10, many children can understand the meaning of most words.
b) Faster reading makes it more difficult for children to pay attention to meaning.
c) When children begin to read faster, many of them forget about the joy of reading.
d) Most children without enough reading skills can become good readers later in school.

15　According to the reading, which one of the statements is correct about *learning poverty*?

a) The data show that girls tend to suffer less from it than boys do.
b) The concept was made simple so that all children could understand it by age 10.

c) In low- and middle-income countries, 53% of all children have succeeded in overcoming it.

d) It has larger gender differences in low-income countries than in middle-income countries.

16 According to the reading, which one of the statements is correct?

a) Experts believe that progress in reducing learning poverty is far from being slow.

b) If learning poverty is reduced at the fastest rates we have seen in this century, the problem can be solved by 2030.

c) More than one third of children will still be learning-poor in 2030 at the current speed of improvement.

d) It is expected that all children will be able to read when they turn 10 years old in the near future.

17 Which word is closest in meaning to **adopt** in paragraph 4?

a) make

b) change

c) show

d) use

18 Which word is closest in meaning to **eliminating** in the last paragraph?

a) knowing

b) stopping

c) teaching

d) discussing

GRAMMAR AND USAGE

SECTION 1

Some words are used in different ways, and that's ＿(19)＿ many learners make mistakes using "there." Many learners think that "there" means "some places" like here and there. Sometimes that's true but it's not always the case. For example, when I look around the room ＿(20)＿ I am right now, there's a calendar, there is a lamp, there is a computer and there are some letters, too. In each case, when "there" comes at the beginning of the sentence, it just means "is/are; was/were."

It's natural to think ＿(21)＿ how you say something in Japanese is how you say it in English, but that's not always correct. In Japanese, you can put "there" at the start of a sentence ＿(22)＿ a place or a location, but not usually in English. The other day a Japanese woman told me she went to a movie theater. She said, "There was crowded." She was thinking in Japanese, but the sentence was not correct. She should have said, "＿(23)＿ was crowded there." How about another example? "There were 200 people there." Only one "there" talks about a place: the last one. "There were 200 people in the place."

In ordinary conversation, the "there" that means a place usually doesn't come at the beginning of the sentence. Here are some more examples: "There ＿(24)＿ a lot of snow in the mountains. It ＿(25)＿ a lot there (place)." "There are 24 pages in this newspaper. You can get ＿(26)＿ good information there (place)." One more: "There weren't any foreign visitors at the last Olympic Games, but lots of news reporters were there (place)."

出典追記：The Japan Times Alpha, December 31, 2021 & January 7, 2022

19
a) the reason
b) the way
c) how
d) the reason how

20
a) that
b) there
c) where
d) which

21
a) about
b) it
c) of
d) that

22
a) show
b) to show
c) shows
d) shown

23
a) I
b) She
c) It
d) There

24
a) is
b) are
c) have
d) has

25
a) snowy
b) snows
c) snowing
d) snow

26
a) a number of
b) many
c) quite a few
d) some

SECTION 2

27 What's ______ your mind?

a) up
b) on
c) to
d) for

28 The students arrived at the hall one after ______.

a) one

b) other

c) others

d) another

29 There was something wrong with my computer last week, but now it's working all right. I had my brother ＿＿ it yesterday.

a) fix

b) fixes

c) fixed

d) fixing

30 All workers are required to take ＿＿ in today's workshop.

a) role

b) play

c) part

d) seat

31 ＿＿ she was born in Japan doesn't mean she speaks Japanese.

a) Even if

b) Just because

c) However

d) Although

32 ＿＿ study hard will succeed.

a) Who they

b) These who

c) Who those

d) Those who

33 Please remain _____ until your name is called.

a) seating

b) to seat

c) seated

d) to be seated

34 I'm sorry to _____ this, but I don't remember her name.

a) tell

b) say

c) talk

d) speak

編集部注：リスニング音源は，大学公式のウェブサイトで公表されています。
https://www.kandagaigo.ac.jp/kuis/main/nyushi/
「過去問題B音声」
なお，上記のリンクは2023年6月時点のものであり，掲載元の都合によってはアクセスできなくなる場合もございます。あらかじめご了承ください。

SHORT CONVERSATIONS

35 Which one of the statements is correct?

a) The man and the woman live in the same neighborhood.

b) The woman thinks that the man's neighbor is generous.

c) The man is looking for somebody who will go to the baseball game with him.

d) The woman is wondering why the man won't go to the baseball game.

36 Which one of the statements is correct?

a) The woman gave advice to the man.

b) The woman is planning a trip overseas.

c) The man usually exchanges money at a bank.

d) The man exchanged money at the airport.

37 What are the speakers talking about?

a) A writer they both like

b) A classic novel from the 1950s

c) A science book about the ocean

d) An old man who likes swimming

38 Which one of the statements is correct about the man?

a) He hates eating vegetables.

b) He wanted to eat sweets.

c) He loves to eat healthy food.

d) He is not hungry right now.

39 Which one of the statements is correct about the man?

a) He enjoys reviewing what he has learned in class.

b) He thinks previewing is more important than reviewing.

c) He knows that the woman is doing well in class.

d) He wants to know how to preview class materials.

40 Which one of the statements is correct?

a) The man will take *origami* paper to New Zealand.

b) The woman is good at doing *origami*.

c) The man gave a suggestion to the woman.

d) The woman asked the man for advice.

41 Which one of the statements is correct?

a) The woman enjoys reading science fiction horror books.

b）The man will finish reading both of his books this weekend.

c）The man has already started reading the two books that he bought.

d）The woman doesn't think the man should buy a new book now.

42　Which one of the statements is correct?

a）The woman couldn't complete her report.

b）The woman noticed a mistake in her report.

c）The man was absent from class last week.

d）The man missed an announcement in class.

43　Which one of the statements is correct?

a）The woman had pain in her arms from working out at the gym.

b）The woman noticed the man's legs are more muscular.

c）The man started working out after watching a TV program.

d）The man asked the woman to work out together at the gym.

44　Which one of the statements is correct about the woman?

a）She hoped the man bought a shirt for their mom's birthday.

b）She didn't remember when her mom's birthday was.

c）She asked the man to hide their mom's birthday gift.

d）She didn't think a vacuum cleaner was a good gift for their mom.

45　Which one of the statements is correct?

a）The woman is taking a Linguistics class with the man.

b）The woman thinks the man should study harder.

c）The man didn't like the teacher of Linguistics.

d）The man was able to pass the final exam in Linguistics.

46　Which one of the statements is correct?

a) The man will go to the new cafeteria next week.

b) The woman likes the dishes at the cafeteria.

c) The man thinks that the cafeteria is crowded.

d) The woman wants to go to the new cafeteria alone.

47 Which one of the statements is correct?

a) The woman is originally from New York City.

b) The woman is carrying a lot of trash now.

c) The man thinks New York City needs more trash cans.

d) The man wants people to take care of their own trash.

48 Which one of the statements is correct?

a) The woman will go out with the man tomorrow.

b) The man will be at work in the afternoon.

c) The woman will go shopping at the supermarket tomorrow.

d) The man is going to help the woman with her schoolwork.

49 Which one of the statements is correct?

a) The man has to renew his passport.

b) The woman thinks the trip should be canceled.

c) The man's passport has already expired.

d) The woman will get local information about Korea on the Internet.

50 Which one of the statements is correct?

a) The man did not do well on his Spanish examination.

b) The school library is going to be closed next week.

c) The man asked the woman to reserve a group study room.

d) Group study rooms are likely to be available on Friday afternoons.

LONG CONVERSATIONS

Long conversation 1

51 According to the conversation, which one of the statements is correct about the speakers?

a) They are preparing for the rain in May.

b) They are looking at photos of plants.

c) They are talking about their garden.

d) They are making a flower arrangement.

52 According to the conversation, when did the tulips bloom?

a) In March

b) In April

c) In May

d) In June

Long conversation 2

53 Which one of the statements is correct?

a) The woman traveled to Hong Kong.

b) The man is a tailor.

c) The woman wants to buy a suit.

d) The man's suit was inexpensive.

54 Which one of the statements is correct about the woman?

a) She likes how the man's suit fits him.

b) She works in Hong Kong as a local tailor.

c) She promised to buy the man a suit.

d) She went shopping in Hong Kong in the morning.

Long conversation 3

55 What are the man and the woman talking about?

a) The best places to go by ship

b) The man's travel plans

c) The woman's favorite photos

d) The beautiful national parks in Japan

56 According to the conversation, which one of the statements is correct about the man and the woman?

a) They will take a school trip.

b) They have been to an island.

c) They know each other well.

d) They love to swim in the sea.

Long conversation 4

57 Which one of the statements is correct about the woman?

a) She doesn't like social media.

b) She usually goes to bed at midnight.

c) She doesn't like to read at night.

d) She likes to go to sleep very early.

58 Which one of the statements is correct?

a) The man has changed his sleeping habits.

b) The man is asking the woman for advice.

c) The man told the woman not to use social media.

d) The woman doesn't check social media before sleeping.

MONOLOGUES

Monologue 1

59 What is this monologue mainly about?

a) The best way to properly use fountain pens

b) The way to write beautifully with a ballpoint pen

c) The reason why fountain pens are the best pens to use

d) The difference between ballpoint pens and fountain pens

60 How can you create different types of lines with a fountain pen?

a) By holding the pen at a 45-degree angle when writing

b) By changing the type of ink cartridge you use in the pen

c) By pressing very hard against the paper when you write

d) By changing the pressure, speed, and direction you use to write

Monologue 2

61 According to the monologue, which one of the statements is correct?

a) Parents want teachers to check if their children's lunches are healthy.

b) Teachers think that parents should pack more delicious food for their children.

c) Students often cannot finish eating their lunch boxes at school.

d) Students usually have another class right after they finish eating lunch.

62 According to the monologue, at least how many minutes should elementary school students have for lunch?

a) 10

b）15

c）25

d）50

Monologue 3

63 What is this monologue mainly about?

a）Big cats called Florida panthers

b）A natural area in southern Florida

c）The tall, sharp grass called sawgrass

d）Making a home for animals and plants

64 According to the monologue, what is NOT true about the Everglades?

a）It is called “river of alligators.”

b）It has forests of palm trees and pine trees.

c）It is famous for both alligators and crocodiles.

d）It has many kinds of flowers, especially orchids.

放送内容

LISTENING COMPREHENSION

PART 1: CONVERSATIONS

SHORT CONVERSATIONS

Conversation 35
M: Do you and your husband like baseball?
W: Yes, but why do you ask?
M: My neighbor gave me two tickets for the game tomorrow, and I don't want to waste them.
W: Why can't you go?
M: I have to work tomorrow.

35. Which one of the statements is correct?
  a) The man and the woman live in the same neighborhood.
  b) The woman thinks that the man's neighbor is generous.
  c) The man is looking for somebody who will go to the baseball game with him.
  d) The woman is wondering why the man won't go to the baseball game.

Conversation 36
M: Do you know a good place to exchange my American dollars into Japanese yen? I am planning a trip to Japan over the summer.
W: How about exchanging it at the airport? That's what I usually do.
M: I heard the exchange fees are rather high, so I want to try somewhere else.
W: Oh, in that case you may want to try a bank.

36. Which one of the statements is correct?
  a) The woman gave advice to the man.
  b) The woman is planning a trip overseas.
  c) The man usually exchanges money at a bank.
  d) The man exchanged money at the airport.

Conversation 37
M: Have you ever read *The Old Man and the Sea*?
W: What's that?
M: It's a novel by Ernest Hemingway.
W: I've never heard of that novel or the author.
M: Really? It's a classic book that was published in 1952.

37. What are the speakers talking about?
  a) A writer they both like
  b) A classic novel from the 1950s
  c) A science book about the ocean
  d) An old man who likes swimming

Conversation 38
M: I'm so tired. Let's go get a snack.
W: I know this is unusual, but can we get some chopped vegetables?

M: Vegetables? Really? Why do you want those?
W: I like the crunch of fresh carrots, cucumbers, and celery.
M: I guess that's smart. I wanted to suggest chocolate or candy.

38. Which one of the statements is correct about the man?
   a) He hates eating vegetables.
   b) He wanted to eat sweets.
   c) He loves to eat healthy food.
   d) He is not hungry right now.

Conversation 39
W: How do you keep up with the class? You always look so confident in class.
M: I don't know if I'm preparing well enough, but I do spend time reviewing what I learned.
W: I thought previewing what to learn next was more important than reviewing.
M: Well, both should be important, but to me reviewing is more fun.

39. Which one of the statements is correct about the man?
   a) He enjoys reviewing what he has learned in class.
   b) He thinks previewing is more important than reviewing.
   c) He knows that the woman is doing well in class.
   d) He wants to know how to preview class materials.

Conversation 40
M: I heard you'll be staying in New Zealand next summer. Are you going to do a home-stay or stay at a school dormitory?
W: I'm going to stay at the home of a family with three children. They are all girls, aged three, five, and nine.
M: Then, why don't you take *origami* paper to show them how to make something with it? The children would love it.
W: That is a good idea, but I will have to practice because I don't remember how to do it myself.

40. Which one of the statements is correct?
   a) The man will take *origami* paper to New Zealand.
   b) The woman is good at doing *origami*.
   c) The man gave a suggestion to the woman.
   d) The woman asked the man for advice.

Conversation 41
M: Can I buy this book? It's from my favorite science fiction horror series.
W: Didn't you already buy two books the other day? You haven't even started reading them.
M: Well, I plan on starting one of those books this weekend.
W: I think you should finish both of them first, before getting a new one.

41. Which one of the statements is correct?
   a) The woman enjoys reading science fiction horror books.
   b) The man will finish reading both of his books this weekend.
   c) The man has already started reading the two books that he bought.
   d) The woman doesn't think the man should buy a new book now.

Conversation 42
W: It took me such a long time to finish writing this report. I only slept a few hours last night.

M: What do you mean? The report is due next week, right?
W: Didn't you know that there was a mistake in the post on the class website? Professor Williams announced in class last week that the correct due date is today.
M: Oh, no! I guess I was not paying attention when he said that.

42. Which one of the statements is correct?
 a) The woman couldn't complete her report.
 b) The woman noticed a mistake in her report.
 c) The man was absent from class last week.
 d) The man missed an announcement in class.

Conversation 43
M: My arms really hurt from working out.
W: Yeah, I have noticed that your arms are much more muscular now.
M: I watched a training show on TV, and it motivated me to go to the gym.
W: I've been wanting to work out more as well. Can I join you next time you go there?

43. Which one of the statements is correct?
 a) The woman had pain in her arms from working out at the gym.
 b) The woman noticed the man's legs are more muscular.
 c) The man started working out after watching a TV program.
 d) The man asked the woman to work out together at the gym.

Conversation 44
M: Can you hide Mom's birthday gift really quick? It's in the car.
W: Great! What did you end up getting her? I hope it was that cute skirt we saw yesterday.
M: Actually, I ended up getting her a new vacuum cleaner, since the old one doesn't work very well.
W: Are you serious? Do you really think she wants to get a cleaning tool on her special day?

44. Which one of the statements is correct about the woman?
 a) She hoped the man bought a shirt for their mom's birthday.
 b) She didn't remember when her mom's birthday was.
 c) She asked the man to hide their mom's birthday gift.
 d) She didn't think a vacuum cleaner was a good gift for their mom.

Conversation 45
M: How was your first Linguistics class?
W: The teacher sounded strict, but the course is very interesting.
M: I took the same course last year. The final exam was quite difficult, but I managed to pass.
W: That's good to know. I guess I'll have to study very hard though.

45. Which one of the statements is correct?
 a) The woman is taking a Linguistics class with the man.
 b) The woman thinks the man should study harder.
 c) The man didn't like the teacher of Linguistics.
 d) The man was able to pass the final exam in Linguistics.

Conversation 46
W: Have you tried the new cafeteria on campus that just opened last week?
M: Oh, yeah, I went there twice already. But I may not want to go back there for another couple of months.

W: Why not? You don't like the dishes they serve?
M: The variety of food is OK. It's just that the place is packed with people. I had to wait in a long line.

46. Which one of the statements is correct?
 a) The man will go to the new cafeteria next week.
 b) The woman likes the dishes at the cafeteria.
 c) The man thinks that the cafeteria is crowded.
 d) The woman wants to go to the new cafeteria alone.

Conversation 47
M: Why can't I find any public places to throw away my trash in Tokyo?
W: I think it's because people here are expected to take care of their own garbage.
M: Well, back in New York City, where I'm originally from, you can find public trash cans pretty much everywhere.
W: Really? It would be great not having to carry our own trash, because right now my pockets are full of garbage.

47. Which one of the statements is correct?
 a) The woman is originally from New York City.
 b) The woman is carrying a lot of trash now.
 c) The man thinks New York City needs more trash cans.
 d) The man wants people to take care of their own trash.

Conversation 48
W: Dad, could you help me out with my class project tomorrow?
M: Sure. I'll be in the office in the morning, but once I'm finished, I need to go to the supermarket, then go to Granma's house. I'll be home at about 4 in the afternoon.
W: Great! Thanks, Dad. I'm going to bed. Good night!
M: Good night.

48. Which one of the statements is correct?
 a) The woman will go out with the man tomorrow.
 b) The man will be at work in the afternoon.
 c) The woman will go shopping at the supermarket tomorrow.
 d) The man is going to help the woman with her schoolwork.

Conversation 49
M: I just realized that my passport will expire in three days.
W: Oh no. Our trip to Korea is next month.
M: Don't worry. It won't take a long time to get it renewed.
W: Let's check on the Internet.

49. Which one of the statements is correct?
 a) The man has to renew his passport.
 b) The woman thinks the trip should be canceled.
 c) The man's passport has already expired.
 d) The woman will get local information about Korea on the Internet.

Conversation 50
M: Why don't we study together for the Spanish test we're having next week?
W: Sure. I have time after class today. Maybe we can use a group study room in the library.
M: That sounds good. Do we need to make a reservation?

W: Well, I don't think it's necessary. The group study rooms are usually not being used on Friday afternoons.

50. Which one of the statements is correct?
   a) The man did not do well on his Spanish examination.
   b) The school library is going to be closed next week.
   c) The man asked the woman to reserve a group study room.
   d) Group study rooms are likely to be available on Friday afternoons.

LONG CONVERSATIONS

Long Conversation 1

M: Did you see the flowers in our garden?
W: Are you talking about the tulips that bloomed yesterday?
M: Yes. They're beautiful. I'm surprised they're so colorful.
W: Wait until you see the lilies.
M: The lilies? I thought that lilies are white.
W: Not all lilies are white. I planted some colored ones.
M: Have they already bloomed, too?
W: Not yet. Probably next month, around the middle of May.
M: As the saying goes, "April showers bring May flowers."

51. According to the conversation, which one of the statements is correct about the speakers?
   a) They are preparing for the rain in May.
   b) They are looking at photos of plants.
   c) They are talking about their garden.
   d) They are making a flower arrangement.

52. According to the conversation, when did the tulips bloom?
   a) In March
   b) In April
   c) In May
   d) In June

Long Conversation 2

W: Where did you get that suit?
M: Actually, it's tailor made.
W: Really. It fits you just right!
M: Thanks. In Hong Kong there are many local tailors who make clothes to fit different people.
W: Didn't you buy the suit in a department store?
M: No, I didn't. When I was in Hong Kong, I went to a tailor who measured my height and measured my waist too. After that, she created a suit using cloth that I chose myself.
W: I see. So, how long did it actually take her?
M: Only eight hours. And, it was really cheap, too!

53. Which one of the statements is correct?
   a) The woman traveled to Hong Kong.
   b) The man is a tailor.

c) The woman wants to buy a suit.
d) The man's suit was inexpensive.

54. Which one of the statements is correct about the woman?
a) She likes how the man's suit fits him.
b) She works in Hong Kong as a local tailor.
c) She promised to buy the man a suit.
d) She went shopping in Hong Kong in the morning.

Long Conversation 3

M: I want to visit beautiful places in Japan during the summer break. Do you have any suggestions?
W: There are so many. Why don't you search for them on the Internet?
M: I did, and I can't decide, so I want to get recommendations from my really close friends.
W: OK, one place I love is Engetsu Island. That's the nickname for Takashima.
M: Where is that?
W: It's off the coast of Shirahama in Wakayama Prefecture.
M: Is it famous? I've never heard of it.
W: Yes. The Japanese government considers it to be a National Place of Scenic Beauty. I'm surprised you didn't know about it.

55. What are the man and the woman talking about?
a) The best places to go by ship
b) The man's travel plans
c) The woman's favorite photos
d) The beautiful national parks in Japan

56. According to the conversation, which one of the statements is correct about the man and the woman?
a) They will take a school trip.
b) They have been to an island.
c) They know each other well.
d) They love to swim in the sea.

Long Conversation 4

M: Do you think that you get enough sleep these days?
W: I'm not sure. Why?
M: I've been trying to improve my sleeping habits. Before, I used to stay up too late. Now, I go to bed at ten o'clock every night.
W: I know what you mean. I usually don't go to bed until midnight. But even though I go to bed, I spend at least an hour reading or checking social media before I fall asleep.
M: How many hours of sleep do you usually get?
W: Actually, it depends. If I stay up too late, I only get four to six hours of sleep.
M: Ever since I changed my habits, I get closer to eight hours of sleep.
W: That sounds good. Maybe I need to get to bed earlier too.

57. Which one of the statements is correct about the woman?
a) She doesn't like social media.
b) She usually goes to bed at midnight.
c) She doesn't like to read at night.

d) She likes to go to sleep very early.

58. Which one of the statements is correct?
a) The man has changed his sleeping habits.
b) The man is asking the woman for advice.
c) The man told the woman not to use social media.
d) The woman doesn't check social media before sleeping.

PART 2: MONOLOGUES

Monologue 1

Most people use ballpoint pens these days, but some still prefer to use fountain pens. Fountain pens have tips that let you create lines with different widths depending on the pressure, speed, and the direction of the lines you write. You normally refill the pens using ink cartridges, which means you can change the color of the ink as much as you like. However, using a fountain pen requires a different technique than using ballpoint pens.

First you must hold the pen properly. It should rest comfortably in your hand. This prevents your hand from getting tired as you write. Next, you must place the tip of the pen on the paper in the proper way. Usually, it is best if you hold the pen at a 45-degree angle. Then you should write using only gentle pressure. Don't press too hard against the paper or you might damage the tip of the pen.

59. What is this monologue mainly about?
a) The best way to properly use fountain pens
b) The way to write beautifully with a ballpoint pen
c) The reason why fountain pens are the best pens to use
d) The difference between ballpoint pens and fountain pens

60. How can you create different types of lines with a fountain pen?
a) By holding the pen at a 45-degree angle when writing
b) By changing the type of ink cartridge you use in the pen
c) By pressing very hard against the paper when you write
d) By changing the pressure, speed, and direction you use to write

Monologue 2

A new research study revealed that most elementary schools in America are not giving students enough time to eat the food in their lunch boxes. Researchers have found that children need at least 15 minutes to finish their lunch, but most primary schools only give students 10 minutes before usually letting them play outside. With less time to eat, students are more likely to finish the less healthy food in their lunch boxes first, such as the desserts. This means that the healthier food is eaten last, and many times not even touched at all. A good diet is an important part of a child's ability to focus. Teachers argue that parents should pack only healthy food in their children's lunch boxes, instead of asking the teacher to extend the lunch period. On the other hand, parents think it is the teachers' responsibility to make sure their children have enough time to finish their whole lunch.

61. According to the monologue, which one of the statements is correct?

Monologue 2の出典追記：Ten minutes to munch lunch not enough time to feed young minds, Kids News on May 3, 2022 by Emily Dann and Susie O'Brien

a) Parents want teachers to check if their children's lunches are healthy.
b) Teachers think that parents should pack more delicious food for their children.
c) Students often cannot finish eating their lunch boxes at school.
d) Students usually have another class right after they finish eating lunch.

62. According to the monologue, at least how many minutes should elementary school students have for lunch?
a) 10
b) 15
c) 25
d) 50

Monologue 3

Hundreds of birds fly in a sunny blue sky. The only sounds are bird calls and the soft noise made by tall grass as the water slowly moves them. Hidden in the tall grass, dark green alligators move at the edge of the water.

This is a description of the Everglades, a low, watery, partly coastal area in southern Florida that covers ten thousand square kilometers. The area is filled with a kind of grass called sawgrass that grows in sharp, thin pieces that are one to three meters tall. That's why the Everglades is sometimes called "river of grass."

The area also contains forests of palm trees and pine trees. Beautiful plants and sweet-smelling flowers grow in the Everglades, especially many kinds of orchids. Animal species are plentiful, including colorful birds and butterflies as well as snakes, foxes, frogs and even big cats, called Florida panthers. But probably the most well-known animals in the Everglades are alligators and crocodiles. No other place in the world is home to both.

63. What is this monologue mainly about?
a) Big cats called Florida panthers
b) A natural area in southern Florida
c) The tall, sharp grass called sawgrass
d) Making a home for animals and plants

64. According to the monologue, what is NOT true about the Everglades?
a) It is called "river of alligators."
b) It has forests of palm trees and pine trees.
c) It is famous for both alligators and crocodiles.
d) It has many kinds of flowers, especially orchids.

出典追記：Voice of America

6

次の各問いの空欄に入る漢字として正しいものを、それぞれの①～④の中から一つ選べ。解答番号は 28 、 29 、 30 。

問1　（　　）言飛語

①　流　　②　暴　　③　多　　④　無　　（解答番号は 28 ）

問2　縦横無（　　）

①　陣　　②　刃　　③　仁　　④　尽　　（解答番号は 29 ）

問3　権謀術（　　）

①　方　　②　数　　③　力　　④　実　　（解答番号は 30 ）

問4　西洋風の生活様式が浸トウする　（解答番号は 24）

①　故人を追トウする　②　トウ明な窓から光が入ってくる

③　フェリーにトウ乗する　④　会場に観客が殺トウする

5

次の各問いの傍線部の読みとして正しいものを、それぞれの①～④の中から一つ選べ。解答番号は 25 、 26 、 27 。

問1　順番に炊事を担当する　（解答番号は 25）

①　はんじ　②　かんじ　③　すいじ　④　けつじ

問2　死者を弔う　（解答番号は 26）

①　おも　②　した　③　とむら　④　あらが

問3　はたから見ても麗しい光景だ　（解答番号は 27）

①　うるわ　②　のぞま　③　このま　④　かんば

に積極的であり、優位でない国家は参入には消極的である。

4

次の各問いの傍線部のカタカナに相当する漢字と同じ漢字を使うものを、それぞれの①～④の中から一つ選べ。解答番号は 21 、 22 、 23 、 24 。

問1　様々な要素がユウ合する　（解答番号は 21 ）

①　事故をユウ発する労働環境　　②　お金をユウ通する

③　ユウ久の歴史の流れを感じる　　④　事態の悪化をユウ慮する

問2　会費をチョウ収する　（解答番号は 22 ）

①　チョウ発的な態度　　②　チョウ望を遮るものがない

③　常人をチョウ越している　　④　鳩《はと》は平和の象チョウだ

問3　候補者をヨウ立する　（解答番号は 23 ）

①　我が子を抱ヨウする　　②　予想外の事態に動ヨウする

③　極論を排して、中ヨウな意見を述べる　　④　飛行機はヨウ力によって上昇する

～④の中から一つ選べ。解答番号は 19 。

① 国境線を越えた環境リスクが広く認識され、主権国家がそれぞれに意思決定することの非合理性が明白になるとともに、経済が地球規模に広がったことで国民経済も解体されつつあるため。

② 主権国家の形成に失敗した多くの国家が、地球規模の環境リスクに対応し、世界規模の市場競争に挑むのは不可能であると判断し、国家内での主体的な政策決定を行わなくなっているため。

③ 原発過酷事故のような大規模災害の発生が増え、経済活動も世界大に拡大したことが契機となり、国家よりも広域的な秩序をつくり上げることに成功したため。

④ 地理的な分断を超えた世界全体の秩序を実現させようという機運が高まるにつれて、逆に個々の国家内での問題解決に費やす労力は縮小しているため。

問7 本文の内容と合致するものとして最も適切なものを、次の①～④の中から一つ選べ。解答番号は 20 。

① ナショナリズムが生まれた理由として有力なのは、地理的・系譜的に近い集団が、他の集団への排他的な感情をあおる人為的な扇動に影響され、所属集団の同質性を賛美する傾向が強まったためというものである。

② 現代のナショナリズムにおいては、かつて存在した国民同士の相互扶助的な側面は失われており、むしろナショナリズムが他国民のみならず自国民をも競争や攻撃の対象とすることの基礎になっている。

③ 地域間の格差や階層間の格差が広がり、人びとが国民全体を「私たち」と自認するのが困難な状況に陥っており、国民主権という枠組みを放棄する国が現在増加しつつある。

④ 環境リスクに対処するための世界秩序が構想されているが、世界の中で相対的に優位な国家のみがその秩序への参入

① 恩師のしがない時間を割いてもらい、転職の相談をした。
② 迷子になった息子が親切な人に出会えたのはしがないことだった。
③ しがない給料に見合わぬ買い物をすべきではなかった。
④ 長年の練習があればこそ、大舞台でのしがない勝利へとつながった。

問4 空欄 B に入る文として最も適切なものを、次の①～④の中から一つ選べ。解答番号は 17 。

① 連帯して市場競争の激化に対抗するよりほかに国民主権を守るすべはない。
② 国家による政治的決定の矛盾はさらに露呈しやすい。
③ 主権国家の危機に対する緩衝材は一切存在しない。
④ 主権の所在はなおさら曖昧にならざるをえない。

問5 傍線部(3)「同様のこと」とあるが、その説明として最も適切なものを、次の①～④の中から一つ選べ。解答番号は 18 。

① 原発など環境リスクが高い施設の近隣地域の人びとが、その他の地域の人びとから不当な差別を受けてしまうこと。
② 広範囲に被害を与えうる危機的事態が発生した際に、自国だけでなく周辺諸国の情勢も勘案した政策決定を行うこと。
③ 少数派の代表が、「多数者の専制」に対して異議を唱える傾向が強くなること。
④ 不公平な立場に置かれている地域の意見が、多数の人びとの意見によって封じ込められてしまうこと。

問6 傍線部(4)「国民主権は問題解決能力を失い、陳腐化しつつある」とあるが、その理由として最も適切なものを、次の①

ない」とあるが、その理由として最も適切なものを、次の①〜④の中から一つ選べ。解答番号は 14 。

① 経済的な格差が広がりつつある中で国民集団の団結を図る手段として、ナショナリズムを利用しようとする政治的策略が成功しているため。

② 市場の論理に対抗するものとしてナショナリズムが認識されており、経済の崩壊を食い止める手段としても有効であると考えられているため。

③ ナショナリズムが、他者と競争して互いに蹴落とし合う市場の論理に仕えるものとなり、弱者を切り捨てることで自己の利益を得ようとする人びとに選ばれるようになったため。

④ 地域や個人の競争をあおる市場の論理に対する反発が起こり、国民が集団として手を携えて行動するための指針としてナショナリズムが選び取られているため。

問2　空欄 A に入る語句として最も適切なものを、次の①〜④の中から一つ選べ。解答番号は 15 。

① 分断

② 競争

③ 共謀

④ 連帯

問3　傍線部(2)「しがない」とあるが、それを使った文として最も適切なものを、次の①〜④の中から一つ選べ。解答番号は 16 。

いような政策の是非について、それぞれの主権国家が勝手に決定できるという今のあり方がいかに非合理的かは明白である。

それなら、地球大の代表制を実現すればそれでいいのかといえば、事態はそれほど単純でもない。想起されるべきは、国民主権が国内の地域をいかに抑圧しているかである。原発にしても、あるいは軍事基地のようなものにしても、きわめて大きなリスクを伴う施設は、国内の特定の地域に集中している場合が多い。こうした状況に対して、それらの地域が負担の公平等を訴えて異議を唱えても、国民全体のために受忍せよとして、主権を振りかざして門前払いにされ易《やす》い。主権は、国内的には少数意見を封じる「多数者の専制」の装置となりうるのである。

(3)同様のことは、より広域的な秩序や、世界大の秩序においてもありうるだろう。弱い立場にある地域からの声は十分に聞き入れられず、今や世界大に広がった「私たち」の都合の前に無力なままにとどまる可能性がある。そうではなく、少数派に耳をかすような秩序も構想しうる、という主張もあろう。しかし、仮にそうした秩序構想ができたとしても、問題は、現在の政治的決定権をにぎっている主権国家が、そこに参入する動機付けがどこから得られるのかである。とりわけ、世界秩序のなかで相対的に優位にあると自負している国民集団は、自分たちの負担が増えかねない枠組みの採用を歓迎するであろうか。ここに、新たなディレンマがある。すなわち、(4)国民主権は問題解決能力を失い、陳腐化しつつあるが、にもかかわらず容易に消滅しない。消滅しないからこそなお事態は深刻なのである。

（杉田敦「政治の現在と未来」より）

（注）政治の「周辺化」＝社会における政治の役割が副次的なものになること。

問1　傍線部(1)「国民経済が崩れつつあるいま、ナショナリズムも弱まっていくはずではないか。ところが実際にはそうではっていたからである。政治において代表されるべき「私たち」の範囲がどこまでかは、決まっているとされていた。そして、その集団を代表する決定は、それ以外のどのような集団の意思によっても制約されるべきではないとされた。こうした「国民主権」の論理が政治的な正統性の根拠となっていたのである。

現在でも、このような正統性を単に主張すれば、つまり主権を高らかに宣言しさえすれば政治はうまくいくと考える人びともいる。しかし、国民集団が安定したものと見なされたのは、国民経済が成立していたからにほかならない。経済が地球大に広がって国民経済が解体されつつあるなか、国民集団を代表する形で主権的な決定なるものがなされたとしても、その意味はあまりない。端的にいって、税源を失い、雇用の流出を止められず、もはや国民の生活保障ができないような国家機構が、主権なるものを振り回したとしても、それを支える動機付けはどこにも生まれてこない。

これは単に抽象的にそういっているのではなく、すでにそうした兆候は世界のあちこちで目撃されている。主権国家の形成に失敗した破綻国家にかぎらず、かつては福祉国家に近いものを実現したヨーロッパでさえ、政治が自分たちのために何もしてくれないという怨嗟《えんさ》の声が湧き上がり、代表制はきわめて不安定なものとなっている。ヨーロッパは主権概念の故郷であるにもかかわらず、いち早くその限界を知り、広域的な秩序をつくり上げた。それによって、市場競争の激化に対して、ある程度連帯して対抗することができたが、それでもなお、危機は深刻なものとなっている。通貨が共有され、経済的なリスクが国境を越えて広がるのに対して、税制など個別の政治的決定が各国家にゆだねられていることの矛盾が露呈した。まして、広域的な秩序の展望をもたない日本のようなところでは、［　　B　　］。

政治的決定の単位としての国民集団の自明性が失われたのは、市場の全面化に加えて、環境リスクが意識されたことも大きい。環境にもたらされる巨大なリスクは、国境線によって押しとどめられない。これは今に始まったことではないが、一連の原発過酷事故を通じて誰の目にも明らかとなった。国民集団の範囲を越え、地理的な国境線を越えてリスクをばらまきかねなて、選び取られているように思われる。

　それにしても、その計算は当たるのだろうか。今のような形のナショナリズムはどこまで続くのか。現に雇用は失われ、賃金は低下しつつある。懐がますますさみしくなっていくなかで、旗を振ったり歌を歌ったりしていても仕方がないのではないか。こうした観点からすれば、ナショナリズムは長くは続かないはずである。

　しかし、事態がそうした方向に向かうかは、今の段階では何ともいえない。苦しくなったから周りと支え合おうとするか、苦しくなったから周りを蹴落とそうとするかは、条件次第である。いつかは良くなっていくはずだという見通しがある時には、当座のこととして支え合うこともできそうだ。しかし、時とともにますます悪くなっていきそうな時に、そうした寛容な態度が保てるかどうか。見通しのない中で攻撃し合い、自滅を早めていく危険性も無視できない。そして、同じような行動をとる国民集団が近隣にあれば、破局は相乗的に近づくであろう。

　政治(注)の「周辺化」は、代表制にも深刻な影響を及ぼす。「私たち」全体にかかわることが決定できるとすれば、そこには必ず代表というものが介在している。これは、政治家を選挙で選ぶ、いわゆる代表民主政のようなものに限られない。人びとが集まって話し合うという、政治の原型に近い形の場合でも、実は同じである。実際にはさまざまな意見があっても、いずれかの時点で何らかの選択肢が選ばれ、それが全体の意思とされてしまうからである。いわゆる直接民主政を行うことで、代表制を回避できるわけではない。代表民主政の場合に政治家を選ぶのに対して、直接民主政の場合には政策を選ぶという違いはたしかにあるが、選択肢が限られており、それが個人の意思と完全に一致しない可能性がある点は同じである。ある集団の全体にかかわる決定がなされなければならないとすれば、つまり政治があるかぎり、代表制はつきまとう。

　今日、代表制は深刻な危機を迎えている。まず、代表されるべき「私たち」が何なのかがあいまいとなり、それが代表制の意味を大きく損ねている。主権というものがかつて信じられたのは、国民集団が安定しており、しかもそれが重要な意味をもうではない。なぜか。

まず明らかなのは、今のナショナリズムは、国民集団の間で富を分かち合い、生活を支え合っていくような意識では必ずしもないということである。地域間の断絶を強く問題にする意見も、階層的な格差を批判する考え方もあまり見られない。ナショナリズムは内部で支え合う側面を失い、もっぱら他者への攻撃の基礎となっている。

比喩的にいえば、旗を掲げ、歌を歌い、「敵」を呪いながら、隣で行進している人びとを助ける気は毛頭ない。攻撃は国境線の外部にだけ向けられているのではない。内部にまぎれ込んでいる移民労働者にはじまり、人びととの［A］を説く人びとなども激しい攻撃の対象となる。

このナショナリズムと市場との関係はどうなっているのか。一つの見方は、市場が国境を越えて地球大となり、「私たち」という単位が脅かされていることへの不安感にナショナリズムは根差すというものである。そうした回路も、否定できない。しかし、かつてのムラ的な連帯のように、同じムラに属するというだけで、できる限り支え合うという相互扶助的な側面は、そこには見られない。むしろ、それぞれの地域や個人の競争力に注目し、蹴落としあうような市場の原理がそこには貫かれている。このナショナリズムは、市場に対抗するようでいて、市場に対してひざまずくナショナリズムなのである。

ここでさらに一つの疑問がわき起こる。多くの人びとがなぜ、このような分断的なナショナリズムにとらわれるのか。酷薄な市場に抗して、ムラ的に手をつないで支え合おうとしないのは何か。それはおそらく、市場の論理に対抗することは、市場にからめ取られる以上の不安をもたらすからであろう。地域間の格差や階層的な格差を縮めようとして、経済活動に介入したり、企業に対して無理矢理税金を課したりすれば、パイはますます小さくなり、自分たちの(2)しがない取り分はさらに小さくなるのではないか。より貧しい人びとと運命を共にすることは、自分の得にならない。それよりは、自分より弱い層を切り捨てながら、より強い人びとについて行けば、少しはおこぼれにあずかれるのでは。ナショナリズムは、そうした計算の結果とし問6　本文の内容と合致するものとして最も適切なものを、次の①～④の中から一つ選べ。解答番号は13。

① 歴史家は、人によって解釈が異なるものを真実と呼び、学者同士で認識が一致するものを事実と呼んでいる。

② マルクス主義者の歴史家は、神の存在によって歴史を説明しようとするのではなく、経済的な文脈に歴史的事象を位置付けて、その意味を読み取ろうとする。

③ イギリス史においては、歴史を必然的な進歩の過程と見なす歴史観が一九世紀まで主流だったが、その後、現在の政治経済における権威を正当化する歴史記述に取って代わられた。

④ 現在のアイルランド史では、民衆がイギリスの過酷な支配に抵抗して自由を勝ち取ったという歴史観が主流になっている。

3

次の文章を読んで、後の問い（解答番号14～20）に答えよ。

一九世紀以降にナショナリズムが生まれた理由についてはさまざまな説明があるが、国民経済の成立と、それが深い関係をもつという見方が有力である。先にもふれたように、産業化に必要な、同じ言語を話し同様の教育がある労働者を得るために、国民集団は人為的につくられたとされてきた。こうした経済的な説明に対しては、地理的・系譜的に近い集団がもともともっていた同質性を考えるべきだとの批判もある。しかし、いずれにせよ、国民経済と密接な形で国民集団は維持され、それをたたえるナショナリズムも強まったことは間違いない。

そうであるとすれば、(1)国民経済が崩れつつあるいま、ナショナリズムも弱まっていくはずではないか。ところが実際にはそ

③　歴史家が書く歴史だけではなく、庶民が書く歴史も登場してきたから。
④　歴史を解釈する枠組みの変化に伴って、歴史の記述のあり方も変わるから。

問4　傍線部(2)「歴史修正主義というラベルは固定的とは言えず」とあるが、その理由として最も適切なものを、次の①～④の中から一つ選べ。解答番号は 11 。

①　歴史をいくら修正したところで歴史的な真実にたどりつくことはできないため、あらゆる歴史認識は固定的なものではあり得ないから。
②　誰から見ても納得できる歴史の書き方というものは存在せず、どのような歴史もその書き手の恣意を免れ得ないから。
③　学術的に歴史を再検証することによって修正された歴史的記述が、いずれは歴史学における主流となっていくものだから。
④　新たな価値体系や政治的な秩序が安定化すれば、それに伴って登場した歴史認識が主流化するから。

問5　傍線部(3)「なぜ特定の歴史の書かれ方は批判されているのだろうか」とあるが、その理由として最も適切なものを、次の①～④の中から一つ選べ。解答番号は 12 。

①　社会が新しい政治体制やイデオロギーに移行しても、旧態依然とした歴史記述にとどまっているから。
②　現在の政治体制に応じる形で、特定の政治的な意図のもとに都合よく書き替えられているから。
③　事実に均等に目を配ることによって時代の変化に左右されることなく、現状を必然的な結果として説明するから。
④　学術的に歴史を見直すことによって、現在の政治秩序や価値観をゆるがすことになりかねないから。

問1 空欄 A ～ C に入る語句の組合せとして最も適切なものを、次の①～④の中から一つ選べ。解答番号は 8 。

① A しかし B それでも C つまり
② A だから B そして C たとえば
③ A だが B すなわち C 要するに
④ A とはいえ B むしろ C なぜなら

問2 本文の【Ⅰ】～【Ⅳ】のうち、左の一文が置かれる場所として最も適切なものを、次の①～④の中から一つ選べ。解答番号は 9 。

この違いは、その人の世界観、政治的立場、イデオロギー、学問的な訓練などに由来する。

① 【Ⅰ】 ② 【Ⅱ】 ③ 【Ⅲ】 ④ 【Ⅳ】

問3 傍線部(1)「歴史は単数ではなく、常に複数であり、また固定的な歴史像というものは存在しない」とあるが、筆者がその理由を説明したものとして適切でないものを、次の①～④の中から一つ選べ。解答番号は 10 。

① 歴史は、歴史家が歴史的事実を選び出すことによって作られているから。
② 歴史を解釈する枠組みが、歴史家によってそれぞれ異なるから。

批判される歴史修正主義とを隔てるものは、何だろうか。

後者の例は、二〇世紀初頭のイギリスの小説家ジョージ・オーウェルの作品、『一九八四年』（一九四九年）のなかにある。主人公のウィンストン・スミスは、「ビッグ・ブラザー」と呼ばれる指導層が率いる全体主義的な国で、歴史の改竄《かいざん》を仕事としている。現実に起こったことがビッグ・ブラザーによる予言と計画に合致するように、過去のニュースを日々書き替えている。改竄箇所は、一度行うと芋づる式に増えてゆく。なぜなら政治的に「消された」人物は最初から存在しなかったことになり、その人間に言及する箇所もすべて書き替えなくてはならないからだ。こうして、現在の政治に合わせて過去が書き替えられてゆく。

どうやら歴史修正主義の問題は、政治的な意図の存在にあるようだ。歴史の修正の目的は、政治体制の正当化か、これに不都合な事実の隠蔽である。現状を必然的な結果として説明するために、もしくは現状を批判するために、歴史の筋書きを提供する。これが「主義＝イズム」としての歴史修正主義だ。

歴史修正主義は、過去に関するものであるように見えて、実はきわめて現在的な意図を持つ。現在における歴史の「効用」が問題なのであり、いまを生きる人間にもたらされる利益がなければ意味がない。したがって歴史修正主義は本質的に未来志向である。歴史が修正されることで、将来的に取り得る選択肢も正当化されるからだ。こうして過去は現在と未来に奉仕させられる。

（武井彩佳『歴史修正主義』より）

（注１）　ボルシェヴィキ革命＝レーニンを主導者とするロシア社会民主労働党左派による革命のこと。

（注２）　シオニスト＝ユダヤ民族主義者。

史観である。こうした歴史観に異議を呈す者は、歴史修正主義者と呼ばれた。

アイルランド史では、自国史をイギリスによる抑圧に抗する自由への闘いとして記す、民族主義的でカトリック的な歴史観が長く支配的であった。しかし、こうした歴史観を疑問視する歴史家が一九六〇年代から七〇年代に登場した。彼らはイギリスの支配はそれほど過酷ではなく、むしろアイルランドの歴史は間違った理想主義と暴力に特徴付けられてきたと主張した。彼らもやはり歴史修正主義者と呼ばれた。

ソ連史でも、共産主義体制が崩壊する前に、ボルシェヴィキ(注1)革命を少数者による暴力的な国家権力の簒奪《さんだつ》と見なし、上から全体主義が押しつけられたとする見方が登場している。これも歴史修正主義とされた。

また一九九〇年代のイスラエルでは、ユダヤ人国家の建設をパレスチナ人の追放という視点から読み直す歴史家が現れた。彼らは「新しい歴史家」を自称したが、主流派シオニスト(注2)の歴史家からは歴史修正主義者と呼ばれ批判された。

一般的に、歴史の修正は戦争や政治体制の転覆など、政治的な変化を背景として登場することが多い。現に共産主義体制を全体主義の押し付けと捉える見方は、冷戦の終結と東欧におけるナショナリズムの台頭と同じ時期に出てきた。イスラエルで「新しい歴史家」が登場したのも、パレスチナとの和平合意を求める左派の運動が勢いを得たことと連動していた。

つまり、新しい政治体制やイデオロギーが、新しい歴史記述を求めるのである。したがって(2)歴史修正主義というラベルは固定的とは言えず、新たに生み出された政治秩序が安定し、時間の経過とともに権力化していくと、歴史修正主義的な見方が主流化して、もはや歴史修正主義と呼ばれなくなることもある。たとえば、先のホイッグ史観に対する批判と修正は、いまや至極当然なものと見なされているために、歴史修正主義とは呼ばれない。

では(3)なぜ特定の歴史の書かれ方は批判されているのだろうか。歴史を再検証して「書き直す」ことと、「歴史修正主義」とはどう異なるのだろうか。見直す行為が「主義（イズム）」になると、何が違うのか。学術的にも許容される歴史の見直しと、史が書かれるようになった。

(1)つまり歴史は単数ではなく、常に複数であり、また固定的な歴史像というものは存在しない。歴史は常に「修正」され続ける運命にある。また、歴史的「事実」はある程度確定できるが、歴史的「真実」がどこにあるかを知ることはできない。

　これに対して私たちが知り得るのは、歴史がどのような素材から、いかなる選択を経て書かれ、これがどのような解釈の型により説明され、人々に受容されることで意味を与えられているのかという、歴史の社会的な「現実＝リアリティ」のことなのである。

　歴史は可変的であり、客観的といいつつ事実の選択でさえ主観的な要素を排除できないという認識を前提に、話を進めよう。歴史を「修正」することは、学術的な行為である。実際に、それまで知られていなかった史料が発見されたり、非公開であった史料が関係者の死亡により閲覧できるようになったり、史料の状況が大きく改善することにより、歴史が書き直されることもある。パラダイムの転換があれば、歴史記述は必然的に変わる。そして修正された歴史が主流となることも十分にあり得る。

　しかし、主流派の歴史解釈からすると、歴史の書き直しは既存の価値体系や政治的な秩序を危険にさらす行為である。危険な言説は排除しようという力が働くため、これに「歴史修正主義」（revisionism）というレッテルを貼る。また歴史家のなかには、自ら歴史修正主義者（revisionist）を自称する人もいる。

　これまで、どのような歴史記述が「歴史修正主義」とされてきたのか。まずイギリス史では、歴史を直線的で、自由と啓蒙に至る必然的な進歩の過程と見なす「ホイッグ史観」が一九世紀まで優勢であった。ホイッグとは、トーリー党とともに、かつてイギリスの二大政党を形成したホイッグ党のことで、「ホイッグ史観」とはホイッグ党の理念や政策に親和的な歴史記述のことを言う。現在の政治経済的な覇者を権威付ける、自由主義的な歴

（文書館員）が他の大量の文書を「価値なし」として破棄してしまうかもしれない。文書をすべて保管していたら、文書館がいくらあっても足りない。こう考えると、歴史文書が歴史家の机に載せられるまでには、いくつもの偶然や意図的な選抜があり、事実とはさまざまな種類のふるいにかけられたあとに、何らかの理由で残ったものとなる。

先の一〇人の歴史家の話に戻る。一〇人が書いた歴史は事実関係の把握の点では大きな違いがなかったとしても、やはり十人十色の歴史として記される。それは彼らが歴史事実の選択をそれぞれ行い、解釈する枠組みがそれぞれに異なるからである。

【Ⅲ】

たとえば、きわめて敬虔《けいけん》なキリスト教徒の歴史家は、すべてはより大きな意思により導かれるという、神による予定調和の現れとして、歴史事象を捉えるかもしれない。実際、近代以前の歴史には、常に神の姿が見え隠れしていた。

ところが神が不在となったマルクス主義者の歴史家は、同じ出来事は特定の発展段階にある社会が示す特徴として理解し、経済的観点から説明するだろう。【Ⅳ】

フェミニズムに大きく影響されている人ならば、この出来事は女性の自立への意志と、父権とのせめぎ合いが現れる場と考えるかもしれない。

カーが言うように、歴史とはまさに解釈であり、諸事実を並べ替え、配置し、出来事をより大きな文脈のなかに位置付け、そこから意味を読み取るのが歴史家の仕事なのである。

こうした解釈の枠組みは、時代とともに変化する。世界のありようを説明するパラダイム（概念的枠組み）が変われば、歴史記述も変わる。

また学術潮流の変化も、歴史記述を大きく変える。現に、かつての歴史学は政治史や外交史が主流で、もっぱらエリート層が歴史の主体とされていたが、第二次世界大戦後に社会史が主流となり、普通の人々が歴史の主体として意識され、庶民の歴ところが「事実は自ら語る」という言い方がある。事実が持つ力によって、真実はおのずと明らかになるという意味でこの言葉を使う。しかし、再度E・H・カーを引くと、事実が勝手に話し始めることなどない。歴史家が事実を「事実」として選び出したときに、初めて語り始めるのである。【Ⅰ】

逆に、事実として選び出されないさまざまな出来事は、カーの言葉を借りれば、「過去に関する非歴史的事実という牢獄《ろうごく》」に入れられ、私たちの認識の地平にも昇ってこない。つまりは「忘れ去られる」どころか、それ以前にそういったことがあったとも認識されず、過去に埋没する。その意味では歴史家が事実を選び出すことにより、歴史が作られる。だが、その際に歴史家は、星の数ほどもある事実に均等に目を配ったりはしない。カーは言う。

実際、事実というのは決して魚屋の店先にある魚のようなものではありません。むしろ、事実は、広大な、時には近よることも出来ぬ海の中を泳ぎ廻っている魚のようなもので、歴史家が何を捕えるかは、偶然にもよりますけれど、多くは彼が海のどの辺りで釣りをするか、どんな釣り道具を使うか——もちろん、この二つの要素は彼が捕えようとする魚の種類によって決定されますが——によるのです。全体として、歴史家は、自分の好む事実を手に入れようとするものです。

（『歴史とは何か』清水幾太郎訳）

C ここで、歴史が書かれる際の選択、「事実」の選択が行われている。歴史家は自分の作業仮説に基づいて事実を求め、自分の論を証明しそうにない史料は、脇に置いておく傾向がある。誰もが必ずこの選択を行うが、歴史家が関与する以前に物理的な意味での選択が行われている可能性もある。【Ⅱ】

たとえば戦争で史料が失われ、ほとんど残っていないことがある。逆に、ある史料の保管が決定されるとき、アーキビスト

④　筆者はアーレントの「『自由』は『我欲する』と『我なしうる』との一致」という言葉を秀逸であると評価し、この言葉に依拠することによって、ヘーゲルとは異なる視点から「自由」の意味について考察を深めている。

2

次の文章を読んで、後の問い（解答番号 [8] 〜 [13] ）に答えよ。

歴史的な「事実」(fact) と、歴史的な「真実」(truth) を区別しなければならない。普段、私たちは「事実」(英：fact、仏：fait、独：Fakt/Tatsache) という言葉と、「真実」(truth/vérité/Wahrheit) という言葉を、使い分けることもあれば、ほぼ同じ意味で使っていることもある。

[A]、フェイクニュースが問題となると、メディアは「ファクトチェック」の必要性を語るが、「トゥルースチェック」とは言わない。なぜなら「事実」とは私たちの認識の基礎となり、私たちの判断の根拠となるものだが、「真実」のあり方は人によって異なる可能性があるからだ。このため歴史家は、「歴史的事実」という言い方はしても、「歴史的真実」という表現は避ける。

[B]「歴史の真実は一つ」と人は言う。一般的には、歴史的な「事実」と「真実」は混同されているようだ。歴史学におけるその違いは何だろうか。

ここで、ある過去の出来事に関する一万ページの文書を、一〇人の歴史家に共通の史料として与え、各自が読み解いて、その出来事の歴史を書いてもらうように依頼したと仮定しよう。そうすると、いつ、どこで、誰が何をして、その結果どのような状況が生まれた、といった事実関係については、一〇人の認識が大きく食い違うことはないだろう。これが、歴史的な事実（ファクト）である。しかし、これらの基礎的な事実は、歴史家が用いる「材料」に過ぎず、歴史ではない。

問6　傍線部(5)「わたしたちは『自由の相互承認』を根本ルールとした社会を作るほかに道はないのだ」とあるが、その理由として最も適切なものを、次の①～④の中から一つ選べ。解答番号は 6 。

① 人類は戦争を繰り返してその都度平和を維持することの難しさに直面し、ようやく「自由」であることが平和の前提であることに気づいたから。

② 人類は自らの「自由」を実現するために戦いを続けてきたが、戦いをやめた上で自らの「自由」を保つためには、互いに他者の「自由」を認め合う姿勢が不可欠だから。

③ 人類は主人と奴隷に分かれる社会を作り出してきたが、そうした社会では「自由」を取り戻そうと生死を賭して戦っても奴隷に勝算があるとは限らないから。

④ 人類は「自由」を最上の価値とする一方で平和に暮らしたいという矛盾する願望を持つが、その願望を実現するためには新しい「自由」の概念が必要だから。

問7　本文の叙述に関する説明として最も適切なものを、次の①～④の中から一つ選べ。解答番号は 7 。

① 筆者はホッブズの「万人の万人に対する戦争」という言葉と、ホネットの「自由であることの苦しみ」という言葉を引用することで、近代ヨーロッパと現代社会における「自由」にまつわる共通点を説明している。

② 筆者は「『自由』こそが人間にとっての最上の価値である」というテーマについて考察するにあたって、ヘーゲルの「人間的欲望の本質は『自由』である」という考え方を引きつつ、それに異議を唱え、独自の主張を展開している。

③ 筆者は、ヘーゲルの「承認のための戦い」「自由の相互承認」という言葉を援用しつつ、今なお戦争をなくすことができずにいる現代において、人間にとって最上の価値である「自由」をいかに実現すべきかを提案している。

③ 権力欲や自己実現欲など際限のない自己の欲望を各々が制限することによって、誰もが不自由なく生きられる世の中を実現できた時に、わたしたちが手にする解放感が、「自由」の本質であるということ。

④ すべての欲望を満足させることは不可能であるため、そのなかから達成の見込みのある欲望を取捨選択することができ、かつその選択にある程度納得しているという実感が、「自由」の本質であるということ。

問4 傍線部(4)「いみじくも」とあるが、これを言い換えた表現として最も適切なものを、次の①～④の中から一つ選べ。解答番号は[4]。

① 巧みに
② 大胆に
③ ことさらに
④ だしぬけに

問5 空欄[A]・[B]・[C]に入る語句の組合せとして最も適切なものを、次の①～④の中から一つ選べ。解答番号は[5]。

① A つまり B それゆえ C しかし
② A やはり B なぜなら C ところが
③ A それでも B だからこそ C あるいは
④ A さしずめ B したがって C まさに

圧迫を感じながら、人生を歩まなければならなくなったということ。

問2 傍線部⑵「人間的欲望の本質が『自由』であることを意味している」とあるが、その説明として最も適切なものを、次の①～④の中から一つ選べ。解答番号は 2 。

① 人間は複数の複雑な欲望を持っているが、そのなかで「自由」の希求を何よりも優先しながら行動しているため、「自由」こそが人間の欲望の本質であると言えるということ。

② 動物は「自由」を追い求めたりしないのに対し、人間は絶えず「自由」を欲し、「自由」を手に入れることこそ人間らしく生きるための条件であると考えているということ。

③ 人間は、自らの複雑な欲望のためにいつも不自由を感じて生きざるをえない存在であり、必然的に、そうした状態から解放されて「自由」になりたいと願うということ。

④ 複雑な欲望によって規定される状態に甘んじることなく、それらの欲望をひとつひとつ達成していくことで、人間は初めて「自由」な生き方を手にすることができるということ。

問3 傍線部⑶「これが『自由』の本質なのだ」とあるが、その説明として最も適切なものを、次の①～④の中から一つ選べ。解答番号は 3 。

① 自分が実現させたいと長く望んできた欲望を理想に近い形で実現し、自分のなしうることに制限や限界はないと気がついた時に、自分自身の持つ可能性について確信することが、「自由」の本質であるということ。

② 欲望に振り回されて生きることがいかに自分の人生を制約するかを自覚したうえで、あらゆる欲望を放棄しながらも納得し満足できる生き方が可能だと気づいた時の目を開かれるような感覚が、「自由」の本質であるということ。

ても、これまで人類は、「自由」を奪われたならその「自由」を奪い返すために必ず戦ってきた。そしてそのために、人類は長らく戦争をなくすことができずにきたのだ。

　ではわたしたちは、どうすれば「承認のための戦い」を終わらせ、自らの「自由」を十全に確保することができるだろうか？

　その考え方は一つしかない。そうヘーゲルは言う。互いが互いに対等に「自由」な存在であることを認め合い、そのことを根本ルールとした社会を作ること。すなわち、「自由の相互承認」に基づく社会を築くことによって。

　もしもわたしたちが、「自由」に、そして平和に生きたいと願うならば、その限りにおいて、(5)わたしたちは「自由の相互承認」を根本ルールとした社会を作るほかに道はないのだ。

（苫野一徳「『自由な社会』を先に進める」より）

問1　傍線部(1)「自由であることの苦しみ」とあるが、その説明として最も適切なものを、次の①～④の中から一つ選べ。解答番号は［1］。

① 生き方の自由が社会に定着すると、苛烈な競争社会が生じ、他人を押しのけて成功することが求められるようになるため、他者の尊厳を犠牲にして生きなければならないという現実に人びとが心を痛めているということ。

② 生き方の自由を手に入れた人びとは、人生の選択に心を悩ませるようになり、また選択の結果が望ましいものではなかったとしても他人のせいにはできないという重圧のなかで、生き方の決定をしなければならないということ。

③ 生き方の自由を手にした先進国の人びとは、いまだ政治的自由のない社会があることを意識しながら、自分の生き方を模索しなければならないため、「自由」であることに後ろめたさを感じているということ。

④ 生き方の自由を手にした現代人は、「自由」に代わりうる新たな価値を個人個人が見いださなければならないという

裕福になったことで自由になったと思う人もいれば、裕福になったからこそ不自由になったと思う人もいるだろう。「職業選択の自由」があるから自由になれたと思う人もいれば、そのために、先述したように、どう生きればよいか分からないといった不自由を感じる人もいる。

[A] わたしたちは、何らかのあらかじめ決められた「自由な状態」に置かれた時ではなく、「ああ、いま自分は自由だ」という感度を得られている時にそれを「自由」であると確信するのだ。そしてその感度の本質こそ、「諸規定性における選択・決定可能性の感度」、換言すれば、「我欲する」と「我なしうる」の一致、あるいは一致の可能性の感度なのである。

以上を要するに、わたしたちはこう言ってしまってよいだろう。

人間的欲望はさまざまにある。愛されたい欲、自己実現欲、権力欲、幸福欲……。欲望の〝形態〟は、このように無数にある。しかしわたしたちは、これら諸形態すべてを貫く欲望の本質を、「自由」への欲望と言ってよいのだと。これらさまざまな形態を取る諸欲望の規定性を乗り越えることで、わたしたちは絶えず「自由」の感度を欲しているのだと。

以上が、人間的欲望の本質は「自由」であるということの意味である。

だれもが「自由」を欲する。人間にとって最上の価値は、まさに「自由」なのである。

さて、ではこの最上の価値である「自由」を、わたしたちはどうすれば現実のものとすることができるだろうか。

ヘーゲルは言う。「生きたいように生きたい」という「自由」への欲望を抱えたわたしたちの前には、絶えず「他者」が立ちはだかっている。この「他者」は、わたしたちの「自由」を妨げる一つの決定的な「規定性」である。[B] わたしたちは、自らの「自由」を実現するために、この他者からの「承認」を何らかの形で求めるほかないのだと。

歴史的に見れば、それはまず「承認のための生死を賭した戦い」の形を取るとヘーゲルは言う。

この戦いを通して、人類は主人と奴隷に分かれることになる。[C] 先述した通り、たとえ命を失うことがあったとしらが欲望（を自覚した）存在であるがゆえにこそ、つねにすでに不自由を感じずにはいられないのだ。

さらに言えば、これら複数の欲望は、しばしば互いに衝突する。人に好かれたい、でも自分を曲げたくはない。裕福になりたい、でも努力はしたくない……。複数性を持つ人間的欲望は、まさにそれ自体が、わたしたちを規定する——制限する——決定的な規定性なのである。

したがってヘーゲルは言う。このように、わたしたちが欲望存在であるというそのことのゆえに、わたしたちは必ず「自由」を欲するのだと。これら諸欲望を、達成するにせよ、あるいはなだめるにせよ、わたしたちは何らかの形で「自由」になりたいと必ず欲しているのだと。わたしたちが欲望存在であるというそのこと自体が、(2)人間的欲望の本質が「自由」であることを意味しているのだ。

では「自由」とはいったい何か？

これまでの考察から、「自由」の本質を次のように言うことができるであろう。すなわち、わたしたちを規定する——制限する——欲望を自覚しつつも、なおこの規定性（制限・限界）を何らかの仕方で克服し、そこから解放され、できるだけ納得して、さらにできるなら満足して、生きたいように生きられること、と。ヘーゲルの言葉を借りつつ概念化するなら、「諸規定性における選択・決定可能性の感度」。(3)これが「自由」の本質なのだ。あるいは、二〇世紀の哲学者ハンナ・アーレントの秀逸な言い方を借りて、「自由」は「我欲する」と「我なしうる」との一致の感度が訪れる時、あるいはその可能性の感度が訪れる時に確信するものであると言ってもいいだろう。

さて、ここで注意が必要なのは、(4)いまいみじくも「感度」という言葉を使ったように、「自由」の本質は「感度」（感じることとその度合い）であって「状態」ではないということだ。わたしたちは、どのような「状態」が自由な「状態」であるかを一意的に決定することはできない。何をもって自由な状態とするかは、結局のところ人それぞれであるからだ。

この「自由をめぐる戦争」を、わたしたちはどうすれば終わらせることができるだろうか？

これは哲学における最も重要な問いの一つであったが、長い思想のリレーの末に見出《みいだ》されたその〝答え〟については、後で論じることにしたいと思う。

その前に、ここではまず、「自由」こそが人間にとっての最上の価値であるという、先に述べたテーゼについて明らかにしておこう。

なぜ、わたしたちはそのように言い切ることができるのだろうか？

これについても、ヘーゲルのすぐれた洞察がある。

ヘーゲルは、人間精神の本質、言い換えれば人間的欲望の本質は「自由」であることを、きわめて鮮やかに描いてみせた。

その論旨を、わたしなりに簡明に言い直すと次のようになる。

まず、わたしたちはさまざまな欲望を持ち、それを自覚している存在である。

動物も、むろん欲望（本能）を持ってはいるだろうが、それを十分自覚しているようには見えない。彼らはおそらく、かなりの程度、その欲望（本能）のままに生きているだけだ。

しかし人間は、複数の複雑な欲望を持ち、しかもそれを自覚している存在である。少なくとも、自らの欲望を自覚しうる存在である。

それはつまり、わたしたちはこの欲望それ自体によって、つねに規定され――制限され――それゆえたえず何らかの不自由を自覚しているということである。

愛されたい、裕福になりたい、名声を得たい、認められたい、幸せになりたい……こうした人間的欲望は、わたしたちに否《いや》応《おう》なく〝不自由〟感を味わわせる。愛されたい、でも愛されない。認められたい、でも認められない……。わたしたちは、自きつけてくる社会の中で生きることを余儀なくされている。

「自由」への道は、長いトンネルのようだ。トンネルの先と手前とでは、見える景色が全く違う。

いまだ政治的「自由」さえ手にしていない社会においては、人びとは生き方の「自由」を希求している。

他方、すでに「自由」を手に入れた多くの先進国の人びとが抱えているのは、むしろ(1)「自由であることの苦しみ」だ。「自由」であるからこそ感じる不自由、これが、現代のわたしたちに「自由」の価値を見失わせる最大の理由になっているのだ。

しかしいまこそ、わたしは改めて言いたいと思う。

「自由」は人間における最上の価値である。

以下ではそのことを論証したいと思うが、もしこのことが忘れられてしまったとしたら、わたしたちの「自由」は、薄皮が一枚一枚剝《は》がされていくように、気がつけばほとんどなくなってしまっていたということにもなりかねない。

もし、社会の中に「自由」軽視の空気が少しでもあったとしたなら、わたしたちは改めて、なぜ「自由」こそが人間における最上の価値であるのか、明らかにしなければならない。

人類の数万年におよぶ戦争の歴史は、つまるところ「自由」をめぐる戦いである。

そう言ったのは、一九世紀ドイツの哲学者G・W・F・ヘーゲルである。

飢えや渇き、恐怖、自尊心、信仰など、戦争が起こる理由はむろんさまざまにある。しかしその最も根本には、わたしたち人類の「生きたいように生きたい」という「自由」への欲望がある。そうヘーゲルは喝破した。

だからこそ、人類はこれまで、戦争に敗れて支配されたり奴隷にされたりしても、長い目で見れば必ず「自由」のために戦ってきたのだ。そのことで、たとえ命を失うことがあったとしても。そしてそれゆえにこそ、人類はこれまで、何万年にもわたって戦争をなくすことができずにきたのだ。

国語

（六〇分）

（注）問題文には、出題の必要に応じて変更を加えた部分がある。

1　次の文章を読んで、後の問い（解答番号 1 ～ 7 ）に答えよ。

近代ヨーロッパの哲学者たちは、長く、「自由」を人間における最上の価値だと考えてきた。一万年以上もの間、「万人の万人に対する戦争」（トマス・ホッブズ）や、過酷な「支配―被支配社会」の中で生きるしかなかった人類にとって、生命の安全は言うまでもなく、個人の尊厳、すなわち生き方や思想信条の「自由」は、何としてもつかみ取りたいものだったのだ。

しかしいま、政治的自由も生き方の自由も、当時とは比較にならないほど手にしたわたしたちは、いつしか「自由」の価値をさほど自覚的には感じなくなってしまった。むしろわたしたちは、現代社会において「自由であることの苦しみ」（アクセル・ホネット）にさえ苛《さいな》まれていると言っていい。

「どのように生きてもあなたの自由だ」と言われる。しかしだからこそ、わたしたちは、ではどう生きればよいのか悩み迷うことになる。そればかりではない。苛烈な自由競争社会の中で、わたしたちの多くは、むしろ「自由」の中に投げ入れられることの苦しみを味わっている。成功も失敗も、あなたの「自由」な生き方の結果である。多くの人が、そんな自己責任を突

解答編

英語

（READING COMPREHENSION）

1　解答　[1]ー d）　[2]ー c）　[3]ー a）　[4]ー b）　[5]ー c）
[6]ー d）

出典追記：Can seaweed help solve the world's plastic crisis?, CNN on January 4, 2022 by Jacqui Palumbo

解 説　≪海藻を利用したプラスチックごみ削減の取り組みについて≫

[1]第1段第3文（If these instructions…）で，ロンドンに拠点を置くノットプラ社が使い捨てのプラスチック包装に代わる海藻由来の製品を設計していることが導入され，以降も一貫して同社の取り組みに関する説明が展開されている。したがって，正解はd）である。

[2]第5段第2文（“The exciting thing …）に「『ワクワクするのは，これが身の回りにある柔軟性を備えた包装の大部分の代わりになりうるフィルムであるということだ』とシベル氏は語った」とある。彼女が自社の新製品に対して可能性を感じていることがうかがえるので，c）が正解となる。

[3]第5段第3文（For food items…）に「そうした包装が食べ物に対して味を加えるのに使えるように，パスタのような食品に向けて，包装に風味付けをする実験さえしてきた」と述べられていることから，a）が正しい。

[4]第6段第2文（“I don't think…）に「『私は1つの素材や1つの方策があらゆることを解決してくれるだろうとは思っていないが，海藻はまさしくその要件を満たしていると考えている』とシベル氏は述べた」と書かれており，この前半部から，b）を選ぶのが妥当である。

[5]形容詞 abundant は「豊富な」という意味であり，c）existing in large quantities「大量に存在している」が同意表現としてふさわしい。

[6] property は「特性」という意味で，本文はその複数形である。選択肢のうちで，d）characteristics「特徴」が最も近い。

2 解答

[7]－d）　[8]－a）　[9]－c）　[10]－b）　[11]－b）
[12]－d）

出典追記：Daniel K. Inouye, The American Academy of Achievement. www.achievement.org

解説　≪アメリカ社会に貢献した日系人ダニエル=ケン=イノウエの生涯≫

[7]本文では一貫して，ハワイ生まれの日系人であるダニエル=ケン=イノウエ氏が第二次世界大戦中にアメリカ側で活躍したことや，その後はハワイに戻って政治家として精力的に活動した様子が，時系列を追って描かれている。よって，正解はd）である。

[8]第3段第1文（In the last …）に「ヨーロッパにおける戦争最後の数日間で，彼は戦闘中に右腕を失い，それによって医者になるという夢はついえることとなった」と書かれているので，a）が正解であるとわかる。なお，c）については，前半部の「彼は軍に従事する必要はなかった」という部分は第2段最終文（Since Inouye was…）と一致するが，選択肢後半のbecause以下にある「というのも，彼は日系アメリカ人だったからである」という理由が本文の記述とは異なっている。本文では前述の第2段最終文（Since Inouye was…）にある通り「イノウエ氏はハワイ大学の医学部進学課程の学生だった」ことが兵役免除の理由とされている。

[9]第1段最終文（Although the Inouye…）の前半部で「イノウエ氏の家族は成功への道として教育に非常に重きを置いていた」と述べられており，正解はc）である。

[10]第3段第3文（He married Margaret …）に「ダニエル=ケン=イノウエ氏は大学に通っている間，1949年にマーガレット=シノブ=アワムラ氏と結婚した」とあることから，b）が正解となる。

[11]動詞dominateは「～を支配する」という意味で，同義語としては，b）のcontrol「～を統制する」が最も近い。

[12]動詞admitは「～を許可する」の意味だが，to以下に「ウォルター=リード米軍医療センターに」という医療機関の名前があるため，ここでは「～に入ることを許可する」，すなわち「～に入院させる」ということである。したがって，d）hospitalized in「～に入院させる」と同意になる。

3 解答

[13]－b）　[14]－a）　[15]－a）　[16]－c）　[17]－d）
[18]－b）

解 説　≪男女別に見た世界における子どもの学習貧困の現状≫

[13]本文では第1段第1文（In recent years…）に「近年では，世界中の多くの子どもたちが，うまく物を読むことができなくなりつつあることが明らかになっている」と書かれている。これ以降も第2段で「学習貧困」という言葉を用いてその現状や問題点を論じている。したがって，b）が正解となる。

[14]第2段最終文（By then, they …）に「それまでに，子どもたちはほとんどの単語を理解し，自立した読み手として成長し始める」とあり，ここでいうthenとは直前文（Age 10, when children…）に示されている「10歳」という年齢である。よって，a）が正解としてふさわしい。

[15]第5段第1文（Despite the barriers…）では「教育のいくつかの領域において女の子たちが直面している障壁にもかかわらず，女の子は男の子よりも学習貧困の割合が低い」と書かれており，その後に示された表1からも同様の事実が読み取れる。以上より，正解はa）である。

[16]第7段第2文（At the current …）に「この速度で改善が進んでも，2030年には約43パーセントの子どもたちがまだ学習貧困の状態でいるだろう」とあるので，c）が正解である。

[17] adoptは「～を採用する」という意味の動詞なので，選択肢のうちで同意語としては，d）use「～を用いる」がふさわしい。

[18]動詞eliminateは「～を撲滅する」の意味で用いられており，本文はその動名詞形である。よって，b）stopping「～を止めること」が最も近い選択肢となる。

(GRAMMAR AND USAGE)

解答　**SECTION 1**　[19]－a）　[20]－c）　[21]－d）　[22]－b）　[23]－c）
[24]－a）　[25]－b）　[26]－d）

SECTION 2　[27]－b）　[28]－d）　[29]－a）　[30]－c）　[31]－b）
[32]－d）　[33]－c）　[34]－b）

解説　**SECTION 1**　≪日本語とは異なる英語 “there” の用法≫

⑲空所前の代名詞 that が指している「さまざまな方法で使用される単語もある」という内容と，直後にある節の many learners make mistakes using “there” との因果関係を考えれば，a）the reason を入れるのが妥当である。the reason の後には関係副詞 why を補うことができ，空所を含む that's 以下は「そういう理由で，多くの学習者が “there” を間違えて使用している」という意味である。なお，選択肢のうちで，b）the way と c）how は相互に置き換え可能であり，d）the reason how といった形はない。

⑳空所の前後には I look around the room と I am right now というそれぞれ完全な文があるので，関係副詞の c）where を入れるのが正しい。この where から now までは，先行詞 the room を後置修飾している。

㉑空所前には It's natural to think という形式主語構文，空所の後には how you say something in Japanese を主語，is を述語動詞，そして how you say it in English を補語とする第2文型の文があるため，間には接続詞が必要である。したがって，d）that を入れれば，以下の English までが全体で他動詞 think の目的語となる。

㉒空所前にはすでに can put という述語動詞があるため，述語動詞の形になる a）show や c）shows を接続詞や関係詞なしで用いることはできない。過去分詞 d）shown を入れると受け身の意味になってしまうため文意が通らず，「目的」を表す不定詞の副詞的用法として b）to show が正解。空所以下の location までは「ある場所や位置を示すために」という意味である。

㉓該当文の前には「日本語で考えて “There was crowded” と言うのは誤った文である」と書かれている。この内容を受けて She should have said と続く文脈なので，空所を含めて文法的に正しい表現を作る必要がある。以上より，正解は c）It となり，これは特に訳出しない「非人称」と呼ばれる用法である。

㉔空所の前後でいわゆる「There 構文」を作るため，空所に入るのは自動詞であり，対応する主語 a lot of snow に合わせて a）is を入れるのが妥当。

㉕空所には主語の It に対する述語動詞となる形を入れるため，b）snows

がふさわしい。なお，このItも前述の「非人称」の用法である。

26選択肢より，空所には直後の名詞good information を修飾する表現が入る。informationは数えることができない不可算名詞扱いであり，したがって，数の多さを表すa）a number of とb）many，さらにc）quite a fewは不適ということになり，よって，正解はd）someである。このsomeは，可算名詞と不可算名詞の両方を修飾することができる。

SECTION 2

27空所後の名詞mindに注目する。b）onを入れれば，on *one's* mindで「～の気にかかっている」というイディオムになり，全体は「何を悩んでいるの？」の意味である。

28空所前のone afterと合わせてd）anotherを選び，one after anotherで「次々と」という副詞句を作るのが正しい。

29空所を含む文の前には「先週私のコンピューターがどこかおかしかったけど，今は問題なく作動している」とある。選択肢には動詞fixやその変化形が並んでいるため，該当文の述語hadは使役動詞であり，目的語my brotherと補語に当たる空所との間の主述の関係を考えれば，能動を表す原形不定詞のa）fixもしくは現在分詞のd）fixingに絞られる。本問は過去の文脈であるから，進行途中を表すd）ではなくa）が妥当である。

30空所前後の語句より，c）partを選べば，take part in ～「～に参加する」というイディオムが完成する。なお，a）roleはplay a role in ～なら「～において役割を果たす」という別の表現ができる。

31文全体の構造を正確に捉える必要がある。空所後にはwas bornとdoesn't meanとspeaksという3つの動詞があるので，文中に接続詞ないしは関係詞が2つ必要である。このうち1つ目はdoesn't meanとshe speaks Japaneseとの間に接続詞thatが省略されており，残る1つが空所に入ることとなるので，この時点で副詞のc）Howeverは不適。b）Just becauseを入れれば，「日本で生まれたからと言って，彼女が日本語を話すわけではない」という文が完成する。接続詞becauseは本来なら副詞節を作るが，この表現の場合は名詞節としてはたらく。

32空所を含むstudy hardまでの固まりが，述語動詞will succeedに対する主語である。d）を選べば，Those who ～で「～な人々」という表現になるため，これが正解である。このThose whoは間にpeopleが省略されていると考えることができ，who study hardという関係代名詞節が先行詞Thoseを修飾している。

33選択肢に並ぶseatは他動詞であり，能動態では目的語を伴うはずである。ところが，空所後にはuntil以下の副詞節しかないので，この時点で受動態として用いるc）seatedとd）to be seatedに絞られる。空所前の動詞remainが第2文型をとって「～のままである」という意味を表すには，補語の位置に分詞のc）seatedを置くのが正しく，d）のようにremain to be *done* の形では「まだ～されていない」という意味になってしまうため不適。

34選択肢には「言う」を表す動詞が並んでいるが，空所直後にthisという目的語をとっていることから，他動詞であるa）tellもしくはb）sayに絞られる。動詞tellは「言う」の意味になる場合，直後に「人」に当たる目的語をとるため，本問では不適。よって，b）sayが正解となる。

解答　**SHORT CONVERSATIONS**　35－d）　36－a）　37－b）
38－b）　39－a）　40－c）　41－d）　42－d）　43－c）
44－d）　45－d）　46－c）　47－b）　48－d）　49－a）　50－d）

LONG CONVERSATIONS　51－c）　52－b）　53－d）　54－a）
55－b）　56－c）　57－b）　58－a）

MONOLOGUES　59－a）　60－d）　61－c）　62－b）　63－b）
64－a）

解説　**SHORT CONVERSATIONS**

35隣人から明日の野球観戦チケットを譲ってもらったという男性に対して，女性は第2発言（Why can't you…）で「なぜあなたは行けないの？」と問いかけている。したがって，正解はd）である。なお，b）にある形容詞generousは「気前のよい」という意味だが，チケットをくれた隣人に対して女性がそのように感じている趣旨の具体的な発言はない。

36アメリカドルを日本円へ両替する場所について相談する男性に向けて，女性は男性の意見を聞きながら2度にわたって具体的な場所を示している。このことから，a）が正解であるとわかる。

37男性は第1発言（Have you ever…）で「君は『老人と海』を読んだことがある？」と述べ，その本を知らない女性に対して最終発言（Really?

It's a …）で「本当に？　1952年に出版された古典文学だよ」とさらに説明を加えている。以上より，b）が正解としてふさわしい。

38野菜を食べようと薦める女性に対して，男性は最終発言（I guess that's…）で「それは賢明だと思うな。僕はチョコレートかキャンディーを薦めようと思っていたよ」と述べている。よって，b）が正解である。

39授業の復習よりも予習のほうが大切なのではないかと語る女性に対して，男性は最終発言（Well, both should …）で「うーん，両方とも重要なはずだけど，僕にとっては復習のほうが楽しいな」と答えており，正解は a）となる。

40 3人の娘がいる家庭にホームステイをする予定だという女性へ，男性は第2発言（Then, why don't …）で「それじゃあ，おりがみを持っていってそれで何かを作る方法を見せてあげたら？　子どもたちは気に入ると思うよ」と述べている。このWhy don't you…? は「…するのはどう？」という意味の提案をする表現なので，c）が正解である。なお，女性の側から積極的に助言を求めたわけではないので，d）は妥当ではない。

41女性は最終発言（I think you …）で「新しい本を手に入れる前に，まずはこの間買った本を両方とも読み終えるべきだわ」と男性を諭しており，この様子から，d）が正しいことになる。

42男性は最終発言（Oh, no!　I …）で「え，いけない！　彼がそう言ったときに，注意してちゃんと聞いていなかったんだと思う」と述べている。ここでいうthatとは，女性の第2発言（Didn't you know…）後半部にあるthe correct due date is today「正しい締め切りは今日である」というウィリアムズ教授の伝達を指しており，よって，正解はd）である。

43男性は第2発言（I watched a…）で「テレビでトレーニングの番組を見て，それでやる気になってジムへ行ったんだ」と話しており，c）が正しい。正解選択肢にも登場するwork outという表現にはさまざまな意味があるが，本問ではジムで運動することを指している。

44女性は最終発言（Are you serious?…）で「本気で言ってる？　お母さんが特別な日に掃除道具を欲しがるなんて，本当に思ってるの？」と述べている。このことから，女性は母親へのプレゼントとして電気掃除機を買ったことに賛成の立場ではないとわかるので，正解はd）である。

45女性と同じ言語学の授業を昨年に取っていたという男性は，その第2発言（I took the …）の後半で「最終試験はかなり難しかったけど，なんとか合格できたよ」と述べている。よって，d）が正解となる。

㊻男性が最終発言（The variety of …）で「食べ物の種類の多さはいいと思う。そのカフェテリアが人であふれているっていうだけさ。長い列で待たなければいけなかったんだ」と説明しているので，正解はc）である。

㊼男性からニューヨークでの様子を聞いた女性は，最終発言（Really? It would …）で「本当に？　自分のごみを持ち運ばなくていいのは素晴らしいだろうね，なにしろ今，私のポケットの中はごみでいっぱいだから」と述べている。したがって，b）が正解となる。

㊽娘が第1発言（Dad, could you…）で授業のプロジェクトを手伝ってほしいと依頼すると，父はそれを快諾し，実際に翌日の予定を合わせている。以上のやり取りより，d）が正解である。なお，英文中のhelp out はhelpとほぼ同様に「手伝う」の意味だが，前者は特に相手が困難な状況にある場合に用いる。

㊾男性は第1発言（I just realized…）で「僕のパスポートがあと3日で期限が切れることにたった今気づいたよ」と述べており，続く女性の第1発言（Oh no. Our …）からは，2人が来月に韓国への旅行を控えていることがわかる。男性は第2発言（Don't worry. It …）の後半で「パスポートを更新するのに長い時間はかからないだろう」と述べており，以降の会話に旅行をキャンセルする趣旨の発言もないことから，a）が正解である。

㊿女性が第1発言（Sure. I have …）の後半で「たぶん図書館にあるグループ学習室を使えるわ」と述べた後，続けて男性はその部屋を予約する必要があるかと尋ねている。対して女性は最終発言（Well, I don't think …）において「うーん，その必要はないと思うわ。グループ学習室は金曜日の午後はいつも使われていないから」と答えており，予約しなくても使える可能性が高いということなので，正解はd）である。

LONG CONVERSATIONS

51男性は第1発言（Did you see…）で「庭にある花を見た？」と尋ねており，対する女性も第1発言（Are you talking…）で「昨日咲いたチューリップの話をしているの？」と応じている。以降，2人は庭に咲く花の話を展開しており，c）が正解としてふさわしい。

52男性は第4発言（Have they already…）で「その花ももう咲いている

の？」と質問しているが，ここでいう they とは女性が紹介したユリのことを指している。女性が第4発言（Not yet. Probably…）後半部で「おそらく来月，5月の中旬頃になるかしら」と述べていることから会話の時点では4月だとわかり，前述の女性の第1発言（Are you talking…）からチューリップは昨日に咲いたとあるので，以上の情報を組み合わせて正解は b）とわかる。

53男性が最終発言（Only eight hours. …）の後半部で「それはとても安いものでもあるんだ！」と述べており，この it とはでき上がったスーツのことである。よって，d）が正解である。

54冒頭で男性のスーツに関心を示した女性は，その第2発言（Really. It fits …）後半で「そのスーツはあなたにちょうどぴったり合ってるわ！」と話しており，その後，男性がスーツをデパートで買わなかった理由にも納得している。以上の様子から，a）が正解として妥当である。

55男性の第1発言（I want to …）で「夏休み中に日本の美しい場所を訪れたいと思ってるんだ。何か提案はあるかな？」と問いかけて以降，女性が和歌山県の円月島を薦めるなど一貫して男性の旅行の計画について話し合っている。よって，正解は b）である。

56男性が第2発言（I did, and…）の後半部で「大の親友からお薦めしてもらいたいんだ」と述べていることから，2人は非常に仲がよいことがうかがえる。したがって，c）を選ぶのが妥当である。

57女性の第2発言（I know what…）に「言いたいことはわかるわ。私は普段，真夜中まで寝ないの」とあるので，b）が正解となる。

58男性はまず第2発言（I've been trying…）で「僕は睡眠習慣を改善しようとしているんだ。以前は遅くまで起きていたけど，今では毎晩10時に寝ているよ」と述べている。さらに，第4発言（Ever since I …）にも「習慣を変えて以降，8時間近く寝るようになったんだ」とあることから，a）が正しいとわかる。

MONOLOGUES

59第1段第2文（Fountain pens have…）以降は一貫して万年筆の特徴について述べられ，特に同段最終文（However, using a…）にある逆接 However を起点として，第2段に万年筆の正しい使い方が案内されている。以上の流れから，正解は a）である。なお，冒頭にボールペンと万年筆の対比が示されているが，英文全体の主旨ではないため，d）は適切ではない。

60 第1段第2文（Fountain pens have…）に「万年筆には，圧力，速度，そして線を描く方向によって，異なる幅の線をつくり出すことができるようなコツがいくつかある」とあるので，d）を選ぶのが妥当である。

61 第1文（A new research study…）に「アメリカの小学校のほとんどでは，弁当を食べるための十分な時間を児童たちに与えていない」という研究結果が示され，第4文（This means that…）でも「これ（健康によくないものから食べるということ）は，より健康的なものは最後に回され，そして全く手つかずにさえなることも多いということを意味している」と述べられている。よって，c）が正しいことになる。

62 数字の聞き取りには注意を要する。第2文（Researchers have found…）に「児童たちは昼食を食べ終わるのに少なくとも15分かかるのに，ほとんどの小学校はたいてい外で遊ばせる前に10分間しか児童たちに与えていないということを，研究者たちは発見した」とあるため，正解はb）である。このfifteenをfiftyと誤解して，d）を選ばないようにしたい。

63 冒頭に描かれている自然の様子は第2段第1文（This is a …）にある通り，フロリダ州南部に広がるエバーグレイズという場所を描写したものである。その後も一貫してこの湿地に関する説明が続いていることから，b）が正解であるとわかる。

64 設問文にある通り，エバーグレイズの説明として誤っているものを選ぶ点に気をつける。第2段最終文（That's why…）には「そういった理由で，エバーグレイズは『草の川』と呼ばれることがある」とあり，この箇所がa）と矛盾するため正解ということになる。b）は第3段第1文（The area also…），c）は同段第4文（But probably the…），また，d）は同段第2文（Beautiful plants and…）の内容とそれぞれ一致する。

かで…歓迎するであろうか」という反語的な文章と不一致のため、不適切。

4

解答 問1 ② 問2 ④ 問3 ① 問4 ②

5

解答 問1 ③ 問2 ③ 問3 ①

6

解答 問1 ① 問2 ④ 問3 ②

問5　④

問6　①

問7　②

解説　問1　三つ後の段落末の「市場に対してひざまずくナショナリズム」という内容と傍線部(2)のある段落の「自分より弱い層を切り捨て…おこぼれにあずかれる」という内容を踏まえると、③が正解。②・④は市場の論理に対抗（または反発）という点が不適切。

問2　空欄Aの前の第三段落にある「地域間の断絶を強く問題」にしない、「内部で支え合う側面を失い、もっぱら他者への攻撃の基礎となっている」という内容を踏まえると、「攻撃の対象となる」存在としては④が適切である。

問4　空欄Bの直前の「広域的な秩序の展望をもたない日本」は、同じ段落の「広域的な秩序をつくり上げた」ヨーロッパと対比されており、「広域的な秩序」は「市場競争の激化」から代表制による国家主権を守るためのものと読み取れる。その言い換えとして適当な「緩衝材」を含む③が正解。

問5　傍線部が指す対象は直前の段落の「主権は、国内的には少数意見を封じる『多数者の専制』の装置となりうる」である。傍線部直後にも類似する記述がある。多数派によって少数派の意見が封じられてしまうという趣旨が述べられている④が正解。①は少数派が「不当な差別を受け」るという内容が本文には述べられていないため不適切。

問6　最後から三段落目の「市場の全面化」と「環境リスク」による国境線を越えたリスクに対する個別の国家による意思決定の非合理性という内容から、①が正解。②は「国家内での主体的な政策決定を行わなくなっている」、③は「国家よりも広域的な秩序をつくり上げることに成功」、④は「個々の国家内での問題解決に費やす労力は縮小している」が不適切。

問7　空欄Aのある第四段落の内容と合致するため、②が正解。①は第一段落の内容と不一致、③は「国民主権という枠組みを放棄する国が現在増加しつつある」という内容が本文には記されていない。④は最後の段落の「世界秩序のな問3 ①は【Ⅰ】の前、②は【Ⅲ】の前、④は傍線部⑴の二つ前の段落に記述がある。傍線部⑴の前の段落に第二次世界大戦後に「庶民の歴史が書かれるようになった」とあるが、「庶民が書く歴史」ではないため③は不適切。

問4 傍線部の段落の、「新たに生み出された政治秩序が安定」すると「歴史修正主義的な見方が主流化」するという内容を踏まえると、④が正解。①は傍線部⑴がある段落に類似する内容が記されているが、ここで問われているのは「歴史修正主義」というレッテルが固定的でない理由を問うものであるため不適切。

問5 「特定の歴史の書かれ方」は、傍線部の段落によると「主義（イズム）」として歴史を見直す「歴史修正主義」のこと。これは、最後から二段落目の「政治的な意図」が存在する「歴史修正主義」であり、「政治体制の正当化」をしたり「不都合な事実の隠蔽」をしたりして「歴史の筋書きを提供する」もの。「筋書きを提供する」とは、最後から三段落目の具体例に着目すると、「歴史の改竄」「現在の政治に合わせて過去が書き替え」られることなので、②が正解。

問6 【Ⅳ】の前の文の内容と合致するため、②が正解。①は第二段落の「『歴史的真実』という表現は避ける」と不一致。③は、「歴史を必然的な進歩の過程と見なす歴史観」と「現在の政治経済における権威を正当化する歴史記述」は、傍線部⑵の五つ前の段落で同じ「ホイッグ史観」とされている点と不一致。④は傍線部⑵の四つ前の段落の内容と不一致であるため不適切。

3

出典 杉田敦「政治の現在と未来」（大澤真幸他編『岩波講座 現代 第1巻 現代の現代性――何が終わり、何が始まったか』岩波書店）

解答

問1 ③
問2 ④
問3 ③
問4 ③

問3　傍線部の段落の「わたしたちを…生きられること」の内容を踏まえると、④が正解。①は「欲望を理想に近い形で実現」「自分のなしうることに制限や限界はない」、②は「あらゆる欲望を…生き方が可能」、③は「自己の欲望を各々が制限することによって、誰もが不自由なく生きられる世の中を実現」が不適切。

問6　空欄Cのある段落における「『自由』を奪い返すため」の戦い、最後から二段落目における「『自由の相互承認』に基づく社会を築く」という内容を踏まえると、②が正解。①は「人類は…難しさに直面」、③は「奴隷に勝算があるとは限らない」、④は「自由」と「平和」が矛盾するという指摘や「新しい『自由』の概念が必要」という内容が不適切。

問7　最後から五段落目以降の内容と合致するため、③が正解。①は第一～二段落の内容と不一致。②・④は、作者がヘーゲルに「異議を唱え」る、もしくは、「異なる視点」という内容が本文に合致しないため不適切。

2

出典　武井彩佳『歴史修正主義』〈序章　歴史学と歴史修正主義〉（中公新書）

解答

問1　①
問2　③
問3　③
問4　④
問5　②
問6　②

解説　問2　欠文の「この違い」が、【Ⅲ】の直前の「解釈する枠組み」が異なるという点を受けており、「その人」が「一〇人の歴史家」を指していると考えられるため、③が正解。

国語

1

出典　苫野一徳「『自由な社会』を先に進める」（集英社新書編集部編『「自由」の危機——息苦しさの正体』集英社新書）

解答

問1　②
問2　③
問3　④
問4　①
問5　①
問6　②
問7　③

解説

問1　第三段落における「どう生きればよいのか悩み迷う」や「成功も失敗も、あなたの『自由』な生き方の結果」「そんな自己責任を突きつけてくる社会」という内容を踏まえると、②が正解。①の「他者の尊厳を犠牲にして生きなければならない」、③の「政治的…ことを意識」「後ろめたさ」、④の「『自由』に代わりうる新たな価値」は本文に言及がない。

問2　傍線部の二つ前の段落における「わたしたち…いられない」と、傍線部の段落の「これら諸欲望…欲している」という内容を踏まえると、③が正解。傍線部の段落では欲望を「達成」もしくは「なだめる」ことで「自由」になるとされているため、④で「欲望をひとつひとつ達成」することで「自由」を獲得するとしている点は不適切。

2022年度

問題と解答

■一般入試前期：Ｂ日程・共通テストプラス入試

問題編

▶試験科目・配点

教　科	科　　　　目	配　点
外国語	コミュニケーション英語Ⅰ・Ⅱ・Ⅲ，英語表現Ⅰに共通する事項（約 30 分のリスニングを含む）	200 点
国　語	国語総合（近代以降の文章）	100 点

▶備　考

- 上記以外に，外国語学部では，面接代替として資料記入（志望理由等，20 分），グローバル・リベラルアーツ学部では，個人での日本語による面接（約 10 分，30 点〈共通テストプラスは 40 点〉）が課される。
- リスニングの配点は英語 200 点中の 60 点。
- 外国語学部では，出願時に大学が指定する英語の外部資格・検定試験（4 技能）の基準を満たし，その成績を証明する書類を提出した場合，取得スコア等により，「英語」科目の得点を満点とみなして合否判定を行う，または，5 点加点をして合否判定を行う。
- 共通テストプラス入試：上記の英語・国語と，面接または資料記入にプラスして，大学入学共通テスト受験科目のうち，「地理歴史・公民」「数学」「理科」の出題科目のうち最高得点の科目を合否判定に使用する。

英語

（90分）

英語の問題は二つに分かれています。
前半は読解と文法・語彙に関する問題で，後半はリスニングに関する問題です。
解答は，マークシートの問題番号に対応した解答欄に鉛筆でマークしてください。

前半の読解と文法・語彙は READING COMPREHENSION（READING No. 1 ～ 3 ）と GRAMMAR AND USAGE（SECTION 1 ～ 2 ）に分かれています。

後半のリスニング・テストは二つの PART に分かれています。PART 1 はカンバセーションに関する問題，PART 2 はモノローグに関する問題です。

問題は全部で 64 問で，通し番号が 1 ～ 64 までついています。
マークシートにも同様に 1 ～ 64 まで通し番号がついています。

前半60分は読解力テスト，後半約30分はリスニング・テストです。リスニング・テストが始まると読解力テストには戻れません。注意してください。

READING COMPREHENSION

READING No. 1

We often think of technology, such as computers, mobile phones, or the Internet, as recent and modern inventions. However, some of the items we use routinely in our everyday lives were invented more than 70 years ago. One such item is Wi-Fi, which allows devices to connect to the Internet wirelessly. The technology that would one day form the basis of today's Wi-Fi, GPS, and Bluetooth communication systems was invented in 1942. Not only was this invented further in the past than most people realize, but it was also invented by what seems like an **unlikely** source—a Hollywood actress, named Hedy Lamarr. She was an Austrian-American actress known mainly for her beauty and appearance in classic films from the 1930s and 1940s. Only recently has she come to be known for her inventive genius as well.

Lamarr was born in Austria in 1914 to a wealthy Jewish family. Because she was an only child, her father doted on her by giving her attention and spending time with her. They often took long walks together, during which they would discuss how machines, like the printing press or street cars, worked. His encouragement inspired her to be curious about the world. At age 5, she took apart and rebuilt a mechanical toy to understand how the machine operated. Lamarr's mother, who was a concert pianist, introduced her to ballet and piano during this time as well.

Unfortunately, Lamarr's brilliant mind was ignored once her beauty was noticed. At the age of 16, she was discovered by a German movie director. Her beauty and acting skills attracted many fans, including a man named Fritz Mandl, whom she later married. Because of his ties to the Nazi party, she became worried for her safety, so she escaped to London in 1937. Her marriage to Mandl did not last very long, but she learned a great deal about military weapons and technology from conversations in their house.

In London, Lamarr met someone from a US movie studio and ended up going to act in Hollywood. Her grace, beauty, and accent all fascinated Americans, so her popularity grew. While in Hollywood, Lamarr was introduced to many different people, including businessman and pilot Howard Hughes. He was interested in innovation and immediately recognized her brilliant mind. Hughes wanted to help Lamarr grow and, possibly, invent something to change the world.

In 1940, Lamarr met a musical composer, George Antheil, at a dinner party. Antheil shared the same inventive spirit as Lamarr, so they talked about a variety of topics, including technology and the war. As a result of these conversations, the two ended up creating a way of controlling weapons that used radio waves differently from previous technology. This new system allowed radio waves to "hop" and simplified how the military made weapons move. While it was never used by the military, this frequency hopping technology is the basis for today's modern-day wireless communication. Lamarr and Antheil did not receive **recognition** for their invention until 1997. In 2014, this "mother of Wi-Fi" was added into the U.S. National Inventors Hall of Fame for the development of her frequency hopping technology.

1 What is this reading mainly about?

a) The impact of innovation on today's society

b) The importance of supporting female inventors

c) The influential people in Hollywood society in the 1940s d) The woman who helped create Wi-Fi technology

2 According to the reading, which one of the statements is correct about Hedy Lamarr?

a) She often had to have boring discussions with her husband.

b) She felt her husband's social connections were dangerous.

c) Her husband was a German movie director named Fritz Mandl.

d) Her husband was interested in her mind, not her attractiveness.

3 According to the reading, which one of the statements is correct about George Antheil?

a) He was a pilot and military businessman from Austria.

b) He was a musician who was well known for his inventions.

c) He was a Jewish man who married Hedy Lamarr.

d) He was a composer who was interested in inventing things.

4 According to the reading, what made the technology which Lamarr and Antheil developed different from previous systems?

a) It allowed weapons to move by themselves.

b) It used radio waves to make weapons easier to control.

c) It disrupted radio waves and communication systems.

d) It allowed for wireless communication between planes.

5 Which expression is closest in meaning to **unlikely** in paragraph 1?

a) not possible

b) less probable

c) far better

d) more reliable

6 Which word is closest in meaning to **recognition** in the last paragraph?

a) acknowledgement

b) selection

c) certificate

d) information

READING No. 2

In 2019, there were 1.5 billion international tourist arrivals worldwide, a record year for travel. Have you ever thought about why people travel? Many people are probably on business trips, while others are tourists going on long-awaited adventures. Yet, for many people, travel is a spiritual event. Every year, millions go on journeys to special locations with the purpose of showing respect, demonstrating faith, or reflecting on what is important in their lives. Such visits are called pilgrimages. Pilgrims, the people who go on these long trips, often have specific rules regarding transportation, activities, and even clothing. Actions have special meaning and acting improperly may bring bad fortune.

In Japan, every year, approximately 120,000 to 200,000 Buddhist travelers make the 88 Temple Pilgrimage around the Shikoku region. Those who want to make this special journey can go around the island at any time of year, though springtime is the most popular. While it is possible to travel by car or bus, the most traditional way to complete the pilgrimage is on foot. Those walking should be prepared though—it takes 6 to 8 weeks to complete the full circuit! While on the pilgrimage, it is necessary to wear a white jacket as well as a pointed straw hat and carry a long wooden staff, which is a long stick used as a support when walking. On this spiritual journey, believers overcome their struggles with every step they take.

Another large international pilgrimage in the world is the Hajj. This is an important ritual that nearly every Muslim is required to make at least once in their lifetime. In 2019, more than 2.3 million people made the trip. Followers from across the globe gather for 5 to 6 days each year in the holy city of Mecca, Saudi Arabia. There, they must complete a series of specific tasks to demonstrate the strength of their beliefs and **commemorate** historical events in Islam. Men and women must wear simple clothing to indicate that all pilgrims are equal on their great journey. This pilgrimage brings followers from many different backgrounds together and often leads them to have a greater belief in peace and harmony.

The largest pilgrimage in the world takes place in India. It is a Hindu gathering called the Kumbh Mela and is held for 55 days between the months of January and March. Hindus from all over India and the world **converge** at a city located along a holy river. One hundred twenty million people traveled to this spiritual event in 2018 and engaged in a variety of activities, from bathing in rivers to holding communal feasts. It is believed that bathing in the waters of a holy river will cleanse or purify a person if they have done something they regret. Before entering the water, many perform rituals, such as shaving their hair off, releasing flowers into the river, or dressing in special clothing. Everyone who goes on this pilgrimage leaves ready to live a new life.

Despite these pilgrimages happening in varied locations with varied populations, their occurrence is a sign of what human beings have in common: a search for meaning in one's life.

7 What is this reading mainly about?

a) The popularity of international travel

b) Popular tourist sites around the world

c) A special type of religious travel

d) Reasons why people enjoy traveling

8 According to the reading, why should people going on the Buddhist pilgrimage be prepared when walking?

a) Because it must be done during cold winter months

b) Because it can take a very long time to finish the trip

c) Because they have to carry many things around with them

d) Because they can easily visit temples in the wrong order

9 According to the reading, which one of the statements is correct about the Hajj pilgrimage in Saudi Arabia?

a) There is an important ritual to choose a leader for the journey.

b) Over 2.3 million people went on this journey in 2019.

c) Approximately 120 million men went on this trip in 2018.

d) Pilgrims wear special clothing to show their cultural backgrounds.

10 According to the reading, which one of the statements is correct about the pilgrimage in India?

a) People going on this trip must keep their hair long.

b) Bathing in the river could bring bad fortune.

c) Eating together in large groups is not allowed.

d) Some people on this trip throw flowers in the river.

11 Which word or expression is closest in meaning to **commemorate** in paragraph 3?

a) describe

b) remember

c) learn about

d) join together

12 Which word is closest in meaning to **converge** in paragraph 4?

a) gather

b) change

c) bend

d) talk

READING No. 3

Teaching has been characterized as a female profession, especially at lower levels of education. Very few men work in early childhood education, at least partly because of persistent gender stereotypes and norms. There are far more men at higher levels of education and in school leadership positions. Nearly 94% of teachers in pre-primary education, but only about half of those in upper secondary education, are female. Gaps between male and female teachers exist not only across education levels, but also across regions. The proportion of women among primary school teachers in low-income countries (41%) is half of that in high-income countries (82%) as a result of multiple factors, including gender gaps in access to education and norms that prevent employment of women as teachers (See Table 1).

Table 1
Share of women in the teaching force, by region, income group, and education level, 2017

	Pre-primary	Primary (Elementary)	Secondary	Tertiary (University and college)
World	**94%**	**66%**	**54%**	**42%**
Sub-Saharan Africa	78%	46%	30%	-
Central and Southern Asia	-	54%	47%	37%
Eastern and Southeastern Asia	97%	68%	54%	-
Latin America and the Caribbean	96%	78%	58%	41%
Europe and Northern America	96%	86%	67%	48%
Low-income countries	86%	41%	-	-
High-income countries	95%	82%	56%	41%

Source: UIS database

In rural areas, attracting and retaining teachers, particularly female teachers, is often a challenge. In India, the share of female teachers declines in remote areas. In Liberia, finding suitable accommodation for teachers in rural areas was reported to be hard, especially for female teachers, who have additional needs for safe housing. Similar challenges were reported in Togo, Uganda, and the United Republic of Tanzania.

Gender equality in teacher employment influences educational **outcomes**. In rural Pakistan, recruiting local and female teachers had positive effects on girls' learning, reducing the gender gap in academic achievement.

Evidence suggests that gender gap patterns differ between education leadership positions and teaching positions. An analysis of 35 mostly high-income countries indicated that, on average, the share of female head teachers in lower secondary schools was 18 percentage points lower than the share of female teachers. The difference was greater than 30 percentage points in countries including Finland, Japan and Portugal, and largest in the Republic of Korea.

In Japan, 39% of teachers overall, but only 6% of head teachers, are female. National policies such as the 1985 Gender Equality in Employment Act and the 1999 Basic Law for a Gender-Equal Society were meant to **facilitate** improvement in female employment, and the Cabinet Office's Gender Equality Bureau is responsible for pursuing a gender-equal society. The Ministry of Education, Culture, Sports, Science and Technology, which runs gender equality programs, has initiated a variety of efforts to bridge the gender gap. These include improving child care support, providing educational support for re-employment, and improving scholarly support for female researchers.

However, progress has been slow as the latest administrative data at the prefectural level show. Between 2013 and 2017, the share of female school principals increased by only half a percentage point and remained below 7%. The share increased by five percentage points in three prefectures, including Hiroshima, but declined in several, including Akita. The share of female vice-principals showed more improvement. The share ranged from 3% in Yamanashi to 22% in Okinawa, where it almost doubled. Male teachers were still 7 times as likely as female teachers to be promoted to a head teacher position in primary education in 2017, and 11 times as likely in lower secondary education.

13 What is this reading mainly about?

a) The advancement of girls' education

b) Gender gaps in teacher employment

c) Proposals to increase the number of female primary school teachers

d) The causes of gender stereotypes in educational settings

14 According to the reading, which one of the statements is correct about teachers in rural areas?

a) Many of them are forced to work in low-income positions.

b) They often struggle to create attractive classes for their students.

c) In Liberia, additional support is provided for them to meet local needs.

d) In Uganda, it is difficult to make suitable housing available for them.

15 According to the reading, which one of the statements is correct about Japan?

a) More than one third of head teachers are women in all prefectures.

b) The Gender Equality in Employment Act was established in 1999.

c) There was not much improvement in the share of female principals between 2013 and 2017.

d) The share of female vice-principals increased by 22% in Yamanashi between 2013 and 2017.

16 According to the reading, which one of the statements is correct?

a) Gender stereotypes are reflected in the number of men working in early childhood education.

b) There is a large increase in the number of men working in lower levels of education worldwide.

c) The number of women in school leadership positions is equally growing in high-income countries.

d) Gender gaps in access to education are rapidly becoming smaller in low-income countries.

17 Which word is closest in meaning to **outcomes** in paragraph 3?

a) gaps

b) results

c) policies

d) opportunities

18 Which word is closest in meaning to **facilitate** in paragraph 5?

a) guarantee

b) expect

c) promote

d) fulfill

GRAMMAR AND USAGE

SECTION 1

At the beginning of the school year in elementary school, first graders come to class with their new backpacks. Many of them have mixed feelings of expectation and anxiety. They are (19) to study and play with their new classmates. One of the biggest events for them (20) the school lunch. The meal plays an important role in their healthy growth.

In Japan, the school lunch tradition (21) in 1889 at an elementary school in Yamagata Prefecture. A set menu of rice balls, grilled salmon and pickles was served to children. Later, this custom spread nationwide after the Great Kanto Earthquake in 1923. School meals were offered only to a small percentage of pupils (22) 1954 with the establishment of the School Lunch Law.

Back then, ingredients came from overseas to support children in Japan. The main purpose was to cover the lack of nutrition. As Japan's economy grew, school lunches improved drastically. (23) , rice joined the tasteless bread, and powdered skim milk was replaced with whole milk. Menus were made ___(24)___ specialists, taking into consideration balanced nutrition, salt, appropriate calories, and budget.

School lunches now aim to teach children about nutrition. Pupils learn about local specialties through dishes made from local ingredients. They learn ___(25)___ Japan's traditions by enjoying traditional ceremonial foods. They deepen their gratitude toward the workers in various fields ___(26)___ help to provide their meals. Overseas dishes are good opportunities to help the children to become interested in other countries.

19
a) excite
b) exciting
c) excited
d) excitement

20
a) is
b) are
c) being
d) to be

21
a) begin
b) began
c) begun
d) has begun

22
a) by
b) for
c) until
d) while

23
a) On the contrary
b) In conclusion
c) In addition to
d) For example

24
a) from
b) of
c) into
d) by

出典追記：Asahi Weekly, The Asahi Shimbun, April, 11, 2021

25
a）appreciate
b）to appreciate
c）appreciation
d）about appreciation

26
a）who
b）whose
c）which
d）where

SECTION 2

27 Do you know what time the library ＿＿＿ on Saturdays?

a）open
b）opens
c）opening
d）to open

28 I hope I made it ＿＿＿ to him that he should stop smoking.

a）clear
b）clearly
c）clarify
d）to clarify

29 There was ＿＿＿ traffic that I was an hour late for the appointment.

a）so many
b）so much
c）as many as
d）as much as

30 Tom woke up at midnight because he heard his neighbor's dog ＿＿＿.

a）barks
b）barked
c）barking
d）to bark

31 ______ surprised us most was how much we could learn in the three-day workshop.

a) It

b) Very

c) Which

d) What

32 There are two types of forms, Form A and Form B. ______ of them is acceptable.

a) All

b) Both

c) Either

d) Anything

33 The ship will arrive in port on June 1, ______ May 30 as previously announced.

a) although

b) instead of

c) even though

d) regardless of

34 Did you check the schedule? To be late for the exam is the last thing ______ you want to do.

a) in which

b) when

c) what

d) that

SHORT CONVERSATIONS

35 When is the man leaving?

a) After he makes a shopping list

b) After the woman returns from shopping

c) After he finishes his other shopping

d) After it stops raining outside

36 Which one of the statements is correct?

a) The man works at a library.

b) The woman teaches English.

c) The man wants to know the name of the woman's teacher.

d) The woman bought the wrong textbook for her English class.

37 Which one of the statements is correct?

a) The woman wants to go to the Black Pink concert.

b) The man will buy the concert tickets online next week.

c) The man and the woman went to the concert last night.

d) The man and the woman waited outside together to get the tickets.

38 Which one of the statements is correct?

a) The woman is sick because she was doing schoolwork late at night.

b) The man will email the homework assignment to the woman.

c) Someone will walk to the Student Health Center with the woman.

d) The woman will go and buy some medicine on the way home.

39 Which one of the statements is correct about the man?

a) He is trying to get a drink for the woman.

b) He will buy coffee from a vending machine.

c) He has already had free coffee in the lounge.

d) He appreciates the woman's advice.

40 Which one of the statements is correct?

a) The man usually comes home quite early.

b) The woman invited someone over for dinner.

c) The man will definitely come home earlier than usual tonight.

d) The woman wants the man to help her cook dinner.

41 Which one of the statements is correct?

a) The man attended the meeting on Tuesday.

b) The woman reminded the man of a meeting next Tuesday.

c) The man thought yesterday was Monday.

d) The woman wants the man to join the meeting on Wednesday.

42 Which one of the statements is correct?

a) The woman works at the library.

b) The man is asking the woman for a favor.

c) The woman will help her professor.

d) The man will visit his professor in the afternoon.

43 What is Mr. Johnson's job?

a) A teacher

b) A principal

c) An engineer

d) A businessperson

44 What is the man's problem?

a) He can't decide between a necklace and earrings.

b) He doesn't know what to buy for his wife.

c) He can't spend a lot of money.

d) He doesn't know his wife's favorite color.

45 Which one of the statements is correct?

a) The woman will see a movie tomorrow.

b) The man won't see the woman tomorrow.

c) The woman will help the man's brother tomorrow.

d) The man will meet the woman today at 5 p.m.

46 Which one of the statements is correct?

a) The man hurt his leg.

b) The man is upset about a dog.

c) The woman wants to help her dog.

d) The woman feels sorry for the man.

47 Which one of the statements is correct?

a) The woman thinks their table is too smoky.

b) The woman thought their co-worker had a boyfriend.

c) The man wants to sit by the window.

d) The man recognizes his co-worker's face.

48 Which one of the statements is correct?

a) The man recognized the woman right away.

b） The woman doesn't usually wear glasses.

c） The man thinks the woman looks better without the glasses.

d） The woman asked the man for advice about her problem.

49 Which one of the statements is correct about the man?

a） He is good at snowboarding.

b） He is good at skiing.

c） He hasn't skied for a long time.

d） He will join the woman on the weekend.

50 Which one of the statements is correct?

a） The man is a member of a book club.

b） The man plans to organize a book club.

c） The woman wants to visit the man's place.

d） The woman knows where Shakespeare was born.

LONG CONVERSATIONS

Long conversation 1

51 What are the speakers talking about?

a) Learning to drive

b) Going to a movie theater

c) Taking a break

d) Studying English

52 According to the conversation, which one of the statements is correct?

a) Parents need to say "yes" more often to their children.

b) Watching movies is one way to learn a language.

c) Spending time alone is not much fun.

d) Learning English takes a long time.

Long conversation 2

53 How many days a week is the woman likely to work at the pastry shop?

a) one day

b) two days

c) three days

d) four days

54 Which one of the statements is correct?

a) The man wants to work in a pastry shop.

b) The woman is helping the man find a job.

c) The man gave the woman a phone number.

d) The woman can work on weekends.

Long conversation 3

55 What are the man and the woman talking about?

a）The events in the Olympics

b）A sports competition

c）The best type of exercise

d）Favorite things to do

56 How often does the woman go swimming in the spring?

a）Once a week

b）Twice a week

c）Three days a week

d）Every day of the week

Long conversation 4

57 What animal is the man writing about?

a）Gorillas

b）Sea otters

c）Blue whales

d）Giant pandas

58 Which one of the statements is correct?

a）The man is helping the woman to write an essay.

b）The woman is asking the man about his assignment.

c）The man is telling the woman about his vacation in Africa.

d）The woman is explaining to the man about endangered species.

MONOLOGUES

Monologue 1

59 When did the Matsumotos start selling shaved ice?

a) In 1951

b) In 1956

c) In 1960

d) In 1976

60 Which one of the statements is correct about *Matsumoto Shave Ice*?

a) Most of their customers are tourists from Japan.

b) Their ice-shaving machine came from Japan.

c) The present owner has two brothers and one sister.

d) Their T-shirts have become more popular than their shaved ice.

Monologue 2

61 According to the monologue, which is one definition of the word *Broadway*?

a) A wide road which is about 20 kilometers long

b) The northernmost tip of the island of Manhattan

c) A famous theater in the center of New York City

d) A trail used by Native Americans in the 1890s

62 According to the monologue, which one of the statements is correct?

a) Ticket sales for Broadway plays showed a slight decrease in 2018.

b) Broadway is known as the first district in the U.S. to be lit with gas lights.

c) There were more than 1 billion theater-goers to Broadway in 2018.

d) Broadway has been an important part of American culture.

Monologue 3

63 Which one of the following would be the best title of this monologue?

a) The future of Bhutan

b) The traditions of Bhutan

c) The national sport of Bhutan

d) Facts about Bhutan

64 Which one of the statements is correct about Bhutan according to the monologue?

a) Its government regularly checks how happy the people are.

b) Most young people are happy with their traditional lifestyle.

c) A Bhutanese cricket team played in the Summer Olympics.

d) There are multiple official religions in the country.

放送内容

Listening Comprehension
Part 1
Conversations

Short Conversations

Conversation 35
W: Aren't you going to the drug store?
M: I'm going to wait until after the rain stops.
W: Ah, good idea. I'll make a list of things I want you to buy.
M: Ok. Give it to me when you're ready.

Question 35. When is the man leaving?
a) After he makes a shopping list
b) After the woman returns from shopping
c) After he finishes his other shopping
d) After it stops raining outside

Conversation 36
W: Hello. I'd like to buy a textbook for my English class.
M: What's your teacher's name?
W: I don't know yet. But I have the class number.
M: I'm sorry, but you need to know your teacher's name to buy a textbook because different English teachers require different textbooks for their classes.

Question 36. Which one of the statements is correct?
a) The man works at a library.
b) The woman teaches English.
c) The man wants to know the name of the woman's teacher.
d) The woman bought the wrong textbook for her English class.

Conversation 37
M: I waited all night outside of Tokyo Dome to get a pair of tickets to the Black Pink Concert.
W: Why did you do that? Didn't you know that you can buy the tickets online next week?
M: Yes, but that is a lottery system, so there is a chance that you won't get any tickets.
W: Oh, I didn't know that! I should've waited with you last night then.

Question 37. Which one of the statements is correct?
a) The woman wants to go to the Black Pink concert.
b) The man will buy the concert tickets online next week.
c) The man and the woman went to the concert last night.
d) The man and the woman waited outside together to get the tickets.

Conversation 38
W: Excuse me Professor Hupka, can I leave class early? I am not feeling so well.
M: Oh? What seems to be the problem?

W: I have a headache and a slight fever. I think it's because I was up all night finishing my history report.
M: Ok, you can go. I'll email you the rest of the class notes. Would you like someone to go with you to the Student Health Center?
W: No, I think I should just go back home because I have some medicine there.

Question 38. Which one of the statements is correct?
a) The woman is sick because she was doing schoolwork late at night.
b) The man will email the homework assignment to the woman.
c) Someone will walk to the Student Health Center with the woman.
d) The woman will go and buy some medicine on the way home.

Conversation 39
W: Are you looking for something?
M: Yeah, I'm looking for a vending machine. I just want to get a can of coffee.
W: Why don't you use the coffee machine in the lounge? It makes good coffee, and it's free.
M: Really? Thanks for the information.

Question 39. Which one of the statements is correct about the man?
a) He is trying to get a drink for the woman.
b) He will buy coffee from a vending machine.
c) He has already had free coffee in the lounge.
d) He appreciates the woman's advice.

Conversation 40
M: Bye. See you later.
W: What time are you coming home tonight?
M: I think around eight, as usual. Why?
W: A friend of mine will be here for dinner. Can't you come home a little earlier?
M: I'll try to, but don't wait. Go ahead and start eating without me.

Question 40. Which one of the statements is correct?
a) The man usually comes home quite early.
b) The woman invited someone over for dinner.
c) The man will definitely come home earlier than usual tonight.
d) The woman wants the man to help her cook dinner.

Conversation 41
W: Hey David, why didn't you join the online meeting yesterday?
M: That's today, isn't it?
W: No, it was yesterday, Tuesday at 2 o'clock.
M: Isn't today Tuesday?
W: No, it's Wednesday.

Question 41. Which one of the statements is correct?
a) The man attended the meeting on Tuesday.
b) The woman reminded the man of a meeting next Tuesday.
c) The man thought yesterday was Monday.
d) The woman wants the man to join the meeting on Wednesday.

Conversation 42
W: I've spent the whole afternoon at the library looking for the information we need, but I can't find it.
M: I'm stuck, too. Shall we ask Professor Brown for some suggestions?
W: Sounds like a good idea. He said we could see him anytime we needed his help.
M: Good. Let's go to his office after lunch then.

Question 42. Which one of the statements is correct?
a) The woman works at the library.
b) The man is asking the woman for a favor.
c) The woman will help her professor.
d) The man will visit his professor in the afternoon.

Conversation 43
M: Did your mother meet with Mr. Johnson at school?
W: Yes, she did! He told her that I was doing well in his math class. He was impressed that I want to become an engineer when I grow up.
M: That's nice. Mr. Johnson told my parents that I sometimes fall asleep in class. He said that I need to work harder to keep up with my assignments.
W: Well, he does give a lot of homework. However, I always thought that his classes were interesting.

Question 43. What is Mr. Johnson's job?
a) A teacher
b) A principal
c) An engineer
d) A businessperson

Conversation 44
W: Good afternoon. Can I help you find anything?
M: I'm looking for a gift for my wife, but I don't know what to get her.
W: Hmm, well if she likes jewelry, I suggest buying a simple necklace. That's always popular.
M: That's a good idea. Do you have anything blue? It's her favorite color.

Question 44. What is the man's problem?
a) He can't decide between a necklace and earrings.
b) He doesn't know what to buy for his wife.
c) He can't spend a lot of money.
d) He doesn't know his wife's favorite color.

Conversation 45
W: How about seeing a movie with me tomorrow afternoon?
M: I'd like to, but I have to help my brother move tomorrow.
W: Well, we could go to a later screening. There's a show that starts around 7 p.m.
M: OK. We should be all done by 5 p.m. I'll call you then.

Question 45. Which one of the statements is correct?
a) The woman will see a movie tomorrow.
b) The man won't see the woman tomorrow.
c) The woman will help the man's brother tomorrow.
d) The man will meet the woman today at 5 p.m.

Conversation 46
W: I feel sorry for my dog.
M: What's wrong with her?
W: She has hurt her leg. I have to take her to an animal hospital.
M: You'd better hurry, then.

Question 46. Which one of the statements is correct?
a) The man hurt his leg.
b) The man is upset about a dog.
c) The woman wants to help her dog.
d) The woman feels sorry for the man.

Conversation 47
M: Mary, it is a bit smoky here. Do you mind if we move to that other table over there?
W: Sure, no problem. Wait, do you know that woman there by the window?
M: Oh, I think that is our new co-worker, Sarah. She just moved in with her boyfriend last week.
W: Really? I thought she was already married.

Question 47. Which one of the statements is correct?
a) The woman thinks their table is too smoky.
b) The woman thought their co-worker had a boyfriend.
c) The man wants to sit by the window.
d) The man recognizes his co-worker's face.

Conversation 48
M: Nancy, is that you?
W: Hi, Jim.
M: You look different. I couldn't recognize you at first. I didn't know you wore glasses.
W: I usually wear contact lenses, but I have a problem with my eyes, so I decided not to wear them today.

Question 48. Which one of the statements is correct?
a) The man recognized the woman right away.
b) The woman doesn't usually wear glasses.
c) The man thinks the woman looks better without the glasses.
d) The woman asked the man for advice about her problem.

Conversation 49
W: I'm going snowboarding with my friends this coming weekend. Do you want to join us?
M: Well, I don't know how to snowboard.
W: Then do you ski?
M: I do, but it's been a while so I'm out of practice. I'll pass. Enjoy yourselves!

Question 49. Which one of the statements is correct about the man?
a) He is good at snowboarding.
b) He is good at skiing.
c) He hasn't skied for a long time.
d) He will join the woman on the weekend.

Conversation 50
W: I'm organizing a trip for my book club, but I'm not sure if the members will like the place that I chose.
M: Where do you plan to visit?
W: Stratford-upon-Avon where Shakespeare was born.
M: I'm sure they will love it.

Question 50. Which one of the statements is correct?
a) The man is a member of a book club.
b) The man plans to organize a book club.
c) The woman wants to visit the man's place.
d) The woman knows where Shakespeare was born.

Long Conversations

Long Conversation 1

M: Did you go anywhere during Golden Week?
W: No, I stayed at home and studied English. How about you?
M: We visited my grandparents in Hakone. It's a long drive, so I studied English in the car.
W: How did you study English?
M: I watched two movies. It was fun listening to the English and understanding the subtitles.
W: That's my favorite way to study English, too. Which movies did you watch?
M: "Yes Day" and "Spiderman." "Yes Day" was funny. You should see it.
W: Yes, I know the story. The parents agree to say "yes" to their children's suggestions for one day. It sounds funny.

Question 51. What are the speakers talking about?
a) Learning to drive
b) Going to a movie theater
c) Taking a break
d) Studying English

Question 52. According to the conversation, which one of the statements is correct?
a) Parents need to say "yes" more often to their children.
b) Watching movies is one way to learn a language.
c) Spending time alone is not much fun.
d) Learning English takes a long time.

Long Conversation 2

W: I've been looking for a part-time job, but I haven't been able to find one.
M: I know of a job opening! You might like it.
W: Really? Tell me about it!
M: There is a pastry shop that is looking for a cashier.
W: How many days a week would I be able to work? I need to work after school, but not on weekends.
M: They are looking for someone to work on Mondays and Thursdays from 4:00 to 7:00.
W: Actually, I was thinking of working Mondays, Tuesdays and Thursdays, but I can't work three days a week. Working just one day a week won't be enough either.
M: Well, this job might be perfect for you! Here is the phone number of the shop. Go ahead and contact them.

Question 53. How many days a week is the woman likely to work at the pastry shop?
a) one day
b) two days
c) three days
d) four days

Question 54. Which one of the statements is correct?
a) The man wants to work in a pastry shop.
b) The woman is helping the man find a job.
c) The man gave the woman a phone number.
d) The woman can work on weekends.

Long Conversation 3

M: What's your favorite sport?
W: To play or to watch?
M: Both.
W: Swimming, and I love to watch golf.
M: You love to watch golf? But you play golf every weekend.
W: Yes, I know, but I prefer swimming.
M: How often do you go swimming?
W: Every day in the summer, and twice a week during the rest of the year.

Question 55. What are the man and the woman talking about?
a) The events in the Olympics
b) A sports competition
c) The best type of exercise
d) Favorite things to do

Question 56. How often does the woman go swimming in the spring?
a) Once a week
b) Twice a week
c) Three days a week
d) Every day of the week

Long Conversation 4

W: What are you writing?
M: Oh, I am writing an essay on endangered animals. It's an interesting topic, but it's kind of sad as well.
W: Really? What are you trying to explain in your assignment?
M: Well, I am writing about one of the many endangered species in the world.
W: What are some of those species?
M: For example, there are blue whales, giant pandas and sea otters, but in my report, my focus is on the gorillas in the Congo, in Africa.
W: Oh, I see. What did you learn about them?
M: Did you know that the metals which we use for electronic devices are taken from the gorillas' habitat? If we continue to do this, we put them in danger.

Question 57. What animal is the man writing about?
a) Gorillas
b) Sea otters

c) Blue whales
d) Giant pandas

Question 58. Which one of the statements is correct?
a) The man is helping the woman to write an essay.
b) The woman is asking the man about his assignment.
c) The man is telling the woman about his vacation in Africa.
d) The woman is explaining to the man about endangered species.

Part 2
Monologues

Monologue 1

If you have a chance to take a trip to Hawaii, make sure you visit a store called *Matsumoto Shave Ice*, which is located on the north shore of the beautiful island of Oahu. On a warm sunny day, the store sells over 1,000 servings of shaved ice to locals and tourists from around the world.

It was Helen and Mamoru Matsumoto who opened the store in 1951. At first it was an ordinary grocery store. In 1956, the Matsumotos decided to purchase an ice-shaving machine from Japan. They learned to make different kinds of syrup, and started serving shaved ice in their store. It became popular with the arrival of surfers from California in the 1960s.

In 1976, the Matsumotos' third child, Stanley, took over the business. Stanley's brother and sister helped him at the store when it was very busy. Stanley expanded the business and they now also sell all kinds of souvenirs. Their T-shirts are almost as popular as the shaved ice.

Question 59. When did the Matsumotos start selling shaved ice?
a) In 1951
b) In 1956
c) In 1960
d) In 1976

Question 60. Which one of the statements is correct about *Matsumoto Shave Ice*?
a) Most of their customers are tourists from Japan.
b) Their ice-shaving machine came from Japan.
c) The present owner has two brothers and one sister.
d) Their T-shirts have become more popular than their shaved ice.

Monologue 2

There are many people who are not aware that the word *Broadway* has two meanings. The first meaning of the word "Broadway" refers to a wide street that can be found in Manhattan, an island that is in the central part of New York City. It is a major road that stretches about 20 kilometers from the southern part of Manhattan to its northernmost tip, and it was a well-known trail that was used by Native Americans in the 17th century. Its current name, Broadway, was given by English settlers.

Nowadays, however, some people know Broadway not only as a major street, but also as a billion-dollar theater industry in the center of Manhattan. For example, in the year 2018, ticket sales for Broadway shows reached a total of about 1.6 billion dollars. In addition, there was a total number of 13.8 million people who attended Broadway plays. Known for being one of the first districts to be lit with electric lights dating as far back as the 1890s, this industry, and this street, remain very important in American culture to this day.

Question 61. According to the monologue, which is one definition of the word *Broadway?*
a) A wide road which is about 20 kilometers long
b) The northernmost tip of the island of Manhattan
c) A famous theater in the center of New York City
d) A trail used by Native Americans in the 1890s

Question 62. According to the monologue, which one of the statements is correct?
a) Ticket sales for Broadway plays showed a slight decrease in 2018.
b) Broadway is known as the first district in the U.S. to be lit with gas lights.
c) There were more than 1 billion theater-goers to Broadway in 2018.
d) Broadway has been an important part of American culture.

Monologue 3

Bhutan is one of the least developed countries in the world. However, it is often named as the happiest country in the world. Bhutan's government includes a Ministry of Happiness. The well-being and happiness of the Bhutanese citizens are said to be among the main aims of the Bhutanese government. Regular surveys are conducted in Bhutan to measure the happiness of the people.

However, young people do not want to live only according to traditions anymore. They want to enjoy the modern lifestyle. And youth unemployment is high in Bhutan. About 13% of all young people are without work.

Archery is considered the national sport of Bhutan. Archery, basketball, and cricket are the most popular sports in the country. The Bhutanese take part in the Summer Olympics with a national archery team. Bhutan has never participated in any winter sports events in any of the Winter Olympic games. Buddhism is its official religion and more than 75% of the people believe in this religion.

Question 63. Which one of the following would be the best title of this monologue?
a) The future of Bhutan
b) The traditions of Bhutan
c) The national sport of Bhutan
d) Facts about Bhutan

Question 64. Which one of the statements is correct about Bhutan according to the monologue?
a) Its government regularly checks how happy the people are.
b) Most young people are happy with their traditional lifestyle.
c) A Bhutanese cricket team played in the Summer Olympics.
d) There are multiple official religions in the country.

出典追記：[Monologue 3] Bhutan Facts, Kids World Travel Guide

問3　流れに（　　）さす

①　色　②　棹《さお》　③　水　④　杭《くい》

（解答番号は 28 ）

6

次の各問いの空欄に入る漢字として、最も適切なものを、それぞれ①～④の中から一つずつ選べ。解答番号は 29 、 30 。

問1　（　　）家争鳴

①　百　②　孤　③　隣　④　患

（解答番号は 29 ）

問2　天（　　）恢恢《かいかい》

①　恩　②　蓋　③　寵　④　網

（解答番号は 30 ）

③ 植物のホウ子を観察する　④ 鉱山の岩盤がホウ落した

問4 二人の子供をフ養する　（解答番号は 24 ）

① 単身フ任を命ぜられる　② 二人の言葉がフ合した

③ 相互フ助の精神　④ 政治家としての自フ心

問5 市場が活況をテイする　（解答番号は 25 ）

① 粗品を進テイする　② 裁判所に出テイする

③ 並大テイの事ではない　④ 旅行の日テイを確認する

5

次の各問いの空欄に入る語句として最も適切なものを、それぞれ①～④の中から一つずつ選べ。解答番号は 26 、 27 、 28 。

問1 （　　）かぶりを決めこむ　（解答番号は 26 ）

① 面　② 袋　③ 頬　④ 砂

問2 （　　）にも出さない　（解答番号は 27 ）

① 噯《おくび》　② 咎《とが》　③ 頤《おとがい》　④ 鎹《かすがい》

③　世界の事物を「人」か「物」かのどちらかに分類する世界観の中では、動物や植物などの生き物だけでなく、知的財産の一部も原則的に「物」扱いされる。

④　役畜やペットなどと同じように、野生動物に対しても、その動物が生息している場所の所有者に責任を問うことができる。

4

次の各問いの傍線部のカタカナに相当する漢字と同じ漢字を使うものを、それぞれ①～④の中から一つずつ選べ。解答番号は 21 、 22 、 23 、 24 、 25 。

問1　イ儀を正して、式典に出席する　（解答番号は 21 ）

①　興味本イの記事　②　イ憾の意を表明する

③　事件の経イを振り返る　④　イ圧的な態度をとる

問2　神社に参ケイする　（解答番号は 22 ）

①　ケイ薄な行動　②　美術への造ケイが深い

③　順番に休ケイを取る　④　厳重にケイ備する

問3　今度の選挙ではホウ沫候補の立候補が多い　（解答番号は 23 ）

①　計画が水ホウに帰す　②　ホウ画を鑑賞する

① はじめに近代二分法によって動物を「物」とみなしてきた歴史を批判し、続いて動物に尊厳を認めるために様々な施策が講じられるようになった現状を確認し、最後に今後は様々な社会的な役割を担う人工知能機械に対しても権利や尊厳が認められていくと予測している。

② はじめに「人」と「物」を明確に区別する近代的な二分法による世界観を紹介し、続いて道徳的な観点から人間と動物は本来大きな違いはないことを指摘し、最後に人工知能機械がより人間に接近していくことで人間の存在も変化していくと論じている。

③ はじめに動物を人間の所有物だと考える近代二分法の歴史を説明し、続いて本来人間だけではなく動物にも尊厳を認めることが妥当であることを訴え、最後に今後は自然物ではない人工知能に対しても権利や尊厳を認める方向へと向かうと指摘している。

④ はじめに近代二分法に基づき動物を「物」として位置付ける世界観が失効しつつあると説明し、続いて動物倫理を重要視する流れから「人」と「人以外の生物」の区別が難しくなってきたことを確認し、最後に人工知能技術やサイボーグ技術によって人間の法的、道徳的な同格性や近代的「人権」理念が揺らぐ可能性があると論じている。

問6　本文の内容に合致するものを、次の①～④の中から一つ選べ。解答番号は[20]。

① 一部の動物に対しても道徳的な配慮をすべきだという考え方が拡張し、ネットワークの中で存続するボットのような存在に対しても動物と同様の配慮をすべきだとの考え方が生まれた。

② 生物医療科学的なアプローチ、および、サイボーグ技術によって、人工知能機械の反社会的な行動を抑制、規制することは可能である。

問3　傍線部(2)「このような憂慮」とあるが、その説明として最も適切なものを、次の①～④の中から一つ選べ。解答番号は 17 。

① 人格の尊厳が絶対視されなくなり、ある種の動物より道徳的な配慮や尊重に値しないと判断される人が出てくるのではないかという懸念。

② 人が等しく徳を持つわけではないとする考え方が、動物の価値を序列化するための議論においても適用されるのではないかという懸念。

③ 伝統的な徳倫理学に依拠すると、人の性質や気質からその人が道徳的であるかどうかが決められてしまうのではないかという懸念。

④ 人以外の生物に対して権利や尊厳を認めることで、人と人の信頼関係の基盤にあった道徳的な価値観が揺らいでいくのではないかという懸念。

問4　傍線部(3)「野生化する」とあるが、その説明として最も適切なものを、次の①～④の中から一つ選べ。解答番号は 18 。

① 人格を備え、人間的に振る舞うようになること。

② 人間に理解できない動きをするようになること。

③ 自ら状況を判断し作動するようになること。

④ 人間に攻撃的な態度をとるようになること。

問5　本文の論の展開を説明したものとして最も適切なものを、次の①～④の中から一つ選べ。解答番号は 19 。

（注1）動物福祉＝動物の心理学的・肉体的な健康を実現させようという考え方。
（注2）アナロジー＝類推。類比。
（注3）ボット＝インターネット上で自動的にタスクを繰り返すプログラム。
（注4）自然人＝法人と区別して、生きている人間を指すときに用いる法律用語。
（注5）ブレイン・マシン・インターフェース＝脳波などの脳活動を利用して脳と機械を直接つなぐ技術のこと。

問1　空欄 [A] ～ [C] に入る語句の組合せとして最も適切なものを、次の①～④の中から一つ選べ。解答番号は [15]。

① A　そのため　B　例えば　C　もっとも
② A　もちろん　B　しかも　C　このように
③ A　すなわち　B　一方　C　ただし
④ A　しかし　B　やはり　C　したがって

問2　傍線部(1)「担保」とあるが、それを使った文として最も適切なものを、次の①～④の中から一つ選べ。解答番号は [16]。

① 彼は権力に対して担保しない人物であった。
② 世話になった恩人に義理を担保してしまった。
③ 面倒な仕事を担保すべきではない。
④ ユーザーの匿名性を担保する必要がある。

格を認められて自分自身の所有者にならない限りは、誰かの所有する財産であるしかないのだから、結局その所有者の管理下に置かれるしかないし、それで大概の問題は処理できるのではないか？」という反問を、すぐに思いつかれるかもしれません。しかし本当にそうでしょうか？

極めて自律性が高い、つまりある程度であれば自分で動力を補給したり、自己修復したり、極限的には自己複製したりするような機械であれば、誰の所有下、管理下にもない状態で(3)野生化する可能性は、理論的には無視できないのではないでしょうか？ ハードウェアを備えた普通の意味での機械ならともかく、もはや作者の管理をも離れてネットワークの中で存続するボット(注3)なら、既に我々とともにあるのですから。

現に、とうてい自律的機械とは呼べないまでも、野良ドローン、行方不明のドローンの問題はたびたび報告されるようになっています。このような野良ドローンが、高い自律性をもって、勝手に動き始めたら？

このような、動物と似たような意味で、あるいはひょっとしたら全く異なった意味で「人」と「物」との中間にある存在に人工知能機械、ロボットがなり始めたら、それは動物倫理以上に、従来の伝統的な私たちの道徳や法の枠組みを揺るがしかねないでしょう。そしてそれは更に、いまのところ「人」の中味である私たち人間、自然人(注4)にも跳ね返ってくるでしょう。生物医療科学的なアプローチによって、あるいはブレイン・マシン・インターフェース(注5)や人工臓器などの、人工知能技術と縁が深いサイボーグ技術によって、自然人にもまた手が加えられていくならば、長期的には自然人の間の同質性自体が揺るがされ、人間もまた多様な、互いに別種の存在へと分岐していく可能性があります。そうなったときに、旧来の「人／物」図式が前提としていたような、人間の法的・道徳的な同格性、近代的な「人権」理念は、どこまで守り切れるでしょうか？ そうなったとき人間の社会は、再び身分制的なものに変化していかざるを得ないのではないでしょうか？

（稲葉振一郎『ＡＩ時代の労働の哲学』より）

ならない、という議論の延長線上に、そのような動物と人間とのある意味での道徳的な同格性を認める可能性が議論されています。しかしこのような議論は、動物に対して権利や尊厳を認める根拠として、知性や感受性を持ち出しますので、知性や感性を基準として動物と人間を比較し、ある種の動物がある種の人間よりそのような基準においてより道徳的な配慮・尊重に値する、といった議論がなされる可能性があります。徳倫理学においては、近代倫理学において支配的な功利主義やカント的権利論とは異なり、人間それ自体の道徳的価値――特定の個人の人格それ自体の道徳的評価が、必ずしも避けられません。近代倫理学、ことにカント主義においては、個人の人格の尊厳は絶対的であるがゆえに、人の性質、気質、人となりそれ自体は道徳的な評価や規制の対象から外され、基本的には具体的な行為が評価と規制の対象となります。それに対してより伝統的な徳倫理学においては「あの人は立派な人だ」「あの人はダメな人だ」といった評価が回避されません。そこでは道徳の本態は行為を統制するルールではなく、行為する能力、人の性質、気質としての「徳」と見なされます。そして「徳の高い人」もいれば「徳の低い人」もいる、ということになります。

(2)このような憂慮をはらみつつも、動物政策の方向は今後ますます、仮に「動物の権利」まではいかなくとも、より一層の動物の福祉、更には尊厳を尊重する方向に進んでいくと思われます。そしてこれといくぶん似通った展開が、今後の人工知能技術の発展次第では、十分にありうるのではないでしょうか？　単純な動物アナロジー(注2)がどこまで成り立つかはともかく、人間と同格の「人格」を備えた存在とは言えず、かといってもはや純然たる道具として扱うわけにもいかない、いわば中途半端な存在、人工生命、人造動物に、人工知能機械がなってしまう可能性は、それこそ「人格」を備えた人造人間の到来の可能性に比べれば、はるかに高いのではないでしょうか？

「もともとは人工物ではない生物には、野生のものが存在する――というよりそちらの方が多いが、人工物であるしかない人工知能機械には、野生のものがありえない。となれば、どれほど自律性を高めた人工知能機械であろうと、それ自体が法人いきません。その場合、責任主体は公共社会、具体的には国家などの公的機関ということになってしまいます。

［C］、現状は決して安定しているとは言えませんが、既に我々は道徳的には、人以外の動物の少なくとも一部を道徳的な配慮の対象として、単に手段や資源として好きなようにしていいわけではない存在として認めています。「人／物」二分法は既に失効し、少なくとも三分法が必要とされています。

　ただ、このような動向に戸惑いを感じる向きもあり、そうした戸惑いにはそれなりに根拠があります。「人／物」の二分法はいかにも乱暴なものですが、「人」と「物」の区別というコストを払って、「人」の側にくくられた者たちの間での全体的な平等、対等性を保証してくれているように見えます。この二分法を揺るがし、「人」と「物」との間に第三カテゴリーを入れて、しかもそれを「人」ほどではなくとも道徳的配慮の対象とすることは、人間の尊厳と、更に言えば人間同士の間での平等をも揺るがしてしまうのではないか――そのような危惧が生じるのも、仕方がないことでしょう。なんとなれば「人／物」の二分法においては、「人」の中の無差別性を(1)担保するのは簡単でしょうが、たとえば道徳上の根本的な区別を「生物／無生物」としてしまった上で、更にその「生物」の中で「人／人以外の生物」を設けようとするならば、その区別の根底性はどうしても揺らがざるを得ないでしょう。のみならず、「人／物」二分法の場合には、それ以上の区別は必要ない――区別がなされるとしてもそれらはせいぜい便宜的、技術的なものでしかなく、道徳的に根本的、本質的な重要性のある区別ではない――と考えることができますが、「人／人以外の生物」の区別の場合にはそうはいかないでしょう。しかしこの区別はもはや根本的なものではなく、「生物／無生物」という区別に比べればはじめから二次的なものとして相対化されてしまっています。そうなると、人と他の動物・生物の間のみならず、人と人の間に区別、道徳的序列付けをすることへの抵抗が少なくなってしまうのではないでしょうか？

　現代の生命倫理学・動物倫理学においては、動物に対して福祉的配慮を要するのみならず、その権利や尊厳を認めなければ

3

次の文章を読んで、後の問い（解答番号[15]〜[20]）に答えよ。

「近代的二分法」と呼んできた世界観、それはローマ法に遠い祖先をもつ近代法もまた共有するところのものですが、世界の中のあらゆるものを「人」か「物」かのどちらかに分けます。権利と義務の主体であり、道徳的な配慮の対象になるのは「人」だけであり、「物」は「人」が利用する手段、道具、資源でしかありません。ある「人」がほかの「人」を手段としてあるいは資源として利用する際には、その人の許可、合意を得るか、その人の道徳的地位を脅かさないような仕方でしなければなりませんが、「物」に対してはそのような配慮はいりません。そして「物」は原則的に「人」の財産となりえます。つまり「所有」されることができます。

この場合、動物や植物などの生き物は「物」の方にくくられます。特に高等動物、とりわけ役畜やペットとなるような動物は、人間から見て意思や感情があるように感じられるにもかかわらず、原則的には「物」扱いされます。

また別の意味で厄介なのは法的に「無体物」と呼ばれるものの中のとりわけ「知的財産」、知識や情報です。これらの一部についても、権利者以外のアクセス・利活用を制度的に制限して、擬似的に権利者による独占的利活用を可能とし、強引に「物」扱いして財産、所有権の対象とします。

[A] 実際には生物は無生物とは様々な意味で異なるので、その違いは道徳や法のレベルでも、便宜的な手直しや例外規定の域を超えた原則的な区別を要求するわけです。動物について言えば「動物の愛護及び管理に関する法律」をはじめとしたいくつかの法があり、「動物福祉」(注1)というアプローチは畜産などの領域でも既に一般的なものとなってはいます。しかしまだ動物は、そのままでは権利や義務の主体とは見なされていません。[B]、役畜やペットなど既に人の財産であるような動物については、それに対する配慮の責任の主体をその所有者に求めることができますが、野生動物の場合には簡単には

① 互いに響き合うような自他の「からだ」のあり方が感じられなくなり、他者の「からだ」に自分の「からだ」が映し出されるのを見出しがたくなった状態。

② 私が見つめたり触れたりしても他者の「からだ」が応えなくなったために、新たな他者の「すがた」を再建することが不可能になってしまった状態。

③ 他者がかつてとは異なる「すがた」において現れるようになったために、他者からの呼びかけに対して不適切な応え方しかできなくなってしまった状態。

④ 他者の「からだ」が魂を失ってもはや活動しなくなり、生前のように互いの身体に触れ合ったり見つめ合ったりして交流することができなくなった状態。

問7 傍線部(6)「抽象化」とあるが、この語句を用いた文として最も適切なものを、次の①～④の中から一つ選べ。解答番号は 14 。

① 調査範囲を日本全域から各都道府県に抽象化し、地域ごとの傾向を見る。

② 商品開発では、頭の中のイメージを目に見える形へと抽象化する必要がある。

③ 多様な事象を抽象化することで一般的な概念を得る。

④ 普遍的な法則を個人的な経験の例で抽象化する。

に感覚や感情を持つものとして捉え、お互いを同じ人間として認識しかかわり合うこと。

③ 他者の「からだ」を鏡とし、そこに自己の「からだ」を映すことで自他の違いに気づき、自己と異なる他者の重要性を認めて互いに結びつきを深め合おうとするようになること。

④ 主体にとって他者の身体はどこまでも客体でありつづけるが、それが「すがた」として現れることで主客の区別が消失し、お互いの身体を同じ「からだ」と認識しうるようになること。

問5 傍線部⑷「そんな私たちの曖昧な『魂に対する態度』」とあるが、その説明として最も適切なものを、次の①～④の中から一つ選べ。解答番号は[12]。

① 「魂」を映し出す鏡のような存在が「からだ」であるのに、「からだ」を単なる物体と見なして軽んじ、目に見えない「こころ」としての「魂」こそがその人自身であるとして重んじること。

② 「魂」が「こころ」として「からだ」の中に隠されていることを日々感じ取っているのに、目に見える身体にばかり意識を向け、目に見えない「魂」を顧みようとしないこと。

③ 「魂」は相手の「からだ」を通して「すがた」として現れているのに、目に見える身体にとらわれてそのかけがえのなさを認識せず、相手を失うとはじめてそれを追い求めるようになること。

④ 「魂」は「こころで見る」ものだと分かっているのに、目に見えるものに頼ることが習慣化しているために、誰かを失ったときにも、その「魂」を目に見えるものの中に探し求めてしまうこと。

問6 傍線部⑸「相即性の糸が弛緩《しかん》し」とあるが、そのような状態の説明として最も適切なものを、次の①～④の中から一つ選べ。解答番号は[13]。

れた景色や身の回りのものも、輝きを放ち美しく見えてくるから。

③　私たちがだれかを大切に思い「こころ」を通わせるようになるきっかけは、相手の容姿や一緒に見た風景といった、目に見えるものであることがしばしばあるから。

④　大切な人と別れた後でも、その人を想起させる事物を通して相手の存在を感じることがあるように、目に見えるものを通して他者の「すがた」に出会うことができるから。

問3　空欄 A ～ C に入る語句の組合せとして最も適切なものを、次の①～④の中から一つ選べ。解答番号は 10 。

①　A　というのも　B　そして　C　だが

②　A　しかし　B　すなわち　C　むろん

③　A　ただ　B　つまり　C　したがって

④　A　ところが　B　そのうえ　C　とはいえ

問4　傍線部(3)「その非対称性をそのままに、両者を架橋しようとする他者理解」とあるが、その説明として最も適切なものを、次の①～④の中から一つ選べ。解答番号は 11 。

①　「からだ」と「こころ」は異なるあり方をしているが、主観のはたらきが両者を関連づけることによって、他者の「からだ」の表情を通してその内側にある「こころ」を推し量ること。

②　他者の「からだ」を見つめることで自分の身体を「からだ」として理解すると同時に、他者の身体を自分と同じよう

（注2）『探究』＝オーストリア出身の哲学者ウィトゲンシュタイン（一八八九～一九五一年）の遺稿。

問1　傍線部(1)「王子は『目に見えること』に捉われていた」とあるが、王子のバラに対するそのような態度の説明として最も適切なものを、次の①～④の中から一つ選べ。解答番号は 8 。

①　バラが特別に美しいと信じ込み、自分がそれまでに見たことのない、様々な美しいものが外の世界にあることを想像しようとはしなかったということ。

②　バラが美しく咲いているかどうかに気を配り、細やかに世話を焼いたものの、相手の内面や本当の望みを理解しようとはしていなかったということ。

③　バラの価値を他のバラと比べることによって測ろうとし、相手との関係を培うことで相手の独自の価値を見出だすことには思いが至らなかったということ。

④　バラを並ぶもののない存在と思い献身的に尽くしていたが、自分が求める理想を相手に投影することで、相手の価値を測っていただけだったということ。

問2　傍線部(2)「キツネの言う『大切なものは目には見えない』ということは、決して目に見えるものを排除することではなくなる」とあるが、その理由として最も適切なものを、次の①～④の中から一つ選べ。解答番号は 9 。

①　大切な人を失ったとき、過去の記憶といった曖昧なものよりも、実体を持った目に見えるもののほうが、いっそうしっかりと私たちの心を支えてくれるから。

②　目には見えない精神的なものこそが重要であるとしても、大切な人ができることで生活に張り合いが生まれ、ありふ

ことが見つめられることであるような(5)相即性の糸が弛緩《しかん》し、またその「すがた」は痛ましく、生きている私の「鏡像」としてはあまりに虚《うつ》ろなものに見えるかもしれない。

だが、死者はそのまま「すがた」を滅ぼしてしまうわけではない。確かにそれは生前のように触れあい、見つめあい、語りあう「からだ」ではない。しかしながら、私たちはそのように変わってしまう死者の「からだ」を捨ててしまうのではなく、その文化に応じた丁重さで弔うだろう。そこには一貫して消えることなく、しかし形をかえながら、その「からだ」の影が繋《つな》がっている。そして私たちは、その影をよすがとしつつ、新たな他者の「すがた」を再建しようとしてきたのではないだろうか。

その新たな「すがた」は、決して「からだのないこころ」のような、(6)抽象化された精神作用のようなものではない。もちろん、生前の「からだ」と同じような全体を保ち、私の「からだ」と呼応することはありえない。しかし、何らかの意味で「からだ」でありつつ「こころ」であるような、具体的な場において、それは「魂」として私と応じあう存在になる。

だが、私たちの生きるこの時代においては、そのような「具体的な場」が貧しくなっている。死が医療に取り囲まれ、日常から分離されるようになるまで、死はいつでも生の傍らにあり、死者は生者の周囲に存在した。慰霊や追悼は廻《めぐ》る歳月に組み込まれたリズムであり、祈りは日常の仕草に他ならなかった。しかし、生者も死者も厳密な情報／事物として管理され処理される現代の社会装置において、死者は私たちの「明るい生活空間」からは「ないもの」として取り除かれてしまう。死者は「からだ」を奪われた抽象的な「こころ」として、生ける個人の「こころ」に密封されてしまうのである。

（﨑川修『他者と沈黙』より）

（注1）『星の王子さま』＝フランスの小説家サン・テグジュペリ（一九〇〇～一九四四年）の小説。

彼に対する私の態度は、魂（Seele）に対する態度である。私は「彼は魂を持っている」という考えであるというわけではないのだ。（『探究』（注2））

他者の「すがた」に接するとき、私はそこに「こころを隠したからだ」を見るのではなく、「こころある存在」そのものと出会っている。この出会いの可能性にひらかれた存在の仕方こそ、「魂」と呼ぶべきものなのである。ウィトゲンシュタインはそうした「すがた」としての「魂」を、次のような美しい言葉で表現していた。

人間のからだ（Körper）は、人間の魂の最良の像である。（『探究』）

考えてみれば、私たちは日々互いの「からだ」を映しあいながら暮らしているにもかかわらず、そこに「魂」としての「すがた」が現れていたことに気がつかない。背が高いとかピアノが巧《うま》いなどという「目に見える」からだに気を取られて、「こころで見る」その人の存在そのものの重さを見過ごしてしまう。そして、その相手が失われたときに慌てて、その「すがた」を探し求め、魂に向きあおうとする。『星の王子さま』のキツネも(4)そんな私たちの曖昧な「魂に対する態度」を、戒めていたのである。

死別という経験において、私たちは否応《いやおう》なしにその他者が「すがた」としてあったことを思い知らされる。しかもそれは皮肉なことに、その「すがた」が破られ、いわば「からだ」であることが暴き出される、という仕方において、告げ知らされるのである。もちろん死者も、例えば遺体というような「すがた」において現れているのであるが、しかしそこでは生ける者どうしとしての「すがた」と異なり、生きた「呼応性」が見失われてしまう。触れることが、触れられることであり、見つめる

「こころ」を架橋するような存在の「出会われ方」である。

　科学的、合理主義的な世界観の中においてならば、身体は周囲に存在する石材や木片と同様、何らかの化学的組成をもった物質の塊に過ぎない。[A]生きている私たちはそれをバラバラな身体部分の集合としてではなく、いつもひとつの全体としての「からだ」に結びつけて理解している。[B]、そこに「顔」があるとか「手」がある、と理解するときに、その認知の背景にはいつも「からだ」という地平が延び広がっている。

　[C]、私自身の「からだ」理解と、出会われる他者の「からだ」に対する理解は、同じ仕組みとはいえないであろう。私の身体は内側からの知覚を通じて統合され、他者の身体は外的な知覚によって捉えられる。しかし、この両者の在り方は、私たちが生まれ成長してくる過程において複雑に反響し合いながら形成されるものである。すなわち、他者の「からだ」は私自身の身体を「からだ」という全体像として捉えるための「鏡像」として機能し、またそのようにして捉えられた私の身体理解は、他者の「からだ」を、私がそう感じるように痛み、悲しみ、喜ぶ「ひと」として位置づけようとする。

　こうして互いを映しあい、対をなすように働く「からだ」の現れこそ、そのひとの「すがた」と呼ぶべきものだろう。それはただ主観が客観を捉える、というような非対称の知覚内容としての「からだ」ではなく、(3)その非対称性をそのままに、両者を架橋しようとする他者理解の場なのである。

　「からだ」という理解の水準において、私たちは容易にそれを「こころ」と並立させ、それらを切り離すのか、統合するのか、といった議論に巻き込まれてしまう。しかし、私たちが実際に他者とかかわりあう場面において、目の前にある存在を「こころ」と切り離した「からだ」として捉えたり、あるいは内側に「こころ」という何かを隠した「からだ」として捉えたりするであろうか。

キツネは王子に「仲良くなる＝絆を結ぶ」ことの意味と、方法を教えようとする。絆を結ぶとは、相手を大切に感じることであり、それは自分の好みにあう相手を捕まえて「飼いならす」こととは違うということ。一度絆を結んだ相手は、別れていても自分を支えてくれるのだということ……。だが王子はそれがなかなか理解できない。そこでキツネは言うのだ。「こころで見なくっちゃ、ものごとはよく見えない」「かんじんなことは、目には見えないのさ」と。

(1)王子は「目に見えること」に捉われていた。バラの花の美しさ、どれだけ自分がバラに尽くしたか。それを他のバラと比較して、自分のバラの大切さを測ろうとしていたのである。しかし、相手の大切さは「比較可能な価値」ではない。偶然出会って、時を共有し互いを受け止め合いながら、「その人の存在価値」を大切に思うようになるのである。

こうした「価値」はその人が亡くなったとしても消えるものではないだろう。だが、実際に目に見え、触れることのできる「からだ」はそこから失われる。キツネが王子と別れれば、王子の「からだ」も「見えない」ものになるだろう。キツネはそれに対して、こう言う。「麦ばたけの色が、あるからね」。キツネは王子と知りあったことで、今まで関心のなかった麦畑の色が愛《いと》おしくなった。そこに王子の「すがた」を見るからである。キツネは別れたあとでも、そんな「すがた」が形見のように悲しみを癒やし、自分を支えてくれると考えているのである。

「すがた」は決して「記憶の中」に閉じ込められてはいない。それは確かに目の前に広がり、目に見えるこの世界にある「すがた」なのだ。そう考えると、(2)キツネの言う「大切なものは目には見えない」ということは、決して目に見えるものを排除することではなくなる。重要なのは、目に見えるものの「意味」が変貌し、深まりゆくことなのである。

このとき私たちは「魂」と呼ばれるものの在《あ》り処《か》を、探り当てているのではないだろうか。すなわち、生者と死者を超えて、互いに響きあう存在の地平に、触れているのではないだろうか。時にこの語は心身二元論的な意味で「身体」に対立させられる「精神」「こころ」の意味でも用いられる。しかしここで意味しているのはそれらとは区別された、ある意味で「からだ」と代償として失敗の責任もまた当人が負うべきとされる。

④　地産地消と高い関税の設定を掲げる共同体主義は、グローバルな水準で社会問題を捉えようとしない。

2

次の文章を読んで、後の問い（解答番号 8 ～ 14 ）に答えよ。

「大切なものは目に見えない」という有名な台詞《せりふ》が、『星の王子さま』（注1）のもっとも核心的な一言であることは、言うまでもないだろう。しかしこの言葉の意味は？　と問えば、どのくらいの人が自信を持って答えられるだろうか。実際大学の講義などでこの言葉の意味について考えさせると、友情や愛、生命、かかわりや絆《きずな》、感情や考え、空気……などといった具合に、実にさまざまな答えが出てくる。

もちろん「正解」があるわけではないだろう。しかし、ただこの言葉だけを取り出していくら考えても、答えは漠然としたものにとどまってしまう。むしろ物語の実際の文脈においてこの台詞はどのように使われていたのか、ということに、私たちはもっと敏感であってよいのではないだろうか。

この台詞が語られる場面は、物語の冒頭で「ぼく」と出会った王子が語ってきかせた「遍歴」のいわばクライマックスに当たるエピソードである。小惑星の主として暮らしていた王子は、その星に咲いた一輪のバラのわがままに愛想をつかして星を飛び出したのだが、バラの代わりになるような友達が見つからず、転々とした挙句《あげく》に地球にたどり着く。しかし、地球は広く、王子は心底孤独を味わう。無数に咲くバラの花を見て、自分の大事にしていた美しいバラもありふれたバラに過ぎないのだと思い、自分自身のちっぽけさに嘆き悲しんでいる。するとそこに一匹のキツネが現れて、何でもないような会話から、次第に仲良くなってゆくのである。

く、あらゆる人々の生活の改善や福利をもたらす方法を考えるべきである。

② 市場のニーズに合わせて国家が構造改革するという方向性もありうるが、それでは多くの人々に利益が行き渡るのに時間がかかるため、まずは極度の貧困や苦難に直面している人々を救済する必要がある。

③ 需要にあった産業を推進することで失業者を減らすという国家の戦略は、国内全体の福利を増大させることにつながり、結果として国境を超えたケアのネットワークの構築に寄与するはずである。

④ 国家の経済発展を目指した構造改革は、恩恵を受ける人々が国内に限定されている点で功利主義の倫理に背くものではあるが、グローバルな競争を勝ち残るための唯一の手段である。

問6 空欄 D に入る表現として最も適切なものを、次の①～④の中から一つ選べ。解答番号は 6 。

① 市場原理を貫徹させることこそが、市場の矛盾を解決する早道なのである。

② 苛烈な資本主義のまえでは現実離れした理想に見えようか。

③ グローバリゼーションは、社会的結びつきを破壊していくのである。

④ ノージックの考えとシンガーの考えは、根底において両立するのではないだろうか。

問7 本文の内容に合致するものを、次の①～④の中から一つ選べ。解答番号は 7 。

① 流動化する社会では、グローバルな競争が激化するため、修養こそが市場における個人の価値を高めることになる。

② 市場化が徹底している現代では、体力や知力が不足している人々も市場への参加を強制されている。

③ リバタリアニズムの立場では、才能や資質などは当人の正当な所有物なので自由に活用してよいが、そうした自由の

② Ａ　ところが　Ｂ　しかも　Ｃ　だが
③ Ａ　そして　Ｂ　むしろ　Ｃ　というのも
④ Ａ　とはいえ　Ｂ　さらに　Ｃ　すなわち

問４　傍線部⑶「現実の政治では、伝統や自文化を尊重する価値観はしばしば経済のグローバリゼーションと合体してきた」とあるが、その理由として最も適切なものを、次の①～④の中から一つ選べ。解答番号は 4 。

① 国家も市場のなかでは一企業に等しく、税収入を増加させて自国の経済を維持していかなければならないため、自国の伝統や文化を売り物にするしかない状況に置かれているから。
② 首脳会議も、グローバルな経済競争における自国の利益を主張する場となっているように、国家は文化や伝統についても自らの優位性を誇示せざるを得ない状況に置かれているから。
③ 国家は、グローバリゼーションに翻弄された人々に自国への帰属意識を与えつつ、他国との競争に勝利することによってしか経済の成長を見込めないという状況に置かれているから。
④ グローバル化した世界のなかでは海外から安い賃金で働く移民が数多く流入してくるため、国家は伝統や価値観を認識させることにより、そのような人々を自国につなぎとめなければならない状況に置かれているから。

問５　傍線部⑷「必ずしも見通しのきかない政策を国内向けに説明するには功利主義めいた論法が利用される場合もある」とあるが、これに対する筆者の考えの説明として最も適切なものを、次の①～④の中から一つ選べ。解答番号は 5 。

① 産業構造の改革によって国内全体の利益を増大させればよいという主張もあるが、自分たちの利益や福利だけではな

③　他の生物は生きる糧を自然界での命のやり取りを通して生命を維持しているが、人間は入手した自然物を交換しあうという安全な方法によって自らの命を保持しているということ。

④　他の生物は自然から得たものをそのまま生きる糧としているが、人間は自然から得たものに付加価値をつけ、その価値を交換しあうことで生きる糧を得ているということ。

問2　傍線部⑵「現在、この物語にどれほどのリアリティがあるだろうか」とあるが、その説明として最も適切なものを、次の①〜④の中から一つ選べ。解答番号は 2 。

①　一人ひとりが自己の資質と志向にしたがって仕事に就き、働いて生活を成り立たせている現代では、個人の生がかならずしも社会の要請に対応しないため、社会の一員として承認されているという実感が失われているということ。

②　人間は自らが作り出した価値を人間同士で交換し、相互に依存しあうなかで市場原理を形成してきたが、市場に流通する商品を個々人で消費するようになり、ともに生きているという感覚が失われているということ。

③　生の必需と直結しない価値の交換を促進する社会にあって、修養を積んで一人前の職業人となり、生きるのに必要な価値ある物を生産して自己や家庭を維持するという生き方は、人々の実際の生活と乖離しつつあるということ。

④　ひとは修養を積み一人前になって、生きるのに必要な品物を作ることで生きる手応えを感じてきたが、現代社会は生の必需に直結しない価値を交換して成り立っているために、人々は生の実感を失いつつあるということ。

問3　空欄 A 〜 C に入る語句の組合せとして最も適切なものを、次の①〜④の中から一つ選べ。解答番号は 3 。

①　A　だが　　B　なぜなら　　C　しかし

ように自文化に限定されない。それゆえ、グローバリゼーションをとおして遠い地域との結びつきができれば、その交易相手もケアの対象とみなしうる。たとえば、自分たちの食の安全に気をつけるなら、食品の生産者の自然環境にも配慮するし、自分が購買する商品に価値を認めるなら、商品の生産者の生活の安定や改善も望むものだ。こうして個別の地域同士の局地的なつながりがたくさん築かれて、それらがまた結びつくことで、たがいにたがいをケアする人びとを包み込んだ世界中に広がるネットワークが編まれてゆくかもしれない。実際、ヘルドは遠い地域の生産者との連帯を説いている。

だとすれば、経済のグローバリゼーションは、格差による収奪や格差の拡大を産むばかりでなく、相互依存をとおしてたがいを尊重する社会的結びつきの広がりの萌芽《ほうが》ともなりうる。 D

（品川哲彦『倫理学入門』より）

（注）リバタリアニズム＝他者の自由を侵害しない限りにおいて各人のあらゆる自由は尊重されるべきだとする思想的立場のこと。

問1 傍線部(1)「人間は他の生き物と違って生きる糧を市場で得る」とあるが、その説明として最も適切なものを、次の①～④の中から一つ選べ。解答番号は 1 。

① 他の生物は生きる糧を自然のなかから得て加工をせずに自然物として消費しているが、人間は生きるために必要な自然物を市場から得て、それに加工を施してから消費しているということ。

② 他の生物は各自が自然から得た限りのものを生きる糧としているが、社会的動物である人間は各自が得た自然物を互いに交換しあうことで生きる糧を得ているということ。

ら奪ったのではないものは本人の正当な所有物だと考えるなら、才能や資質や資産といった本人の所有物を活用する自由は容認されるべきであり、自由の尊重とひきかえに、それによる成功と表裏一体に生じうる失敗は本人の自己責任に帰せられる。

　これにたいして、共同体主義は地域住民のアイデンティティと地域の暮らしを成り立たせてきた地場産業の保護のためにグローバリゼーションに反対するはずだ。その思想的立場に対応する経済政策は地産地消、高い関税の設定である。

　ところが、(3)現実の政治では、伝統や自文化を尊重する価値観はしばしば経済のグローバリゼーションと合体してきた。この奇妙な融合は、安い賃金で働く移民や海外の労働者に職を奪われかねない人びとに国籍や伝統への帰属で一体感を与える一方、国家全体の経済成長はグローバリゼーションのなかで勝ち残ることでしか期待できないという事態から生じている。国家もまた市場に翻弄される点では一企業に等しい。国家の主収入は税しかない。税収を安定させ増加するには、グローバリゼーションのなかで成功を収めている企業を自国に繋《つな》ぎ止め、他国から招くために法人税を低くし、国民の収入を上げて所得税を増収しなくてはならない。だから、国家の首脳同士の会談は、自国の産業の利害を代弁する経営者間の交渉に似てくる。

　(4)必ずしも見通しのきかない政策を国内向けに説明するには功利主義めいた論法が利用される場合もある。構造改革によって一部の産業は市場から撤退するが、そのかわりに需要に合った産業が栄えることでいずれは失業者を吸収し、国内全体の福利は増大するという論法である。

　けれども、倫理は国内法や内政と違って時と場所を超えた普遍妥当性を要求する。たとえば、功利主義は快苦を感じうる存在者一般の幸福の増大と不幸の減少をめざしている。それゆえ、国境によって隔てをつける必要はない。絶対的貧困にあるひとへの国境を超えた援助を、シンガーは唱道している。シンガーによれば、地球上にきわめて悲惨な境遇で生きている人びとがいれば、その居住地域がどこであれ、生活にゆとりのある豊かな人びとはその状況の改善に寄与すべきである。

　ケアの倫理はさしあたり足元から、つまり個別の地域にケアのネットワークを構築する。だが、ケアの倫理は共同体主義の前述の物語の崩壊は、自分の家庭をもち、子どもを育てるといった別の物語の崩壊にも通じている。病気・障碍《しょうがい》・高齢のために体力や知力が不足しているとか、非熟練労働ならできるがその働き口がないとか、ある種の熟練労働はできるがその仕事の需要がもはやないとかのさまざまな理由で、交換すべきものをもたない者、売りのない者は市場への参加を許されない。他方、株への投資は交換の促進と交換価値の増加に役立つゆえに仕事や労働として高く評価される。[A]、投資によって食糧が騰貴すれば、貧困層が餓死に瀕《ひん》する危機も招きうる。

市場は、人間にとってたしかに協働して相互に補い合う共存共栄の場ではあるが、同時にまた、自然と同じくらい苛酷な生殺与奪の場でもありうる。[B]、外部をもたない自然のなかで生物個体の死が他の生物の糧となるのにたいして、市場から放逐された人間は市場の他の構成員にとってたんに無価値を意味するにすぎない。

こうした状況は経済のグローバリゼーションのもとにさらに加速してきた。その事態は、それまでは思いもよらぬ遠方の国々との産物の交換による共存共栄の事態のように語られつつも、他面では、貧しい地域をいっそう安価な労働力と自然資源の供給地と（とりわけより豊かな地域ではもはや売れない）商品の販売先として利用することで、それゆえ、地球上のどこかに格差が存在することを推進力として進んできた。これまで豊かだった国や地域の暮らしにしても、より安価な労働力を求めて企業が工場を移転してしまえば、また、関税が引き下げられて輸入される商品との競争に敗れれば、安定してみえた収入はあっという間に失われる。いくつかの倫理理論の観点とからめてこの事態をみてみよう。

市場原理を是とするリバタリアニズム(注)は、経済のグローバリゼーションとなじみやすい。ある企業が別の職域に参入するのを促す規制緩和を、他と両立しうるかぎりでの最大限の自由を追求するこの理論は支持する。それによって惹《ひ》き起こされる産業構造の改革は多くのひとの生活を激変させるかもしれない。才能や資質や資産に恵まれたひとはこの大波を乗り切るかもしれないが、それらに乏しいひとはこの大波に飲み込まれて沈み込みかねない。[C]、ノージックのいうように、他人か市場《しじょう》というこのシステムのなかで、人間は自分たちが労働によって自然物に付加した価値を交換しあっている。自然それ自体は市場の外部におかれ、それゆえに生じる外部不経済が環境危機を招来しもするが、ともあれ、(1)人間は他の生き物と違って生きる糧を市場で得る。経済活動は、人間が単独では生きていけない社会的動物だということを示すと同時に、人間がその制約を自分たちが生きていくのにきわめて有効で有用な共存共栄のシステムへと転化していったことを伝えている。

「働く」ということは、生き物が餌を探し求めるのと同様、さしあたりは生きるための必要を満たす行動にすぎない。だが、上述のように、それは人間が作り出した価値を人間同士で交換することでもあるから、人間が一人前になる物語のなかに位置づけられてもきた。すなわち、ひとは（とくに若い時代に）自分の資質と志向にしたがって特定の仕事をめざし、それができるように修養を積んで、その職業に就き、その職務による労働によって自分（と家族）の生計を立てる。労働は人びとが生きるのに必要な、価値ある品物を生産する活動だから、一人前の職業人となってそれに参加するということは、相互に依存しあう人間関係のネットワークに入ることであり、社会の一員として承認されることにほかならない、と。

しかし、(2)現在、この物語にどれほどのリアリティがあるだろうか。今日、市場に流通する商品の多くは生きるための必要をただちに連想させるものではない。キャッチコピーやブランド名は確実に商品の価値を差異化する。それによって付与された価値は、なるほど使用者の地位や趣味、流行への敏感さを表わすのに「使用」されるが、生の必需と直結するとはいいがたい。むしろ、市場原理のもとでは、売れるからこそ価値があるというべきだろう。すると、前述の物語はドミノ倒しに裏返ってゆく。流動化する社会においては、修養は必ずしも交換価値に反映するとはかぎらない。修養にたいする評価は相対的に低まる。非熟練労働者でも担いうる分業体制のもとでは、ハンナ・アーレント（一九〇六―一九七五）が指摘するように、ひとりひとりがそっくり同じで「交換可能」（『活動的生』）である。しかも、雇用期間が不定な、あるいは短期の派遣労働ではますますその感が増してくる。

国語

（六〇分）

（注）　問題文には、出題の必要に応じて変更を加えた部分がある。

1

次の文章を読んで、後の問い（解答番号 1 ～ 7 ）に答えよ。

生物は生きる糧を自然のなかで得る。魚が産む大量の卵の大半は成魚にならないが、他の生物がそれによって命を養う。野生の命は食物連鎖のなかでむだなく消費される。厳密にむだがないとすれば、自然全体はゼロサムゲームであって、そのことは、自然がそこに生きるものにとっては外部がなく、命のやりとりをする生殺与奪の場であることを意味している。

人間が生きるために必要な糧ももともとは自然のなかにある。海を泳ぐ魚、畑に育つ野菜、土中の金属――ロックの労働所有論にいうように、誰かがまだ誰のものでもない自然物を、あるいは、所有権や利用権が確立した土地や海域からその権利の保持者が自然物を、労働によって入手する。もっとも、自然と直接とりくむのは人間の一部にすぎない。その人びとが得た物の買い手を求め、価格の合意が成り立てば、その品は買い手に移り、その買い手がまたその品になにがしかの加工を施してその労働の対価を上乗せした価格で別の買い手に売る。その品がいずれ最終的な消費者に届くまでに、それぞれの段階で売り手は収入を得て、それで自分に必要な品を調達する。

解答編

英語

(READING COMPREHENSION)

1

解答　[1]－d）　[2]－b）　[3]－d）　[4]－b）　[5]－b）
[6]－a）

出典追記：Hedy Lamarr (1914-2000), National Women's History Museum by Colleen Cheslak

解 説　≪Wi-Fi を発明した女優ヘディ＝ラマー≫

[1]本文では一貫して，Wi-Fi の技術の発明に携わったヘディ＝ラマーというハリウッド女優の生涯について述べられている。したがって，d）が正解である。

[2]第 3 段第 4 文（Because of his ties …）に「ラマーの夫はナチス党と繋がっていたので，彼女は身の安全が心配になって 1937 年にロンドンへ避難した」とあるので，夫の社会的な繋がりが危険であると感じていたことがわかる。よって，b）が正解である。

[3]最終段第 1 文（In 1940, Lamarr met …）に「ジョージ＝アンタイルという作曲家に出会った」と書かれており，続く第 2 文（Antheil shared the same …）には「アンタイルもラマーと同じような発明の精神を持っていた」とある。したがって，正解はｄ)。なお，アンタイルはユダヤ人の家系であるが，本文にその記述がなく，またヘディ＝ラマーと結婚したという記述もないため，c）は選べない。

[4]最終段第 3 文（As a result …）に「この 2 人は最終的に，以前の技術とは異なった方法で，電波を用いた兵器の制御法を創り出すことになった」とあり，具体的内容は次の文（This new system allowed …）で述べられている。そこに「電波が『ホップ』して，軍が兵器を稼働させる方法を簡単にする」と書かれていることから，b）が正解であるとわかる。

[5]unlikely は「ありそうにない」という意味で，ここではｂ）less probable「よりありそうではない」が最も近い意味の表現になる。

[6] recognition は「認識」という意味なので，a）acknowledgement「承認」が最も近い意味の単語となる。

2 解答

[7]－c）　[8]－b）　[9]－b）　[10]－d）　[11]－b）　[12]－a）

解説　≪人生の意味を探し求める旅「巡礼」について≫

[7]第1段第4文（Yet, for many people, …）で「しかしながら，多くの人たちにとって，旅とは精神的な行事なのである」と展開され，その後も「巡礼」に関する説明が仏教，イスラム教，ヒンドゥー教にまつわる3つの例とともに述べられている。したがって，c）が正解である。

[8]第2段第4文（Those walking should be prepared …）に「歩いて巡る人たちは準備を整えなければならない。というのも，一周するのに6～8週間もかかるからである！」とあり，巡礼には長い期間を要することがわかる。よって，b）が正解である。

[9]第3段第3文（In 2019, more than …）に「2019年には230万人を超える人たちがその旅をした」と書かれており，ここでいう the trip は the Hajj を指している。したがって，正解はb）である。

[10]第4段第6文（Before entering the water, …）に「川の水に入る前に，髪をそり落としたり，川の中に花を放ったり，もしくは特別な衣装を着たりするなど，儀式的な行為をする者も多い」とある。よって，d）が正解となる。

[11] commemorate は「～を記念する」という意味で，b）remember「～を思い起こす」が最も近い意味の語となる。

[12] converge は「一点に向かって集まる」の意味で，最も意味が近い選択肢はa）gather「集まる」である。converge はやや難しい語かもしれないが，con「一緒に」と verge「曲げる」という語源を知っておくと覚えやすい。また，仮にこの知識がなくても，該当文（Hindus from all over …）の主語にあたる「インド各地や世界中からのヒンドゥー教徒」が at a city「ある町」という一点に集まるといった文脈から推測できる。

3 解答

[13]－b）　[14]－d）　[15]－c）　[16]－a）　[17]－b）　[18]－c）

解説　≪教員の雇用における男女格差≫

⑬本文では冒頭の第1段第1文（Teaching has been characterized …）で「教職は，特に低年齢教育においては，女性の専門職であると見なされてきた」と述べられ，以降は教育レベルや地域間での教員雇用の男女格差について，様々な国の状況を例に挙げて展開されている。よって，正解はb）である。

⑭まず第2段第3文（In Liberia, …）に「リベリアでは，農村地域で教員のための適切な宿泊施設を見つけることは難しい，と報告された」とある。この状況を受けた第4文（Similar challenges were reported …）に「似たような困難な状況がトーゴやウガンダ，タンザニア連合共和国でも報告された」と書かれていることから，これらの情報を組み合わせたd）が正解となる。

⑮最終段第2文（Between 2013 and 2017, …）に「2013年から2017年までの間に，女性校長の割合はたった0.5パーセントしか上昇せず，依然として7パーセントに満たなかった」とある。つまり，日本の校長職の割合における男女平等の実現に向けては，大きな成果を得られていないことがわかる。したがって，正解はc）となる。

⑯第1段第2文（Very few men work …）に「幼児教育の職に就いている男性は極めて少数であるが，これは少なくとも，性差を巡る根強い固定観念や社会規範が一因である」と書かれており，よって正解はa）である。

⑰outcome は「成果」という意味で，本文はその複数形である。選択肢のうちで最も近い意味の語は，b）results「結果」である。

⑱facilitate は「～を促進する」という意味で，c）promote「～を促す」が最も近い意味である。

(GRAMMAR AND USAGE)

解答　**SECTION 1**　⑲－c）　⑳－a）　㉑－b）　㉒－c）　㉓－d）　㉔－d）　㉕－b）　㉖－a）

SECTION 2　㉗－b）　㉘－a）　㉙－b）　㉚－c）　㉛－d）　㉜－c）　㉝－b）　㉞－d）

解 説　**SECTION 1** ≪学校給食の歴史と目的≫

⑲該当文の主語である They は「新入生」を指しており，「新入生はワクワクしている」という意味になるよう c）excited を入れるのが正しい。この excite は感情を表す他動詞「～をワクワクさせる」であり，主語自身がそういう感情になるなら受動態にする必要がある。なお，直後の to study … classmates はその理由を表し，本文では勉強したり遊んだりすることがワクワクする理由である。

⑳空所には述語動詞になる形が入るが，その動詞に対する主語は直前の them や events ではなく，文頭の One であることに注意が必要。主語が単数になるので，正解は a）である。

㉑動詞 begin の活用形に注意。「日本では，学校給食の慣例が 1889 年に始まった」という過去の事実になるよう，過去形の b）を入れるのが正しい。過去のある時点から現在までの時間の幅があるわけではないので，d）のように現在完了形にする必要はない。

㉒「学校給食法が制定された 1954 年までは，学校給食は僅かな割合の生徒にしか提供されなかった」という意味になるよう，c）until を選ぶ。a）by も「～まで」という意味の前置詞だが，until が「～までずっと」という「継続」を表すのに対して，by は「期限」を表すため本文では不適。

㉓選択肢のうちで c）は前置詞句であり，直後には名詞を伴うためここでは不適。その他 3 つの副詞句はそれぞれ前後の文を特定の関係性で結ぶものであり，したがって空所前後の文の関係性を考えればよい。前文（As Japan's economy …）には「日本経済が成長するにつれて，学校給食も大幅に改善されていった」とあり，直後には「味気ないパンには米が加わり，脱脂粉乳は全乳に替えられた」と述べられている。米や全乳は学校給食が改善された具体的内容と考えられるので，d）For example「例えば」を入れるのが妥当である。

㉔該当文の主語 Menus と，空所直後の名詞 specialists との関係性を考えればよい。「メニューが専門家によって作られる」とするには，d）by を入れるのが正解である。

㉕空所直前の動詞 learn は後ろに不定詞をとるので，b）to appreciate が正解である。learn to *do* で「学んで～できるようになる」という意味。

㉖選択肢より，適切な関係詞を選ぶ問題である。直後に動詞 help の主語が欠けた不完全な文があるので，空所には関係代名詞が入ることになる。意味から先行詞は空所直前の fields ではなく workers であると考えられるので，人を表す主格の関係代名詞 a）who を選ぶのが正しい。

SECTION 2

㉗空所には，what から始まる間接疑問文の述語動詞になる形が相応しい。主語は the library という三人称単数形の名詞なので，b）opens が正解である。

㉘空所直前の it は形式目的語で，後ろに回された that 節を受けている。動詞 made が作る第5文型（SVOC）の補語になるよう，形容詞の a）clear「明らかな」を選ぶ。

㉙空所後の that 節と呼応して so ～ that … の構文を作るためには，選択肢が so を含んだ a）か b）に絞られる。名詞 traffic は不可算扱いなので，b）so much を入れるのが正解である。

㉚「理由」を表す because の副詞節中の知覚動詞 hear の用法に注目する。hear O C という第5文型の C の位置には動詞の原形か分詞が入ることになるが，目的語 his neighbor's dog が「吠えている」という関係性にするには，現在分詞の c）barking を入れるのが正しい。

㉛空所から most までは述語動詞 was に対する主語となる。したがって，名詞節を作る d）What（関係代名詞）が正解である。what＋(S) V で「(S が) ～すること」を表し，ここでは「私たちを一番驚かせたこと」という意味になる。

㉜空所前の Form A and Form B を受ける「どちらも」という意味の代名詞を選ぶが，該当文の述語動詞が is という単数扱いである点に注意が必要。正解は c）Either である。b）Both なら複数扱いのため述語動詞が are となるべき。なお，a）All や d）Anything は3つ以上のものについて述べる際に用いるので本文では不適。

㉝空所後には SV の形がないので，節を導く従属接続詞の a）although や c）even though ではなく，前置詞句である b）instead of ～「～の代わりに」か d）regardless of ～「～にかかわらず」に絞られる。文全体が「その船は前もって告知された5月30日ではなく，6月1日に入港するだろう」という意味になるよう，b）を選ぶのが正しい。

34空所後に you want to do という目的語が欠けた不完全な文が続いていることから，関係代名詞が入ることになる。直前には先行詞となりうる名詞 the last thing があるので，正解は d）that である。c）what は先行詞をとらないので不適。なお，本問の the last のように限定する修飾語がついた先行詞の場合，関係代名詞は which より that が好まれる。

解答　**SHORT CONVERSATIONS**　35－d）　36－c）　37－a）　38－a）　39－d）　40－b）　41－c）　42－d）　43－a）　44－b）　45－a）　46－c）　47－d）　48－b）　49－c）　50－d）

LONG CONVERSATIONS　51－d）　52－b）　53－b）　54－c）　55－d）　56－b）　57－a）　58－b）

MONOLOGUES　59－b）　60－b）　61－a）　62－d）　63－d）　64－a）

解説　**SHORT CONVERSATIONS**

35女性の第 1 発言（Aren't you going …）で「ドラッグストアに行く予定じゃないの」と問いかけられたのに対して，男性は「雨がやむまで待っている」と答えている。よって，正解は d）である。

36男性は第 1 発言（What's your …）で女性に担当教員の名前を尋ね，「まだ知らない」と言う女性に対してさらに「教科書を買うためには担当教員の名前を知っている必要がある」と答えている。したがって，正解は c）となる。

37女性は第 1 発言（Didn't you know …）で，チケットが来週オンラインで買えることを伝えているが，男性から抽選制なのでチケットが入手できない可能性があることを知らされる。それを受けた女性は第 2 発言（I should've waited …）で「だったら一緒に待っていたらよかった」と後悔しているので，女性も同じコンサートに行きたがっていることがわかる。よって，a）が正解となる。

38冒頭で「気分が優れない」と言う女性は，心配する男性に対して，その第 2 発言（I think it's because …）中で「徹夜して歴史のレポートを終わらせた」と述べている。よって，正解は a）である。

39コーヒーを飲みたい男性は自動販売機を探しているが，それに対して女性は第 2 発言（Why don't you use …）で，ラウンジにある無料のコーヒーマシンを紹介している。その後，男性が女性の助言に感謝を述べていることから，d）が正解である。

40女性の第2発言（A friend of mine…）で「友人が夕食に来ることになっている」と述べられているので，正解はb）となる。

41昨日のオンライン会議に参加しなかった男性 David はその理由を聞かれ，第2発言（Isn't today…）で「今日が火曜日じゃないの？」と述べている。男性が曜日を一日遅く勘違いしていたことがわかるので，正解はc）である。

42必要な情報を探すことに行き詰まった男性と女性は，ブラウン教授に助言を求めようとしている。女性の第2発言（He said we could…）に「ブラウン教授は，助けが必要なときにはいつでも訪ねていいと言っていた」という発言があり，それに対して男性が「昼食後に教授の研究室へ行こう」と誘っていることから，d）が正解である。

43女性の第1発言（He told her…）で「私が彼の数学の授業でよくやっていると彼女に言っていた」と述べており，この He や his とは前の男性の発言で出てくる Mr. Johnson のことである。したがって，a）が正解であるとわかる。

44男性は第1発言（I'm looking for…）で「妻への贈り物を探しているが，何を買えばいいのかわからない」と述べている。よって，正解はb）である。

45明日は兄弟の引っ越しを手伝わなければならないという男性に対して，女性は第2発言（Well, we could go…）で午後7時頃に始まる遅めの上映を改めて提案している。その後で男性が承諾している様子から，一緒に映画を観ることができるとわかるので，a）が正解となる。

46女性が第2発言（She has hurt…）で「私の犬が脚を怪我していて，動物病院に連れていかなければならない」と述べている。したがって，c）が正解である。

47女性が第1発言（Wait, do you know…）で「窓際にいる女性を知っているか」と尋ね，男性はそれに対して「あれは私たちの新しい同僚のサラだと思う」と答えている。以上より，男性は見た目だけで窓際の女性が誰であるかを認識しているので，正解はd）である。

48女性が第2発言（I usually wear…）で「普段はコンタクトレンズを付

けている」と述べていることから，正解はb）である。

㊾女性が第2発言（Then do you …）で「スキーならするか」と尋ね，男性は第2発言（I do, but …）で「するけど，久しぶりなので練習不足だ」と答えている。よって，正解はc）となる。

㊿女性が第2発言（Stratford-upon-Avon where …）で「シェイクスピアが生まれたストラトフォード・アポン・エイヴォンだ」と述べていることから，正解はd）である。

LONG CONVERSATIONS

51女性の第1発言（No, I stayed …）にも，続く男性の第2発言（We visited my …）にも，共通して「英語を勉強した」と述べられている。よって，正解はd）である。

52男性の第3発言（I watched …）には，映画を観てその英語を聴き，字幕を理解するのは楽しいとある。それに対する女性の応答（That's my favorite …）にも「それは私の気に入っている英語学習の方法でもある」と同意する旨の発言があり，以上からb）が正解だとわかる。

53女性の第4発言（Actually, I was thinking of …）に「月曜日と火曜日と木曜日に働くことを考えているけど，1週間に3日は働けない。1週間に1日だけというのも十分ではない」と述べられている。したがって女性は2日間働くことを想定していると考えられるので，正解はb）である。

54男性の最終発言（Well, this job …）にある通り，男性は女性にその店の電話番号を提示して連絡を取るよう勧めている。よって，正解はc）となる。

55男性の第1発言（What's your …）以降，最後まで女性の好きなスポーツに関する会話が展開されている。したがって，正解はd）である。

56女性の最終発言（Every day in the summer, …）に「夏には毎日だが，その他の時期は週に2回泳ぎに行く」とあるので，b）が正解となる。

57男性の第3発言（For example, …）の後半に「私のレポートでは，アフリカのコンゴにいるゴリラに焦点を当てている」とあることから，正解はa）である。

58女性は第1発言（What are you …）以降，一貫して男性の書いている課題内容について質問をしている。したがって，正解はb）となる。

MONOLOGUES

59 第2段第4文（They learned to make…）に「彼ら（=the Matsumotos）は学んで様々な種類のシロップを作れるようになり，そして自分たちの店でかき氷を提供し始めた」とあるが，これはその前文にある通り1956年の出来事である。したがって，正解はb）である。

60 第2段第3文（In 1956, the Matsumotos…）に「1956年に，松本一家はかき氷製造機を日本から購入しようと決めた」と述べられているので，正解はb）となる。

61 "Broadway"という言葉の定義については，まず第1段第2文（The first meaning…）に「マンハッタン島で見られるような幅の広い通りを表す」と述べられている。そして，第2段第1文（Nowadays, however, some people…）には「マンハッタンの中心にある10億ドル規模の映画産業としてブロードウェイを知っている人たちもいる」とある。本問ではそのうち1つ目の定義について問われており，第1段第3文（It is a major road…）の「マンハッタンの南部から最北端までおよそ20キロメートルにわたって延びる主要道路である」という説明から，正解はa）である。

62 第2段最終文（Known for being…）の後半部に「ブロードウェイは今日までアメリカ文化において大変重要であり続けている」とあるので，正解はd）となる。

63 本文ではブータンの政策方針，若者の失業率，国技とされているアーチェリー，国教である仏教といった，ブータンという国に関する事実が列挙されている。よって，正解はd）である。

64 第1段最終文（Regular surveys are conducted…）に「ブータンでは国民の幸福度を測るために定期的な調査が行われている」と述べられていることから，正解はa）となる。

第四段落第四～五文「野生動物の場合には……責任主体は公共社会」に反する。

4

解答　問1　④　問2　②　問3　①　問4　③　問5　①

5

解答　問1　③　問2　①　問3　②

6

解答　問1　①　問2　④

3

出典　稲葉振一郎『AI時代の労働の哲学』〈5　では何が問題なのか？〉（講談社選書メチエ）

問1　②
問2　④

解答

問3　①
問4　③
問5　④
問6　③

解説

問3　傍線部の後で「動物政策」の今後について述べられているので、前の段落の中で人間と動物との関係における懸念点を述べている箇所をさがすと、第二文に「ある種の動物がある種の人間より……配慮・尊重に値する……可能性があります」とあり、これに合致する①が正解。②・③・④はこの箇所の内容をふまえていない。

問4　次の段落で、「野生化」の具体例として「野良ドローン」が「高い自律性をもって、勝手に動き始め」ることを挙げている。③が正解。①・②・④は「自律」＝〝外部からの力に縛られず、自ら立てた規範にしたがって自分の行動を制御すること〟の意味をとらえられていない。

問5　①、筆者は「歴史」を批判してはいないし、「動物に尊厳を認めるため」の「様々な施策」も紹介していない。②、本文末尾で「人間の社会」が変化することを予測しているが、「人間の存在」が変化するとは述べていない。③、筆者自身が「動物にも尊厳を認めること」を妥当と考えているかどうかについては本文中に言及がない。④、特に誤りはない。

問6　①、第八段落以降で今後このようになる可能性を述べているが、現時点ではまだそうなっていない。②、「人工知能機械の反社会的な行動を抑制、規制」することについては本文中に言及がない。③、第三段落の内容に合致。④、

解説

問1　傍線部の三文後から「相手の大切さは『比較可能な価値』ではない。偶然出会って、時を共有し互いを受け止め合いながら、『その人の存在価値』を大切に思うようになるのである」とあり、王子はそれがわかっていなかった、ということであるから、この箇所と反対の内容の③が正解。①・②・④はこの箇所と反対になっていない。

問2　前の段落に「キツネは王子と知りあったことで、今まで関心のなかった麦畑の色が愛おしくなった。そこに王子の『すがた』を見るからである」とあり、この箇所の内容を一般化して述べている④が正解。①・②・③はこの箇所を一般化したものになっていないし、「すがた」というキーワードが不足している。

問4　傍線部の主語「それ」は段落冒頭の「こうして……現れ」をさしており、その内容は前の段落で「他者の『からだ』は私自身の身体を……捉えるための『鏡像』として機能し……他者の『からだ』を、私がそう感じるように痛み、悲しみ、喜ぶ『ひと』として位置づけようとする」と説明されている。この内容をまとめている②が正解。①・③・④はこの箇所の内容と一致しない。

問5　傍線部の前の三つの文「私たちは……『からだ』……に『魂』としての『すがた』が現れていたことに気がつかない。……『目に見える』からだに気を取られて……見過ごしてしまう。……相手が失われたときに慌てて……探し求め」の内容をまとめている③が正解。①・②・④はこの三文のまとめになっていない。

問6　傍線部の前の文に「生きた『呼応性』が見失われてしまう」とある。「呼応性」は傍線部⑶の段落第一文「互いを映しあい、対をなすように働く『からだ』の現れ」のことであり、それを表現している①が正解。③・④は「呼応性」の説明ができていない。②は「新たな他者の『すがた』を再建することが不可能」が次の段落の内容に反する。

ないという事態から生じている」とあり、これに最も近い③が正解。①・②・④はこの箇所の内容がとらえられていない。

問5　傍線部の「功利主義めいた論法」の内容は直後の部分で〈構造改革によって国内を豊かにする〉ものと説明されている。これについて筆者は次段落で「倫理は……普遍妥当性を要求する」「国境によって隔てをつける必要はない」と述べて否定している。〈国内だけでなくあらゆる人々に福利を〉という内容の①が正解。③・④はこの「論法」を肯定的にとらえているので不可。②は「時間がかかる」が本文にない内容。

問7　①、第五段落「流動化する社会においては、修養は必ずしも交換価値に反映するとはかぎらない」に反する。②、第六段落「体力や知力が不足している……者は市場への参加を許されない」に反する。③、第九段落「ノージックのいうように」以下と合致。④、第十段落に「共同体主義は……グローバリゼーションに反対する」とあるが、社会問題に対して「グローバルな水準」で捉えているかどうかについては本文中に言及がない。

2

出典　崎川修『他者と沈黙―ウィトゲンシュタインからケアの哲学へ』〈第Ⅱ部　言語ゲームからケアの哲学へ〉（晃洋書房）

解答

問1　③

問2　④

問3　②

問4　②

問5　③

問6　①

問7　③

国語

1

出典　品川哲彦『倫理学入門―アリストテレスから生殖技術、AIまで』〈第3章　ひととひと〉（中公新書）

解答

問1　④
問2　③
問3　②
問4　③
問5　①
問6　②
問7　③

解説

問1　第三段落冒頭に「市場というこのシステムのなかで、人間は自分たちが労働によって自然物に付加した価値を交換しあっている」とあり、これに合致する④が正解。①・②・③は〈価値の交換〉という内容が不足している。

問2　「この物語」は前の段落の「人間が一人前になる物語」を指しており、その内容は「すなわち」以降で説明されている。それが現状とくいちがっている、ということを述べている③が正解。①・②は「一人前になる物語」が説明されていない。④「生きる手応え」「生の実感」は前の段落に言及がない。

問4　傍線部直後に「この奇妙な融合は、安い賃金で働く移民や海外の労働者に職を奪われかねない人びとに国籍や伝統への帰属で一体感を与える一方、国家全体の経済成長はグローバリゼーションのなかで勝ち残ることでしか期待でき

■一般入試前期：C日程

問題編

▶試験科目・配点

教　科	科　　目	配　点
外国語	コミュニケーション英語Ⅰ・Ⅱ・Ⅲ，英語表現Ⅰに共通する事項（約 30 分のリスニングを含む）	200 点
国　語	国語総合（近代以降の文章）	100 点

▶備　考

- 上記以外に，外国語学部では，面接代替として資料記入（志望理由等，20 分），グローバル・リベラルアーツ学部では，個人での日本語による面接（約 10 分，30 点）が課される。
- リスニングの配点は英語 200 点中の 60 点。
- 外国語学部では，出願時に大学が指定する英語の外部資格・検定試験（４技能）の基準を満たし，その成績を証明する書類を提出した場合，取得スコア等により，「英語」科目の得点を満点とみなして合否判定を行う，または，５点加点をして合否判定を行う。

英語

（90分）

英語の問題は二つに分かれています。
前半は読解と文法・語彙に関する問題で，後半はリスニングに関する問題です。
解答は，マークシートの問題番号に対応した解答欄に鉛筆でマークしてください。

前半の読解と文法・語彙は READING COMPREHENSION（READING No. 1 ～ 3）と GRAMMAR AND USAGE（SECTION 1 ～ 2）に分かれています。

後半のリスニング・テストは二つの PART に分かれています。PART 1 はカンバセーションに関する問題，PART 2 はモノローグに関する問題です。

問題は全部で 64 問で，通し番号が 1 ～ 64 までついています。
マークシートにも同様に 1 ～ 64 まで通し番号がついています。

前半60分は読解力テスト，後半約30分はリスニング・テストです。リスニング・テストが始まると読解力テストには戻れません。注意してください。

READING COMPREHENSION

READING No. 1

As Japan's tourism industry is booming with an increase of visitors from overseas, there has been an increase in the popularity of miniature toy figures, which are sold in small plastic capsules. The toys, and also their vending machines, are commonly referred to as *gachapon* in Japan. The term is a word based on the sound that the vending machine makes when one turns the knob and on the crashing sound the capsules make when they come out.

One of the popular brand names of capsule toys is called *"Panda no Ana,"* which literally means panda hole, jointly developed by Dentsu Tec Inc. and Takara Tomy Arts Co., Ltd. Masami Iida, a Dentsu Tec senior creative director who was involved in the project to promote the capsule toys, says that adults have realized that the *Panda no Ana* figures are not just cheap toys for kids, and many people have been excited about the high quality of the figures.

According to Iida, the creators started **from scratch** and succeeded in creating characters and making them into hit products by narrowing down a vast number of ideas. One big advantage a production company has is that it can pay close attention to design. It was important to make their products stand out since the hardest part of selling toys from vending machines is having buyers choose a single toy from the hundreds of items available. That's where design really comes into play. For instance, they created the visuals for the vending machine posters themselves. Manufacturers usually outsource this work to other companies, but the toy producers handled it on their own.

Sales have been particularly favorable among women in their 20s, many of whom seem to be buying the figures on their way home from work. The producers were very surprised by this because men were targeted before the capsule toy business was launched. Women who purchase the figures seem to regard them as comfort objects rather than toys. According to Iida, women feel relaxed after smiling when looking at the figures on their desks at work. In his view, alongside the things that are really important in life are trivial items that make us smile. Given the absence of amusing objects in the natural world, people have spent a long time creating them. This **reflects** the human desire to have fun.

By applying marketing techniques using creative ideas, innovative designs, and graphic work, the capsule toy producers also succeeded in attracting a huge number of foreign tourists as customers. Japanese culture is now trendy around the world, and in that context, capsule toys sold via vending machines have become popular with people from other countries. The capsule toy vending machines are currently being set up at a growing number of locations, including airports, where tourists can use up their remaining coins from their stay in Japan on the machines.

In a relatively restrained society, such as that of Japan, it may be that having easy access to amusing things, such as inexpensive capsule toys, is more important than most people realize. Iida does hope the toys can help people have a bit of fun.

1 What is this reading mainly about?

a) Recent trends of tourists from overseas to Japan

b) The increasing popularity of a type of toy

c) Innovative methods to sell products to women

d) Changing concepts about the culture of Japan

2 According to the reading, which one of the statements is correct about the product *"Panda no Ana"*?

a) Its manufacturer asked other companies to promote the product.

b) Its producers worked on the design of the marketing posters themselves.

c) Its vending machines are unique in terms of the sound they make.

d) It is mainly enjoyed by small children in Japan and overseas.

3 According to the reading, which one of the statements is correct about Masami Iida's capsule toy figures?

a) More men than women buy them.

b) They are similar to objects found in nature.

c) Women put them on their office desks.

d) Many companies worked together to create them.

4 According to the reading, which one of the statements is correct?

a) Foreign tourists can spend coins in the capsule toy vending machines at the airport.

b) The marketing techniques of Japanese toys are becoming popular overseas.

c) Capsule toy figures are more popular with foreign tourists than with Japanese citizens.

d) It is becoming difficult to access amusing things including capsule toys these days.

5 Which expression is closest in meaning to **from scratch** in paragraph 3?

a) from the beginning

b) from new ideas

c) with luck

d) with a problem

6 Which word is closest in meaning to **reflects** in paragraph 4?

a) helps

b) affects

c) causes

d) shows

READING No. 2

Alice Augusta Ball was born on July 24, 1892 in Seattle, Washington, to Laura, a photographer, and James P. Ball Jr., a lawyer. She was the middle child with two older brothers and a younger sister. Her grandfather, James P. Ball Sr., was a well-known photographer. In 1903, they moved from chilly Seattle to the warm weather of Honolulu in the hopes that James Ball Sr.'s health conditions would be improved. Sadly, James Ball Sr. died shortly after their move and the family relocated back to Seattle. Alice Ball excelled at Seattle High School, graduated in 1910, and went on to obtain multiple graduate degrees from the University of Washington and the College of Hawaii (now known as the University of Hawaii).

After earning undergraduate degrees in pharmaceutical chemistry and pharmacy from the University of Washington, Alice Ball transferred to the College of Hawaii and became the very first African American and the very first woman to graduate with a master's degree in chemistry in 1915. She was only 23 years old when she became the university's very first female chemistry instructor.

As a laboratory researcher, Ball worked **extensively** to develop a successful treatment for those suffering from Hansen's disease, also known as leprosy. Her research led her to create the first injectable leprosy treatment using oil from the chaulmoogra tree, which, up until then, was only a moderately successful element that was used in Chinese and Indian medicine. Ball's efforts resulted in a highly successful method to improve leprosy symptoms, later known as the "Ball Method." This method was used on thousands of leprosy patients for over thirty years.

The "Ball Method" was so successful that leprosy patients were discharged from hospitals including from Kalaupapa, an isolated medical facility on the island of Molokai, one of the Hawaiian islands where thousands of people suffering from leprosy died in prior years. Tragically, Ball died on December 31, 1916, at the young age of 24, because of an accident in her workplace. During her brief lifetime, she did not get to see the full impact of her discovery.

In 1922, six years after her death, Dr. Harry T. Hollmann, the assistant doctor at Kalihi Hospital in Hawaii who originally encouraged Ball to explore chaulmoogra oil, published an academic report that recognizes Ball's contribution to the development of leprosy treatment. Even so, Ball remained largely forgotten from scientific history until recently.

In 2000, the University of Hawaii at Manoa placed a bronze plate in front of a chaulmoogra tree on campus to honor Ball's life and her important discovery. Former Lieutenant Governor of Hawaii, Mazie Hirono, also declared February 29 "Alice Ball Day." In 2017, Paul Wermager, a scholar who has been researching Ball for years at the University of Hawaii at Manoa, established the Alice Augusta Ball scholarship to support students pursuing a degree in chemistry, biology, or microbiology. Acknowledging the importance of Ball's work through this scholarship, Wermager stated, "Not only did she **overcome** the racial and gender barriers of her time to become one of the very few African American women to earn a master's degree in chemistry, but she also developed the first useful treatment for Hansen's disease. Her amazing life was cut too short at the age of 24. Who knows what other marvelous work she could have accomplished had she lived."

7 What is this reading mainly about?

a) How Alice Ball succeeded as the first African American pharmacist
b) How Alice Ball fought against gender discrimination in the early 1910s
c) How Alice Ball managed to obtain multiple graduate degrees in the U.S.
d) How Alice Ball contributed to the development of medical treatment

8 According to the reading, which one of the statements is correct about Alice Ball?

a) Her family moved from Seattle to Honolulu because of her grandfather.
b) Her family went back to Seattle because they did not like their life in Hawaii.
c) She once tried to become a medical doctor to help her grandfather.
d) Her academic achievement became known to many people right after her death.

9 According to the reading, which one of the statements is correct about Dr. Harry T. Hollmann?

a) He supported Ball in developing a treatment for Hansen's disease.

b) He was an assistant professor at the University of Washington.

c) He had been studying Ball for years at the University of Hawaii.

d) He donated money to establish the Alice Augusta Ball scholarship.

10 According to the reading, which one of the statements best describes the chaulmoogra tree?

a) It was used in medicine in many different countries from an early period.

b) It was planted on the campus of the University of Hawaii to honor Ball's discovery.

c) Dr. Harry T. Hollmann thought that Ball should examine the effectiveness of its oil.

d) Dr. Harry T. Hollmann studied the effectiveness of its oil to write a scientific report.

11 Which word is closest in meaning to **extensively** in paragraph 3?

a) widely

b) carefully

c) desperately

d) efficiently

12 Which word or expression is closest in meaning to **overcome** in the last paragraph?

a) destroy

b) remove

c) turn over

d) get over

READING No. 3

Journalists educate the public about events or issues and how they affect their lives. They spend much of their time finding sources by interviewing experts, searching public records for information, and sometimes visiting the scene where a crime or other newsworthy occurrence took place. After they have thoroughly researched the subject, they use what they learned from the sources to write an article or create a piece for radio, television or the Internet.

The process requires significant collaboration. How good a journalist's story is often depends on how good they are at communicating and working with others. For example, journalists ask their editors for advice when writing a story. They also need strong communication skills so that they can persuade people to talk to them. Journalists frequently approach people they don't know. If they are uncomfortable around strangers, they will make others uncomfortable as well, making it less likely that people will want to be interviewed.

Journalists must follow the law, especially regarding confidentiality and the privacy of the people they interview or write about. For example, while journalists often record their interviews to ensure accuracy, laws in the U.S. generally make it illegal to record a conversation without the permission of the other **party**. In this case, journalists must tell their sources they are recording the interview before it begins.

Some aspects of a journalist's job are not subject to any kind of law but are just as important. Journalists must try to present an accurate, well-balanced explanation of the stories they cover. For example, they have an obligation to present all sides of an issue and to conduct extensive research and talk to several people knowledgeable about the subject. If they present only popular opinion, or if they conduct minimal research without fully exploring the subject, they do not give readers and viewers the information they need to understand the implications of the issue. Journalists must also be honest with the people they interview, telling them before talking to them what the article is about and that they plan to quote them in the piece.

The public expects and deserves **prompt**, accurate, and objective information. Professional newspaper journalists dedicate their lives to reporting the news no matter what the personal risk is. For instance, newspaper journalists may rush to the scene of school shootings or natural disasters to interview police and witnesses.

In 2019, there were about 88,000 employees in the news industry. The number was bigger in the past, but has been declining as shown in Figure 1 below.

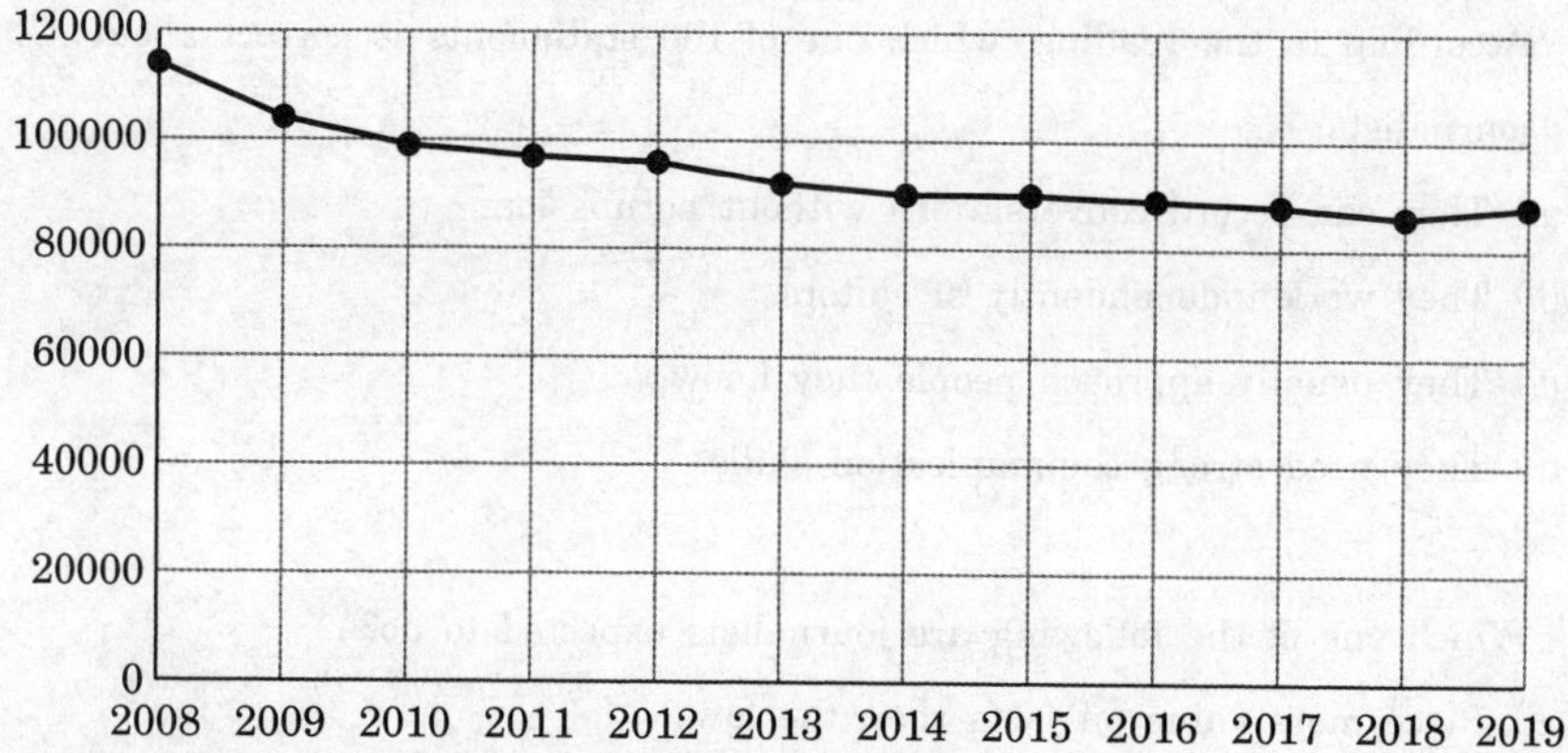

Figure 1: Number of employees in the U.S. news industry

Source: Pew Research Center analysis of Bureau of Labor Statistics Occupational Employment Statistics data

The decline in the number over the years is largely due to the decrease of employees among the newspaper publishers. There were many layoffs in the newspaper industry in 2018 with the rise of online news, smartphones and social media. Newspapers lost about 57% of their earnings in advertising and printing, and about 49% of their weekday print copies from 2000 to 2018, according to the Pew Research Center. Pew relied upon public reports to gather its data, which suggests there may have been more cuts.

13 What is this reading mainly about?

a) Various facts about journalists

b) Journalists' strategies in interviews

c) The growth of the online news industry

d) The increasing collaboration in the news industry

14 According to the reading, which one of the statements is correct about journalists?

a) They can record conversations without permission.

b) They work independently of editors.

c) They usually approach people they know.

d) They need strong communication skills.

15 Which one of the following are journalists expected to do?

a) Place more value on facts than the law

b) Give a single view on one fact

c) Avoid personal risks

d) Talk to the interviewees honestly

16 Which one of the statements is the author likely to agree with?

a) There were more layoffs in the online news industry than in the newspaper industry.

b) The newspaper industry was affected by the development of the online news industry.

c) There may be fewer layoffs in the newspaper industry in reality than given in this article.

d) The newspaper industry has been getting more benefits by selling more copies than before.

17 Which word is closest in meaning to **party** in paragraph 3?

a) law

b) event

c) person

d) company

18 Which word is closest in meaning to **prompt** in paragraph 5?

a) quick

b) correct

c) perfect

d) exciting

GRAMMAR AND USAGE

SECTION 1

Ozoni is a soup containing *mochi* or rice cake traditionally served on New Year's Day in Japan. __(19)__ flavors vary region by region. Japanese people usually spend January 1 with family and close relatives, so I __(20)__ *ozoni* made at different homes until I was married.

I was surprised that my in-laws handmade their *mochi* by pounding cooked sticky rice with dried orange peels and peanuts. __(21)__ delicious it was! One day I prepared my *ozoni* for them. __(22)__ they enjoyed the soup, they didn't like the texture of the *mochi* at all because it was so sticky, chewy, and difficult to eat.

Today, the word "mochi" is often seen on products __(23)__ in grocery stores in Western countries, but it is usually for things like *mochi* ice cream. It is a dessert made of bite-sized ice cream balls enveloped in sweet *mochi* rice dough that __(24)__ in Japan. Lots of Americans love it. So, when Americans say *mochi*, they mean this ice cream dessert.

My family's version of *ozoni* uses soy sauce for a clear soup, and I add square blocks of *mochi*, chicken, and vegetables. It's __(25)__ to make. If you plan __(26)__ *ozoni* to non-Japanese friends, I recommend cutting the blocks of *mochi* into bite-sized pieces.

出典追記：Asahi Weekly, The Asahi Shimbun, January 3-10, 2021

19
a) It's
b) Its
c) It is
d) It has

20
a) won't taste
b) don't taste
c) haven't tasted
d) hadn't tasted

21
a) How
b) Too
c) Very
d) What

22
a) But
b) Despite
c) However
d) Though

23
a) sell
b) selling
c) sold
d) are sold

24
a) origin
b) original
c) originally
d) originated

25
a) relatively simple
b) simply relative
c) relative simple
d) simple relative

26
a) serve
b) to serve
c) serving
d) served

SECTION 2

27 As soon as she finished ＿＿＿ the letter, she took it to the post office.
a) write
b) writing
c) written
d) to write

28 ＿＿＿ of the watches sold at this store were made in Switzerland.

a）Each

b）One

c）Every

d）All

29 Their new house is neither too big ＿＿＿ too small. It is just the perfect size for them.

a）and

b）but

c）nor

d）also

30 Because she is always busy on weekdays, Kate tries to stay ＿＿＿ on weekends.

a）relax

b）relaxed

c）relaxing

d）relaxation

31 The director's best movie, ＿＿＿ won several awards, was about the life of a famous poet.

a）who

b）which

c）in which

d）what

32 We ＿＿＿ in Osaka for ten years before we moved to Kobe.

a）live

b）are living

c) had lived

d) have been living

33 _____ they went, there were always crowds of people waiting to see the singers.

a) Despite

b) Otherwise

c) As long as

d) Wherever

34 Tom showed little interest in music when he was a child. It was not until high school _____ he began practicing the piano seriously.

a) that

b) after

c) since

d) for

SHORT CONVERSATIONS

35 Which one of the statements is correct?

a) The man doesn't like to cook.

b) The woman wants to save money.

c) The woman cooked this dish before.

d) The man thinks the dish looks interesting.

36 Which one of the statements is correct?

a) The woman doesn't enjoy reading the same books the librarian reads.

b) The woman will check the Internet for book reviews.

c) The man doesn't know which book to read.

d) The man always gets in trouble when he reads a book.

37 Which one of the statements is correct?

a) The woman's flight departs at 10 p.m. in the evening.

b) The man and the woman have arrived at the airport early.

c) The man will call to reschedule the flight.

d) The man and the woman have missed their flight.

38 Which one of the statements is correct?

a) The man is going to work at a car manufacturer.

b) The man is trying to avoid using gasoline.

c) The woman is giving examples of friendly people.

d) The woman knows of an effort to protect the environment.

39 Which one of the statements is correct?

a) The man talked to Tom recently.

b) The woman was sick.

c) The man saw the woman in English class.

d) The woman's name is not Jennifer.

40 Which one of the statements is correct?

a) The man offered to cook dinner tonight.

b) The man and the woman will go to an Italian restaurant.

c) The man and the woman recently ate pasta together.

d) The man will buy curry at the supermarket.

41 Which one of the statements is correct?

a) The woman will buy popcorn and soda.

b) The man and the woman will watch the new action movie.

c) The woman is afraid that the tickets will be sold out.

d) The man and the woman's movie will start soon.

42 Which one of the statements is correct?

a) The man works with the woman.

b) The man looked for the woman for a while.

c) The woman works at a bookstore.

d) The woman is looking for a part-time job.

43 Which one of the statements is correct?

a) The man thinks that English education in Brazil must be good.

b）The man has already met the exchange student.

c）The exchange student's Portuguese is better than her English.

d）The woman helped the exchange student with her English homework.

44 Which one of the statements is correct?

a）The man thinks that the library books are due in three weeks.

b）The woman is sorry about returning the books late.

c）The man is asking about when to return borrowed books.

d）The woman can't go to the library between April 15 and April 30.

45 Which one of the statements is correct?

a）The woman has tried listening to music but it wakes her up.

b）The man suggested that the woman listen to violin music.

c）The woman suggested that the man stretch before bed.

d）The man has been having a lot of trouble sleeping lately.

46 Which one of the statements is correct?

a）The man bought a new laptop computer.

b）The woman wants the man to pay for her laptop computer.

c）The woman wants to sell her computer to the man.

d）The man knew the answer to the woman's question about the computer.

47 Which one of the statements is correct about the man?

a）He enjoys the hot weather.

b）He will go to the ice cream stand with the woman.

c）He knows that the new ice cream stand is popular.

d）He doesn't mind waiting in line for an ice cream in the heat.

48 What does the man think of the new professor?

a) Her classes are too hard.

b) Her voice is too soft.

c) She doesn't have a nice personality.

d) She speaks too loudly.

49 Which one of the statements is correct about the speakers?

a) They forgot to do their homework.

b) They want to read long poems.

c) They have taken interesting trips.

d) They will write about themselves.

50 Which one of the statements is correct about the woman?

a) She wants to know her English teacher's last name.

b) She knows her English teacher's family background.

c) She has been learning from the English teacher for a long time.

d) She met her English teacher's great-grandparents in Hiroshima.

LONG CONVERSATIONS

Long conversation 1

51　What does the man want to talk to the woman about?

a）A family meeting

b）Homework for class

c）A test at school

d）The best time to study

52　According to the conversation, which one of the statements is correct about the speakers?

a）They will talk to their sister.

b）They will meet at school.

c）They will test each other.

d）They will study for math class.

Long conversation 2

53　Which one of the statements is correct about the man?

a）He went to a Korean restaurant with his parents.

b）He helped the woman prepare for a speech contest.

c）He gave up participating in the speech contest.

d）He was one of the finalists in a competition.

54　Which one of the statements is correct?

a）The woman is congratulating the man on winning a contest.

b）The man is asking the woman to go to dinner with his family.

c）The woman told the man to stop practicing for the speech contest.

d）The man is proud that the woman was one of the five finalists.

Long conversation 3

55 What are the man and the woman talking about?

a) Summer vacation

b) School classes

c) A day trip

d) Clam soup

56 According to the conversation, which one of the statements is correct?

a) The man will study.

b) The woman will plan a trip.

c) The man will relax.

d) The woman will go to the beach.

Long conversation 4

57 What are the speakers mainly talking about?

a) Eating a good breakfast in the morning

b) Choosing clothes to get ready in the morning

c) Eating breakfast too early

d) Cooking dinner late at night

58 Which one of the statements is correct?

a) The woman recommends that the man eat a big lunch.

b) The man suggests that the woman eat breakfast.

c) The woman would like the man to change his eating habits.

d) The man says the woman can cook breakfast very well.

MONOLOGUES

Monologue 1

59 What should the students do right after they fill out a document?

a) Enter their name and address

b) Read the program policies

c) Ask questions about the program

d) Check the detailed schedule

60 Which one of the statements is correct?

a) The speaker wrote this email on January 27.

b) The detailed schedule will be sent after February 15.

c) The online program will end in March.

d) The students won't know the names of the teachers until February 22.

Monologue 2

61 Which one of the statements is correct?

a) There are four dwarf planets in the Solar System.

b) A few scientists still think Pluto is a true planet.

c) Pluto does not have any similarities to a true planet.

d) Before 2006, scientists thought the Solar System had eight planets.

62 According to the monologue, which one of the following is NOT a characteristic of Pluto?

a) It is a similar size to other large rocks.

b) It shares its space with other large objects.

c) It circles around the sun.

d) It is round in shape.

Monologue 3

63 What is this monologue mainly about?

a) How dogs are trained by scientists

b) Why dogs are smart

c) Scientists who study dogs

d) Dogs that learn names quickly

64 Which one of the statements is correct according to the monologue?

a) Scientists used dogs to discover new objects.

b) People can train any dogs to remember their owners' names.

c) Some scientists used to think small dogs were smarter than large dogs.

d) People can find out if their dogs can learn the names of new objects.

放送内容

Listening Comprehension
Part 1
Conversations

Short Conversations

Conversation 35
M: What smells good?
W: Oh, it's just a recipe I found online. The dish looked interesting, so I wanted to try it out.
M: Wait, but I thought you didn't like to cook.
W: I know, but lately I have been spending too much on eating out.

Question 35. Which one of the statements is correct?
a) The man doesn't like to cook.
b) The woman wants to save money.
c) The woman cooked this dish before.
d) The man thinks the dish looks interesting.

Conversation 36
M: I always have trouble picking a book to read.
W: Why don't you ask the librarian what she recommends?
M: I did, but I don't really enjoy the kinds of books she likes.
W: Well, you can always check online to see which books have the best reviews.

Question 36. Which one of the statements is correct?
a) The woman doesn't enjoy reading the same books the librarian reads.
b) The woman will check the Internet for book reviews.
c) The man doesn't know which book to read.
d) The man always gets in trouble when he reads a book.

Conversation 37
M: Are you going to be ready to leave for the airport soon? I think we should arrive 2 hours before our flight.
W: That's a good idea. We can eat dinner there. What time is our flight? 10 p.m.? Can you check?
M: Um, I have some bad news. We made a mistake. The flight was at 10 a.m. this morning.
W: What? I can't believe this! I'd better call the airline to reschedule right away.

Question 37. Which one of the statements is correct?
a) The woman's flight departs at 10 p.m. in the evening.
b) The man and the woman have arrived at the airport early.
c) The man will call to reschedule the flight.
d) The man and the woman have missed their flight.

Conversation 38
M: I'm working on a group project about eco-friendly products. Can you think of any examples?
W: I recently read a newspaper article about an eco-friendly car developed by a major Japanese car

manufacturer.
M: How exactly is it eco-friendly?
W: The company is trying to achieve a carbon-neutral society by making cars that don't use gasoline.

Question 38. Which one of the statements is correct?
a) The man is going to work at a car manufacturer.
b) The man is trying to avoid using gasoline.
c) The woman is giving examples of friendly people.
d) The woman knows of an effort to protect the environment.

Conversation 39
M: Hi Jennifer, I heard that you were sick.
W: Who told you that?
M: Tom. He said you weren't in English class today.
W: Really? I was there. Oh, he was talking about the other Jennifer.

Question 39. Which one of the statements is correct?
a) The man talked to Tom recently.
b) The woman was sick.
c) The man saw the woman in English class.
d) The woman's name is not Jennifer.

Conversation 40
M: What shall we have for dinner tonight?
W: Let's go out. It's been a while since we've gone to a restaurant.
M: Oh that's a great idea! Can we go to the Italian place near the station?
W: How about the curry shop instead? We had pasta for dinner last night.
M: Good point. I like your suggestion. Let's do that.

Question 40. Which one of the statements is correct?
a) The man offered to cook dinner tonight.
b) The man and the woman will go to an Italian restaurant.
c) The man and the woman recently ate pasta together.
d) The man will buy curry at the supermarket.

Conversation 41
M: Wow, this line is longer than I expected. Do you think they will be sold out?
W: Probably not. I think most people are actually here to watch the new action movie, so we should be fine.
M: That's good to know. But our movie will start in five minutes, so why don't I grab some popcorn and soda while you wait in line for the tickets?
W: Sounds good. Let's meet at the souvenir shop in a minute then.

Question 41. Which one of the statements is correct?
a) The woman will buy popcorn and soda.
b) The man and the woman will watch the new action movie.
c) The woman is afraid that the tickets will be sold out.
d) The man and the woman's movie will start soon.

Conversation 42
M: Hi, Mary. I haven't seen you around for a while.
W: I know. I've been so busy lately.
M: Really? What have you been up to?
W: Actually, I started working part-time at a bookstore last month.

Question 42. Which one of the statements is correct?
a) The man works with the woman.
b) The man looked for the woman for a while.
c) The woman works at a bookstore.
d) The woman is looking for a part-time job.

Conversation 43
M: Have you met the new exchange student yet? I didn't get a chance to say hi, but I heard she is from Brazil.
W: Yeah, I met her during lunch today. Her English is amazing. She actually helped me with my English homework.
M: Wow, that's surprising. I guess Brazilian schools have great English programs.
W: Well, she grew up in Canada, so she said her English is as good as her Portuguese.

Question 43. Which one of the statements is correct?
a) The man thinks that English education in Brazil must be good.
b) The man has already met the exchange student.
c) The exchange student's Portuguese is better than her English.
d) The woman helped the exchange student with her English homework.

Conversation 44
M: Excuse me, miss. When is the due date for these three books that I have just borrowed?
W: I am sorry. I beg your pardon?
M: When do I have to return these books?
W: Today is Monday, April 15, so they will be due in two weeks, on April 29.

Question 44. Which one of the statements is correct?
a) The man thinks that the library books are due in three weeks.
b) The woman is sorry about returning the books late.
c) The man is asking about when to return borrowed books.
d) The woman can't go to the library between April 15 and April 30.

Conversation 45
W: Recently, I have had some trouble sleeping. Do you have any tips for falling asleep?
M: Have you tried stretching before going to bed? That can calm you down.
W: Yes, but it always gives me more energy so I become more awake.
M: What about listening to classical music? Piano or violin music relaxes me.

Question 45. Which one of the statements is correct?
a) The woman has tried listening to music but it wakes her up.
b) The man suggested that the woman listen to violin music.
c) The woman suggested that the man stretch before bed.
d) The man has been having a lot of trouble sleeping lately.

Conversation 46
W: Can you guess how much this laptop computer is?
M: 2,150 dollars.
W: Exactly right. How did you know?
M: I was thinking of buying the same one.

Question 46. Which one of the statements is correct?
a) The man bought a new laptop computer.
b) The woman wants the man to pay for her laptop computer.
c) The woman wants to sell her computer to the man.
d) The man knew the answer to the woman's question about the computer.

Conversation 47
W: It's awfully hot and humid today.
M: I know. I can't stand it. I feel like having an ice cream.
W: Me too. Why don't we go to that new ice cream stand across the street from the university?
M: There's always a long line there! I don't want to wait in line when it's so hot.

Question 47. Which one of the statements is correct about the man?
a) He enjoys the hot weather.
b) He will go to the ice cream stand with the woman.
c) He knows that the new ice cream stand is popular.
d) He doesn't mind waiting in line for an ice cream in the heat.

Conversation 48
W: I'm glad the new term has started. All of my classes are quite interesting. How is your new history class?
M: I have a new professor, Dr. Smith. She seems to be okay, but I'm not sure.
W: What do you mean?
M: Well, it can be hard to hear her voice because she speaks so softly. But otherwise, she is a kind person.

Question 48. What does the man think of the new professor?
a) Her classes are too hard.
b) Her voice is too soft.
c) She doesn't have a nice personality.
d) She speaks too loudly.

Conversation 49
M: Have you started doing the homework?
W: The homework for English class?
M: Yes, we have to write poems about ourselves.
W: I haven't done it yet, but I think yours will probably be long. You've done so many interesting things.

Question 49. Which one of the statements is correct about the speakers?
a) They forgot to do their homework.
b) They want to read long poems.
c) They have taken interesting trips.
d) They will write about themselves.

Conversation 50
W: We have a new English teacher at our high school.
M: That's nice. Where's she from?
W: She's from California, but she said that her great-grandparents were originally from Hiroshima. They moved to America over a hundred years ago.
M: So, your teacher is Japanese-American?
W: Yes, I was surprised that we have the same last name!

Question 50. Which one of the statements is correct about the woman?
a) She wants to know her English teacher's last name.
b) She knows her English teacher's family background.
c) She has been learning from the English teacher for a long time.
d) She met her English teacher's great-grandparents in Hiroshima.

Long Conversations

Long Conversation 1

M: Are you busy after school today?
W: Yes, I'm going to meet my older sister.
M: That sounds like fun. Can I ask you about our math homework later?
W: Sure, please text me.
M: OK, thanks. Some of the questions are difficult.
W: I think so, too. It's good that we can help each other.
M: When are you going to do your homework?
W: I want to finish before 10 p.m.

Question 51. What does the man want to talk to the woman about?
a) A family meeting
b) Homework for class
c) A test at school
d) The best time to study

Question 52. According to the conversation, which one of the statements is correct about the speakers?
a) They will talk to their sister.
b) They will meet at school.
c) They will test each other.
d) They will study for math class.

Long Conversation 2

M: I have some great news!
W: What happened?
M: I won the speech competition. Out of the five finalists, I came in first! I couldn't believe it!
W: Well, you deserve it. You had been practicing every day for at least three months, isn't that correct?
M: Yes, I had. However, at one point, I was thinking of giving up and withdrawing from the contest.
W: Well, I'm so glad you didn't. You should be very proud of yourself. How are you going to celebrate?
M: My parents are going to take me to a popular Korean restaurant in the city.
W: That sounds wonderful! Once again, congratulations on your victory.

Question 53. Which one of the statements is correct about the man?
a) He went to a Korean restaurant with his parents.
b) He helped the woman prepare for a speech contest.
c) He gave up participating in the speech contest.
d) He was one of the finalists in a competition.

Question 54. Which one of the statements is correct?
a) The woman is congratulating the man on winning a contest.
b) The man is asking the woman to go to dinner with his family.
c) The woman told the man to stop practicing for the speech contest.
d) The man is proud that the woman was one of the five finalists.

Long Conversation 3

M: I'm going to spend all day at the beach tomorrow. Do you want to come?
W: Are you going to try to find clams?
M: No, I heard they're not safe to eat.
W: Then why are you going to the beach?
M: I love watching the ocean. It's really relaxing.
W: That sounds nice, but I have to study for a test.
M: Then you shouldn't go. You'd have to take an early morning train and wouldn't get home until late at night.
W: You're right. Thanks for asking though. I'm sure you'll have a good time.

Question 55. What are the man and the woman talking about?
a) Summer vacation
b) School classes
c) A day trip
d) Clam soup

Question 56. According to the conversation, which one of the statements is correct?
a) The man will study.
b) The woman will plan a trip.
c) The man will relax.
d) The woman will go to the beach.

Long Conversation 4

M: I'm so hungry!
W: Didn't you have breakfast this morning?
M: I usually don't eat breakfast. I am always in a rush when I'm getting ready in the morning.
W: Well, it is often said that eating a good breakfast in the morning gives you the energy that you will need for the rest of the day.
M: Really? I didn't know that.
W: In addition, if you eat a good breakfast, you are less likely to overeat at lunchtime and at dinnertime.
M: That's interesting. Come to think of it, I always eat so much for dinner. I often eat late at night, too.
W: That's what I mean. It's better not to skip meals in the morning.

Question 57. What are the speakers mainly talking about?
a) Eating a good breakfast in the morning
b) Choosing clothes to get ready in the morning

c) Eating breakfast too early
d) Cooking dinner late at night

Question 58. Which one of the statements is correct?
a) The woman recommends that the man eat a big lunch.
b) The man suggests that the woman eat breakfast.
c) The woman would like the man to change his eating habits.
d) The man says the woman can cook breakfast very well.

Part 2
Monologues

Monologue 1

Hello students! My name is Lucy, and I am the director of the Intensive English Program of our university. We are so excited to have you join us for our three-week online English program starting on February 22.

We need to gather some information about you for the program. Please click the link to go to our online program registration. You will enter your name and email address, and then fill out a document. After that, you will have to read the section about our program policies. Please complete this before January 27.

On February 15, a week before the starting date of the program, I will email you with all of the contact information for your program. It will include a detailed schedule, the names and email addresses of your instructors, the online class information for your program, and your conversation partner information. If you have questions, please email me and ask!

Question 59. What should the students do right after they fill out a document?
a) Enter their name and address
b) Read the program policies
c) Ask questions about the program
d) Check the detailed schedule

Question 60. Which one of the statements is correct?
a) The speaker wrote this email on January 27.
b) The detailed schedule will be sent after February 15.
c) The online program will end in March.
d) The students won't know the names of the teachers until February 22.

Monologue 2

How many planets are in our Solar System? Well, until 2006 the correct answer was nine, but scientists decided that Pluto should not be a true planet and changed the total number to eight. The change happened when scientists changed the definition of a planet. They said a true planet should be round in shape, circle around the sun, and not share its space with other large objects. As it turns out, Pluto is round and does circle around the sun, but it also shares its space with other large rocks.

Although a few scientists still believe that Pluto should be a true planet, it is now officially renamed as a dwarf planet. Similar to true planets, dwarf planets circle around the Sun and are round in shape. However, unlike true planets, they can share their space with other large rocks. Since this change, scientists have designated four more objects as dwarf planets in our Solar System.

Question 61. Which one of the statements is correct?
a) There are four dwarf planets in the Solar System.
b) A few scientists still think Pluto is a true planet.
c) Pluto does not have any similarities to a true planet.
d) Before 2006, scientists thought the Solar System had eight planets.

Question 62. According to the monologue, which one of the following is NOT a characteristic of Pluto?
a) It is a similar size to other large rocks.
b) It shares its space with other large objects.
c) It circles around the sun.
d) It is round in shape.

Monologue 3

You can try a simple experiment with your own dog at home to find out if it can learn the name of a new object after only hearing it four times. In the past, people thought only humans had this ability of learning the name of a new thing. But a group of scientists found that a few talented dogs showed the ability as well.

So how can you tell whether your own dog can do that or not? You just follow the steps the scientists took; then, you can find out whether your dog can learn the name of an object quickly. But don't worry if your dog doesn't show that ability. Like I said, the ability is something that not all dogs have. Only a specific kind of dog seems to have the ability.

Question 63. What is this monologue mainly about?
a) How dogs are trained by scientists
b) Why dogs are smart
c) Scientists who study dogs
d) Dogs that learn names quickly

Question 64. Which one of the statements is correct according to the monologue?
a) Scientists used dogs to discover new objects.
b) People can train any dogs to remember their owners' names.
c) Some scientists used to think small dogs were smarter than large dogs.
d) People can find out if their dogs can learn the names of new objects.

①　やむを得ないことである

②　将来のために役に立つのである

③　受け入れるのが正しいことである

④　もっともなことである

③ オーサーシップ　④ ディメンション

問3　新製品の［　］を作って、ユーザーに試用してもらう　（解答番号は 27）

① デッドストック　② プロトタイプ

③ ボーダーライン　④ ポテンシャル

問4　大国間の対立を和らげる［　］の役割を果たす　（解答番号は 28）

① バックアップ　② シリンダー

③ バッファー　④ パッケージ

6　次の各問いの傍線部の表現の意味として最も適切なものを、それぞれ①～④の中から一つずつ選べ。解答番号は 29 、 30 。

問1　畢竟《ひっきょう》、そうなってしまった　（解答番号は 29）

① 結局のところ　② なすすべもなく

③ おもいがけず　④ 不愉快なことに

問2　失敗するのもむべなるかなである　（解答番号は 30）

問3　カン言にのせられて、ついだまされる　（解答番号は 23 ）

①　アマさを控え目にする　②　サムさをこらえる

③　初心をツラヌく　④　ユルやかな気分になる

問4　キョ勢を張る　（解答番号は 24 ）

①　空キョな生活を送る　②　キョ動の怪しい人物

③　要求をキョ絶する　④　長老が逝キョする

5

次の各問いの空欄に入るものとして最も適切なものを、それぞれ①～④の中から一つずつ選べ。解答番号は 25 、 26 、 27 、 28 。

問1　［　　］を利用して、機器の操作を学ぶ　（解答番号は 25 ）

①　アマルガム　②　シンメトリー

③　チュートリアル　④　パンクチュアル

問2　観光立国にとって、［　　］の増加は重要な課題だ　（解答番号は 26 ）

①　インバウンド　②　カンファレンス

ガスの例を挙げている。私たちは明日も呼吸することが出来るだろうか。

③　「生の基礎条件は呼吸だけではなく、適切な衣食住も必要であり、それがなくては生きてはいけない」と述べ、より広い視野で考えることを求めている。呼吸しているだけで幸福になれるわけではないのである。

④　「ただし、人間は生きることだけではなく、より豊かな精神をもつことを忘れてはならない」と述べ、精神的な価値の重要性を示唆している。私たちは高い理想をいだいて日々を生きているのだろうか。

4

次の各問いの傍線部のカタカナに相当する漢字と同じ漢字を使うものを、それぞれ①～④の中から一つずつ選べ。解答番号は21、22、23、24。

問1　ぼやのうちにチン火する　（解答番号は21）

①　商品をチン列する　②　古物商でチン品を見つけた

③　不純物がチン殿する　④　各界の重チンが集まった

問2　公園を散サクする　（解答番号は22）

①　ショックのあまりサク乱する　②　作文を添サクする

③　資料集のサク引で調べる　④　サク略を巡らす

問4　傍線部(3)「この場に相応《ふさわ》しい問題ではない」とあるが、その理由として最も適切なものを、次の①〜④の中から一つ選べ。解答番号は 18 。

①　この文章では、デカルトの思想自体ではなく、呼吸と存在の関係を考えようとしているから。

②　この文章では、思想の専門家ではなく、一般の人々が読者として想定されているから。

③　この文章では、存在一般ではなく、生の基本的な条件に話題を絞って考察しているから。

④　この文章では、知識を提供することではなく、読者が自分で考えるように仕向けることを目的としているから。

問5　傍線部(4)「デカルトの議論の眼目」とあるが、その説明として最も適切なものを、次の①〜④の中から一つ選べ。解答番号は 19 。

①　人間の存在の実質を、生物としての生存を超越した、精神的な世界と結びつけようとすること。

②　人間の存在の実質を、生命における呼吸の役割を理解することによって、思想的に解明できるものだと考えたこと。

③　人間の存在の実質を、生物としての生存の基礎的な条件そのものではなく、その感受において捉えること。

④　人間の存在の実質を、日々の生活の経験の蓄積によって、形成されていくものとして重視すること。

問6　空欄 B に入る表現として、最も適切なものを、次の①〜④の中から一つ選べ。解答番号は 20 。

①　「人間は永遠の命をもっているものではなく、いつかは寿命の尽きるものである」と述べ、生の有限性を指摘している。現代においても、永遠の命は、不可能な夢に過ぎないのである。

②　「私たち全員の共有する所となっていたこの最後のものが、私たち全員に共通の毒を盛ろうとしている」と述べ、毒

① パロディー
② 引き立て役
③ バリエーション
④ 全否定

問2 傍線部⑴「この反論において、何故、『呼吸』という事象が選ばれたのか」とあるが、その理由として最も適切なものを、次の①〜④の中から一つ選べ。解答番号は［16］。

① 呼吸は、生きることを可能にする最低限の条件と捉えることのできる活動だから。
② 呼吸は、無意識であっても生きていさえすれば、かならず実行されている活動だから。
③ 呼吸は、意志によって行うことができるため、思うことと生きることの両面にかかわる活動だから。
④ 呼吸は、哲学について知識を持たない人々にとっても理解しやすい活動だから。

問3 傍線部⑵「呼吸の無防備性」とあるが、その説明として最も適切なものを、次の①〜④の中から一つ選べ。解答番号は［17］。

① 呼吸は、他人に害悪を及ぼすことがないので、負の影響を心配する必要がないということ。
② 呼吸は、それが保証されるだけで、生命の最低条件が満たされるということ。
③ 呼吸は、自分や環境に警戒すべき要因があっても、それを軽視して実行されがちであるということ。
④ 呼吸は、身体が通常の状態にあるかぎり、とくに不安を感じることなく、続けていけるということ。

ように扱うことを意味する。ハゼはエラ呼吸する、故にハゼは存在する、という命題と件《くだん》の命題はその内容において変わりはなくなる。生存の基礎的条件である呼吸そのものではなく、呼吸することの思い・感じ、言い換えるなら、呼吸することを享受し味わっていること、このことに私の存在の実質をデカルトは与えようとしたのである。(4)私という人間的個体の実質は、呼吸することそのものではなく、呼吸することを享受し味わっていることにある、というのが、デカルトの議論の眼目であった。だから、このような眼目を有するデカルトの議論において賭けられているのは、単なる生というよりは、感受することを実質とするような人間の生存のありようであった。こうして、「私は呼吸する、故に私は存在する」という命題と「私は呼吸すると感じる、故に私は存在する」という命題の対立という哲学史のほんの小さな一コマは、私たちの生のありかを生物学的な生に求めるか、感受し味わうという人間的な生（存）に求めるか、という論争を象徴するものであった。そして、前者の場合、呼吸という活動は生きるという目的へと連関づけられるのに対して、後者の場合、呼吸するという活動を享受し味わうということ自体が目的である。呼吸することの享受が喜びになるとは、そう思ってみれば誰もが日々経験することの出来る重要な事柄である。

生物学的な生と人間的な生（存）とのどちらが重要であるかを論じる必要はない。どちらも、呼吸という生の基礎的条件を考えるときの二つの重要な視点であると考えればよい。そして、ここで最後に示唆しておきたいのは、このような基礎的条件が無条件に・無防備なままに与えられるものではない、というそのことである。先に引用したカネッティは、続いて、

[　B　]。

（鈴木泉「呼吸すること」より）

問1　空欄[　A　]に入る語句として最も適切なものを、次の①～④の中から一つ選べ。解答番号は[15]。

「私が最後にお語りたいのは、(2)呼吸の無防備性についてである。人はそれについて十二分に理解することは困難である。人間はいかなるものに対しても、空気に対するほどには無防備ではない。空気の中では人間は依然として楽園のアダムのように、純粋無垢《むく》に、悪《あ》しき動物のことなど気にもかけずに歩き回る。空気は最後の入会地《いりあいち》である。それは万人に等しく配り届けられる。それは割り当てられているわけではなく、いかに貧しい者でもその一部を受け取って差し支えない。よしんば誰かが間違いなく飢え死にする羽目に陥ったとしても、彼はそれを――確かに僅かなものだろうが――ともかく最後の瞬間まで呼吸するだろう。」(『断想 1942-1948』岩田行一訳、法政大学出版局、一九七六年、二七一頁)

生存の基礎的条件である呼吸を私たちは幸運にも、言い換えれば自然の合目的性のお陰で首尾よく遂行することが出来る。呼吸は無防備な仕方で遂行されることが常態であるからこそ、私たちはそのこと、つまり無防備な仕方で日々遂行されることにことあらためて気付かない。空気はたっぷりとあり、私たちの生存を支える他の物質、例えば、水や食料のようにそれを得る手立てを考案する必要がない。防災において備蓄されるのは、まず、水と食料だが、空気を備蓄することは求められない。空気に関しては、貧富の差は関係がなく、飢え死にすることはあっても、(特定の基礎疾患を抱えていない限り)呼吸困難でもって死ぬことを恐れはしない。

それでは、デカルトがこのような生の基礎的条件を私の存在と同一視することを拒み、「私は呼吸する、故に私は存在する」という命題ではなく、「私は思う、故に私は存在する」という命題を第一の認識として据えたのは(3)どうしてだろうか。心と物体とを存在の異なる領域とするというデカルトに固有の哲学的プロジェクトについて論じることはこの場に相応《ふさわ》しい問題ではない。デカルトが、「私は呼吸する、故に私は存在する」という命題を「私は呼吸すると思う、故に私は存在する」ないしは「私は呼吸すると感じる、故に私は存在する」と言い換えていたことに注目しよう。生存の基礎的条件である呼吸そのものを私の存在と同一視することは、私という人間的個体に特有のあり方を捨象し、呼吸活動を行う生物一般と人間的個体とを同じ命題の真理性ないしは確実性を議論する際には、「故に」という言葉に示されている推論の妥当性ということが問題となるが、ここではその点について議論するのは差し控えて、この命題が語ろうとしていることに注目してみよう。注目したいのは、(1)この反論において、何故「呼吸」という事象が選ばれたのかというそのことである。「私は呼吸する、故に私は存在する」という命題は、デカルトの議論を知らない者にとってそれほど理解不可能な命題ではない。いや、この命題を素朴に読む限りでその内容は十分に理解可能である。その場合、存在するということは生きることの同義として解され、私という存在者が呼吸していることが私の生存の基礎的な条件であることを示している命題として理解されるだろう。このあたりの事情について、シモーヌ・ヴェイユは次のように述べている。

「ひとりの人間から生あるかぎり断じて奪いえぬものとは、意志の力がはたらきうる運動としては、呼吸（ほかに、例外はあるにせよ意志のおよばぬ有機的な変容、または鎖で縛られる四肢の運動）、知覚としては空間（独房に放りこまれて眼球や鼓膜を抉《えぐ》られても知覚せずにはいられぬもの）である。」（『重力と恩寵《おんちょう》』富原真弓訳、岩波文庫、二〇一七年、二四四頁）

人の生を可能にしている条件を「奪いえぬもの」として挙げていくときに、呼吸が真っ先に挙がることは自然なことだろう。生きているかぎり私たちは呼吸し続ける。出生と共に人間は呼吸を始め、呼吸が止まると共に、私たちの生も終わる。脳死が問題となるのも、自発呼吸が消失しても人工呼吸器によって呼吸が可能になるという医療技術の進展によって新たな事態が出現したからであった。呼吸という最低限の条件があってこそ（私の）生もまた可能になっているということを示す命題として「私は呼吸する、故に私は存在する」という命題は選ばれたに違いない。生ないしは生存の条件の方から私の存在を語る場合には、この命題は不自然なものではない。

生ないしは生存の条件としての呼吸は、幸いにして多くの場合、肺や心臓を始めとする私たちの身体が特段の異常を有さない限りは、問題なく遂行される活動である。このあたりの事情について、エリアス・カネッティは次のように述べる。

3

次の文章を読んで、後の問い（解答番号 15 〜 20 ）に答えよ。

かつて近世の初頭にデカルトが、私の思うことが私が存在することの実質であるとして「私は思う、故に私は存在する」という命題を疑うことの出来ない確実な一点とし、そこから学問構築を果たそうとしたとき、同時代人は、そのような命題が特権視される謂《い》われはなく、同様に「私は呼吸する、故に私は存在する」とも言うことが出来るのではないかと疑問を呈した。デカルトは、身体を必要とする呼吸という活動は、身体が存在することを疑うことが出来るからそれと共にその活動が現に存在することもまた疑うことが出来るが、思うことはそのように疑うことは出来ない、思うことと私が存在することとは切り離せないのであって、だから、「私は呼吸する、故に私は存在する」ということは確実ではないのに対して、「私は呼吸すると思う、故に私は存在する」と言い換えるならそれもまた疑うことの出来ない確実な命題なのだと応答する。

「私は呼吸する、故に私は存在する」という命題は、こうして哲学史においては、「私は思う、故に私は存在する」というデカルトの所謂《いわゆる》コギト命題の［ A ］として登場する。思いを本質とする心の領域と思うこととは異なる広がりを本質とする物体の領域とを区別するというデカルトの議論に対する無理解の例として、あるいは、デカルトの議論の内実をよく理解させるための似て非なる命題の例として、この命題は引き合いに出されてきたし、デカルト自身もまた自らの議論の中にそれを組み込んだ。

しかしながら、「私は呼吸する、故に私は存在する」という命題は、デカルトのコギト命題の［ A ］に過ぎないような意味のない命題だろうか。意味のない命題を同時代人は素朴に提起し、それをデカルトもまた自らの議論の中に取り込んだということになるのだろうか。

「私は呼吸する、故に私は存在する」という命題には、この命題に固有の或《あ》る真理が込められているように思う。この種の圏と呼ばれる討議的空間ではその点がこれまで十分評価されてこなかったから。

④　企業は市場での活動を通して社会や国家と個人とを媒介する点で公共性と接点を持つものの、自社の利益追求を離れて社会一般の問題を広く議論するために存在しているわけではないから。

問7　傍線部(5)「国家とも市場とも異なる公共圏」とあるが、こうした公共圏はどのように生まれたか。その説明として最も適切なものを、次の①～④の中から一つ選べ。解答番号は[14]。

①　市民的公共圏は、近代初頭の西洋社会で封建的諸権力が解体したことにより公権力から自由になった経済人たちが、コーヒーハウスやサロンで職場外の人間関係を築く権利を手にし、そこで対等な議論を交わすなかから生まれた。

②　市民的公共圏は、近代初頭の西洋社会における経済人たちが、市場の担い手たる私人として公権力とは距離を置きながら、自らの職場とは別の場であるコーヒーハウスやサロンにおいて対等な立場で討議を行うなかから生まれた。

③　市民的公共圏は、近代初頭西洋社会において公私の分離が進み国家権力が強まるなか、経済人たちが政治への関心を失い、代わりに文化や芸術について対等に議論するため職場外のコーヒーハウスやサロンに集うなかから生まれた。

④　市民的公共圏は、近代初頭における西洋社会の経済人たちが、制度化の進む国家制度から自由になろうとコーヒーハウスやサロンに集い、都市中産階級という自らの市場的立場を超えて社会全体の世論を形成するなかから生まれた。

問5　傍線部(3)「中間団体・結社としての企業が内包する公共性への手がかり」とあるが、その説明として最も適切なものを、次の①〜④の中から一つ選べ。解答番号は[12]。

①　企業は、働く者にとって社会の一員であることを意識させる場所であり、社会に公共性を形成してゆく基盤になり得るということ。

②　企業は、理念として社会的存在であることを掲げているが、実際は利益追求を優先するために公共性とは相容《あいい》れない存在だということ。

③　企業は、単に利益を追求するためだけに存在するわけではなく、一人ひとりの人間の生活を支える社会的な存在であるということ。

④　企業は、働く者同士の日々の人間関係から成り立つため、公共性を育むという点では市民社会に取って代わる場となり得るということ。

問6　傍線部(4)「企業現場が公共性の基盤として理解されにくい」とあるが、その理由として最も適切なものを、次の①〜④の中から一つ選べ。解答番号は[13]。

①　企業は本来、社会貢献を目的に新たな商品やサービスの開発を行う場であるが、実際は社会的事柄を幅広く議論する討議的空間としての機能を持たないため自社の利益を優先することが多いから。

②　企業は商品の流通や人の雇用、納税などを通して社会を支える土台である一方、各々の私的利益を犠牲にした上で社会的な事柄について討論を交わす公共圏としての役割を果たしてこなかったから。

③　企業は働く人に社会の一員としての自己の存在意義を意識させる点において公共性と接続するにもかかわらず、公共

② 戦中、戦後の日本社会では、国家や企業からの抑圧的な力により共同体と個人が融合した状態にあったため、自立した個を生み出す素地が育たなかったから。

③ 戦時中の地域社会ならびに戦後の企業は、共同体ないし擬制的共同体として、その集団の利益のため私を犠牲にするよう個人に強いてきたとみなされたから。

④ 戦後の企業は共同体を擬制したが、都市部で発展したために、戦時中の地域共同体が重視していた滅私奉公の精神を欠くことになり、様々な社会問題を生み出したから。

問3 空欄 A に入る表現として最も適切なものを、次の①〜④の中から一つ選べ。解答番号は 10 。

① 職場の選択は個人の意思に基づいている

② 労使関係は社会通念に従わなければならない

③ 企業は過労死を予防する義務がある

④ ここに搾取の構造が隠されている

問4 空欄 B に入る語句として最も適切なものを、次の①〜④の中から一つ選べ。解答番号は 11 。

① 対立

② 緊張

③ 従属

④ 相関

（注3）　ＳＤＧｓ＝「Sustainable Development Goals」の頭文字で、持続可能な開発目標のこと。
（注4）　ＥＳＧ投資＝環境（Environment）・社会（Social）・企業統治（Governance）の要素を考慮した投資のこと。

問1　傍線部⑴「丸山の中心的議論は、公私の二元論的区分に立つ私の確立にあったのではない」とあるが、丸山の考えの説明として最も適切なものを、次の①～④の中から一つ選べ。解答番号は［8］。

①　丸山は、中世的な自治の伝統が近代国家によって解体され、西洋的な個人の自立が日本にも根づくことを期待していたということ。

②　丸山は、中世の共同体がもつ自主性を近代市民社会に合った形で活かすことが、個人の自立を養成するうえで重要だとみなしていたということ。

③　丸山は、前近代的な伝統社会における道徳的な規範を再評価し、公私の区別のない社会のあり方を模索していたということ。

④　丸山は、前近代の日本における自発的共同体に個人の自立を育む契機を見出し、そこに西洋とは異なる近代化の理想像があると考えたということ。

問2　傍線部⑵「戦後、共同体に対する日本の政治学者の評価は一般に高いものではなかった」とあるが、その理由として最も適切なものを、次の①～④の中から一つ選べ。解答番号は［9］。

①　戦時中の国家の暴虐な振る舞いや、戦後に企業が社員を過労死に追い込んだことから、日本においては共同体の反社会的な性質が増強し続けると考えられたから。

解体とともに、信教の自由、君主の家政と区別された国家（君主）予算の成立、そして近代的官僚制や常備軍の制度化が徐々に進んでくる。この時、公的なるものは、国王の人格そのものを離れ、国家の制度装置と職権に基づくその運営として認識されるようになる。爾来《じらい》、システムとしてのこの公権力に対応するものとして形成されてくるのが公衆であり、公衆はすなわちブルジョアジーを内実とする私人の集合として世論を形成したのである。この時、公衆（ブルジョア市民層）が求めていたのは、国家の恣意性を制御することであり、政治からの自由が主な関心事だったとされる。

ここには二つの含意がある。公権力に対応する公衆として世論を形成していったのは、自らの職業基盤を持つ自立した都市の中産階級であったこと。こうした市民的公共圏は、職場外の横のつながりの場、社会的結節点としてのコーヒーハウスやサロンにおける対等な文化的議論から始まっていったこと。この二点である。換言すれば市民社会は、市場の担い手たる私人＝経済人同士の、職場（市場）を離れた平等で自律的でオープンな関係性の場から生まれたのだ、ということになる。

この(5)「国家とも市場とも異なる公共圏」は、一九世紀後半以降の組織化された資本主義の段階まで来ると崩壊してしまい、国家による社会の再取込《さいとりこみ》（再封建化）が進んだ、とハーバーマスはみなす。労働者階級の問題への対処としての福祉国家化が進んだためである。職場の官僚制的な統制も進む。国家に取り込まれた公衆からは批判性が失われ、さらに、商業主義的マスメディアの影響で公衆は文化の消費者に成り下がる。世論を形成しているのは、もはや公衆ではなく大衆に過ぎない。批判的コミュニケーションを公共性の基礎に据えるハーバーマスにとって、これは公共圏の溶解への道筋以外のなにものでもなかった。

（中谷真憲「市民社会と経済人」より）

（注1）　エートス＝ある民族や社会集団にゆきわたっている慣習・行動・道徳の規範。

（注2）　ＣＳＲ＝「Corporate Social Responsibility」の頭文字で、企業の社会的責任のこと。

選択によってそれらを購入すれば、上がった利益によって人の雇用を維持して、国・地方に税を納める。こうした一連の行為は社会を整備し、社会を支える土台である。私の領域とされる企業現場は、もっとも日常的な社会および国家との接点なのである。

　そうであったとしても、(4)企業現場が公共性の基盤として理解されにくいことにも理由はある。企業は社会的な事柄に関する討議的空間として存在しているわけではない。公共圏とはそれがたとえ最終的には私的利益を賭けた争論であるとしても、幅広い多様な議論の空間であり、自社の商品やサービスを中心に据えた〝会議〟とは議論の質と射程が異なるからである。企業・職場を媒介とした、職業倫理の涵養や社会的一員としての自覚の形成はそれなりに広く認められる現象であるが、討議的空間との接続を持たないような公共圏を論じることは困難である。

けだし本来、市場と市民社会が同根であるとするならば、近代の出発点において経済人はどのようにして、討議的空間との接続を果たしていたのだろうか。

　ハーバーマスの『公共性の構造転換』は、自身で言明している通り、「市民的公共性の自由主義モデル」の立場から、ブルジョアジーが担った近代の市民的公共圏が、どのように成立し、その後、変容、消失していったかを批判的に分析したものである。後の論点に必要となるため、あらかじめ述べておけば、約三〇年後の第二版序文では、副題が初版の「bürgerlichen Gesellschaft（ブルジョア社会）」から「Zivilgesellschaft（市民社会）」に変更され、ブルジョア公共圏にのみ焦点をあてたリベラルモデルの立場からの移行が窺《うかが》える。

　ともあれ、ハーバーマスは封建的諸権力が解体し、公私の分離が進みだした近代初頭西洋社会のコーヒーハウス文化、つまり街角に集う経済人（ブルジョア）たちの文芸的公共圏に市民的公共圏への端緒を見出していた。要約して述べれば、中世封建社会での権力者による顕示的な具現的公共性は、私的圏域と公的圏域の融合を土台とするものであったが、封建的諸権力の的には自発的結社なのである。ただ、企業は利益を上げることによってのみ存続と発展が可能であるから、実態としては、利益追求のために社会的ルールから逸脱するような事例は、大小問わず枚挙にいとまがない。

　視点をずらしてみよう。働く者にとって職場とは、単に利益追求の場ではない。社会における自己の存在を定位する碇《いかり》のようなものでもある。働く者にとって職場とは、単に従属の場ではない。すべての人にとってとは言えないが、職場はしばしば自己の能力を証明し、達成感を味わわせ、社会の一員としての実感と自覚をもたらす、人間関係性を軸とした空間でもある。「あの子も社会人になってしっかりしたね」という、よくある日常会話は、働くことと個人の自立の間にある［B］関係についての素直な感慨であろう。

　しかしながら日本の公共政策学、公共論においては、企業・職場の持つこうした公私の媒介機能、社会における自己定位機能について、十分な注意を払っては来なかった。「国家／市場／市民社会」＝「公／民（私）／公共」の三区分の枠組みは、公私二元論は克服したかもしれないが、今度は市民社会を市場（企業社会）と切り離し、(3)中間団体・結社としての企業が内包する公共性への手がかりを無視してきたのである。自立のエートスが、前近代的な身分制の中にも胚胎《はいたい》され得るのであれば、それが現代の企業の中においても見出《みいだ》され得ると、なぜ言えないのだろうか。あるいは今日、公共性の再興にとって鍵を握るのは、企業・職場における日常的な関係性の変革であると、なぜ立論できないのだろうか。M・フーコーは権力関係とは、国家と個人の間にだけ働くのではなく、ミクロな社会関係の隅々にまで入り込んでいるものだと喝破したが、逆に言えば現実の公共性は、もっとも日常的でミクロな社会関係の場の一つである企業・職場のあり方と深く関わるのである。

ＣＳＲ(注2)、ＳＤＧｓ(注3)、ソーシャル・ビジネス、ＥＳＧ(注4)投資など、企業と公共とをより近づける議論や仕組みは、近年たしかに進展している。これらの動向が非常に重要なものであることに疑いはない。と同時に、従来の通常の企業活動そのものに既に公共性との接続があることも想起しておく必要がある。自発的結社として商品・サービスを開発し、市場に出し、人が自らの国家と社会が区別されながらも、その「自主性」が新しく活《い》かされるような西洋のあり方、およびその対比としての日本の姿である。近代日本は国家と社会が互いに相手の中に陥没して、（西洋に比べれば弱かったものの）中間勢力の自主性を活かすことができなかったことに問題がある、という丸山の見解は、「自立」した個人の育つ環境としての社会的共同性を評価するもので、身分意識すらも全否定しているのではない。この意味で、丸山にとっては、個人の自立が促される社会的エートス（注1）の探求が第一であり、かつそのエートスは前近代の伝統に連なり、それを換骨奪胎できた場合に、より強靭《きょうじん》になるのである。つまり自発的共同体の伝統の上に立った自発的結社の発展である。

したがって(1)丸山の中心的議論は、公私の二元論的区分に立つ私の確立にあったのではない。共同体／結社である中間団体（勢力）で涵養《かんよう》される自立性、自発性こそを、公私が区分されまた同時に支えあう、社会的均衡の源として剔出《てきしゅつ》していたのである。これはトクヴィルの思想に近い。

とはいえ、(2)戦後、共同体に対する日本の政治学者の評価は一般に高いものではなかった。地域共同体は戦時中、国家とともに滅私奉公を助長し、かわって戦後、主に都市部を中心に発展した企業社会は、終身雇用制のもとに共同体を擬制して個人を企業戦士として組織に従属させた、とみなしたからであろう。一九五〇年代から七〇年代にかけて次々と顕在化した企業による公害問題は、企業に社会の公器としての資格があるかどうかを厳しく問うものであった。また、バブル期の八〇年代を経てもなお続く過労死や自死問題は、企業という〝擬制的共同体〟内における個人の抑圧が、今も深刻な課題であることを示している。

では、やはり経済活動を行う企業は、私的利益の追求を行うだけの存在であって、公共論と接続するところはないのだろうか。ここでは理念と実態とを区別しておく必要がある。理念としては、多くの企業は社会的存在であることを社是等で掲げている。かつ、雇用者と被雇用者との関係は雇用契約によって成立しているのであり、［　A　］。企業は形式論ンターネットの出現である。

③　電子技術の進展により、現代人は欲望を刺激されつつ、同時に身心を通した直接的な知覚を失って、元来の人間とはかけ離れた存在となった。

④　インターネットは誰もが情報発信の主体となりえ、その結果、悪用される機会が増えているため、国家などの巨大主体による規制が必要である。

2

次の文章を読んで、後の問い（解答番号 8 ～ 14 ）に答えよ。

公共（性）＝public（ness）への注目、その概念の彫琢《ちょうたく》の作業は、戦後政治学においてもかなり遅い時期（一九九〇年代半ば）にならないと本格化してこない。これは敗戦後、国家（お上）から自立して自存する強い個人の確立が、近代主義者・市民社会派にとって大きな関心であったことと関連する。戦時体制への批判、そしてそれを生み出した近代日本の公私関係構造への批判から、まず目指されたのは公と私の概念の明確な分離だった。ただ、その中心の一人と目された丸山眞男《まるやままさお》には、「公」と「私」の二元論的関係というよりは、「公と私を結びつけるものとしての公共性」への洞察があった。山口定《やまぐちやすし》は、「丸山は「公共（性）」を『自発的結社』を媒介にして『私』の側からの『通路』が設定されるべき領域として位置づけている」と書き、その先駆性を称賛しつつ、公共性論がその後十分に展開されなかったことを惜しんでいる。

この点、いま少し付言する必要がある。丸山はそもそもが、近代市民社会は中世的社会との完全な断絶によって確立する、とは見ていなかったのではないか。『忠誠と反逆』で丸山が論じたのは、中世的な自治の伝統が、近代国家によって解体され、

④　B　つまり　C　むしろ　D　さらに

問6　傍線部(4)「知覚の生産手段・伝達手段がそうして『拡張』されつつあることのすぐ裏に、まともに位置づいた知覚の『麻痺《まひ》』の可能性が貼り付いている」とあるが、これを具体例で示したものとして最も適切なものを、次の①～④の中から一つ選べ。解答番号は［6］。

①　オンライン動画の共有システムは、自身が制作した作品に対する世界中の人々の反応を知ることができるという点で知覚の拡張といえるが、反応を気にすることで個性を見失わせるという弊害を生み出している。

②　インターネットの検索機能は、必要な知識を得るために図書館に出向いて本を探す時間や手間を短縮した点で知覚の拡張といえるが、目的以外の知識や周辺知識を得て自らの関心を広げる機会を奪っている。

③　離島や過疎地の医療支援として期待されるオンライン診療は、遠隔地から患者の病状を診察できるという点で知覚の拡張といえるが、設備の導入に地域格差が生まれるなどの課題が残されている。

④　ライブカメラは、特定の場所に出向かなくてもその様子をリアルタイムで見られるという点で知覚の拡張といえるが、それによって実際にその場所でしか体験できない感覚を得たかのような錯覚に陥ってしまう。

問7　本文の内容に合致するものとして最も適切なものを、次の①～④の中から一つ選べ。解答番号は［7］。

①　コンピュータはインターネットとの接続によって人間の知覚手段を自らの能力として身につけ、「サイボーグ」的な存在となりつつある。

②　テレビやビデオで情報が感性化し人々の身体に浸透するようになったが、情報の流れの双方向性を可能にしたのはイ

① もうわからないもの
② うたがいえないもの
③ よりたしかなもの
④ けっしてふるびないもの

問4 傍線部(3)「九二年ごろから一般社会に浮上してきたインターネット」とあるが、インターネットの登場によって生み出された社会的な現象の説明として適切でないものを、次の①～④の中から一つ選べ。解答番号は 4 。

① インターネット上で文字情報の蓄積が進み、全世界的規模での巨大な「図書館」が電子空間上に出現しはじめた。
② インターネットの双方向性によって、地球上にいる多様な他者と出会い、その存在を感じる可能性がひらかれた。
③ インターネットは個人が能動的に操作するため、それまでのメディアがもつ一方向性・受動性の問題に終止符をうった。
④ インターネット上に悪や偽りを含む有害な情報が存在し、深刻な被害をもたらす危険性が拡大した。

問5 空欄 B ～ D に入る語句の組合せとして最も適切なものを、次の①～④の中から一つ選べ。解答番号は 5 。

① B　だが　　C　まさに　　D　かえって
② B　よって　C　まるで　　D　ところが
③ B　しかし　C　いわば　　D　しかも

② 半導体が登場したことによって小型化・軽量化して低価格となった電子機器が流通したことで、その電子機器を利用して自らの手で個性的な生活様式をつくろうとする人々がふえていったということ。

③ カウンター・カルチャーの出現によって、国家主導で統一された産業社会的・国民国家的な価値観が否定され、人々の思想が多元的に発せられるようになり、秩序の破壊が生じるようになったということ。

④ テレビやラジオが自由化され大衆文化の担い手となったことにより、私たちはメディアを通して巨大な中心からの情報を受信するだけでなく、多様な人々の個性的な主張をも受け取るようになったということ。

問2 傍線部(2)「知覚手段の分散＝人間化」とあるが、その説明として最も適切なものを、次の①〜④の中から一つ選べ。解答番号は［2］。

① コンピュータが大型だった時代は人間が機械に従属していたが、七〇年代以降、この関係を解消しようと巨大組織が電子技術の小型化・低コスト化を推し進め、個々人でも機械の所有が容易になったということ。

② 電子技術の進展によって知覚手段としての機械の機能が多様化し、これまでは人間に固有の活動と考えられていたことまでも電子機器がなし得るようになって、機械と人間の関係に変化が生じたということ。

③ かつては巨大組織だけがコンピュータを保有し、その利用者は組織化・序列化されていたが、その後、電子計算機は小さく安価になったことで多くの個人の手にわたり主体的に使用されるようになったということ。

④ 組織が大型計算機を特権的に使用していたときとは異なり、個々の人々が小型化したコンピュータを所有できるようになったため、電子技術の発展は人間の生活に資することを目的とするようになったということ。

問3 空欄［A］に入る表現として最も適切なものを、次の①〜④の中から一つ選べ。解答番号は［3］。

「サイボーグ」的人間が生まれうる。そこに力や金や欲望が専ら結合するなら、人間はもはや元来の人間ではなくなる。

だとすると、最後に残り、要求されているものは何だろうか。それは、私たちがそうした知覚情報を所有しつつも自分たち自身の身心をもってまさに生き死にし生活するという足下の事実である。いくら文字さらに電子に媒介されようとも、私たちはそれら媒介されたものを、いつも最後に私たち生きた身また心において、〈自身の体〉に担う。そして〈自身の眼《め》〉において見て〈自身の声〉をもつ。嗅覚・味覚・触覚……そして運動感覚や生命感覚は、より直接性を要求するものとして私たちのもとにさらに根源的に存在している。そうした足元の諸感覚は技術によってどんなに媒介され延長されても、けっしてそれ自身の意味を失わない。いや、失わないどころか、そうであればあるほど、むしろ、いかに諸知覚を「麻痺」させることなく、物事が私たちの身心の直接性にまともに結びつき、その具体的に関係する地平からこそ積み上がり延長されていく社会形成が、ますます課題となるだろう。

（黒住真『文化形成史と日本』東京大学出版会より）

（注1）　カウンター・カルチャー＝既存の体制や文化に対する反発から生まれた、主流の文化的慣習に対抗する文化。

（注2）　インターフェース＝周辺機器・システムを接続する部分や、機械と人間の接点となる入出力システムを指す。

問1　傍線部(1)「電磁波をめぐるこのヒエラルキーは、しかしその内部から生まれた新しい技術によって徐々に相対化され始めた」とあるが、その説明として最も適切なものを、次の①～④の中から一つ選べ。解答番号は［1］。

①　半導体技術に伴う電子機器の普及によって人々が多様な意識や声を発するようになり、国家などの中心から発せられた情報を人々が一方的に受け取るという従来の序列的な構造が崩されてきたということ。

た容易に拡大することができる。 D 働く情報は本当の物事としての事実ではない。操作によってそれが現実に向けて簡単に続くとされるならそれは間違いではないか。

　ここには重要な事態と方向性がふくまれている。たとえば、この電子空間の波・網の上には、今後、文字は排除されるどころか、歴史上の文字も現在進行中の文字もふくめ、ますます電子上に蓄積変換されてつながっていくはずである。したがってこの波・網は地球大の図書館になり、また知性の強力なコミュニケーション手段ともなる。理科系の学問にとってインターネット上のやりとりはすでに欠かせないものになっており、それは人文科学にも及んで広がっている。そしてインターネットは文字どおり〈衆知〉の可能性をも開いている。その双方向性は、たしかに他者との出会いの可能性をひらき、従来の電子空間の自閉性を大きくひらく可能性も豊かにふくんでいる。とりわけ、地球的なさまざまな存在者を感覚する地平をひらいたことは、人類のデモクラシーやエコロジーの意識にも無視できない影響を与えるだろう。だが、その元来ある存在者の地平を持たずそこから離れ、操作と力だけの自己となり、そこから物事を具体的に操作して現実化するなら、それはとても良いことになるかもしれないが、翻って間違いであり悪や偽りを含むのではないか。ましてそこで力や勝利だけ考えるなら、欲求こそが動くのであるなら、それは取《と》り憑《つ》かれているのではないか。

　現代のデジタルな電子技術は、文字であれ音声であれ映像であれ、いずれも電子に還元して取り扱うことができる。またインターネットは、そうした媒介された知覚情報を用いての人間の究極的なコミュニケーションの地平につながっている。が、それにしても、(4)知覚の生産手段・伝達手段がそうして「拡張」されつつあることのすぐ裏に、まともに位置づいた知覚の「麻《ま》痺《ひ》」の可能性が貼り付いていることを私たちは忘れるべきではない。技術が私たちのものになるという意味での「技術の人間化」は、ただちに技術によって私たち自身がより深く浸透され支配されるという意味での「人間の技術化」と裏腹につながっている。字が人間化されることによって抽象的な「書斎人」が生まれたように、電子が人間化されることによって抽象的なとである。

この情報の一方向性・受動性の問題に対して、(3)九二年ごろから一般社会に浮上してきたインターネットは、大きな変化の可能性をひらいた。それは情報の受信発信のコストを極小化するとともに、その流れの双方向性を保証する。電子のあるいは光の相対論的な時空は、インターネットに至って初めて全地球的な規模で人間の知覚と媒介されることになった。マクルーハンが予感した「波」「網」は、あらゆる諸個人の知覚を結合しうるこのＷＷＷ（world wide web）によって初めて真に現実化してきたということができる。インターネット上のマルチメディアつまり複数媒体の結集によって人は、極限的には、あたかも音声・映像・文字もふくむテレビでも電話でも放送局でもあるものを自身の体のそばに持つ。たしかにそれは「人間の拡張」である。そのことの知的・感性的生産にとっての可能性の拡大ははかりしれない。

ただ、はたしてこの「網（web）」によって人間の知覚の状況に妥当な解決がもたらされるだろうか。否、そもそも思考はどこに行くのだろうか。じつは、いま「根拠なき」といった問題はこの新しい波・網の上でもさらに発生し、また新しく要請が必要となる事態が各所で発生する。メディアの受動性・一方向性の問題は、インターネットにおいてもそのようにこの手段を用いる者にとっては同じことである。娯楽番組のチャンネルが万倍になったとしたら、それは少数のチャンネルの支配よりは好ましい面があるだろうが、「悪貨による汚染」可能性も、そこを人々が「漂流」する可能性も増大するだろう。そればかりか、双方向ゆえの危険性もまた拡大する。

従来型の情報ヒエラルキーにあっては、善悪の推進も抑止も責任は情報の生産と流通の権利をもった上位の特定の巨大主体に帰責すればよかったし、結局それ以外にありえなかった。［　B　］インターネットでは万人が能動的主体となりうる。悪や侵害もいくらも広がりえ、その抑止は簡単にはできない。インターネットは人間の意識を［　C　］地球大につないでみせたようなものである。人間はその操作こそがすべて自分であるかのように考えるかもしれない。そこでは人の善悪の意識もまはいないし、その可能性が誰にもあるのだったら、従来の中心に向かって皆が集まって使用・生産をいとなむ必然性はなくなってくる。そこで、その基礎となる手段を分散させ個々の人々自身の手元にもたらそうとするいわば人間化ともいうべき動きが生まれる。

七〇年代以降の電子技術は、(2)この知覚手段の分散＝人間化の方向を推し進めた。音楽・映像機器であれワープロ(注2)・パソコンであれ、従来では考えられないような能力をもったものが、個々の人々のものとなり、そのインターフェースも次第に人間の身心の具体的な働きに拠《よ》るもの、さらには代替するものになっていく。そもそも印刷が人々の机上のものになったことは、おそらく昔の人が文字というものにふれたとき持ったであろう〈ただならぬ決定的な感じ〉を［　A　］にしたはずである。それがどこまでも広がるとき、文字の背後の実体的権威は消えて平明なものとなり、引き換えて感性的なものが次第に圧倒的なものとしてあらわれてきた。そのことは、私たちに新しい知覚手段をあたえると同時に、それが疑似的に身体に浸透するものであればあるほど、そこに文字時代とはちがったかたちで、感性的な「根拠なき空間」が形成される可能性があることを意味している。その時、何が人間に現出しているのだろうか。このいわば近代化が持った問題が、二〇世紀末以後、相互作用の拡大とともに、誰もが担うものとなりつつある。

この分散＝人間化は進むとはいえ、九〇年初頭のいわゆるマルチメディアブームごろまでは、その過程は実はまだ不徹底なものであった。というのは、いくら情報が感性化したとはいっても、あたらしい知覚手段はいわば受容再生機器にとどまり、情報の流れ自体は、たとえばテレビやビデオによく現れているように、まだまだ一方向的なものであったからである。つまり、人間の手元に届きそして身体にまで浸透するが、しかしまったくじつは誰かが大衆向けにつくった受動的・一方向的であるような情報が増大していただけのことである。これは産業社会的な構造にもう一つの娯楽的消費のはけ口をあたえるものでしかない。結局人々は、きわめて集合的・欲望的でありまた同時に自閉的で夢であるような幻想のうちに封じ込められるだけのこに所有して自分自身の個性的な生活様式をつくろうとする人々がふえていく。一九六〇年代におけるカウンター・カルチャー(注1)の発生は、人々の意識と声とが、産業社会的・国民国家的な統一体からはみ出し、一方向的なものではなく個性的に発せられるものとして多元的・分散的に動きはじめたことを意味している。そうした秩序破壊ともいえる自由な動きは電子機器の普及によってより現実化し始めたのである。

　電子技術は、音響や映像の手段だけではなく、思考の手段についても、決定的な変化をもたらしだした。電子計算機（以下コンピュータという）は、はじめはプログラム（計算命令）を回路として配線して外から与えるものだったが、一九四五年にフォン・ノイマンがプログラム自身を二進法のデジタルデータとして計算機中に内蔵させる型を提案、計算処理自体がいわばすべて電子上のものとなって、現在のコンピュータの基本デザインが成り立った。その演算素子は最初は真空管だったが、一九六〇年ごろから半導体が用いられ、半導体の集積化の進展とともに、コンピュータの軽小化および低コスト化が加速的に進行した。その過程はただ物が小さく安くなるというだけでなく、同時に思考（計算処理）自身の集密化過程であり、また思考手段のたくさんの人々の手元への分散過程でもある。

　人間にとって真に重要なのは、そうした急速な小型化・低コスト化の過程によって（知覚生産の手段である）機械と人間の関係自体が変化し、また人間において機械をもつことの特権性が崩れてきたことである。最初、「大型計算機」の時代には、コンピュータは巨大組織とともに保持され、そこに人間たちが手足を運びこれにいわば仕えていた。それは産業資本主義下における近代の「国家」「会社（企業）」「学校」と同じ組織形態である。ここでは、それをより利用できることがより有効な支配であるような生産手段が大きなものとしてまず人の外にある。その既成の巨大なものの利用に向かって人々が組織され序列づけられている。その生産また利用する手段が特権的にしか可能でないような技術の段階においては、そのような組織のもとに皆が分離・結集することこそが最上の状態をもたらす。しかしこれに対して、その手段がもう実はそれほど特権的に卓絶して

国語

（六〇分）

（注）問題文には、出題の必要に応じて変更を加えた部分がある。

1 次の文章を読んで、後の問い（解答番号 1 ～ 7 ）に答えよ。

ラジオやテレビがいわば自由化され大衆文化の担い手になったとしても、その背後の国家などによって秩序化されて善悪を規定する構造は見えないだけで残っている場合が多い。ある巨大な中心から一方的に「放送」(broadcast) すなわち「広くまき散らす」ことが行われてそれが受容されるという構造は、他の手段により伝え返しても結局は動かないからである。ラジオは「受信機」であり、テレビは「受像機」である。人々は管理のうえで配給された映像や音声をたいてい食べ物と一緒に体に入れている。

(1)電磁波をめぐるこのヒエラルキーは、しかしその内部から生まれた新しい技術によって徐々に相対化され始めた。それは一九五〇年ごろから電子現象を真空管中にではなくトランジスタなど小型で長寿命な半導体の上で扱うことができるようになったことによる。半導体が集積化されるとともに、すでにあった音声や映像を扱う機器はますます小型軽量化しまた低価格となり人々の手元のものになった。これによって、電子機器を用いて音声や画像さらに動画をみずから生産したり、自己のもと

解答編

英語

(READING COMPREHENSION)

1　**解答**　1－b)　2－b)　3－c)　4－a)　5－a)　6－d)

Why Japan's Capsule Toys Are Such a Hit with Foreign Tourists, lbbonline.com
※英文記事内容は 2018 年 8 月時点のもの

解 説　≪人気が高まっている日本のカプセルトイ「ガチャポン」≫

1本文は第1段第1文（As Japan's tourism industry …）の主節で「小型フィギュア玩具の人気が高まってきており，そのフィギュアは小さいプラスチックカプセルに入って売られている」と導入した後，一貫して「ガチャポン」と呼ばれる日本のカプセルトイの人気について述べられている。したがって，正解はb）である。

2第3段第5文（For instance, …）に「例えば，創作者たちは自分たち自身で自動販売機のポスターのビジュアルを考案した」とあるので，正解はb）となる。

3第4段第4文（According to Iida, …）に「イイダ氏によれば，女性たちは職場の机上にあるフィギュアを見ると笑顔になり，そして心が和む」と書かれている。したがって，c）が正解である。

4第5段第3文（The capsule toy …）に「カプセルトイの自動販売機は今や空港を含めたますます多くの場所に設置されつつあり，そこでは観光客が日本滞在で残った硬貨をその販売機で使い切ってしまう」とある。よって，a）が正解であるとわかる。

5 from scratch は「ゼロから」という意味のイディオムで，ここではa）from the beginning「最初から」が最も意味の近い表現となる。

6 reflect は「～を反映する」という意味であり，d）shows「～を示す」が最も近い意味の語となる。

2 解答

7—d）　8—a）　9—a）　10—c）　11—a）
12—d）

解説　≪ハンセン病治療に貢献したアフリカ系米国人女性アリス＝ボール≫

7本文では特に第3段第1文（As a laboratory researcher, …）以降，アリス＝ボールが初めてハンセン病の有効な治療法を確立するために努力しながら，夭折した後になって高く評価されていった様子が書かれている。以上より，正解はd）となる。

8第1段第4文（In 1903, they moved …）に「1903年に一家は肌寒いシアトルから温暖な気候のホノルルへと移り，ジェームズ＝ボール＝シニアの健康状態が改善するだろうという望みを持っていた」とある。James Ball Sr. とはアリスの祖父であることから，a）が正解であるとわかる。

9第5段第1文（In 1922, six years …）に「アリス＝ボールが亡くなった6年後に，ハワイのカリヒ病院の助手で，元々ボールにカウルムグラ油を研究するよう促したハリー＝T. ホルマン博士は，ハンセン病治療の発展に対するボールの貢献を評価する学術報告書を発表した」と述べられている。彼がボールの業績のきっかけを作ったとわかるので，正解はa）である。

10前述の第5段第1文（In 1922, six years …）より，c）が正解である。

11 extensively は「広範囲にわたって」という意味で，a）の widely「広く」が最も近い意味の語となる。

12 overcome は「～に打ち勝つ」という意味である。よって，d）の get over「～を乗り越える」が最も近い意味の表現となる。

3 解答

13—a）　14—d）　15—d）　16—b）　17—c）
18—a）

解説　≪ジャーナリストの役割とその数の減少について≫

13本文では冒頭（Journalists educate …）に「ジャーナリストは出来事もしくは問題について，そしていかにそれらが生活に影響を与えるかについて，一般民衆に教えている」と紹介されている。それ以降，ジャーナリストの仕事内容や在り方，そしてその数が減少している現状について書かれている。以上をふまえて，a）を選ぶのが妥当である。

⑭第2段第2文（How good …）に「あるジャーナリストの記事がどれほど良いものであるかは，彼らがどれほど意思疎通や他者との協働に長けているかによることが多い」と書かれている。さらに同段第4文（They also need …）には「ジャーナリストが人々を説得して自分に話をしてくれるようにするためには，高い意思疎通の能力も必要である」とあり，これらの内容からd）が正解とわかる。

⑮第4段最終文（Journalists must also be …）の前半に「ジャーナリストたちはまた，彼らが取材訪問する人たちに対して誠実でなければならない」と述べられており，正解はd）である。

⑯最終段第2文（There were many layoffs …）に「オンラインニュースやスマートフォンやソーシャルメディアの台頭に伴って，2018年の新聞業界では多くの一時的解雇が行われた」とある。これはオンラインニュース産業の発達などが新聞業界に負の影響を及ぼしているということなので，正解はb）となる。

⑰party は多義語であるが，本文では「（取材の）相手」の意味で用いられている。この語と一番意味が近い選択肢はc）person「人」である。

⑱prompt は「即座の」という意味の語で，a）quick「迅速な」が最も近い意味である。

(GRAMMAR AND USAGE)

解答　**SECTION 1**　⑲―b）　⑳―d）　㉑―a）　㉒―d）　㉓―c）　㉔―d）　㉕―a）　㉖―b）

SECTION 2　㉗―b）　㉘―d）　㉙―c）　㉚―b）　㉛―b）　㉜―c）　㉝―d）　㉞―a）

解説　**SECTION 1**　≪餅入りの「お雑煮」にまつわる日本での体験≫

⑲空所直後に名詞 flavors と述語動詞 vary があることから，単独でSVの形となるa）・c）・d）は不可。所有格の代名詞 Its を入れれば「その味わい」という名詞全体が主語となって意味も通るので，b）が正解。

⑳空所後の until から始まる副詞節に「私が結婚したときまでずっと」という過去の表現があるので，d）の過去完了形を選ぶのが妥当である。完成文は「結婚したときまでずっと，私は様々な家庭で作られるお雑煮を食

べたことがなかった」という幅のある時間を表し，継続を表す until は完了形の経験用法と相性が良い。

㉑空所直後に「形容詞＋SV」の語順があるので，a）の How を文頭に置いて感嘆文にするのが正しい。本文は「その餅はなんと美味しかったことだろう！」という意味で，d）What を用いるなら直後に名詞が続く。

㉒空所には，後に続く they enjoyed ～ と they didn't like ～ という2つの節を繋ぐ品詞が入る。したがって，正解は従属接続詞のd）となる。

㉓空所には，直前の名詞 products を後置修飾する語が入ることになる。述語動詞となるa）やd）の形は不適であり，製品は「売られる」ものなので，受身を表す過去分詞のc）が相応しい。

㉔空所直前の that を関係代名詞と解し，その節内の動詞となるよう，d）を選ぶのが正しい。完成した関係詞節 that originated in Japan「日本を起源とした」の先行詞は直前の名詞句 sweet *mochi* rice dough「甘いもち米の生地」である。なお，該当文は a dessert を made … balls が後置修飾し，bite-sized ice cream balls を enveloped … dough が後置修飾している。

㉕空所を含めた該当文が「それは比較的作るのが簡単だ」という意味になるよう，a）を入れるのが正しい。副詞 relatively「比較的」が形容詞 simple「簡単な」を修飾しており，その他の選択肢では意味を成さない。

㉖空所直前の plan は目的語として後ろに不定詞を続ける動詞なので，b）が正解である。plan to *do* の形で「～する予定である」という意味。

SECTION 2

㉗空所直前の finished は「～することを終える」の場合，後ろに動名詞をとる動詞である。よって，正解はb）となる。

㉘空所を含む主語に対する述語動詞が，sold ではなく were made である点に注意が必要。つまり，空所から store までが主語である。複数を表す選択肢はd）しかなく，これが正解となる。a）Each やb）One を用いると単数扱いとなり，述語動詞は was made となるべき。c）Every は形容詞なので，of 以下を伴った主語にはなれない。

㉙空所前の neither と呼応する形でc）nor を選ぶ。neither *A* nor *B* で「*A* も *B* もどちらも～ない」という意味になる。

㉚選択肢の動詞 relax は「(人を) 楽にさせる」という意味の他動詞で，

主語自身がくつろいでいるなら，受身を表す過去分詞であるb）relaxedを入れるのが正しい。このrelaxedは述語動詞tries to stayに対する補語であり，主節は第2文型になっている。また，Kate自身は「くつろぎ」ではないので，d）の名詞relaxationは誤りである。

31適切な関係詞を選ぶ問題である。空所後にwon several awardsという主語が欠けた不完全な文があるので，「前置詞＋関係代名詞」の形であるc）は不適。空所の前にあるThe director's best movieは先行詞と考えられ，物を表す名詞なのでb）のwhichを選ぶのが正解となる。なお，本文では「その監督の最高の映画」という，これ以上限定する必要のない名詞に対する補足説明として，関係詞節が非限定用法で挿入的に用いられている。

32空所後にfor ten years「10年間」という期間の表現と，「神戸に引っ越した」という過去の一時点より前であることを表す語句before we moved to Kobeがある。したがって，過去完了形のc）が正解である。

33空所にはthey wentとthere were always crowdsを結ぶ品詞が入るので，前置詞のa）Despiteと副詞のb）Otherwiseは不可。c）As long as～「～する限り」は接続詞であるが，文意が通らないため適切ではない。d）Wherever「どこに～しても」という譲歩の節を導く接続詞を用いると全体が自然な流れとなり，これが正解である。

34文全体がIt was～that…という強調構文の形になるよう，a）のthatを補うのが正しい。特に本文では，It was not until～that…で「～までは…ではなかった」という直訳から「～になって初めて…した」の意味になる。全体は「高校に入って初めて，彼は真剣にピアノを練習し始めた」という意味である。

解答　**SHORT CONVERSATIONS**　35－b）　36－c）　37－d）　38－d）　39－a）　40－c）　41－d）　42－c）　43－a）　44－c）　45－b）　46－d）　47－c）　48－b）　49－d）　50－b）

LONG CONVERSATIONS　51－b）　52－d）　53－d）　54－a）　55－c）　56－c）　57－a）　58－c）

MONOLOGUES　59－b）　60－c）　61－b）　62－a）　63－d）　64－d）

解 説　**SHORT CONVERSATIONS**

35女性の第2発言（I know, but lately …）に「最近，外食にお金を使いすぎている」とあるので，正解はb）である。動詞spendには「時間を費やす」という意味もあるが，本問では外食と自炊の対比という文脈から，時間ではなくお金のことについて言及しているとわかる。

36男性の第1発言（I always have trouble …）に「いつも読むべき本を選ぶのに苦労している」と述べられていることから，正解はc）となる。

37女性にフライトの時間が午後10時か確認するよう依頼された男性は，その第2発言（Um, I have some …）の後半で「私たちのフライトは午前10時だった」と訂正している。続く女性の発言に「すぐに予定を変更するよう航空会社に電話しないと」とあることから，男性と女性は当初予定のフライトには間に合わなかったとわかる。よって，正解はd）である。

38男性から環境に優しい製品の例を求められた女性は，ガソリンを使用しない自動車を製造している企業について紹介している。女性の第2発言（The company is trying …）からもわかる通り，この目的はカーボンニュートラルな社会を実現することであり，これが環境保護のための努力であると言えるので，d）が正解となる。

39Jenniferから「私が具合悪いなんて誰が言ったのか」と問いかけられた男性は，それがTomだと答えた上で，「今日の英語の授業に君がいなかったと言っていた」と補足している。以上より，男性がTomと話したのは最近のことであるとわかるので，正解はa）である。

40今晩の外食先にイタリアンレストランを提案した男性に対して，女性の第2発言（How about the curry …）の後半に「パスタは昨日の夕食に食べたよね」とある。よって，正解はc）となる。

41男性の第2発言（That's good to …）に「私たちの観る映画は5分後に始まる予定だ」と述べられていることから，d）が正解である。

42女性の第2発言（Actually, I started working …）に「実は，先月に本屋でアルバイトを始めたんだ」とあるので，彼女はすでに働いているとわかる。よって，正解はc）である。

43男性は第2発言（Wow, that's surprising. …）の後半で「ブラジルの学校には素晴らしい英語のプログラムがあるんだろうね」と述べており，正解はa）となる。

44男性の第1発言（Excuse me, …）に「今借りたこれら3冊の本の返却期限日はいつですか」とあり，第2発言（When do I …）ではよりわかりやすい表現で「借りた本をいつ返さなければならないのか」と尋ねている。以上より，正解はc）である。

45眠りにつくのに良い方法はないかと尋ねる女性に対して，男性が第2発言（What about listening …）で「クラシック音楽を聴くのはどう？ ピアノやバイオリンの音楽が僕をリラックスさせてくれるんだ」と提案している。したがって，正解はb）である。

46冒頭で「このノートパソコン，いくらだと思う？」と問いかける女性に対して，男性は「2,150ドルだね」とその値段を正確に言い当てている。このことから，正解はd）であるとわかる。

47新しくできたアイスクリーム屋台に行こうと誘われた男性は，その第2発言（There's always a long …）で「そこにはいつも長蛇の列ができている」と述べている。男性はその屋台の人気ぶりを知っていると考えられるので，c）が正解である。

48男性は第2発言（Well, it can be …）で「彼女はとても静かに話すので，声を聴き取るのが難しいことがある」と話しており，ここでいうherやsheは新しい教授であるDr. Smithのことである。したがって，正解はb）とわかる。

49男性の第2発言（Yes, we have to …）に「自分たち自身についての詩を書かなければいけない」とあるので，d）が正解である。

50女性はその第2発言（She's from California, but …）で「新しい英語の先生はカリフォルニア出身だが，彼女の曽祖父母は生まれが広島だと言っていた。その曽祖父母は100年以上前にアメリカに移り住んだ」と述べており，新しい英語の先生やその家族の生い立ちに詳しい様子である。よって，正解はb）となる。

LONG CONVERSATIONS

51男性の第2発言（That sounds like …）の後半に「あとで数学の宿題について聞いてもいい？」とある。その後も女性にその宿題を手伝ってもらうような話へと発展しており，正解はb）である。

52女性は第3発言（I think so, …）の後半で「私たちがお互いに助け合えるのは良いことだ」と述べているが，この会話では数学の宿題に関する言及であると考えられる。その後，男性に宿題をいつする予定なのか聞かれた女性は「午後10時前には終わらせたい」と答えている。よって，女性もこれからその宿題に取り組むとわかり，正解はd）となる。

53男性の第2発言（I won the speech …）の後半に「5人の決勝戦出場者の中で，私は1位になった」とある。したがって，正解はd）である。

54男性がスピーチコンテストで優勝したことを聞いた女性は，その第2発言（Well, you deserve …）で「君は優勝にふさわしい」と述べた後，男性の3カ月にわたる努力を称えている。また，女性は最終発言（That sounds wonderful! …）でも「改めて，優勝おめでとう」と繰り返し男性を祝っていることから，正解はa）であるとわかる。

55男性は第1発言（I'm going to …）で「明日は一日中海辺で過ごす予定なんだ」と述べ，女性を誘った後の第4発言（Then, you shouldn't …）の後半でも「早朝の電車に乗らなくてはならず，夜遅くまで家に帰れないだろう」と説明していることから，正解はc）となる。

56男性は第3発言（I love watching …）の後半で「海を眺めると本当に心が落ち着くんだ」と述べている。よって，正解はc）である。

57女性の第1発言（Didn't you have …）にある「今朝，朝食をとってないの？」という問いかけ以降，女性が朝食をとることの利点を男性に伝える内容が展開されている。したがって，正解はa）となる。

58男性は第2発言（I usually don't eat …）で「普段から朝食をとらないんだ」と述べており，最終発言（That's interesting. …）の中で「考えてみると，いつも夕食で食べ過ぎているな。それに，深夜に食事をすることも多いよ」とあることからも，その食生活を改善すべきことがうかがえる。それに対して女性が最後（It's better not …）に「朝の食事を抜かない方がよい」と助言していることから，正解がc）であるとわかる。

MONOLOGUES

59第2段第4文（After that, you will …）に「その後で，私たちのプログラム方針に関する欄を読まなければならないでしょう」と書かれており，ここでいうthatは直前の「書類を記入すること」を指している。よって，正解はb）である。

60第1段第3文（We are so excited …）の後半に「2月22日に始まる3週間のオンライン英語プログラム」とあるので，このプログラムが終わるのは3月中ということになる。したがって，c）が正解である。

61 第2段第1文（Although a few scientists…）に「何人かの科学者たちは未だに，冥王星が正真正銘の惑星であるはずだと信じているが，冥王星は現在，公式には準惑星という名に変えられている」とある。このことから，正解はb）となる。

62 第1段最終文（As it turns…）に「冥王星は丸く，そして確かに太陽の周りを公転しているが，それはまた他の大きな岩とその空間を共有している」と書かれていることから，選択肢のb）・c）・d）はいずれも本文の内容と合致することになる。a）についてのみ言及がなく，したがってこの選択肢が正解である。

63 本文は冒頭（You can try…）に「自分の飼い犬が新しい物の名前をたった4回耳にしただけで覚えられるかどうかを知るために，自宅で簡単な実験を試みることができる」とあり，以降も限られた優秀な犬が持つ学習能力についての話が展開されている。よって，正解はd）となる。

64 第2段第2文（You just follow…）の後半にも，「飼い犬がすぐに物の名前を学習できるかどうかがわかる」と書かれているので，d）が正解である。

4

解答　問1　④　問2　④　問3　①　問4　①

5

解答　問1　③　問2　①　問3　②　問4　③

6

解答　問1　①　問2　④

問5 ③

問6 ②

解説

問2 第五段落に「呼吸という最低限の条件があってこそ（私の）生もまた可能になっているということを示す命題として『私は呼吸する、故に私は存在する』という命題は選ばれたに違いない」とあるので、「最低限の条件」であることを述べている①が正解。②・③・④はこの箇所と関係がない。

問3 傍線部を含むエリアス・カネッティの引用には、「空気の中では人間は……ともかく最後の瞬間まで呼吸するだろう」とある。これは少しわかりにくいので、直前と直後の段落に著者による説明がある。引用の直前には、「生存の条件としての呼吸は……身体が特段の異常を有さない限りは、問題なく遂行される活動である」とある。また、直後の第七段落には、「空気はたっぷりとあり……呼吸困難でもって死ぬことを恐れはしない」とある。これらに合致している④が正解。

問4 そもそもこの文章の題は「呼吸すること」であるし、内容から呼吸と存在の関係がテーマであることはまちがいないので、それを述べている①が正解。②・③・④は根拠がない。

問5 直前に「私という人間的個体の実質は、呼吸することそのものではなく、呼吸することを享受し味わっていることにある」とある。問2で見たとおり、「呼吸すること」＝「生存の基礎的な条件」であるから、③が正解となる。①・②・④は直前の内容と関係がない。

問6 直前に「このような基礎的条件が無条件に・無防備なままに与えられるものではない」とあり、「基礎的条件」＝「呼吸」であるから、呼吸ができなくなる可能性を述べている②が正解。①・④は呼吸と関係がない。③は「衣食住」が本文の内容と無関係。

いるので不可。③は「道徳的な規範」が前の段落にない内容で不可。④は「西洋とは異なる近代化の理想像」が不可。

問2　傍線部直後に「地域共同体は戦時中……滅私奉公を助長し、かわって戦後……企業社会は……共同体を擬制して個人を……組織に従属させた、とみなしたからであろう」と理由が述べられており、この内容をまとめている③が正解。①・②・④はこの箇所の内容をふまえていない。

問5　傍線部直後の「無視してきた」は前文の「注意を払っては来なかった」と同じなので、傍線部＝「企業・職場の持つこうした……自己定位機能」ということになる。その機能は前の段落で「社会の一員としての実感と自覚をもたらす」などと説明されており、①が正解。②・③・④はいずれも「自己定位機能」を説明していない。

問6　直後に「企業は社会的な事柄に関する討議的空間として存在しているわけではない」とあり、これをふまえていない③は不可。①は「企業は本来、社会貢献を目的に」が不可。②は「私的利益を犠牲にした上で」が不可。④が正解。なお、④の前半「国家と個人とを媒介する」は、第七段落第一文にある「公私の媒介機能」をふまえている。

問7　前の段落に「市民社会は、市場の担い手たる私人＝経済人同士の、職場（市場）を離れた平等で自律的でオープンな関係性の場から生まれた」とあり、これに最も近い内容の②が正解。他は①「職場外の人間関係を築く権利を手にし」、③「経済人たちが政治への関心を失い」、④「自らの市場的立場を超えて」など、いずれも誤りを含んでいる。

3

出典　鈴木泉「呼吸すること」（『哲学を創造する　ひとおもい2』東信堂）

解答

問1　②

問2　①

問3　④

問4　①

とっては同じことである」とあり、これに反する③が正解。①・②・④は第十段落の内容と合致する。

問6　「知覚の『麻痺』」について明確に述べられている箇所はないが、本文末文の「いかに諸知覚を『麻痺』させることなく、物事が私たちの身心の直接性にまともに結びつき」から、筆者は知覚の直接性を重視していることがわかる。知覚の直接性について述べているのは④「実際にその場所でしか体験できない感覚」しかないので、これが正解となる。

問7　①、第十一段落によれば「サイボーグ」的存在になりうるのは人間であり、コンピュータではない。②、第七段落の内容に合致。③、第十一段落で人間がこのような存在になる可能性を指摘しているが、実際にそうなったわけではない。④、第九段落以降でインターネットの危険性が述べられているが、国家による規制については言及がない。

2

出典　中谷真憲「市民社会と経済人」（中谷真憲・東郷和彦編『公共論の再構築―時間／空間／主体』藤原書店）

解答

問1　②

問2　③

問3　①

問4　④

問5　①

問6　④

問7　②

解説　問1　傍線部の直前に「したがって」があるので、前の段落の内容と合致しているものを選ぶ。前近代の伝統＝中世的な自治の伝統が個人の自立を促す、と述べている②が正解。①は「中世的な自治の伝統」を否定的にとらえて

1

出典　黒住真『文化形成史と日本』〈第六章　近代文化における人間の変容〉（東京大学出版会）

解答

問1　①

問2　③

問3　①

問4　③

問5　③

問6　④

問7　②

解説

問1　傍線部直後に「それは……電子現象を……半導体の上で扱うことができるようになったことによる」とあり、半導体にふれていない③・④は不可。また、傍線部「このヒエラルキー」は第一段落の内容をさしており、②はそれが不足している。その内容を「国家などの……構造」の部分で表している①が正解。

問2　傍線部は直前に「この」があるので、前の段落の内容をさしている。③が正解。他は①「巨大組織が電子技術の小型化・低コスト化を推し進め」、②「人間に固有の活動……までも電子機器がなし得るようになって」、④「電子技術の発展は人間の生活に資することを目的とするようになった」など、前の段落と無関係の内容を含んでいる。

問4　第八段落に「メディアの受動性・一方向性の問題は、インターネットにおいてもそのようにこの手段を用いる者に

//////////////////// · memo · ////////////////////

教学社 刊行一覧

2025年版 大学赤本シリーズ

国公立大学（都道府県順）

374大学556点
全都道府県を網羅

全国の書店で取り扱っています。店頭にない場合は，お取り寄せができます。

1 北海道大学（文系－前期日程）
2 北海道大学（理系－前期日程） 医
3 北海道大学（後期日程）
4 旭川医科大学（医学部〈医学科〉） 医
5 小樽商科大学
6 帯広畜産大学
7 北海道教育大学
8 室蘭工業大学／北見工業大学
9 釧路公立大学
10 公立千歳科学技術大学
11 公立はこだて未来大学 総推
12 札幌医科大学（医学部） 医
13 弘前大学 医
14 岩手大学
15 岩手県立大学・盛岡短期大学部・宮古短期大学部
16 東北大学（文系－前期日程）
17 東北大学（理系－前期日程） 医
18 東北大学（後期日程）
19 宮城教育大学
20 宮城大学
21 秋田大学 医
22 秋田県立大学
23 国際教養大学 総推
24 山形大学 医
25 福島大学
26 会津大学
27 福島県立医科大学（医・保健科学部） 医
28 茨城大学（文系）
29 茨城大学（理系）
30 筑波大学（推薦入試） 医 総推
31 筑波大学（文系－前期日程）
32 筑波大学（理系－前期日程） 医
33 筑波大学（後期日程）
34 宇都宮大学
35 群馬大学 医
36 群馬県立女子大学
37 高崎経済大学
38 前橋工科大学
39 埼玉大学（文系）
40 埼玉大学（理系）
41 千葉大学（文系－前期日程）
42 千葉大学（理系－前期日程） 医
43 千葉大学（後期日程） 医
44 東京大学（文科） DL
45 東京大学（理科） DL 医
46 お茶の水女子大学
47 電気通信大学
48 東京外国語大学 DL
49 東京海洋大学
50 東京科学大学（旧 東京工業大学）
51 東京科学大学（旧 東京医科歯科大学） 医
52 東京学芸大学
53 東京藝術大学
54 東京農工大学
55 一橋大学（前期日程）
56 一橋大学（後期日程）
57 東京都立大学（文系）
58 東京都立大学（理系）
59 横浜国立大学（文系）
60 横浜国立大学（理系）
61 横浜市立大学（国際教養・国際商・理・データサイエンス・医〈看護〉学部）
62 横浜市立大学（医学部〈医学科〉） 医
63 新潟大学（人文・教育〈文系〉・法・経済科・医〈看護〉・創生学部）
64 新潟大学（教育〈理系〉・理・医〈看護を除く〉・歯・工・農学部） 医
65 新潟県立大学
66 富山大学（文系）
67 富山大学（理系） 医
68 富山県立大学
69 金沢大学（文系）
70 金沢大学（理系） 医
71 福井大学（教育・医〈看護〉・工・国際地域学部）
72 福井大学（医学部〈医学科〉） 医
73 福井県立大学
74 山梨大学（教育・医〈看護〉・工・生命環境学部）
75 山梨大学（医学部〈医学科〉） 医
76 都留文科大学
77 信州大学（文系－前期日程）
78 信州大学（理系－前期日程） 医
79 信州大学（後期日程）
80 公立諏訪東京理科大学 総推
81 岐阜大学（前期日程） 医
82 岐阜大学（後期日程）
83 岐阜薬科大学
84 静岡大学（前期日程）
85 静岡大学（後期日程）
86 浜松医科大学（医学部〈医学科〉） 医
87 静岡県立大学
88 静岡文化芸術大学
89 名古屋大学（文系）
90 名古屋大学（理系） 医
91 愛知教育大学
92 名古屋工業大学
93 愛知県立大学
94 名古屋市立大学（経済・人文社会・芸術工・看護・総合生命理・データサイエンス学部）
95 名古屋市立大学（医学部〈医学科〉） 医
96 名古屋市立大学（薬学部）
97 三重大学（人文・教育・医〈看護〉学部）
98 三重大学（医〈医〉・工・生物資源学部） 医
99 滋賀大学
100 滋賀医科大学（医学部〈医学科〉） 医
101 滋賀県立大学
102 京都大学（文系）
103 京都大学（理系） 医
104 京都教育大学
105 京都工芸繊維大学
106 京都府立大学
107 京都府立医科大学（医学部〈医学科〉） 医
108 大阪大学（文系） DL
109 大阪大学（理系） 医
110 大阪教育大学
111 大阪公立大学（現代システム科学域〈文系〉・文・法・経済・商・看護・生活科〈居住環境・人間福祉〉学部－前期日程）
112 大阪公立大学（現代システム科学域〈理系〉・理・工・農・獣医・医・生活科〈食栄養〉学部－前期日程） 医
113 大阪公立大学（中期日程）
114 大阪公立大学（後期日程）
115 神戸大学（文系－前期日程）
116 神戸大学（理系－前期日程） 医
117 神戸大学（後期日程）
118 神戸市外国語大学 DL
119 兵庫県立大学（国際商経・社会情報科・看護学部）
120 兵庫県立大学（工・理・環境人間学部）
121 奈良教育大学／奈良県立大学
122 奈良女子大学
123 奈良県立医科大学（医学部〈医学科〉） 医
124 和歌山大学
125 和歌山県立医科大学（医・薬学部） 医
126 鳥取大学 医
127 公立鳥取環境大学
128 島根大学 医
129 岡山大学（文系）
130 岡山大学（理系） 医
131 岡山県立大学
132 広島大学（文系－前期日程）
133 広島大学（理系－前期日程） 医
134 広島大学（後期日程）
135 尾道市立大学 総推
136 県立広島大学
137 広島市立大学
138 福山市立大学 総推
139 山口大学（人文・教育〈文系〉・経済・医〈看護〉・国際総合科学部）
140 山口大学（教育〈理系〉・理・医〈看護を除く〉・工・農・共同獣医学部） 医
141 山陽小野田市立山口東京理科大学 総推
142 下関市立大学／山口県立大学
143 周南公立大学 新 総推
144 徳島大学 医
145 香川大学 医
146 愛媛大学 医
147 高知大学 医
148 高知工科大学
149 九州大学（文系－前期日程）
150 九州大学（理系－前期日程） 医
151 九州大学（後期日程）
152 九州工業大学
153 福岡教育大学
154 北九州市立大学
155 九州歯科大学
156 福岡県立大学／福岡女子大学
157 佐賀大学 医
158 長崎大学（多文化社会・教育〈文系〉・経済・医〈保健〉・環境科〈文系〉学部）
159 長崎大学（教育〈理系〉・医〈医〉・歯・薬・情報データ科・工・環境科〈理系〉・水産学部） 医
160 長崎県立大学 総推
161 熊本大学（文・教育・法・医〈看護〉学部・情報融合学環〈文系型〉）
162 熊本大学（理・医〈看護を除く〉・薬・工学部・情報融合学環〈理系型〉） 医
163 熊本県立大学
164 大分大学（教育・経済・医〈看護〉・理工・福祉健康科学部）
165 大分大学（医学部〈医・先進医療科学科〉） 医
166 宮崎大学（教育・医〈看護〉・工・農・地域資源創成学部）
167 宮崎大学（医学部〈医学科〉） 医
168 鹿児島大学（文系）
169 鹿児島大学（理系） 医
170 琉球大学 医

2025年版　大学赤本シリーズ

国公立大学 その他

171 〔国公立大〕医学部医学科 総合型選抜・学校推薦型選抜※ 医 総推
172 看護・医療系大学〈国公立 東日本〉※
173 看護・医療系大学〈国公立 中日本〉※
174 看護・医療系大学〈国公立 西日本〉※
175 海上保安大学校／気象大学校
176 航空保安大学校
177 国立看護大学校
178 防衛大学校 総推
179 防衛医科大学校(医学科) 医
180 防衛医科大学校(看護学科)

※No.171～174の収載大学は赤本ウェブサイト(http://akahon.net/)でご確認ください。

私立大学①

北海道の大学(50音順)

201 札幌大学
202 札幌学院大学
203 北星学園大学
204 北海学園大学
205 北海道医療大学
206 北海道科学大学
207 北海道武蔵女子大学・短期大学
208 酪農学園大学(獣医学群〈獣医学類〉)

東北の大学(50音順)

209 岩手医科大学(医・歯・薬学部) 医
210 仙台大学 総推
211 東北医科薬科大学(医・薬学部) 医
212 東北学院大学
213 東北工業大学
214 東北福祉大学
215 宮城学院女子大学 総推

関東の大学(50音順)

あ行(関東の大学)

216 青山学院大学(法・国際政治経済学部－個別学部日程)
217 青山学院大学(経済学部－個別学部日程)
218 青山学院大学(経営学部－個別学部日程)
219 青山学院大学(文・教育人間科学部－個別学部日程)
220 青山学院大学(総合文化政策・社会情報・地球社会共生・コミュニティ人間科学部－個別学部日程)
221 青山学院大学(理工学部－個別学部日程)
222 青山学院大学(全学部日程)
223 麻布大学(獣医、生命・環境科学部)
224 亜細亜大学
226 桜美林大学
227 大妻女子大学・短期大学部

か行(関東の大学)

228 学習院大学(法学部－コア試験)
229 学習院大学(経済学部－コア試験)
230 学習院大学(文学部－コア試験)
231 学習院大学(国際社会科学部－コア試験)
232 学習院大学(理学部－コア試験)
233 学習院女子大学
234 神奈川大学(給費生試験)
235 神奈川大学(一般入試)
236 神奈川工科大学
237 鎌倉女子大学・短期大学部
238 川村学園女子大学
239 神田外語大学
240 関東学院大学
241 北里大学(理学部)
242 北里大学(医学部) 医
243 北里大学(薬学部)
244 北里大学(看護・医療衛生学部)
245 北里大学(未来工・獣医・海洋生命科学部)
246 共立女子大学・短期大学
247 杏林大学(医学部) 医
248 杏林大学(保健学部)
249 群馬医療福祉大学・短期大学部
250 群馬パース大学 総推
251 慶應義塾大学(法学部)
252 慶應義塾大学(経済学部)
253 慶應義塾大学(商学部)
254 慶應義塾大学(文学部) 総推
255 慶應義塾大学(総合政策学部)
256 慶應義塾大学(環境情報学部)
257 慶應義塾大学(理工学部)
258 慶應義塾大学(医学部) 医
259 慶應義塾大学(薬学部)
260 慶應義塾大学(看護医療学部)
261 工学院大学
262 國學院大學
263 国際医療福祉大学 医
264 国際基督教大学
265 国士舘大学
266 駒澤大学(一般選抜T方式・S方式)
267 駒澤大学(全学部統一日程選抜)

さ行(関東の大学)

268 埼玉医科大学(医学部) 医
269 相模女子大学・短期大学部
270 産業能率大学
271 自治医科大学(医学部) 医
272 自治医科大学(看護学部)／東京慈恵会医科大学(医学部〈看護学科〉)
273 実践女子大学 総推
274 芝浦工業大学(前期日程)
275 芝浦工業大学(全学統一日程・後期日程)
276 十文字学園女子大学
277 淑徳大学
278 順天堂大学(医学部) 医
279 順天堂大学(スポーツ健康科・医療看護・保健看護・国際教養・保健医療・医療科・健康データサイエンス・薬学部) 総推
280 上智大学(神・文・総合人間科学部)
281 上智大学(法・経済学部)
282 上智大学(外国語・総合グローバル学部)
283 上智大学(理工学部)
284 上智大学(TEAPスコア利用方式)
285 湘南工科大学
286 昭和大学(医学部) 医
287 昭和大学(歯・薬・保健医療学部)
288 昭和女子大学
289 昭和薬科大学
290 女子栄養大学・短期大学部 総推
291 白百合女子大学
292 成蹊大学(法学部－A方式)
293 成蹊大学(経済・経営学部－A方式)
294 成蹊大学(文学部－A方式)
295 成蹊大学(理工学部－A方式)
296 成蹊大学(E方式・G方式・P方式)
297 成城大学(経済・社会イノベーション学部－A方式)
298 成城大学(文芸・法学部－A方式)
299 成城大学(S方式〈全学部統一選抜〉)
300 聖心女子大学
301 清泉女子大学
303 聖マリアンナ医科大学 医
304 聖路加国際大学(看護学部)
305 専修大学(スカラシップ・全国入試)
306 専修大学(前期入試〈学部個別入試〉)
307 専修大学(前期入試〈全学部入試・スカラシップ入試〉)

た行(関東の大学)

308 大正大学
309 大東文化大学
310 高崎健康福祉大学
311 拓殖大学
312 玉川大学
313 多摩美術大学
314 千葉工業大学
315 中央大学(法学部－学部別選抜)
316 中央大学(経済学部－学部別選抜)
317 中央大学(商学部－学部別選抜)
318 中央大学(文学部－学部別選抜)
319 中央大学(総合政策学部－学部別選抜)
320 中央大学(国際経営・国際情報学部－学部別選抜)
321 中央大学(理工学部－学部別選抜)
322 中央大学(5学部共通選抜)
323 中央学院大学
324 津田塾大学
325 帝京大学(薬・経済・法・文・外国語・教育・理工・医療技術・福岡医療技術学部)
326 帝京大学(医学部) 医
327 帝京科学大学 総推
328 帝京平成大学 総推
329 東海大学(医〈医〉学部を除く－一般選抜)
330 東海大学(文系・理系学部統一選抜)
331 東海大学(医学部〈医学科〉) 医
332 東京医科大学(医学部〈医学科〉) 医
333 東京家政大学・短期大学部 総推
334 東京経済大学
335 東京工科大学
336 東京工芸大学
337 東京国際大学
338 東京歯科大学
339 東京慈恵会医科大学(医学部〈医学科〉) 医
340 東京情報大学
341 東京女子大学
342 東京女子医科大学(医学部) 医
343 東京電機大学
344 東京都市大学
345 東京農業大学
346 東京薬科大学(薬学部) 総推
347 東京薬科大学(生命科学部) 総推
348 東京理科大学(理学部〈第一部〉－B方式)
349 東京理科大学(創域理工学部－B方式・S方式)
350 東京理科大学(工学部－B方式)
351 東京理科大学(先進工学部－B方式)
352 東京理科大学(薬学部－B方式)
353 東京理科大学(経営学部－B方式)
354 東京理科大学(C方式、グローバル方式、理学部〈第二部〉－B方式)
355 東邦大学(医学部) 医
356 東邦大学(薬学部)

2025年版　大学赤本シリーズ

私立大学②

357 東邦大学(理・看護・健康科学部)
358 東洋大学(文・経済・経営・法・社会・国際・国際観光学部)
359 東洋大学(情報連携・福祉社会デザイン・健康スポーツ科・理工・総合情報・生命科・食環境科学部)
360 東洋大学(英語〈3日程×3カ年〉)
361 東洋大学(国語〈3日程×3カ年〉)
362 東洋大学(日本史・世界史〈2日程×3カ年〉)
363 東洋英和女学院大学
364 常磐大学・短期大学 総推
365 獨協大学
366 獨協医科大学(医学部) 医

な行(関東の大学)

367 二松学舎大学
368 日本大学(法学部)
369 日本大学(経済学部)
370 日本大学(商学部)
371 日本大学(文理学部〈文系〉)
372 日本大学(文理学部〈理系〉)
373 日本大学(芸術学部〈専門試験併用型〉)
374 日本大学(国際関係学部)
375 日本大学(危機管理・スポーツ科学部)
376 日本大学(理工学部)
377 日本大学(生産工・工学部)
378 日本大学(生物資源科学部)
379 日本大学(医学部) 医
380 日本大学(歯・松戸歯学部)
381 日本大学(薬学部)
382 日本大学(N全学統一方式−医・芸術〈専門試験併用型〉学部を除く)
383 日本医科大学 医
384 日本工業大学
385 日本歯科大学
386 日本社会事業大学 総推
387 日本獣医生命科学大学
388 日本女子大学
389 日本体育大学

は行(関東の大学)

390 白鷗大学(学業特待選抜・一般選抜)
391 フェリス女学院大学
392 文教大学
393 法政大学(法〈I日程〉・文〈II日程〉・経営〈II日程〉学部−A方式)
394 法政大学(法〈II日程〉・国際文化・キャリアデザイン学部−A方式)
395 法政大学(文〈I日程〉・経営〈I日程〉・人間環境・グローバル教養学部−A方式)
396 法政大学(経済〈I日程〉・社会〈I日程〉・現代福祉学部−A方式)
397 法政大学(経済〈II日程〉・社会〈II日程〉・スポーツ健康学部−A方式)
398 法政大学(情報科・デザイン工・理工・生命科学部−A方式)
399 法政大学(T日程〈統一日程〉・英語外部試験利用入試)
400 星薬科大学 総推

ま行(関東の大学)

401 武蔵大学
402 武蔵野大学
403 武蔵野美術大学
404 明海大学
405 明治大学(法学部−学部別入試)
406 明治大学(政治経済学部−学部別入試)
407 明治大学(商学部−学部別入試)
408 明治大学(経営学部−学部別入試)
409 明治大学(文学部−学部別入試)
410 明治大学(国際日本学部−学部別入試)
411 明治大学(情報コミュニケーション学部−学部別入試)
412 明治大学(理工学部−学部別入試)
413 明治大学(総合数理学部−学部別入試)
414 明治大学(農学部−学部別入試)
415 明治大学(全学部統一入試)
416 明治学院大学(A日程)
417 明治学院大学(全学部日程)
418 明治薬科大学 総推
419 明星大学
420 目白大学・短期大学部

ら・わ行(関東の大学)

421 立教大学(文系学部−一般入試〈大学独自の英語を課さない日程〉)
422 立教大学(国語〈3日程×3カ年〉)
423 立教大学(日本史・世界史〈2日程×3カ年〉)
424 立教大学(文学部−一般入試〈大学独自の英語を課す日程〉)
425 立教大学(理学部−一般入試)
426 立正大学
427 早稲田大学(法学部)
428 早稲田大学(政治経済学部)
429 早稲田大学(商学部)
430 早稲田大学(社会科学部)
431 早稲田大学(文学部)
432 早稲田大学(文化構想学部)
433 早稲田大学(教育学部〈文科系〉)
434 早稲田大学(教育学部〈理科系〉)
435 早稲田大学(人間科・スポーツ科学部)
436 早稲田大学(国際教養学部)
437 早稲田大学(基幹理工・創造理工・先進理工学部)
438 和洋女子大学 総推

中部の大学(50音順)

439 愛知大学
440 愛知医科大学(医学部) 医
441 愛知学院大学・短期大学部
442 愛知工業大学 総推
443 愛知淑徳大学
444 朝日大学 総推
445 金沢医科大学(医学部) 医
446 金沢工業大学
447 岐阜聖徳学園大学 総推
448 金城学院大学
449 至学館大学 総推
450 静岡理工科大学
451 椙山女学園大学
452 大同大学
453 中京大学
454 中部大学
455 名古屋外国語大学 総推
456 名古屋学院大学 総推
457 名古屋学芸大学 総推
458 名古屋女子大学 総推
459 南山大学(外国語〈英米〉・法・総合政策・国際教養学部)
460 南山大学(人文・外国語〈英米を除く〉・経済・経営・理工学部)
461 新潟国際情報大学
462 日本福祉大学
463 福井工業大学
464 藤田医科大学(医学部) 医
465 藤田医科大学(医療科・保健衛生学部)
466 名城大学(法・経営・経済・外国語・人間・都市情報学部)
467 名城大学(情報工・理工・農・薬学部)
468 山梨学院大学

近畿の大学(50音順)

469 追手門学院大学 総推
470 大阪医科薬科大学(医学部) 医
471 大阪医科薬科大学(薬学部) 総推
472 大阪学院大学 総推
473 大阪経済大学 総推
474 大阪経済法科大学 総推
475 大阪工業大学 総推
476 大阪国際大学・短期大学部 総推
477 大阪産業大学 総推
478 大阪歯科大学(歯学部)
479 大阪商業大学 総推
480 大阪成蹊大学・短期大学 総推
481 大谷大学 総推
482 大手前大学・短期大学 総推
483 関西大学(文系)
484 関西大学(理系)
485 関西大学(英語〈3日程×3カ年〉)
486 関西大学(国語〈3日程×3カ年〉)
487 関西大学(日本史・世界史・文系数学〈3日程×3カ年〉)
488 関西医科大学(医学部) 医
489 関西医療大学 総推
490 関西外国語大学・短期大学部 総推
491 関西学院大学(文・法・商・人間福祉・総合政策学部−学部個別日程)
492 関西学院大学(神・社会・経済・国際・教育学部−学部個別日程)
493 関西学院大学(全学部日程〈文系型〉)
494 関西学院大学(全学部日程〈理系型〉)
495 関西学院大学(共通テスト併用日程〈数学〉・英数日程)
496 関西学院大学(英語〈3日程×3カ年〉) 新
497 関西学院大学(国語〈3日程×3カ年〉) 新
498 関西学院大学(日本史・世界史・文系数学〈3日程×3カ年〉) 新
499 畿央大学 総推
500 京都外国語大学・短期大学 総推
502 京都産業大学(公募推薦入試) 総推
503 京都産業大学(一般選抜入試〈前期日程〉)
504 京都女子大学 総推
505 京都先端科学大学 総推
506 京都橘大学 総推
507 京都ノートルダム女子大学 総推
508 京都薬科大学 総推
509 近畿大学・短期大学部(医学部を除く−推薦入試) 総推
510 近畿大学・短期大学部(医学部を除く−一般入試前期)
511 近畿大学(英語〈医学部を除く3日程×3カ年〉)
512 近畿大学(理系数学〈医学部を除く3日程×3カ年〉)
513 近畿大学(国語〈医学部を除く3日程×3カ年〉)
514 近畿大学(医学部−推薦入試・一般入試前期) 医 総推
515 近畿大学・短期大学部(一般入試後期) 医
516 皇學館大学 総推
517 甲南大学 総推
518 甲南女子大学(学校推薦型選抜) 新 総推
519 神戸学院大学 総推
520 神戸国際大学 総推
521 神戸女学院大学 総推
522 神戸女子大学・短期大学 総推
523 神戸薬科大学 総推
524 四天王寺大学・短期大学部 総推
525 摂南大学(公募制推薦入試) 総推
526 摂南大学(一般選抜前期日程)
527 帝塚山学院大学 総推
528 同志社大学(法、グローバル・コミュニケーション学部−学部個別日程)

いつも受験生のそばに―赤本

大学入試シリーズ＋α
入試対策も共通テスト対策も赤本で

入試対策
赤本プラス

赤
PLUS＋
本

赤本プラスとは，過去問演習の効果を最大にするためのシリーズです。「赤本」であぶり出された弱点を，赤本プラスで克服しましょう。

大学入試 すぐわかる英文法 DL
大学入試 ひと目でわかる英文読解
大学入試 絶対できる英語リスニング DL
大学入試 すぐ書ける自由英作文
大学入試 ぐんぐん読める 英語長文〔BASIC〕 DL
大学入試 ぐんぐん読める 英語長文〔STANDARD〕 DL
大学入試 ぐんぐん読める 英語長文〔ADVANCED〕 DL
大学入試 正しく書ける英作文
大学入試 最短でマスターする 数学Ⅰ・Ⅱ・Ⅲ・A・B・C
大学入試 突破力を鍛える最難関の数学
大学入試 知らなきゃ解けない 古文常識・和歌
大学入試 ちゃんと身につく物理
大学入試 もっと身につく 物理問題集（①力学・波動）
大学入試 もっと身につく 物理問題集（②熱力学・電磁気・原子）

入試対策
英検®赤本シリーズ

英検®（実用英語技能検定）の対策書。
過去問集と参考書で万全の対策ができます。

▶過去問集（2024年度版）
英検®準1級過去問集 DL
英検®2級過去問集 DL
英検®準2級過去問集 DL
英検®3級過去問集 DL

▶参考書
竹岡の英検®準1級マスター DL
竹岡の英検®2級マスター CD DL
竹岡の英検®準2級マスター CD DL
竹岡の英検®3級マスター CD DL

CD リスニングCDつき　DL 音声無料配信
新 2024年新刊・改訂

入試対策
赤本プレミアム

赤本の教学社だからこそ作れた、過去問ベストセレクション

東大数学プレミアム
東大現代文プレミアム
京大数学プレミアム［改訂版］
京大古典プレミアム

入試対策
赤本メディカルシリーズ

過去問を徹底的に研究し，独自の出題傾向をもつメディカル系の入試に役立つ内容を精選した実戦的なシリーズ。

〔国公立大〕医学部の英語〔3訂版〕
私立医大の英語〔長文読解編〕〔3訂版〕
私立医大の英語〔文法・語法編〕〔改訂版〕
医学部の実戦小論文〔3訂版〕
医歯薬系の英単語〔4訂版〕
医系小論文 最頻出論点20〔4訂版〕
医学部の面接〔4訂版〕

入試対策
体系シリーズ

国公立大二次・難関私大突破へ，自学自習に適したハイレベル問題集。

体系英語長文
体系英作文
体系現代文
体系世界史
体系物理〔第7版〕

入試対策
単行本

▶英語
Q&A即決英語勉強法
TEAP攻略問題集〔新装版〕 DL 新
東大の英単語〔新装版〕
早慶上智の英単語〔改訂版〕

▶国語・小論文
著者に注目! 現代文問題集
ブレない小論文の書き方 樋口式ワークノート

▶レシピ集
奥薗壽子の赤本合格レシピ

入試対策　共通テスト対策
赤本手帳

赤本手帳（2025年度受験用） プラムレッド
赤本手帳（2025年度受験用） インディゴブルー
赤本手帳（2025年度受験用） ナチュラルホワイト

入試対策
風呂で覚えるシリーズ

水をはじく特殊な紙を使用。いつでもどこでも読めるから，ちょっとした時間を有効に使える！

風呂で覚える英単語〔4訂新装版〕
風呂で覚える英熟語〔改訂新装版〕
風呂で覚える古文単語〔改訂新装版〕
風呂で覚える古文文法〔改訂新装版〕
風呂で覚える漢文〔改訂新装版〕
風呂で覚える日本史〔年代〕〔改訂新装版〕
風呂で覚える世界史〔年代〕〔改訂新装版〕
風呂で覚える倫理〔改訂版〕
風呂で覚える百人一首〔改訂版〕

共通テスト対策
満点のコツシリーズ

共通テストで満点を狙うための実戦的参考書。
重要度の高いリスニング対策は
「カリスマ講師」竹岡広信が一回読みにも
対応できるコツを伝授！

共通テスト英語〔リスニング〕 満点のコツ〔改訂版〕 DL 新
共通テスト古文 満点のコツ〔改訂版〕 新
共通テスト漢文 満点のコツ〔改訂版〕 新
共通テスト生物基礎 満点のコツ〔改訂版〕 新

入試対策　共通テスト対策
赤本ポケットシリーズ

▶共通テスト対策
共通テスト日本史〔文化史〕

▶系統別進路ガイド
デザイン系学科をめざすあなたへ

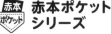

2025 年版　大学赤本シリーズ　No. 239

神田外語大学

編　集　教学社編集部
発行者　上原 寿明
発行所　教学社
〒606-0031
京都市左京区岩倉南桑原町56
電話　075-721-6500
振替　01020-1-15695
印　刷　加藤文明社

2024 年 7 月 30 日　第 1 刷発行
ISBN978-4-325-26296-1
定価は裏表紙に表示しています